21世纪高等开放教育系列教材

企业物流管理

主编　王悦

中国人民大学出版社
·北京·

图书在版编目（CIP）数据

企业物流管理/王悦主编．—北京：中国人民大学出版社，2010
21世纪高等开放教育系列教材
ISBN 978-7-300-13039-2

Ⅰ.①企… Ⅱ.①王… Ⅲ.①企业管理-物流-物资管理-高等学校-教材 Ⅳ.①F273.4

中国版本图书馆CIP数据核字（2010）第224039号

21世纪高等开放教育系列教材
企业物流管理
主编 王悦

出版发行	中国人民大学出版社		
社　　址	北京中关村大街31号	**邮政编码**	100080
电　　话	010－62511242（总编室）		010－62511770（质管部）
	010－82501766（邮购部）		010－62514148（门市部）
	010－62515195（发行公司）		010－62515275（盗版举报）
网　　址	http://www.crup.com.cn		
	http://www.ttrnet.com(人大教研网)		
经　　销	新华书店		
印　　刷	北京市鑫霸印务有限公司		
规　　格	185 mm×260 mm　16开本	**版　　次**	2011年3月第1版
印　　张	16.5	**印　　次**	2017年1月第2次印刷
字　　数	385 000	**定　　价**	39.00元

前　言

随着全球经济一体化进程日益加快，企业面临着更加激烈的竞争环境，资源在全球范围内的流动和配置大大加强，世界各国更加重视物流发展对于本国经济发展的影响，从而使现代物流呈现出一系列新的发展趋势。我国流通市场已经对外全面开放，中国市场国际化的特征越来越明显，这为我国国际物流市场开拓和物流企业发展提供了良好的契机。物流是流通的命脉，也是国家经济建设的关键环节。面对国际物流市场的发展与激烈竞争，物流在国民经济建设与物流产业化进程中将发挥越来越重要的作用。加强物流从业人员技能培训与综合业务素质培养，已成为企业目前迫切需要解决的问题，这也是本书编写的初衷。

现代物流作为一门学科，在西方国家已经具有了六七十年的学科发展历史，已经形成了较为完整的理论体系与知识结构，形成了具有较强实用性的课程体系。在我国，一个既能适应中国特色，又能与世界经济、国际物流接轨的现代物流学科尚处在逐步形成和建设之中，而应用服务对象又是一个二元结构非常明显的物流产业，因此，需要探索研究的理论与实践问题还是很多的。

企业物流是企业生产经营活动的组成部分，是物流理论与物流技术发展的基础和重要载体。现代企业物流管理水平的高低直接影响着企业的经营效益，并可能间接影响到社会物流的运作水平。先进的物流管理理念，合理、适时、有效的企业物流战略与物流规划，以及与经济适用的先进物流技术手段的有效结合，能有效提高贯穿于企业生产和经营过程中的物流运作和管理水平，达到最优的运作效果，并由此能使企业获得最佳的社会效益和经济效益。

本书以企业物流为研究对象，以供应物流、生产物流、销售物流与逆向物流为基础，并从物流营销服务、物流成本、物流信息、物流管理组织等不同角度，分析了企业物流的实际运作和发展方向，向读者展现了企业生产与销售过程中物流管理的方方面面。本书按照从全局到局部的顺序进行阐述，利用企业物流作为载体，系统地介绍、分析、研究了物流运行和实际作业的全过程，可以使读者对物流学科有一个全面深入的认识，为进一步进行物流科学理论研究和社会物流实践打下基础。

本书的编写思路可以概括为：第一部分（第一章和第二章），主要介绍企业物流管理概述与战略管理；第二部分（第三章至第六章），介绍企业物流系统各组成部分的管理；

第三部分（第七章至第十章），介绍一般管理在企业物流中的应用；第四部分（第十一章），介绍企业物流的现代化趋势。

本书的写作特点是深入浅出，在强调物流学科知识性、普及性、实用性和探索性的同时，更加突出了现代物流实践的时代性、系统性和精益性。本书作为开放教育物流管理专业的特色教材，注重基础理论的学习、知识体系的完整，注重实践、操作技能和执行能力的培养。由于本书具有定位准确、理论难度适中、内容翔实、案例丰富、贴近实际、突出实用性、便于学习和掌握等特点，因此本书既方便在校师生学习，又有利于实际工作者参考使用，特别有利于电大、自考及成人院校学生的自学。

本书由王悦提出编写大纲并撰写第一章、第十一章，孙丹撰写第二章、第九章，雷聪撰写第三章、第七章，刘怡娟撰写第四章、第五章，王蓓撰写第六章、第十章，李祎撰写第八章，最后由王悦总纂定稿。

本书在编写过程中参阅和引用了许多作者的研究成果，我们都以参考文献的形式列于书末。他们的研究成果为本书提供了丰富的素材，在此，向这些参考文献的作者表示衷心的感谢！

当代信息技术飞速发展和广泛应用，社会经济信息化的步伐不断加速，给企业物流管理的理论和实践提出了许多新课题，企业物流管理作为新兴的学科也还有许多待开拓和研究的领域。本书对企业物流管理内容的把握，乃至体系的确立，难免有不完善之处，需要进一步探索和研究。书中还可能存在疏漏甚至错误，恳请读者批评指正。

编者

2011 年 1 月

目 录

第一章 企业物流管理概述

本章要点提示

- 了解物流的基本概念，以及企业物流作业一体化管理目标
- 理解现代企业物流管理的特征，以及企业物流一体化管理与供应链管理的关系
- 掌握企业物流的含义、分类和内容
- 重点掌握企业物流管理的概念、内容以及企业物流一体化运作管理模式

随着社会生产力的发展、科学技术水平的提高，物流的内涵和外延都发生了深刻的变化。“冰山理论”、“黑大陆理论”、“第三利润源泉”等理论的相继出现和形成，反映了现代社会对企业物流新的审视和理解。近年来，企业对物流管理日益重视，一个企业若拥有高效、合理的物流管理，不仅能降低经营成本，而且能为客户提供优质的服务，即既能使企业获得成本优势，又能使企业获得价值优势。因此，企业物流管理已成为现代企业管理战略中的一个新的着眼点。企业物流管理作为企业管理中的一个重要部分，在企业的发展中发挥着越来越大的作用。

第一节 企业物流

企业是依法自主经营、自负盈亏、独立经营和独立核算的商品生产和经营单位。企业物流在企业经营活动中占据重要地位。企业物流的形成动因可归纳为经济动因和军事动因，随着发展其融入了更多现代管理思想和信息技术的应用。

一、物流的基本概念

物流的历史和人类历史一样久远。物流概念的产生经历了一个漫长而曲折的过程，“物流”一词最早出现在美国。20 世纪初，一些国家出现生产过剩与需求相对不足的经济危机，市场竞争的加剧使人们开始关注分销工作，于是便萌发了物流的概念。1915 年，美国营销学者阿奇·萧在《市场流通中的若干问题》一书中首次提出了“Physical Distribution”(PD)的概念，有人将它译成“实体分销”，也有人译成“物流”。后来，美国另一位营销学者克拉克于1942年在《市场营销原理》一书中也使用了物流概念。以系统观点来研究物流活动是从第二次世界大战末期美国军方后勤部门的科学研究结果开始的。因此物流学在欧美还被广泛使用为“后勤学”这样的名称，“后勤学”(原文为Logistics)的含义是军事用语“兵站”，是供给各种军需品的机关。由于世界各国的物流发展水平不同，对物流的定义也有差异。

在美国，传统的物流是指“物的流动”，即物质实体的流动过程，具体指运输、储存、配送、装卸、保管、物流信息管理等各种活动。1985年，美国物流管理协会(CLM)对物流的定义为：是以满足客户需求为目的，以高效和经济的手段来组织原料、在制品、制成品以及相关信息从供应到消费的运动和存储的计划、执行和控制的过程。1991年，CLM将1985年定义中的“原料、在制品、制成品”修改为“产品、服务”。1998年，CLM又在1991年定义的开头加上“物流是供应链过程的一部分”。

因此，美国对现代物流的定义是：物流是供应链过程的一部分，是以满足客户需求为目的，以高效和经济的手段来组织产品、服务以及相关信息从供应到消费的运动和存储的计划、执行和控制的过程。

知识库

1979年，“物流”一词第一次从日本引入中国。但是，对它的理解仅限于储运。20世纪90年代中期，国内市场上出现了不同形式的物流服务企业。2001年3月，国家经济贸易委员会等六部委联合下发了《关于加快我国现代物流发展的若干意见》。该意见成为我国政府发布的有关现代物流发展的第一个政策性、指导性的文件。2001年4月，我国成立了跨部门、跨行业、跨地区的物流行业组织——中国物流与采购联合会。

2001年8月起正式实施的由国家质量技术监督局发布的《中华人民共和国国家质量标准物流术语》中定义：**“物流是指物品从供应地向接收地的实体流动过程。根据实际需要，将运输、储存、装卸、搬运、包装、流通加工、配送、信息处理等基本功能实施有机结合。”**

物流的主要功能是创造时间效用和空间效用，主要方式是通过运输和搬运以及与此相联系的储存、保管、包装、装卸、配送和流通加工等活动克服空间距离和时间间隔。因此，我们认为：现代物流是连接供给主体和需求主体，克服空间和时间阻碍的有效、快速的物品流动。

对现代物流的认识，也会因为不同的背景和不同的分类发生变化。简言之，从不同的角度观察和研究物流，就会形成关于物流的不同理解和认识。

第一，从服务角度看，物流就是为产品的生产制造和市场营销提供服务。一般地说，物流是以产品的生产制造和市场营销为主线，以相关信息流协调供应商和客户行为的协作性体系，在整个系统活动中，为生产制造、市场营销和消费者提供相应的服务。

第二，从管理角度看，物流就是功能整合。即将包装、运输装卸、搬运、保管等各种功能性活动，用物流进行统筹的安排和协调。

第三，从资产角度看，物流的核心是在供应链中流动的存货。控制存货的数量、形态和分布，提高存货的流动性是企业可追求的“第三利润源泉”。物流就是对供应链中各种形态的存货进行有效协调、管理和控制的过程。

第四，从环境角度看，物流是一个有助于企业降低资源消耗，谋求可持续发展的重要途径和方式，是绿色思想在商品交换中的重要体现，从而逐步形成绿色物流的基本认识。

第五，从产业角度看，物流是一个蓬勃兴起的行业，是以物流为基本生产方式，并通过市场为生产和流通提供专业化物流服务的经营者在发展中逐渐从生产和流通中分离出来的新兴产业。在这个意义上，物流具有产业发展的基本特征，需要从物流产业发展的高度认识和理解物流。

二、企业物流及其特点

企业与物流的关系包括两个方面：一方面，物流是企业赖以生存和发展的外部条件。企业的正常运转要保证按生产计划和生产节奏提供、运达各种原材料，同时要将产品准时交付给用户。另一方面，物流是企业本身必须从事的重要活动。企业生产过程的连续性和衔接性，要靠生产工艺中不断的物流活动，有时生产过程本身和物流活动结合在一起。其中，物流的支持保证作用是不可或缺的。

关于企业物流的内涵及范畴，可理解为企业物流是以企业经营为核心的物流活动，是具体的、微观物流活动的典型领域。企业物流是企业生产与经营的组成部分，也是社会大物流的基础。中国经济要融入世界经济，中国企业要参与国内、国际市场竞争，需要增强现代物流意识，进一步采取先进的组织和管理技术。从世界物流运作的实际过程来看，随着生产技术水平的提高和内部管理手段的加强，企业在可控的生产过程内降低成本的空间越来越小，而在生产之外的采购、运输、仓储、包装、配送等环节上潜力较大，这就是继降低劳动力成本和物资消耗之后的“第三利润源泉”。

知识库

第三利润源泉

“第三利润源泉”的说法是日本早稻田大学教授、日本物流成本学说的权威学者西泽修先生在1970年提出的。

从历史发展来看，人类历史上曾经有两个大量提供利润的领域。第一个是资源领域，第二个是人力领域。在前两个利润源潜力越来越小、利润开拓越来越困难的情况下，物流领域的潜力被人们所重视，按时间序列排为“第三利润源泉”。

在西方发达国家经济发展过程中，最初企业是把降低人工和材料的成本当作扩大利润的一个最重要的来源，所以这时候把降低人工和材料成本作为第一利润源泉。我们知道，当人工和材料成本降低到一定幅度以后，可降空间就不大了，这时候发现通过扩大市场销售可以获取更多的利润，所以把这种途径称为第二利润源泉。同样，随着市场竞争的日益激烈，企业在市场能够占有的市场份额也是有一定限度的，当达到一定限度不能再扩大利润的时候，人们发现如果能有效地降低在成本中占据相当高的比例的物流费用，就等于提高了利润。所以这时候我们就开始把服务物流称为第三利润源泉。

我国国家标准（CB/T18354—2001）中将企业物流定义为“企业内部的物品实体流动”。新国家标准将企业物流定义修订为“货主企业在经营活动中所发生的物流活动”。美国后勤管理协会认为企业物流是“研究对原材料、半成品、产成品、服务以及相关信息从供应始点到消费终点的流动与存储进行有效计划、实施和控制，以满足需要的科学”。企业物流包括的活动范围十分广泛，主要内容有工业包装、物料搬运、采购与供应、分销与配送、仓储与库存、物料需求与预测、售后服务与废品回收等。企业物流的根本任务就是企业在物流活动中适时、适地采用先进的物流技术，与其生产经营活动达到最优的结合，从而进行有效的物流管理，使企业达到最高的经济效益。

对于企业物流，不同的学者有着不同的解释与定义。**我们认为，企业物流主要是指制造业物流，即企业在生产运作过程中，物品从供应、生产、销售以及废弃物的回收到再利用所发生的运输、储存、装卸、搬运、包装、流通加工、配送、物流信息处理等多项基本活动。**

企业物流是物流活动与企业经营管理活动的紧密结合，企业物流具有如下特点：

第一，企业物流与企业的生产活动密不可分。企业物流渗透于从生产的准备工作开始到生产工作完成的整个过程中，无论是原材料的采购、运输还是中间产品的移动都离不开企业物流，例如，计算机集成制造系统（CIMS）中的工件和刀具支持系统、柔性加工制造系统，现代汽车和家电生产企业中各种自动化生产线，装配线上的坯料、工件、配件、组装件的运达和配送，大型机械制造业、冶金联合企业各种轧材生产流程中各种中间产品的搬运流转以及连铸连轧一体化，等等。物流已与企业生产活动紧密地结合为一个统一的整体，物流系统的流量、流速和作业质量都直接与生产的速率及质量相关联。

第二，企业物流与社会物流具有相互依存性关系。现代企业的物流活动已不再是独立的或自我封闭的系统，许多企业都采取了开放式或者半开放式的经营模式，即企业物流活动不再全由企业独自承担，而是将其中的部分甚至是全部交给企业以外的专业物流公司或者生产企业自营的独立核算的物流公司来进行决策、计划、实施、控制和管理。社会物流的发展程度开始影响企业的经营管理，只有与之相适应的社会物流才能够促进企业的发展，企业物流与社会物流既相互影响、相互制约，又相互促进。

第三，企业物流的发展趋势必然是物流能力的系统化和综合化。企业物流的综合化是指企业在采购、生产和销售过程中的物流活动——包装、运输、装卸、仓储和加工配送中的统筹协调、合理规划和控制管理。物流的系统化可以形成一个高效、通畅和可调控的流通体系，实现信息流的及时性和准确性，以及企业内外部的协调合作，可以减少流通环节，节约流通费用，实现科学的物流管理，提高流通的运作效率和经济效益。

第四，降低物流成本与提高物流服务两者之间存在背反关系。总的物流成本是指从原材料的采购开始到最终产品送达消费者的全过程所产生的费用总和。服务水平则是消费者选择产品时考虑的主要因素，通常用送货及时率、现货供应比率等指标来衡量。服务水平的提高必然会带来局部成本的增加，但在这种情况下企业仍会提高服务水平，因为这种局部成本的增加可能会带来整体成本水平的下降。例如，企业将产成品的运输方式由公路运输改为航空运输，无疑会增加运输成本，但是如果产品的价值很高，那么采用新的运输方式所节约的库存持有成本就足以弥补运输成本的增加，并实现整体成本的节约。做好服务水平与物流成本的平衡，可以最大限度地发挥物流的积极作用。

第五，物流已经成为企业生产、销售的重要支持系统。我们现在已经进入信息经济和知识经济时代，网络技术的应用给电子商务以广阔的发展空间，物流也成为企业生产营销重要的支持系统。物流系统可以为生产系统提供需求变动信息，帮助制定生产计划，预测产品发展趋势；物流系统也可以为销售系统提供库存信息，进行成本核算，帮助制定销售策略，等等。毫无疑问，物流给予生产和销售极大的支持与帮助。

三、企业物流的分类

企业物流可以按不同的分类方法进行分类，下面介绍两种不同的分类方法。

（一）按行业分类

企业物流按行业分类，可以分为生产企业物流和流通企业物流。生产企业物流是伴随生产企业全过程发生的物流活动。流通企业物流是伴随商品流通过程发生的物流活动。

1. 生产企业物流

生产企业物流是以购进生产所需的原材料、设备为始点，经过劳动加工，形成新的产品，然后供应给社会需要部门为止的全过程。企业通过物流活动把原材料运进生产系统，并使其依次在加工点之间流动，逐步形成半成品、成品直至出厂。生产企业物流要经过原材料及设备采购供应阶段、生产阶段、销售阶段，这三个阶段便产生了生产企业纵向上的三段物流形式。生产企业物流具体包括工业生产企业物流和农业生产企业物流。

2. 流通企业物流

流通企业物流是指以从事商品流通的企业和专门从事实物流通的企业的物流。具体包括以下几方面内容：

（1）批发企业的物流。批发企业的物流是指以批发据点为核心，由批发经营活动所派生的物流活动。这一物流活动对批发的投入是组织大量物流活动的运进，产出是组织总量相同物流对象的运出。但是运出时批量变小，批次变多。在批发据点中的转换是包装形态及包装批量的转换。

（2）零售企业的物流。零售是将商品直接卖给消费者的商业活动。零售企业的物流是以零售商店据点为核心，以实现零售销售为主体的物流活动。零售企业的类型有：一般多品种零售企业、连锁型零售企业、直销企业等。连锁型零售企业物流的特点是集中进行供货，且大多数企业由本企业的共同配送中心完成。直销企业因经营品种较少、内部物流简单，企业物流重点集中于销售物流。

（3）仓储企业的物流。仓储企业是以储存业务为盈利手段的企业。仓储企业的物流是以接运、入库、保管保养、发运为主的物流活动，其中储存保管是其主要的物流功能。为了满足客户的需要，仓储企业也可以提供简单的包装等加工操作，因此会产生与生产企业类似的生产物流，但是生产物流并不会成为仓储企业物流活动的重点。

(4) 配送中心的物流。配送中心是从事配送业务的物流结点，为集储存、流通加工、分货、拣选、配货和运输于一体的综合性物流过程。配送中心是在市场经济条件下，以加速商品流通和创造规模效益为核心，以商品代理和配送为主要功能，集商流、物流和信息流于一体的现代综合流通部门。

(5)"第三方物流"企业的物流。"第三方物流"又称契约物流或物流联盟，是从生产到销售的整个物流过程中进行服务的"第三方"，它本身不拥有商品，而是在委托方物流需求的推动下，为其提供以合同为约束、以结盟为基础的系列化、个性化、信息化的物流代理服务。具体的物流内容包括商品运输、储存、配送以及附加的增值服务等。第三方物流是以现代信息技术为基础，实现信息和实物快速、准确协调传递，提高仓库管理、装卸运输、采购订货以及配送发运的自动化水平。

知识库

第三方物流与第四方物流

第三方物流是物流的实际需求方（假定为第一方）和物流的实际供给方（假定为第二方）之外的第三方部分或全部利用第二方的资源，并通过合约向第一方提供物流服务的物流运作方式。其功能是设计、执行以及管理客户供应链的物流需求，其基本特点是依据信息和物流专业知识，以最低的成本提供客户需要的物流管理和服务。

第四方物流是有领导力量的物流服务商通过整个供应链的影响力，提供综合的供应链解决方案，为其客户带来更大的价值。显然，第四方物流是在解决企业物流的基础上，整合社会资源，解决物流信息充分共享、社会物流资源充分利用等问题。本质上，第四方物流提供商是一个供应链集成商，它调集、管理和组织本身以及具有互补性的服务提供商的资源、能力和技术，以提供一个综合的供应链解决方案。

相对于第三方物流而言，第四方物流可以在更大范围内整合资源，并构筑更大规模的、覆盖面更广的物流信息平台。

(二) 按物流活动的主体分类

根据物流活动主体的不同，企业物流可分为企业自营物流、专业子公司物流和合同制物流。

1. 企业自营物流

企业自营物流是指企业自备车队、仓库、场地、人员，以自给自足的方式经营企业的物流业务。

2. 专业子公司物流

专业子公司一般是指从企业传统物流运作功能中剥离出来，成为一个独立运作的专业化实体（子公司）。它与母公司（或集团）之间的关系是服务与被服务的关系，并且以专业化的工具、人员、管理流程和服务手段为母公司提供专业化的物流服务。

3. 合同制物流

合同制物流是由供方与需方以外的物流企业提供物流服务的业务模式，是企业为了更好地提高物流运作效率以及降低物流成本而将物流业务外包给第三方物流公司的做法。

四、企业物流的内容

企业物流是从企业角度研究与之相关的物流活动，它是具体的、微观的物流活动的典型领域，是企业内部各工序间、各车间内、仓库内、厂内以及它们之间的物流过程。**企业物流可分为供应物流、生产物流、销售物流、回收物流和废弃物物流五个不同的具体的物流活动。**

（一）供应物流

供应物流是企业物流输入系统，即企业购入原材料、零部件或商品的物流过程。它是企业物流过程的起始阶段，是保证企业生产经营活动正常进行的前提条件，是为了创造价值提供前提条件的过程。对工厂而言，企业物流是对于生产活动所需要的原材料、备品备件等物资的采购、供应活动所产生的物流；对流通领域而言，企业物流是指交易活动中从买方角度出发的交易行为中所发生的物流。现代企业生产具有规模大、品种多和技术复杂等特点，再加上专业化、协作化、共同化的发展，生产社会化程度显著提高。企业供应物流不仅应保证供应，而且还应满足成本最低、消耗最少的原则。是否适时、适量、齐备和成套地完成供应活动是保证企业顺利进行经营活动的基础。为解决这个问题，企业必须建立稳定的供应网点，并采用高效的供应方式，力争库存为零。供应物流具体包括一切生产资料或商品的采购、运输、库存管理、用料管理和供应输送等。

（二）生产物流

生产物流也称厂区物流或车间物流等，是指在生产过程中，原材料、在制品、半成品和产成品等在企业内部的实体流动。生产物流是发生在企业生产工艺流程中与整个生产工艺过程相伴的物流活动，是企业生产工艺过程中不可缺少的组成部分。生产物流不仅表现为伴随生产加工过程各个环节而存在的运动，更重要的是在生产加工过程中表现为具有自身特性的系统运动。生产物流包括生产计划与控制、厂内运输（搬运）、在制品仓储与管理等活动。

生产物流是生产企业物流的核心部分，是创造价值的过程。它是制造产品的工厂企业所特有的，与生产流程同步。生产物流包括：各专业工厂或车间的半成品或成品流转的微观物流；各专业厂或车间之间以及它们与总厂之间的半成品、成品的流转。工厂物流的外沿部分，是指厂外运输衔接部分，它包括原材料、部件、半成品的购入和存放，产成品的包装、存放、发送和回收。生产物流系统的边界条件起于原材料、配件、设备的投入，经过制造过程转换为成品，止于从成品库再运到中转部门或直接配送给用户或出口。

企业物流从物料采购开始，必须经过生产过程的转换活动，才能形成具有一定使用价值的产成品，运至用户。物料经历着从一个生产单位流入另一个生产单位，按照一定工艺的流程要求，组成企业内部的生产物流，始终体现着物流实体的转换过程。

（三）销售物流

销售物流是企业物流输出系统，即指生产企业、流通企业出售商品时，商品在供方与需方之间的实体流动。这一过程包括产成品或商品库存管理、仓储发货运输、订货处理与客户服务等活动。销售物流是企业伴随商品销售活动过程，实现商品使用价值有效转移的物流活动的最后一个环节，是企业实现价值的过程，是企业物流与社会物流的又一个衔接点，是宏观物流的始点。宏观物流接受销售物流所传递的产品、信息，进行社会经济范围的信息、交易、实物流通活动，把一个个相对独立的企业系统联系起来，形成社会再生产系统。

为了保证销售物流的顺利完成，实现企业以最少的物流成本满足客户需要的目的，企业需要在产成品包装、储存、发送运输、订单及信息处理、装卸搬运等销售物流的主要环节做好工作。

(四) 回收物流

回收物流是指不合格物品的返修、退货，以及周转使用的包装容器从需方返回到供方所形成的物品实体流动。企业在生产、供应、销售的活动中总会产生各种边角余料和废料，这些东西的回收是需要伴随物流活动的，而且，在一个企业中，如果回收物品处理不当，往往会影响整个生产环境，甚至影响产品质量，也会占用很大空间，造成浪费。作为企业内部物流的一个部分，而且是一个可能会给企业带来巨大经济损失和社会影响的因素，回收物流是企业需要特别关注的一个方面。回收物流包括废旧物资和边角余料等的回收利用。

(五) 废弃物物流

废弃物物流是指对企业排放的无用物进行运输、装卸、处理等的物流活动。废弃物物流包括各种废弃物（废料、废气、废水等）的处理等活动。它虽然没有经济效益，但具有不可忽视的社会效益。这也是值得企业关注的一个企业内部物流活动。

图 1—1 描述了企业内部物流的整个过程。生产企业物流包含以上五个部分，流通企业物流包含供应物流、销售物流和回收物流，但有时流通企业也会有一些少量的流通加工。

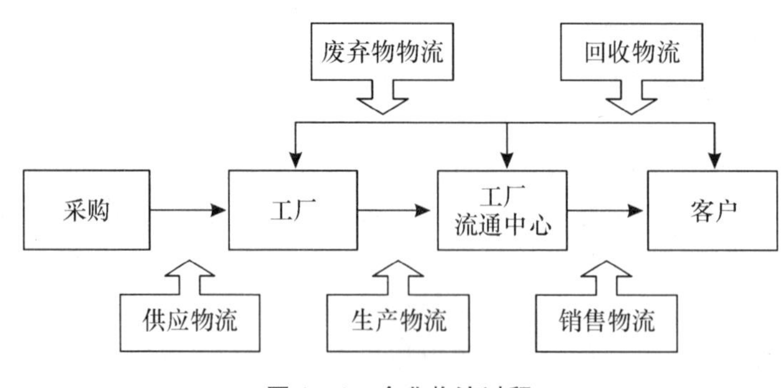

图 1—1 企业物流过程

第二节 企业物流管理

企业物流管理作为企业管理的一个分支，是对企业内部的物流活动进行计划、组织、指挥、协调、控制和监督的活动。通过对企业物流功能的最佳组合，在保证一定服务水平使客户满意的前提下，实现物流成本的最低化，这是企业不断追求的目标。

一、企业物流管理的概念

从宏观、中观和微观三个不同层次划分，管理科学可划分为理论管理学、基础管理学和应用管理学。企业物流管理属于微观层次的应用管理学。

20 世纪初，在泰罗的“科学管理”学说的指导下，企业产生了三大最基本的职能管理，即经营管理、财务管理和市场管理，物流管理并没有被列在其中。企业物流习惯上被分成三段，即采购物流、生产物流和销售物流，所以相应的物流管理业务被归入企业的采购部门、制造部门和市场营销部门，企业还没有一个独立的物流业务部门。可见在整个生产制造过程中，到处存在大量的库存和物流费用，大量的流动资金被当时未被重视的“物流黑洞”吞噬了。

直到 20 世纪 40 年代系统论的产生，人们才开始用系统的观点来解决不适当的库存问题。20 世纪 60 年代，物流管理被认为是对企业的原材料采购、运输、原材料和在制品的库存管理；而配送管理是对企业的输出物流的管理，包括需求预测、产品库存、运输、库存管理和用户服务。20 世纪 70 年代至 80 年代，企业物流管理主要是对进货物流和出货物流进行管理。20 世纪 80 年代，企业的输入、输出以及市场和制造功能被集成起来，企业物流管理才真正受到重视，越来越多的西方企业将物流战略视为获得市场竞争优势的重要途径，开始对物流全过程实施统一管理。管理者将企业物流管理贯穿于从原料采购到成品交付的整个环节，消除了企业内部物料流动之间的障碍，减少了库存量，使企业整体物流成本降低，并从战略角度促成物流管理和企业营销及生产各部门的协调，提高了客户服务水平，强化了企业盈利能力，企业内部物流一体化成为企业取得成功的必要条件。同期，许多美国企业增设了物流高级主管职位，企业物流管理的战略地位得到了肯定。进入 20 世纪 90 年代后，市场竞争加剧，促使企业将其物流活动扩大到顾客和供应商相结合的方面。通过与供应链上游的制造商、原材料供应商和位于下游的批发零售商之间的紧密合作，强化了企业对市场的反应能力，提高了供应链的整体效益，实现了整个供应链范围的物流系统效益最大化。这种供应链上各个合作伙伴共赢的局面有助于企业顺利实现其经营目标并促进其不断发展。

知识库

中国早期的物流概念来自于日本。但在新中国成立后到 1979 年，我国对物流几乎没有认识。从 1979 年到 20 世纪 90 年代，国内主要着重于宏观物流研究，对物流的认识和理解仅限于“物资流通”。20 世纪 90 年代后，企业物流管理理念逐步得到企业管理者的认同与实践，但真正受到重视和发展还是近几年的事情。虽然无论从理论研究还是从企业实践上看，我国企业物流管理距世界水平相差甚远，但如海尔等少数行业内领先的大型企业已策划企业物流管理战略，并设立物流部或利用物流公司对企业内部物流进行统一规划控制。

企业物流管理在不同的发展阶段，曾被赋予不同的含义。2001 年我国发布实施的《物流术语国家标准》中对企业物流管理所下的定义是：**企业物流管理是为了以最低的物流成本达到用户所满意的服务水平，对物流活动进行的计划、组织、协调与控制。**

企业物流管理的目的是在社会再生产过程中，根据物流的规律，应用管理的基本原理和科学方法，对物流活动进行计划、组织、指挥、协调、控制和监督，使各项物流活动实现最佳的协调与配合，以降低物流成本，提高物流效率和经济效益。

企业物流管理作为企业管理的一个组成部分，通过使物流功能达到最佳组合，在保证物流服务水平的前提下，实现物流成本最低化，这是现代企业物流管理的根本任务所在。在现代企业管理中，企业的基本竞争战略有成本领先战略、差异化战略和目标聚集战略。近年来，企业对物流管理日益重视，逐渐把企业的物流管理当作一个战略新视角，制定各种物流战略，以增强企业的竞争力。企业若拥有高效、合理的物流管理，既能降低经营成本，又能为顾客提供优质物流服务；既能使企业获得成本优势，又能使企业获得价格优势。因此，企业物流管理已成为现代企业管理战略中的一个新的着眼点。

把企业物流管理上升到战略的地位经历了一个过程。从纯粹为了降低企业内部的物流成本，到为了提高企业收益而加强内部物流管理，从通过向顾客提供满意的物流服务来带动销售收入的增长，发展到从长远和战略的视点去思考物流在企业经营中的定位，甚至超越本企业从供应链的角度来管理企业的物流。

二、企业物流管理的内容

企业物流管理主要包括对物流运作各环节的管理，如对运输、库存和包装等环节的管理；对物流运作活动中具体职能的管理，如对物流活动的计划、质量、技术等职能的管理；对物流运作系统各要素的管理，如对人、财、物和信息等要素的管理。

(一) 物流运作各环节的管理

物流通过不断输送各种物质产品，使生产者不断获得原材料、燃料以保证生产过程的正常进行，同时不断将产品运送给不同的需要者，以使这些需要者的生产、生活得以正常进行。企业物流管理活动的构成要素一般可简单描述为如图 1—2 所示的七个方面，其中实现货物、商品空间移动的运输以及时间移动的储存是两个中心要素，另外五个要素是为保证物流活动顺利进行而开展的包装、装卸搬运、流通加工、信息处理和配送，它们对物流的顺利进行也起着十分重要的作用。

1. 运输

运输是指用设备和工具，将物品从一个地点向另一地点位置移动的物流活动。其中包括集货、分配、搬运、中转、装入、卸下、分散等一系列操作。物流部门依靠运输克服生产地与需要地之间的空间距离较大的困难，解决了生产地与需求地之间的空间衔接，创造商品的空间效用。运输是物流的核心，以至于在许多场合，都把它作为整个物流的代名词。运输有铁路运输、公路运输、水路运输、航空运输、管道运输和传送带输送六种主要形式，不同的运输方式有不同的技术经济特性和不同的成本费用。对运输的管理要求选择技术经济效果最好的输送方式及联运方式，合理地确定输送路线，以实现运输的安全、迅速、准时、价廉的目标。

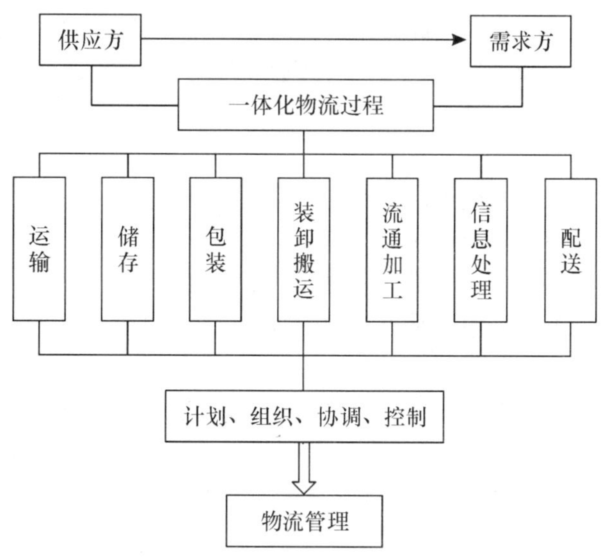

图 1—2　物流管理活动的构成要素

2. 储存

储存是指保护、管理、储藏物品。储存是包含库存和储备在内的一种广泛的经济现象，是任何社会形态都存在的经济现象。储存也称为保管，是为了克服生产和消费在时间上的不一致而形成的。物品通过保管产生了商品的时间效用，借助各种仓库，完成物品的堆码、保管、保养、维护等工作，以使物品的使用价值的下降达到最小的程度。保管的管理，要求合理确定仓库的库存量，建立各种物资的保管制度，确定保管流程，改进保管设施和保管技术等。保管也是物流的核心，与运输具有同等重要的地位。

3. 包装

包装是指为了在流通过程中保护商品、方便储运、促进销售，按一定技术要求而采用的容器、材料及辅助物等的总体名称，也指为了达到上述目的而在采用容器、材料和辅助物的过程中施加一定技术方法等的操作活动。

包装分为工业包装和商品包装。工业包装的作用是按单位分开产品，便于运输，提高装卸效率、装载率而进行的，并保护在途货物。商品包装的目的是便于消费者购买，也有利于在消费地点按单位把商品分开销售，并能显示商品特点，吸引购买者的注意力和引起他们的喜爱，以扩大商品的销售。因此，包装的功能可归纳为保护商品、单位化、便利化和商品广告四项。前三项属于物流功能，最后一项则属于市场营销学范畴。目前，包装正向着节约、安全和方便回收的方向发展。

4. 装卸搬运

装卸是物品在指定地点以人力或机械装入运输设备或卸下；搬运是指在同一场所，对物品进行水平移动为主的物流作业。在实际操作中，装卸与搬运是密不可分的，两者伴随在一起发生。搬运与运输的区别在于：搬运是在同一地域的小范围内发生的，而运输则是在较大范围内发生的。在物流活动全过程中，装卸搬运活动是不断出现和反复进行的，这是物品损坏的重要原因，因此必须加强对装卸搬运活动的严格管理。对装卸搬运活动的管理，主要是对装卸搬运的方式和装卸搬运机械的选择、合理配置与使用，努力做到装卸搬运合理化，尽可能减少装卸。另外，每次装卸活动都要花费较长时间，所以装卸往往成为影响物流速度的关键。

5. 流通加工

流通加工是指物品在生产地到使用地的过程中，根据需要施加包装、分割、计量、分件、刷标志、拴标签、组装等简单作业的总称。

流通加工有效地完善了流通。尽管流通加工不如运输和储存两个要素重要，但它起着补充、完善、提高、增强的作用，是提高物流服务水平、促进流通向现代化发展的不可缺少的形态。

流通加工是物流中的重要利润源。流通加工可以达到低投入、高产出的效果，以简单的加工解决大问题。实践证明：有的流通加工通过改变装潢使商品档次提升，售价提高；有的流通加工（如批量套裁）可将产品利用率提高 20%～50%，从而获得较大利润。

6. 信息处理

物流信息是指反映物流各项活动内容的知识、资料、图像、数据、文件的总称。在物流活动中大量信息的产生、传送、处理活动为合理地组织物流活动提供了可能性，对上述各种物流活动的相互联系起着协调作用。物流信息包括上述各项活动的有关计划、预测、动态信息以及相关联的费用情况、生产信息、市场信息等。对物流信息的管理，要求建立信息系统和信息渠道，正确选定信息科目和信息收集、汇总、统计、使用方法，以保证指导物流活动的可靠性和及时性。现代信息采用电子计算机处理手段，为达到物流的系统化、合理化、高效率化提供了技术条件。

7. 配送

配送是指在经济合理区域范围内，根据用户要求，在物流据点对物品进行拣选、加工、包装、分割、组配等作业，并按时送达指定地点的物流活动。

配送活动以配送中心为始点，而配送中心本身具备储存的功能。分货和配货工作是为满足用户要求而进行的，因而在必要的情况下要对货物进行流通加工。配送的最终实现离不开运输，这也是人们把面向城市内和区域范围内的运输称为配送的原因。总之，配送的目的是要做到收发货经济，完善运输过程，保持合理库存，为客户提供方便，降低缺货危险，减少订货费用。

（二）物流运作活动中具体职能的管理

职能管理是企业物流管理中的一些总体的统筹的管理。企业物流管理的组织结构确定之后，就要发挥各部门的作用，协调合作，做好物流活动中各项职能的管理。

物流活动中的职能管理从职能上划分，主要分为物流经济管理、物流质量管理和物流技术管理。

1. 物流经济管理

物流经济管理是指以物的流动过程（含储存）为主体，运用各种管理职能，对物的流动过程进行系统的统一管理，以降低物流成本，提高物流的经济效益，即用经济方法来研究、管理物的流动问题。成本费用的管理是物流经济管理的核心。物流经济管理的基本内容如下所述：

（1）物流计划管理。物流计划管理是指对物质生产、分配、变换、流通整个过程的计划管理。也就是在物流系统计划管理的约束下，对物流过程中的每个环节都要进行科学的计划管理，具体体现在物流系统内各种计划的编制、执行、修正及监督的全过程。物流计划管理是物流管理工作的首要职能。

（2）物流统计管理。物流统计管理是对物质生产、分配、交换、流通整个过程的计划管理。具体体现在物流系统内各种计划的编制、执行、修正及监督的全过程。

（3）物流费用成本管理。物流总成本和物流企业的利润、税金合起来构成物流费用。物流成本可以反映企业物流活动的经济状态。控制合理的物流成本构成，是加强物流管理工作的重要内容。

2. 物流质量管理

物流质量管理包括物流服务质量、物流工作质量、物流工程质量等的管理。物流质量的提高意味着物流管理水平的提高，意味着企业竞争能力的提高。因此，物流质量管理是物流管理工作的中心问题。

3. 物流技术管理

物流技术管理包括物流硬技术和物流软技术的管理。对物流硬技术进行管理，即对物流基础设施和物流设备的管理。如物流设施的规划、建设、维修、运用；物流设备的购置、安装、使用、维修和更新；提高设备的利用效率，日常工具管理工作等。对物流软技术进行管理，主要是对物流各种专业技术的开发、推广和引进，物流作业流程的制定，技术情报和技术文件的管理以及物流技术人员的培训等。物流技术管理是物流管理工作的依托，力求做到“多流、迅速、及时、准确、安全、少损、经济”。

（三）物流运作系统各要素的管理

从物流系统的角度看，物流管理的内容包括以下几个方面。

1. 人的管理

人是物流系统和物流活动中最活跃的因素。对人的管理包括物流从业人员的选拔和录用、物流专业人才的培训与提高、物流教育和物流人才培养规划与措施的制定等。

2. 财的管理

财的管理主要是指物流管理中有关降低物流成本、提高经济效益等方面的内容，它是物流管理的出发点，也是物流管理的归宿。其主要内容有：物流成本的计算与控制、物流经济效益指标体系的建立、资金的筹措与运用、提高经济效益的方法等。

3. 物的管理

“物”指的是物流活动的客体，即物质资料实体。物的管理贯穿于物流活动的始终。它涉及物流活动诸要素，即物的运输、储存、包装、流通加工等。

4. 设施设备的管理

物流设施是指在物流全过程中为物品流动服务的所有设施（如交通运输设施、仓储设施等）。物流设施是保证物品以最快速度和最小耗费保质、保量地从生产领域进入消费领域的重要前提条件。设施设备的管理主要有：各种物流设备的选型与优化配置；各种设备的合理使用和更新改造；各种设备的研制、开发与引进等。

5. 信息的管理

信息是物流系统的神经中枢，只有做到有效地处理并及时传输物流信息，才能对系统内部的人、财、物、设施设备和方法五个要素进行有效的管理。

6. 方法的管理

方法的管理的主要内容有：各种物流技术的研究、推广普及；物流科学研究工作的组织与开展；新技术的推广普及；现代管理方法的应用等。

三、现代企业物流管理的特征

现代企业物流管理就是要通过物流系统内、外各环节的有机联系和相互作用，来实现整个物流系统的有效运转，实现企业物流目标。这就需要对物流活动进行计划、组织协调与控制等，以最低的物流成本达到客户满意的服务水平，实现物流整体优化的目标。物流整体优化目标就是要使物流成本最低、消耗最少，而物流服务效果最佳，具体表现为“7R”，即适当的质量（right quality）、适当的数量（right quantity）、适当的时间（right time）、适当的地点（right place）、适当的产品（right product）、适当的条件（right condition）、适当的成本（right cost）。现代企业物流管理的特征表现在以下几个方面。

（一）“顾客满意”是现代企业物流管理的出发点

现代企业物流管理中顾客服务优先于其他各项活动，现代企业物流通过提供顾客所期望的服务，在积极追求自身交易扩大化的同时，强调实现与竞争企业在顾客服务方面的差别化，就是在进行物流资源、物流时间、物流品质、备货、信息等物流服务质量决策时，不能仅从供给角度考虑，而应在了解竞争对手战略的基础上，努力提高顾客满意度。

（二）现代企业物流管理注重整个流通渠道的有效整合

传统物流管理认为，物流是从生产阶段到消费阶段的商品运动过程，也就是说，物流管理的主要对象是“销售物流”和“企业内物流”；现代企业物流管理的范围不仅仅包括销售物流和企业内物流，而且应当包括从原材料供应直至最终用户的所有过程和环节，还包括退、换货物流以及废弃物物流。同时，现代企业物流管理中的销售物流概念也有新的延伸，即不仅是单阶段的销售物流（如供应商到批发商、零售商直至消费者的相对独立的物流活动），而且是一种整体的销售物流活动，也就是将销售渠道的各个参与者（供应商、批发商、零售商等）进行有效整合，以保证销售物流过程合理化。

（三）现代企业物流管理以企业物流整体最优为目的

随着经济全球化和科技高速发展，世界市场也发生着巨大的变化，商品的生产周期趋短，消费者需求趋变，服务要求趋高，商品流通地域趋广，这就要求物流活动必须迅捷、高效、经济。在这种背景下，如果企业物流仅仅追求“节点最优”或“部门最优”，将无法在日益激烈的市场竞争中取胜。从原材料采购计划直至商品向最终客户移动的所有活动，已经不再是某一环节和部门的活动，而是整个流程各环节有效结合所发挥出的综合效益。追求整体最优，应在充分认识采购理论、生产理论、销售理论及物流配送理论的基础上，实现物流部门的整体优化。

（四）现代企业物流管理以“双效”为基础

现代企业物流管理是对经济效益和社会效益的双追求，具体表现为：从物流手段上看，从原来重视物流机械、设备等硬件要素的利用转向重视信息等软件要素的有效收集和利用；从物流活动领域上看，从以运输、储存为主的活动领域转向物流全过程转变，也就是从原材料供应向用户服务的整个物流活动过程扩展；从管理方式上看，现代物流从原来的执行作业层次管理控制，发展为对经营决策的控制；从管理理念上看，从原来强调确保运输、储存等，实现低成本的企业直接利益，转变为强调物流服务水平的提高，以及对环境、能源、污染等有关可持续发展的社会利益的关注。综上而言，原来的传统物流管理以提高经济效率、降低成本为重点，而现代企业物流管理不仅重视企业经济效率，更强调整个物流过程中所形成的经济效益和社会效益。

（五）现代企业物流是以信息为核心形成的共同体

现代企业物流活动不是物流系统中某单个部门、环节或企业的业务活动，而是包括供应商、批发商、零售商等关联企业在内的整个统一体的共同活动，并通过物流供应链强化企业间的关系。这种物流供应链通过企业计划的联结、企业信息的联结、风险共同承担的联结等有机结合，包含了流通过程的所有企业，从而使物流管理成为一种供应链管理。供应链管理就是从供应商到最终用户，对整个流通过程中的全体商品运动的综合管理，其手段是信息的沟通。如果说部门间的产、销、物结合追求的是企业内经营最优的话，那么供应链管理则是通过所有市场参与者的联盟追求流通生产全过程效率的提高。在经营、管理要素上，信息已成为物流管理的核心，因为只有高度发达的信息网络和信息支撑，才能使供应链的参与者由原来的竞争对手变为合作伙伴，信息使物流各环节联结为利益共同体。

总之，现代企业物流管理是对从供应商到最终顾客的整个流通阶段所发生的物品运动的管理，在物品实体的运动中，形成的“场所变更”和“时间推移”的物流现象，既是企业物流服务的对象，又是企业在生存、发展过程中，可利用的有效经营资源。

第三节　企业物流一体化运作管理

企业物流一体化是指从整体上对物流运作的各个环节进行设计，以求取得整体上的最优。物流一体化应包括信息采集、订单、采购、加工、储存、配送、结算、分析的一条龙运作，每一环节都缺一不可。亚太物流联盟主席、澳大利亚著名的物流专家指出，物流一体化就是利用物流管理，使产品在有效的供应链内迅速移动，使参与的企业都能获益，使整个社会获得明显的经济效益。

一、企业物流作业一体化管理目标

在物流一体化设计和作业管理方面，每一个企业都必须同时实现至少六个不同的作业目标。这些作业目标构成了物流表现的主要方面，其中包括快速响应、最小变异、最低库存、整合运输与配送、作业质量以及逆向物流支持，现对每个目标作简短讨论。

（一）快速响应

快速响应是指一个企业是否能及时满足客户的服务需求能力。随着信息技术的提高，企业应具备在最短的可能时间内完成物流作业和尽快交付所需存货的能力，这样就可减少传统上按预期的顾客需求过度地储备存货的情况。快速响应能力把作业重点从根据预测和对存货储备的预期，转移到以装运和装运的方式对顾客需求作出反应方面上来。不过，由于在不知道客户需求和尚未承担任务之前，存货实际上并没有发生移动，因此，必须仔细安排不同的作业环节，不能存在任何环节衔接上的缺陷。

（二）最小变异

变异是指破坏系统表现的任何突发事件，它可以产生于任何一个领域的物流作业，诸如客户收到订货的期望时间被延迟、制造中发生意想不到的损坏、货物到达顾客所在地时发现受损，或者把货物交付到不正确的地点——所有这一切都将使物流作业时间遭到破坏，对此，企业必须予以解决或提前预防。物流系统的所有作业领域都容易遭受潜在的变异，减少变异的可能性关系到内部作业和外部作业。传统解决变异的办法是建立安全储备存货或使用高成本的溢价运输。当前，考虑到这类实践的费用和相关风险，该方法已被信息技术的利用所取代，以实现积极的物流控制。在某种程度上，变异已可减少至最低限度，经济上的作业结果是提高了物流生产率。因此，整个物流表现的基本目标是要使变异减少到最低限度。

（三）最低库存

最低库存的目标涉及资产负担和相关的周转速度。通过整个物流系统进行存货配置的金融价值是物流作业的总负担。结合存货可得性的高周转率，意味着分布在存货上的资金得到了有效的利用。因此，保持最低库存的目标是要把存货配置减少到与顾客服务目标相一致的最低水平，以实现最低的物流总成本。随着管理者谋求减少存货配置的设想，类似“零库存”的概念已变得越来越流行。重新设计系统后，作业上的缺陷一直要到存货被减少到其最低可能的水平时才会显露出来。虽然消除一切存货的目标很具吸引力，但必须记住，存货在一个物流系统中能够并且确实有助于维护某些重要的利益。当存货在制造和采购中产生规模经济时，它能提高投资报酬率。企业的目标是要将存货控制在最低水平上，并同时实现所期望的作业目标。要实现最低存货的目标，物流系统设计必须控制整个企业而不仅是每一个业务点的资金负担和周转速度。

（四）整合运输与配送

运输成本是最重要的物流成本之一。运输成本与产品的种类、装运的规模以及距离直接相关。许多具有溢价服务特征的物流系统所依赖的高速度、小批量装运的运输，是典型的高成本运输。要降低运输成本，就需要实现整合运输。一般说来，整个装运规模越大以及需要运输的距离越长，则每单位运输成本就越低。这就需要有创新的规划，把小批量的装运聚集成集中的、具有较大批量的整合运输。大型的物流配送中心多采用规模大、专业性强、品种多的配送方式。对于大多数小企业而言，多采用分工合作形式的共同配送方式。

（五）作业质量

物流作业目标之一是寻求持续的质量改善。全面质量管理已成为各个行业承担的主要义务。这种义务是物流业发展的主要动力之一。如果一个产品变得有缺陷，或者服务承诺没有得到履行，那么，物流实质上并没有增加价值，反而会降低信誉价值。同时，一旦支出物流的各种费用，也就无法收回。事实上，当作业质量不合格时，物流作业中的其他表现会被同时否定，因此，物流作业必须履行所需要的质量标准。管理上所说的实现“零缺陷”物流表现的挑战被这样的事实强化了，即物流作业必须在全天 24 小时的任何时间、跨越广阔的地域来履行。在作业中，由于不正确装运或运输中的损坏而导致重新作业，其费用远比第一次就正确地履行作业所支付的费用要多。因此，物流作业是发展和维持全面质量管理不断改善的主要组成部分。

（六）逆向物流支持

物流一体化设计的最后一个目标是逆向物流支持。企业大多会对商品出售作出各种保证，如保质期、保鲜期、失效期、退换货等。在某些情况下，还必须回收那些已流向市场的超时存货。产品收回是由于不断地提高具有强制性的质量标准、产品有效期和因危害而产生的责任等，引起客户对产品不满意所造成的结果。逆向物流需求也产生于某些法律规定。如有些法律规定，对某些饮料容器和包装材料禁止任意处理，或鼓励回收，以致回收的数量不断增加，最终导致逆向物流的增加。

逆向物流作业最重要的意义是，当存在潜在的健康责任时（例如，一种易污染产品），需要进行最大限度的控制。在这个意义上，产品收回规划就不论代价大小，都必须最大限度地执行，这同执行客户服务战略相类似。逆向物流作业的重要之处还在于，如果不仔细地审视逆向物流需求，就无法制定有效的整体物流战略。设计一个完整的物流系统，必须具有逆向物流支持能力，即从货物的发出到废旧物资回收的循环过程。

二、企业物流一体化管理与供应链管理

供应链管理作为一种新型的管理模式，是对供应链中所有重要的业务流程的管理，典型的流程包括：客户关系管理、客户服务管理、需求管理、订单履行、制造物流管理、采购以及产品开发和商业化等。供应链管理涉及制造和物流两个方面，即从原材料到产品交付给最终用户的整个物流增值过程，是企业之间的衔接管理活动。企业物流一体化管理涉及的是企业经营活动中原材料、零部件、产成品在企业中的流动。物流管理很自然地成为供应链管理体系的重要组成部分。供应链管理实际上是物流在逻辑上的延伸，它侧重于物流信息与其他信息的集成处理。

（一）传统物流管理的特点

在传统的物流系统中，需求信息和反馈信息（供应信息）是逐级传递的，因此上级供应商不能及时掌握市场信息，对市场的信息反馈速度比较慢，导致需求信息的扭曲。另外，传统的物流系统没有从整体角度进行物流规划，常导致一方面库存不断增加，另一方面当需求出现时又无法满足。这样，企业就会因为物流系统管理不善而丧失市场机会。

简言之，传统物流管理的主要特点表现在：纵向一体化的物流系统；不稳定的供需关系，缺乏合作；资源的利用率低；信息的利用率低，没有共享有关的需求资源，需求信息扭曲现象严重。

（二）供应链管理的特点

1. 供应链管理是对物流的一体化管理，强调组织外部一体化

物流一体化是指不同职能部门之间或不同企业之间通过物流合作，达到提高物流效率、降低物流成本的目的。企业物流管理关注组织内部的功能整合，而供应链管理则认为

仅有组织内部的一体化是远远不够的。供应链管理实质上是通过物流将企业内各部门及供应链各结点企业连接起来，改变了交易双方利益对立的传统观念，而在整个供应链范围内建立起共同利益的协作伙伴关系。它把从供应商开始到最终消费者的物流活动作为一个整体进行统一管理，始终从整体和全局上把握物流的各项活动，使整个供应链的库存水平最低，实现供应链整体物流的最优化。供应链管理实际上是一个高度互动的复杂的系统工程，需要同步考虑不同层次上相互关联的技术经济问题，进行成本效益权衡。如要考虑供应链系统的布局和选址决策，以及信息共享的深度；实施业务过程一体化管理后所获得的整体效益如何在供应链成员之间进行分配，特别是要求供应链成员在一开始就共同参与制定整体发展战略或新产品开发战略等。这种跨边界和跨组织的一体化管理使组织的边界变得更加模糊。

2. 供应链管理为集成化管理，体现了企业间对共同价值的依赖关系

供应链管理通过应用网络技术和信息技术，重新组织和安排业务流程，实现集成化管理。离开信息及网络技术的支撑，供应链管理就会丧失应有的价值。和传统的纵向一体化物流模型相比，供应链管理环境下的信息流量大大增加。需求信息和反馈信息不是逐级传递，而是网络式传递的。

因此，有三种信息在供应链环境下的物流系统中运行，即需求信息、供应信息和共享信息。实时信息的共享对成功进行供应链管理具有重要意义。

随着供应链管理系统结构复杂性的增加，它将更加依赖信息系统的支持，所以，与其说供应链管理依赖网络技术，还不如说供应链管理是为了在供应链伙伴间形成一种相互信任、相互依赖、互惠互利和共同发展的价值观和依赖关系而构筑信息化网络的平台。

3. 供应链管理是“外源”整合组织

供应链管理使跨企业的贸易伙伴之间密切合作、共享利益、共担风险。在供应链管理中，企业超越了组织机构的界限，改变了传统的经营意识，建立起新型的客户关系，使企业意识到不能仅仅依靠自己的资源来参与市场竞争、提高经营效率，而要在自己的“核心业务”基础上通过与供应链参与各方进行跨部门、跨职能和跨企业的合作，建立共同利益的合作伙伴关系，通过协作的方式来整合资源以获得最佳的总体运营效益。除了核心业务以外，几乎每件事都可能是“外源的”，即从公司外部获得的。著名的企业如耐克公司和太阳微系统公司，通常外购或外协所有的部件，而自己集中于新产品的开发和市场营销。实际上一台标准的苹果机，其制造成本的90%都是外购的。表面上这些企业是将部分或全部的制造和服务活动，以合同形式委托给其他企业代为加工制造，但实际上是按照市场的需求，根据规则对由标准、品牌、知识、核心技术和创新能力所构成的网络系统整合或重新配置社会资源。

总之，供应链管理是一种高度互动而复杂的系统方法，它跨越了组织界限，既考虑了企业内部的权衡，也考虑了企业之间的权衡。供应链管理可以更好地了解客户，给他们提供个性化的产品和服务，使资源在供应链上合理流动，缩短物流周期，降低库存，降低物流费用，提高物流效率，从而提高企业的竞争力。

（三）企业物流一体化管理在供应链管理中的地位

企业物流一体化管理在供应链管理中有着重要的作用。经研究发现，物流价值（采购

和分销之和）在各类型的产品和行业中都占到了整个供应链价值的一半以上，而制造价值不到一半。在消费品和一般工业品中，物流价值的比例更大，达到80%以上。这充分说明物流的价值意义。供应链是一个价值增值过程，有效地管理好物流过程，对于提高供应链的价值增值水平有着举足轻重的作用。

从传统的观点看，物流对制造企业的生产起到一种支持作用，物流部门被视为辅助的功能部门。由于现代市场环境的变化，要求企业加速资金周转，快速传递与反馈市场信息，提供低成本的优质产品，以生产出满足顾客需求的个性化产品，提高用户满意度。因此，只有建立敏捷而高效的供应链物流系统才能达到提高企业竞争力的要求。企业物流一体化管理不再是传统的保证生产过程连续性的问题，而是创造用户价值，降低用户成本；协调制造活动，提高企业敏捷性；提供用户服务，塑造企业形象；提供信息反馈，协调供需矛盾。供应链管理将成为21世纪企业的核心竞争力，企业物流一体化管理作为供应链管理的核心能力的主要构成部分，在供应链管理中发挥着重要作用。

案例1—1

戴尔公司的供应链管理

戴尔公司的成功归功于独特的直接运营模式及背后支撑的基于现代信息技术基础上的高效供应链，这个供应链管理使戴尔公司在供应商和客户之间构筑了一个“虚拟整合的平台”，保证了整个供应链的无缝集成。

目前，超过50%的客户订单是通过互联网发出的，在客户发出订单50秒内，供应链管理平台控制中心就会收到信息。工作人员借助供应链管理平台，把收到的订单信息迅速传递给各个配件供应商，通知他们戴尔公司所需配件的数量、规格、型号、装配和运输，供应商则根据相关信息迅速组织运货到装配厂，从而保证在最短的时间、以最少的开支制造出更好的产品。

通过供应链管理平台，戴尔公司已经把客户、配件生产厂家、供应商和装配线等连成了一个整体。目前，戴尔公司与全球170多个国家5万多家供应商和配件生产厂保持着联系，并掌握它们的库存和生产信息，保证按时、按质送货到位。因此，戴尔公司能够在竞争对手的库存周期大都还徘徊在30～40天时，就将自己的库存周期降至4～5天，从而极大地降低了库存和物料成本。这使得戴尔公司的运营成本比例不断下降，现在其运营成本仅为10%，而惠普是21%，思科是46%，戴尔公司的竞争优势可见一斑。

三、现代企业物流一体化运作管理的模式

物流一体化是将系统科学的方法应用到物流领域，以信息控制为手段，在物流系统输入端为供应商提供低成本的服务，在输出端为客户提供快速优质、低货损率的服务。在系统内部转换的过程中，将传统的垂直功能管理整合为横向的功能平衡管理，以一定成本取得物流系统整体的最大效益。物流一体化横向关系如图1—3所示。从企业内部作业考察，将所有物流的功能与具体经营活动结合起来，形成企业内部物流功能的一体化，建造了企业物流运行的平台。物流一体化是20世纪末最有影响的物流运作模式之一，物流一体化

又可以分为三种运作形式，即垂直一体化物流、水平一体化物流和网络一体化物流。

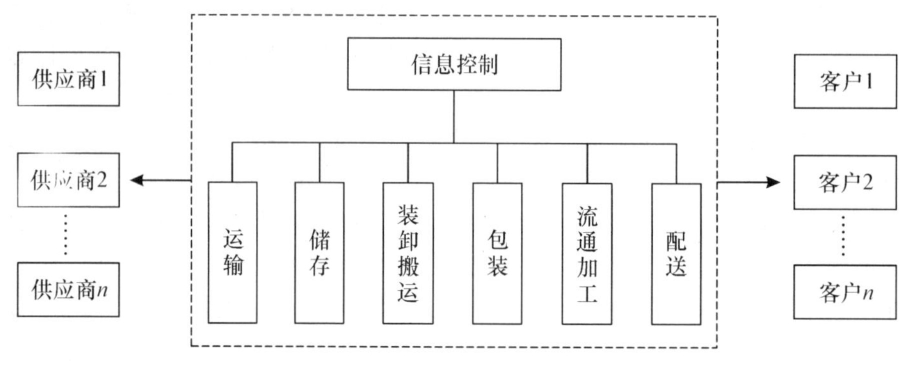

图 1—3　物流一体化横向关系

（一）垂直一体化物流

垂直一体化物流以战略为管理导向，要求企业的物流运作管理人员从面向企业内部发展向面向企业同供货商，以及客户的业务关系上转变。企业将超越现有的组织机构界限，将提供产品或运输服务等的供货商和客户纳入管理范围，作为物流运作管理的一项中心内容。垂直一体化物流的关键是力图把原材料供应商到客户的合作关系，形成一种联合力量，以赢得竞争。而雄厚的物流技术基础、先进的管理方法和通信技术又使这一设想成为现实，并在此基础上继续发展。

随着垂直一体化物流的深入发展，在企业经营集团化和国际化的背景下，形成了比较完整的供应链理论。供应链是指涉及将产品或服务提供给最终消费者的所有环节的企业所构成的上、下游产业一体化体系。供应链管理强调核心企业与相关企业的协作关系，通过信息共享、技术扩散、资源优化配置高效的价值链激励机制等方法体现经营一体化。供应链是对垂直一体化的延伸，是从系统观点出发，通过对从原材料、半成品和成品的生产、供应、销售直到最终消费者的整个过程中的物流与资金流、信息流的协调，以满足客户的需要。竞争优势来源于以价值链为联系的各个相关企业增值能力的总和。

社会再生产过程是一个生产、流通和消费相互依存、相互渗透的过程。商品生产者与分销商之间在价值的产生和实现上是相互依存的，而在利益分配上又是相互矛盾的。在买方市场中，最终的竞争并不是表现为企业与企业之间的竞争，而是表现为供应链之间的竞争，于是便出现了跨组织的全面物流合作。垂直一体化物流关系不只是制造商和上游供应商、制造商和下游分销商的关系，其目标是使整个供应链实现客户服务的高水平与低成本，进而赢得竞争优势。这不仅扩大了原有物流系统，延长了传统垂直一体化物流的长度，而且超越了物流本身，充分考虑整个物流过程及影响此过程的各种环境因素，向着物流、信息流、资金流等各个方向同时发展，形成了两套相对独立而完整的体系。

（二）水平一体化物流

水平一体化物流通过同一行业中各企业之间物流的合作以获得整体上的规模经济，从而提高了物流效率。不同的企业可以用同样的装运方式进行不同类型商品的共同运输。一个企业在装运本企业商品的同时，也可以装运其他企业的商品。不同商品的物流过程不仅在空间上是矛盾的，而且在时间上也有差异，这就要掌握大量的有关物流需求和物流供应能力的信息。有大量的企业参与，并且有大量的商品存在，这时企业间的合作才能提高物流效益。

（三）网络一体化物流

网络一体化物流是一体化物流的第三种形式，是垂直一体化物流与水平一体化物流的综合体。当一体化物流的某个环节同时又是其他一体化物流系统的组成部分时，以物流为联系的企业关系就会形成一个网络关系。物流网络能发挥规模经济作用的条件就是一体化、标准化、模块化。

若要实现物流网络化，就要有一批优势物流企业与生产企业结成共享市场的联盟，把过去那种直接分享利润的联合发展成优势联盟，共享市场，进而分享更大份额的利润。优势物流企业要与中小型物流企业结成市场开拓的同盟，利用相对稳定和完整的营销体系，帮助生产企业开拓销售市场。这样，网络一体化物流就能成为一个生产企业和物流企业多方位、纵横交叉、互相渗透的协作机体，物流网络的规模效益就会显现出来，从而使整个社会的物流成本大幅度下降。

本章小结

首先，本章介绍了企业物流的含义、分类和内容。企业物流是指企业在生产运作过程中，物品从供应、生产、销售以及废弃物的回收到再利用所发生的运输、储存、装卸、搬运、包装、流通加工、配送、物流信息处理等多项基本活动。企业物流按行业分类，可以分为生产企业物流和流通企业物流。按物流活动的主体分类，可分为企业自营物流、专业子公司物流和合同制物流。企业物流的内容包括供应物流、生产物流、销售物流、回收物流和废弃物物流五个不同的具体的物流活动。

其次，本章阐述了企业物流管理的概念、内容和特征。企业物流管理是为了以最低的物流成本达到用户所满意的服务水平，对物流活动进行的计划、组织、协调与控制。企业物流管理主要包括对物流运作各环节的管理，如对运输、库存和包装等环节的管理；对物流运作活动中具体职能的管理，如对物流活动的计划、质量、技术等职能的管理；对物流运作系统各要素的管理，如对人、财、物和信息等要素的管理。现代企业物流管理的特征表现为："顾客满意"是现代企业物流管理的出发点；现代企业物流管理注重整个流通渠道的有效整合；现代企业物流管理以企业物流整体最优为目的；现代企业物流管理以"双效"为基础；现代企业物流是以信息为核心形成的共同体。

最后，本章明确了企业物流作业一体化管理目标，企业物流一体化管理与供应链管理的关系以及现代企业物流一体化运作管理的模式。企业物流作业一体化管理目标构成了物流表现的主要方面，其中包括快速响应、最小变异、最低库存、整合运输与配送、作业质量以及逆向物流支持。企业物流一体化管理涉及的是企业经营活动中原材料、零部件、产成品在企业中的流动。物流管理很自然地成为供应链管理体系的重要组成部分。供应链管理实际上是物流在逻辑上的延伸，它侧重于物流信息与其他信息的集成处理。物流一体化是 20 世纪末最有影响的物流运作模式之一，物流一体化又可以分为垂直一体化物流、水平一体化物流和网络一体化物流三种运作形式。

基本概念

物流　企业物流　供应物流　生产物流　销售物流　回收物流　废弃物物流　企业物流管理　运输　储存　包装　装卸搬运　配送　流通加工　物流信息　物流经济管理　物流质量管理　物流技术管理　物流一体化　供应链管理　垂直一体化物流　水平一体化物流　网络一体化物流

思考题

1. 什么是企业物流？有何特点？
2. 按照行业，企业物流如何分类？
3. 企业物流包括哪些内容？
4. 什么是企业物流管理？现代企业物流管理有哪些特征？
5. 简述企业物流管理的内容。
6. 如何理解企业物流一体化与供应链管理的关系。
7. 你认为现代企业物流一体化运作管理的模式有哪些？联系某实际企业，分析其物流运作管理的模式。
8. 企业物流管理主要是指制造业的现场物流管理，在我国只有大中型企业谈物流管理具有现实意义。你如何看待这个观点？为什么？

第二章
企业物流战略管理

本章要点提示

- 了解企业物流战略制定的环境分析及物流环境的新变化
- 理解企业物流战略的定义、地位及分类
- 掌握企业物流战略管理的目标和物流战略规划领域
- 掌握几种主要的物流竞争战略概念
- 掌握企业物流战略制定的基本步骤以及物流战略控制的方法

20 世纪 90 年代以后，越来越多的企业开始认识到物流在战略管理中的重要地位，这是因为经营环境的变化促使企业的经营视角发生了变化，企业不但要善于创造需求，还必须积极、主动地适应市场的变化。物流作为一个有机整体系统，在企业活动中发挥着重要的作用，对物流活动进行战略管理是企业物流管理的基础。

第一节　企业物流战略与战略管理

一、企业战略

战略一词，原是军事学上的一个术语，其本意是基于对战争全局的分析、判断所做出的筹划与指导，后来演变成泛指重大的、全局的和左右成败的谋划。以后被引入经济管理学中，出现了经济战略、企业战略和企业物流战略等名词。

企业战略就是指企业高层管理机构根据企业长期经营和发展的总目标，在分析企业的内部条件和所处的外部环境的基础上，制定出能够使企业达到总目标所需要遵循的管理方针和管理政策，进行现有资源优化配置的决策，提出实现企业总目标的经营途径和手段。企业战略具有指导性、长远性、稳定性和风险性的特点。

按对企业经营管理的指导程度，企业战略通常分为三个层次，即总体战略、业务战略和职能部门战略。总体战略，又称公司战略，是企业的战略总纲，是企业最高管理层指导和控制企业一切行为的最高行动纲领。总体战略为企业的经营活动指明方向，是宏观层面的战略。业务战略，又称竞争战略，是企业各业务的经营单位、事业部或子公司的战略，是在企业总体战略的指导下制定的，适合于某一个经营单位的战略计划，是企业总体战略之下的二级战略，是企业的总体战略在经营单位层次上的具体化。业务战略与总体战略相比，属于企业中观层面的战略，是相对具体的战略，将总体战略中规定的企业经营目标、经营措施等具体化，用于指导经营单位的管理活动。职能部门战略，又称职能层战略，是为贯彻、实施和支持总体战略与业务战略而在企业特定的职能管理领域制定的战略。职能部门战略与前两个层次的战略相比，属于企业微观层面的战略，是总体战略和业务战略的具体化。

二、企业物流战略

现代物流是一个企业流通组织形式和服务方式的重要组成部分。一个企业物流的发展水平反映了该企业对流通和产品服务组织化、系统化的程度。也就是说，物流可以是企业竞争力的重要组成部分。许多企业的经营者越来越清楚地认识到物流与经营、生产紧密相连，它已成为支撑企业竞争力的三大支柱之一。企业内部物流系统和外部物流系统成为一个企业重塑竞争力的重要手段和方式。面对激烈竞争的市场经济，物流已经在企业战略中占有一席之地。

知识库

沃尔玛的成功之道

在《哈佛商业评论》的一篇文章“基于能力的竞争”中，作者分析了零售业巨人沃尔玛公司取得巨大成功的原因。在说明沃尔玛致力于通过天天低价和商品即得性来建立顾客忠诚时，作者认为，沃尔玛之所以能实现为顾客提供始终如一的优质服务的目标，关键是因为企业使补充存货的方法成为其竞争战略的核心部分。一项普通的物流策略竟然变成了世界零售巨头整个竞争战略的核心部分，可见企业物流战略的重要性。

（一）企业物流战略的含义

企业物流战略是企业战略的重要组成部分，就企业战略的层次而言，企业物流战略与制造战略、销售战略、研究与开发战略和财务战略等同属于企业的职能部门战略，如图2—1所示。

物流是从属于企业整体战略的，要低一个层次，与制造、销售、财务战略同处于职能管理层次。它们的关系是在企业战略的指导下，制定职能部门的战略，以支持企业战略的实现。

企业物流战略作为企业战略的一个部分，必须服从企业战略的要求，并与之一致。选择好的企业物流战略与制定好的企业战略一样，需要经历很多创造性过程，创新思想往往带来更有力的竞争优势。企业物流组织管理决策层的一项重要工作是制定物流战略。

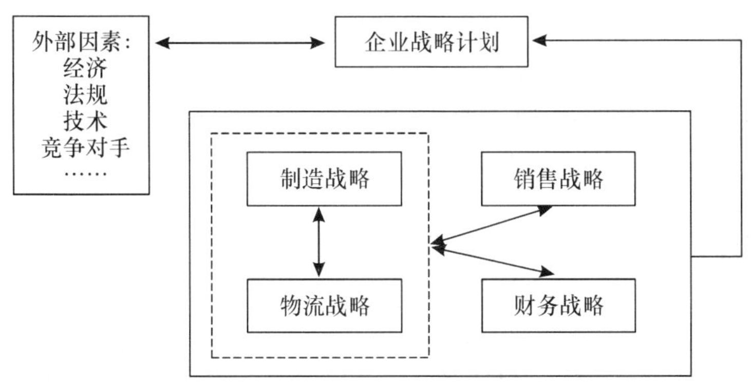

图 2—1 企业战略结构图

企业物流战略是指针对企业内外部物流的目标、任务和方向而制定的政策和措施。企业物流战略是企业为了更好地开展物流活动而制定的行动指南。

知识库

库柏（Cooper）、英尼斯（Innis）和狄克逊（Dickson）将物流战略定义如下："一个通过提高价值和客户服务而实现竞争优势的统一、综合和集成的计划过程。该计划过程通过对物流服务的未来需求进行预测和对整个供应链的资源进行管理（如何实现目标），导致优异的客户满意度（希望实现什么）。这种计划过程是在企业总体目标和计划的背景下进行的。"可见，物流战略的提出首先是基于将物流看作一个过程，通过识别物流过程的相互依赖性从而将整个物流过程的功能进行优化，并对各个物流功能进行分配。

企业物流战略是企业为实现经营目标，通过对企业的外部环境和内部资源的分析而制定的较长期的全局性的重大物流发展决策，企业物流战略具有四大特征：

（1）目的性。现代企业物流战略的制定和实施服务于一个明确的目的，那就是引导现代企业在变化的竞争环境中生存和发展。

（2）长期性。企业物流战略的长期性就是在环境分析和科学预测的基础上，展望未来，为现代企业谋求长期发展的目标与对策。

（3）竞争性。现代企业物流战略的发展必须面对未来进行全局性设计和谋划，设计现代企业的竞争战略以保持企业的竞争优势，从而使物流战略具有对抗性和战斗性。

（4）系统性。任何战略都有一个系统的模式，既要有一定的战略目标，又要有实现这一目标的途径和方针，还要制定政策和规划，企业物流战略也构成了一个战略网络系统体系。同时，物流过程并不是独立的，而是企业运作过程的一部分。因此，物流活动的统一化或过程化运作，都与整个企业的运作密切联系，物流战略不具有独立性。

（二）企业物流战略的地位

物流战略并不是孤立存在于企业物流管理中的，它是企业战略的一个有机组成部分。物流在企业经营中的重要作用已得到充分肯定，被喻为企业的"第三利润源泉"。这里先讨论物流战略与企业战略的关系，以搞清物流战略的作用和地位。

企业战略是关于实现企业长期经营目标的决策，它的范畴是关于企业的经营方向、企业整体经营目标的规定。例如，在企业战略中需要指明在未来若干年内，企业是进入一些新的经营领域，还是坚持在目前的领域中发展；需要提出发展规模方面的目标，如市场份额、投资规模及回报、利润目标等；要考虑采取一些异乎寻常的、未曾采取过的举措，以出奇制胜。一个好的企业战略是对市场需求、顾客、供应商、竞争对手及自身条件作充分的研究之后产生的。

现代物流是企业生产经营活动的重要组成部分。企业物流发展水平反映了该企业对供应和销售进行服务的组织化和系统化的程度。企业的经营者越来越清楚地认识到物流与生产、销售紧密相连，它已成为支撑企业竞争力的三大支柱之一。企业物流战略的重要性主要体现在：

首先，物流的涉及面非常广泛，需要有合理的战略。物流涉及企业的生产、供应、销售及服务各个方面，涵盖了几乎企业所有的经营活动过程，是一种非常庞大而且复杂的管理活动。企业物流管理还包括库存、运输等要素，对这些要素都要有单个或局部的规划。但是由于缺乏整体的沟通和协调，从局部利益考虑，再加上局部资源的有限性，往往不可避免地破坏了企业物流系统的有效性。所以，必须有一个更高层次的、全面的、综合的物流战略，围绕企业战略进行通盘考虑，才能够把企业的物流管理纳入有序的轨道。

其次，物流过程本身存在“悖反”现象，需要有战略的协调。物流过程由很多环节组成，物流系统的一个重要特性，是这些环节之间往往存在“悖反”现象。如果没有共同的准则可以遵循，任由各个环节独立去发展，就可能使“悖反”现象强化。

再次，企业物流由谁来做，也需要由战略决定。有些企业的物流活动如果自己完成，可能没有专业的物流企业有效，这时候就要考虑业务外包。物流是否外包？到底外包给谁？这需要企业从战略高度进行系统的认证和规划。

最后，要跨越低水平的发展阶段，实现企业物流跨越式的发展，需要有战略的指导。我国企业的现代物流建设刚刚起步，已经与国外大型跨国公司有了几十年的差距，要迅速追赶，需要跨越发达国家曾经用几十年时间经历的低水平发展阶段。就现有的物流技术而言，实现这一跨越是完全有可能的。当然，这需要对企业的物流管理进行系统规划，在商务电子化的新形势下，从战略高度把握现代物流发展的特点，提出切实可行的办法，实现企业物流跨越式的发展。

（三）企业物流战略的分类

企业物流战略的分类主要有四种角度：按照发展方向分、按照业务流程分、按照企业业态分和按照管理重点分，如图 2—2 所示。

按照发展方向，企业物流战略可以分为稳定型发展战略、收缩型发展战略以及扩张型发展战略；按照业务流程，企业物流战略可以分为供应物流战略、生产物流战略、销售物流战略以及逆向物流战略；按照企业业态，企业物流战略可以分为生产企业物流战略、商业企业物流战略和物流企业物流战略；按照管理重点，企业物流战略可以分为库存战略、时间战略、客服战略、成本战略。

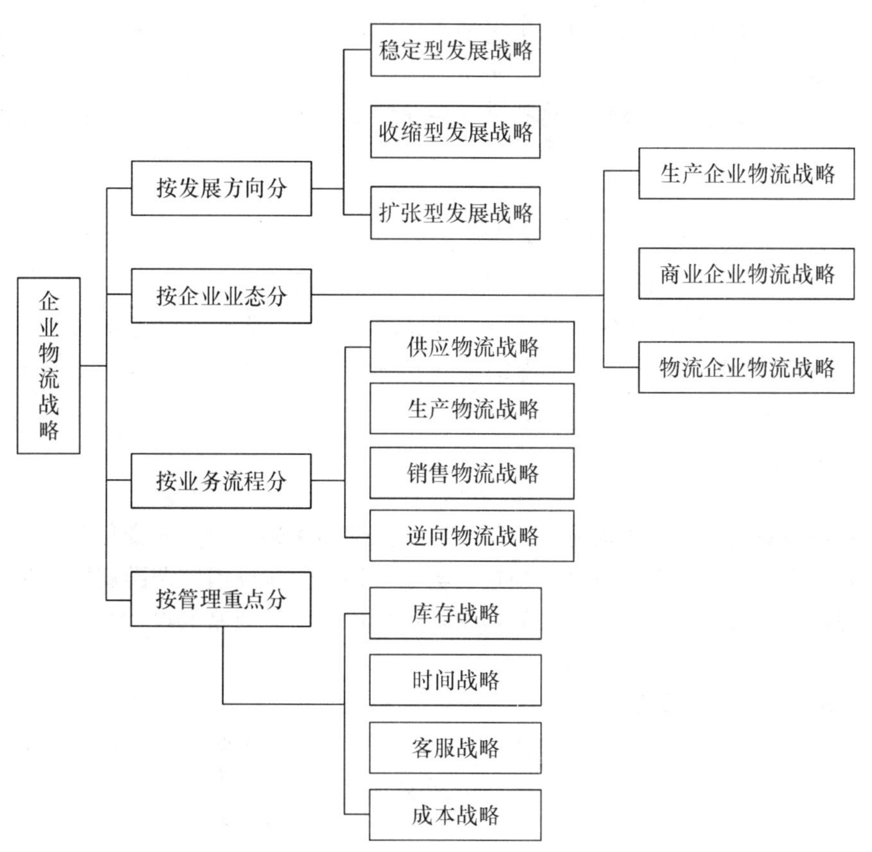

图 2—2 企业物流战略分类图

（四）企业物流战略的目标

企业战略的目标是企业战略管理的指导思想，也是企业在战略管理过程中处理问题所应遵循的原则。企业物流战略的目标与企业战略的目标是一致的，即在保证物流服务水平的前提下，实现物流成本的最低化。具体而言，可以通过以下各个目标的实现来达到：维持企业长期物流供应的稳定性、低成本、高效率；以企业的整体战略为目标，追求与生产、销售系统良好的协调；适应环境的变化，为企业整体战略提供预警和功能范围内的应变力；为企业产品谋求良好的竞争优势。基于以上四方面，企业物流战略有成本最小、投资最少以及服务改善三个目标，不同企业根据自身的特点从三个目标中选择不同的战略目标，或者给予三个目标不同的重要程度组合。

1. 成本最小

成本最小是指降低可变成本，主要包括运输和仓储成本，例如，物流网络系统的仓库选址、运输方式的选择等。面对诸多竞争者，企业应达到何种服务水平是早已确定的事情，成本最小就是在保持服务水平不变的前提下选出成本最小的方案。当然，利润最大一般是企业追求的主要目标。

2. 投资最少

投资最少是指对物流系统的直接硬件投资最小化从而获得最大的投资回报率。在保持服务水平不变的前提下，我们可以采用多种方法来降低企业的投资，例如，不设库存而将产品直接送交客户，选择使用公共仓库而非自建仓库，运用即时制生产策略来避免库存，或利用第三方物流服务等。显然，这些措施会导致可变成本的上升，但只要其上升值小于投资的减少，则这些方法均不妨一用。

3. 服务改善

服务改善是提高竞争力的有效措施。随着市场的完善和竞争的激烈，顾客在选择公司时除了考虑价格因素外，及时准确的到货也越来越成为企业竞争的有力筹码。当然，高的服务水平要有高成本来保证，因此权衡综合利弊对企业来说是至关重要的。服务改善的指标值通常是用顾客需求的满足率来评价的，但最终的评价指标是企业的年收入。

三、企业物流战略管理

企业物流战略管理就是依据企业外部环境和内部环境的状况及其变化制定物流发展战略，实施物流发展战略，并根据对实施过程与结果的评价和反馈来调整制定新的物流发展战略的过程。这一过程一般包括物流战略的环境分析、物流战略的设计与选择、物流战略的实施、物流战略的控制四个阶段。

(一) 物流战略的环境分析

物流战略环境分析就是为战略制定提供基础条件，使企业的物流发展目标与环境变化和企业资源能力实现动态平衡。一般包括宏观环境分析、行业环境分析和内部条件分析。

1. 宏观环境分析

企业的宏观外部环境间接地或潜在地对企业发生作用和影响，一般包括政治与法律因素、经济因素、社会与人文因素和技术因素等。对宏观环境进行分析，目的是确认和评价宏观因素对物流战略目标和战略选择的影响。

(1) 政治与法律因素分析。政治与法律因素是指对企业经营具有现实的或潜在的、当前的或长期的作用与影响的政治力量，包括对企业经营进行限制或鼓励的法律法规、企业所在地区的政局是否稳定、执政党推行何种政策以及这些政策是否连续和稳定等。政府行为也对企业经营产生着复杂的影响，有些行为制约了企业经营，但有些又对企业有着指导作用和积极影响。

政府主要通过制定法律法规来间接地影响企业经营，有关物流的政策和法规无疑是影响物流发展的一个重要因素。我国政府还没有制定直接针对物流的法规，与物流密切相关的铁路、民航和中国邮政并没有实现商业化，中央政府和地方都有物流相关产业的管理部门，各自为政，条块分割，这都是我国企业制定物流战略必须考虑的因素。同时，我国也面临着激烈的国际物流竞争，企业还必须考虑国际化经营问题，对国际物流环境和各国政府颁布的法令政策、程序手续等进行研究。

(2) 经济因素分析。在经济因素中，首先要对企业所在国家或地区的宏观经济状况进行分析。反映宏观经济总体状况的关键指标是国民生产总值（GNP）增长率，也与政府赤字水平及中央银行货币供应量有关。企业还应考虑中央银行或各专业银行的利率水平、劳动力的供给（失业率）、消费者收入水平、价格指数的变化（通货膨胀率）等。跨国经营的企业还必须考虑关税种类及水平、国际贸易的支付方式、东道国政府对利润的控制、税收制度等。

流入中国的产业资本和国内资本的跨地区、跨产业流动会带来大量的物流需求。加入世贸组织后，只要中国放开对外国物流资本的市场准限制，跨国公司就有可能将其在国外签约的物流战略伙伴直接带入中国。同时，中国政府扩大国外基础设施建设以拉动内需的政策将大大改善中国物流基础设施的落后状况，这将对中国经济和物流产业的发展产生长远的积极影响。第三方物流的逐渐成长和传统储运企业的积极转型都对中国物流业今后的发展具有积极意义。因此，中国物流业即将面临更加激烈的竞争，也将面对更多的发展机会和更好的经济环境，企业只有进行认真的经济环境分析才能找到正确的应对策略，制定正确的战略规划。

（3）技术因素分析。技术因素不但包括革命性的发明创造，也包括与企业发展有关的新技术、新工艺、新材料。技术革新一方面创造了企业发展的机遇，另一方面可能会使社会对企业产品和服务的需求发生重大变化，从而使企业面临新的挑战。

对物流系统最具影响力的技术因素是信息、运输、物料管理及包装技术的革新，如计算机、卫星、扫描、条形码和数据库等技术均对企业及时准确地掌握信息，跟踪物料运动、工作程序以及存货，改进实时控制及决策具有革命性的影响。信息技术与网络的结合也使传统的生产和销售模式发生了重大变革。因此，制定战略规划必须认清本企业和竞争对手在技术上的优势和劣势。

（4）社会与人文因素分析。社会与人文因素包括社会的文化、习俗、道德观念、公众的价值观、职工的工作态度以及人口统计特征等。社会文化是人们的价值观、思想、态度、社会行为等的综合体，影响着人们的购买决策和企业的经营行为。公众的价值观同人们的工作态度一起对企业的工作安排、作业组织、管理行为以及报酬制度等产生很大的影响。人口统计特征包括人口数量、密度、结构分布、地区分布、收入水平、教育程度等，影响着劳动力的供给以及市场的需求。因此，物流战略的规划必须考虑社会与人文因素。

案例 2—1

某物流公司进行外部环境分析得出的机遇与威胁

O（机遇）

1. 政府大力发展制造业

2. 在当前的经济环境和市场条件下，物流需求市场潜力巨大，物流业有较大的发展空间

3. 投资环境大为改善

4. 交通环境得到极大改善

T（威胁）
1. 加入世贸组织后，国内物流企业面临严峻的挑战
2. 物流企业在经营中面临较高的经营成本
3. 虽然物流市场潜在需求增加，但低层次瓜分市场恶性竞争加剧，竞争对手实力较强
4. 全国各地物流中心增加，造成国内物流业重复投资
5. 我国物流业需要更好的法制环境

2. 行业环境分析

物流战略行业环境分析，主要是分析本行业中的企业竞争格局以及本行业和其他行业的关系。根据哈佛商学院教授波特（M. E. Porter）的观点，行业竞争存在着五种基本的竞争力量，这五种力量的状况及综合强度，决定着行业的竞争激烈程度，从而决定着行业中获利的最终潜力，如图 2—3 所示。

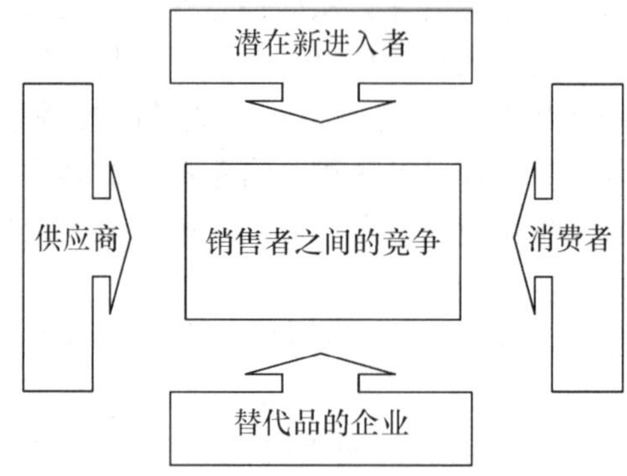

图 2—3 竞争的五种力量

（1）供应商的议价能力。供方主要通过其提高投入要素价格与降低单位价值质量的能力，来影响行业中现有企业的盈利能力与产品竞争力。供方力量的强弱主要取决于他们所提供给买主的是什么投入要素，当供方所提供的投入要素的价值构成了买主产品总成本的较大比例、对买主产品生产过程非常重要或者严重影响买主产品的质量时，供方对于买主的潜在讨价还价力量就大大增强。一般来说，满足如下条件的供方集团会具有比较强大的讨价还价力量：供应权掌握在少数几个大公司手中；供应商的产品没有很好的替代品；对整个供应行业，这个行业的企业不是重要客户；供应商的产品对买方非常关键；供应商的产品已经给行业企业制造了很高的转换成本；供应商进行前向一体化。

（2）购买者的议价能力。购买者主要通过其压价与要求提供较高的产品或服务质量的能力，来影响行业中现有企业的盈利能力。一般来说，满足如下条件的购买者可能具有较强的讨价还价力量：购买者的购买量占行业产出很大比例；购买者购买产品产生的销售收入占卖方年收入的绝大部分；购买者能够不花费代价就转换到其他产品；行业产品差别不大，存在后向一体化的可能。

（3）新进入者的威胁。新进入者在给行业带来新生产能力、新资源的同时，也希望在已被现有企业瓜分完毕的市场中赢得一席之地，这就有可能与现有企业发生原材料与市场

份额的竞争，最终导致行业中现有企业盈利水平降低，严重的话还有可能危及这些企业的生存。竞争性成为威胁的严重程度取决于两方面的因素，即进入新领域的障碍大小与预期现有企业对于进入者的反应情况。

进入障碍主要包括规模经济、产品差异、资本需要、转换成本、销售渠道开拓、政府行为与政策（如国家综合平衡统一建设的石化企业）、不受规模支配的成本劣势（如商业秘密、产供销关系、学习与经验曲线效应等）、自然资源（如冶金业对矿产的拥有）、地理环境（如造船厂只能建在海滨城市）等方面。

（4）替代品的威胁。两个处于同行业或不同行业中的企业，可能会由于所生产的产品是互为替代品，从而产生相互竞争行为，这种源于替代品的竞争会以各种形式影响行业中现有企业的竞争战略。

（5）同业竞争者的竞争程度。大部分行业中的企业，相互之间的利益都是紧密联系在一起的，作为企业整体战略一部分的各企业竞争战略，其目标都在于使得自己的企业获得相对于竞争对手的优势，所以，在实施中就必然会产生冲突与对抗现象，这些冲突与对抗就构成了现有企业之间的竞争。现有企业之间的竞争常常表现在价格、广告、产品介绍、售后服务等方面，其竞争强度与许多因素有关。

根据上面对于五种竞争力量的讨论，企业可以采取尽可能地将自身的经营与竞争力量隔绝开来、努力从自身利益需要出发影响行业竞争规则、先占领有利的市场地位再发起进攻性竞争行动等手段来应对这五种竞争力量，以增强自己的市场地位与竞争实力。

3. 内部条件分析

企业内部条件是企业内部各种资源的状况，这些资源处于企业自由支配和控制之下，企业可以根据经营的需要进行部分资源的调整。企业内部条件包括企业概况、企业一般职能现状和企业物流职能现状。

（1）企业概况。企业概况是对企业基本状况的描述，包括企业发展的历史、企业经营所属行业、企业资产与负债状况、历年经营业绩以及企业采购销售所面对的市场等因素。从企业概况的分析可以寻找到企业的发展规律，推断企业未来的发展方向，为预测企业的物流需求提供数据支持；企业的资产状况将限制企业物流系统的资金投入量和建设的规模。

（2）企业一般职能现状。企业一般职能部门包括生产部门、销售部门、财务部门、人事部门以及物流部门。物流活动与企业其他经营活动存在交叉区域，各部门的活动相互影响、相互制约。因此，内部条件分析中对其他职能现状的分析就很必要了。生产部门与采购、供应和物料管理等在物料管理上有千丝万缕的联系，不能独立地进行；销售部门的决策会对企业产成品的配送和仓储等物流环节产生直接的影响；财务部门负责物流活动所产生的一切费用的核算和支付，对企业物流运作起到监督的作用；人事部门决定着企业物流部门的管理组织和人员的使用与调动。

（3）企业物流职能现状。企业物流职能是与物流活动有关的一切因素，包括组织中物流职能机构的设立、企业自营物流的活动范围和物流技术等。物流职能的组织结构明确了物流活动的管理层次，明确了企业物流活动所产生的权利和责任界限；物流活动的范围影响物流战略制定重点的确定；物流技术是物流活动进行现代化管理的基础。

案例 2—2

某物流公司进行内部环境分析得出的优势与劣势

S（优势） 1. 有良好的财务状况 2. 有良好的商务能力 3. 拥有地理优势 4. 有很有影响力的总经理 5. 已拥有好几个大客户
W（劣势） 1. 技术能力薄弱，需要引进人才或培养人才 2. 服务范围有限，物流配送领域还需要开发 3. 信息系统亟待建立 4. 员工物流行业经验不足

（二）物流战略的设计与选择

物流战略的选择阶段，是企业物流管理战略制定的关键阶段。在该阶段，企业要进行物流竞争战略的明确定位，提出多个可行性的物流战略实施备选方案，经过对众多备选方案的评价选出对企业发展最有利的、最适合企业物流要求的物流战略作为最终的实施方案。这一阶段可分为企业物流竞争战略的定位、备选方案的制定和战略方案的评估和选择三个步骤。

1. 企业物流竞争战略的定位

在现代市场经济条件下，竞争已经成为企业经营的主题。一个企业存在着各种竞争，如同类型企业争夺市场份额；不同类型的企业之间产品替代的竞争；供应链上下游企业之间谈判实力的竞争等。企业的总体战略就是为应对这些竞争而制定的，因此也可以称其为企业的竞争战略。企业物流管理战略的定位就是寻找自己的优势，确定企业物流管理战略的立足点，制定物流战略所要采用的观察角度。

2. 备选方案的制定

战略方案的产生可以通过三种形式，即先上后下法、先下后上法和上下结合法。

（1）先上后下法。这种方法是先由企业总部的高层管理人员制定企业的总体战略，然后由下属各部门根据自身的实际情况将企业的总体战略具体化，形成系统的战略方案。

先上后下法最显著的特点就是，企业的高层管理人员能够牢牢地把握住整个企业的经营方向，并能对下属各部门的各项行动实施有效的控制。它要求企业的高层管理人员制定战略时必须深思熟虑，战略方案务必完善，并且还要对下属各部门提供详尽的指导。这一方法的缺点是，它束缚了各部门的手脚，难以发挥中下层管理人员的积极性和创造性。

（2）先下后上法。这是一种先民主后集中的方法。在制定战略时，企业最高管理层对下属部门不做具体硬性的规定，而是要求各部门积极提交战略方案，最高领导层在各部门提交的战略方案基础上，加以协调和平衡，对各部门的战略方案在进行必要的修改后加以确认。

先下后上法的优点是，能充分发挥各个部门和各级管理人员的积极性和创造性，集思广益。同时，由于制定出的战略方案有着广泛的群众基础，在战略的实施过程中也容易贯彻和落实。此方法的不足之处在于，各个部门的战略方案较难协调，影响了企业整个战略计划的系统性和完整性。

（3）上下结合法。这种方法是在战略的制定过程中，企业最高领导层和下属各部门的管理人员共同参与，通过上下各层管理人员的沟通和磋商，制定出适宜的战略。

上下结合法的主要优点是，可以产生较良好的协调效果，制定出的战略更具有操作性。

3. 战略方案的评估和选择

企业进行战略方案评估的时候，需先确定评估标准，明确评估时的重点。例如，考虑是否发挥企业物流系统的优势，克服系统劣势，并将同领域竞争企业的物流服务威胁降到最低程度；考虑选择的战略能否被客户、供应商和分销商等与企业物流相关的利益者所接受。评估后，企业会优选出准备实施的物流战略，并制定出具体的战略实施计划。

（三）物流战略的实施

物流战略制定出来以后，就要实施。物流战略实施，就是要把物流战略划分为各个时间阶段的任务目标，再对各个阶段的任务目标制定具体的实施计划。然后对各个具体实施计划进行规划落实，达到计划完全实施的目的。物流战略管理实际上要落实到企业的各个时间阶段、各个部门的各个业务环节中。

（四）物流战略的控制

物流战略的控制阶段，是企业物流管理战略管理的最后一个阶段，企业将对物流战略实施结果进行客观的综合评价，发现物流战略实施过程中存在的战略问题，提出解决问题的办法。如果有必要，还需要企业对物流战略进行调整，使其更符合实际。

物流战略控制的方法主要有事前控制、事中控制以及事后控制。

1. 事前控制

事前控制又称前馈控制，是在物流战略实施前，对物流战略行动的结果有可能出现的偏差进行预测，并将预测值与物流战略的控制标准进行比较，判断可能出现的偏差，从而提前采取纠正措施，使物流战略不偏离原定的计划，保证物流战略目标的实现。

2. 事中控制

事中控制又称行或不行的控制，是在物流战略实施过程中，按照控制标准验证物流战略执行的情况，确定正确与错误，确定行与不行。例如，在财务方面，对物流设施项目进行财务预算的控制，经过一段时间之后，要检查是否超出了财务预算，以决定是否继续将该项目进行下去。

3. 事后控制

事后控制又称后馈控制，是在物流战略推进过程中将行动的结果与期望的控制标准相比较，看是否符合控制标准，总结经验教训，并制定行动措施，以利于将来的行动。

第二节　企业物流战略规划

一、企业物流战略规划概述

（一）企业物流战略规划的定义

确认企业的社会和历史使命，明确系统的目标，制定企业的物流发展战略和物流战略的总体方案，着眼于企业发展的长期的、总体的、全面的规划，被称为企业物流战略规划。对于任何战略规划而言，战略依据、战略目标、战略对策都是不可缺少的部分；对于各级政府而言，物流战略规划是在国家或区域国民经济和社会发展战略规划的基础上所进行的专门行业规划；对于企业而言，物流战略规划属于企业战略规划下属的二级规划。因此，制定物流战略规划必须要明确上一层面规划的战略目标，不得违背上一层面规划所制定的战略目标。

案例 2—3

海尔的物流战略规划

海尔的整体物流方案是在海尔各事业部物流横向整合之后，对海尔物流系统进行的整体设计。根据生产企业整体物流的结构，海尔的物流系统规划为物流运作系统和物流协调系统，其中，物流运作系统包括原材料供应物流、成品转移物流和销售物流，物流协调系统包括产品市场预测、物料需求计划、订单处理以及运营规划。

（二）企业物流战略规划的构成

一个企业物流战略规划通常包含 10 个关键部分，分别被组织在五个重要层次上，构成物流战略金字塔，它确立了企业设计物流战略的框架，如图 2—4 所示。

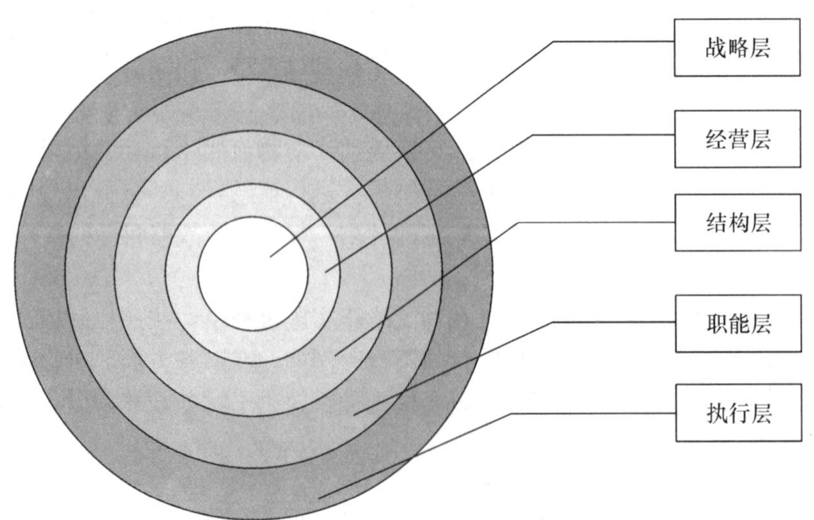

图 2—4　企业物流战略层次结构图

1. 战略层

第一层（战略层）确立物流对企业战略的协助作用，建设两大平台和两大系统。物流首先是一种服务，企业建设物流系统首先是为了实现企业的战略，所以企业发展物流必须首先确立物流规划与管理对企业总体战略的协助作用。

同时，企业现代物流的发展必须建设两大平台和两大系统，即基础设施平台和信息平台，信息网络系统和物流配送系统。在进行企业物流规划管理最初，必须进行企业资源能力的分析，充分利用过去和现在的渠道、设施以及其他各种资源来完善企业的总体战略，并以最少的成本和最快的方式建设两大平台和两大系统。

2. 经营层

第二层（经营层）通过顾客服务建立战略方向，要执行一项营销战略，必须要考察企业在与争取顾客和保持顾客有关的过程中的所有活动，而物流就是这些关键能力之一，可以被开发成核心战略。在某种程度上，企业一旦将其竞争优势建立在物流能力上，它就具有难以重复再现的特色。服务水平较低，可以在较少的存储点集中存货，利用较廉价的运输方式。服务水平高则恰恰相反。但当服务水平接近上限时，物流成本的上升比服务水平上升得更快。因此，物流战略规划的首要任务是确定适当的客户服务水平。物流活动存在的唯一目的是要向内部和外部顾客提供及时准确的交货，顾客始终是形成物流需求的核心与动力。所以，顾客服务是制定物流战略的关键。明确物流战略中的客户需求需要把握几个关键：首先要建立基本的服务能力，形成基本的客户服务平台；其次要通过细分顾客群来把握不同顾客的差别化服务需求；最后认识顾客需求，要与顾客保持沟通，倾听顾客的心声，而不是自己想当然。

3. 结构层

第三层（结构层）是物流系统的结构部分，包括渠道设计和设施的网络战略。企业在了解了顾客的服务需求后，就要考虑如何满足它们。结构层的渠道结构和设施网络结构提供了满足这些需求的基础。渠道设计包括确定为达到期望的服务水平而需执行的活动与职能，以及渠道中的执行成员。关于是否为顾客直接服务，或利用分销商处理营销、销售、配送或单据等职能的部分或全部的决策在这个阶段是至关重要的。

影响渠道战略的因素包括：顾客需求、渠道经济、渠道力量和渠道成员地位等。市场份额与规模常常左右着直接与间接分销决策背后的经济性。例如，在市场上，有些企业有规模和能力贯彻直接分销体系，有些企业通过与分销商共担顾客服务职能，来向他们的顾客提供服务。最好的渠道结构最终依赖于经济性和战略的需要。

渠道设计需要在渠道目标的制定，渠道长度和宽度的评价，市场、产品、企业以及中间商因素的研究，渠道成员的选择以及职责、渠道合作等方面认真分析与判断，因为体系一旦实施，常常无法轻易地改变。例如，渠道目标因产品特性而异，生鲜易腐商品要求较直接的营销过程、减少存货、加快运输；体积庞大笨重的商品，要求运输距离短、搬运次数少的渠道布局。然而，随着顾客需求变化和竞争者的自我调整，渠道战略必须再评价以维持或增强市场地位。

结构层的第二个主要部分是实际的设施网络。既然一个企业的设施结构是用来向顾客提供产品或物料的，那么网络设计便是物流管理的一项基本责任。网络战略要解决的问题有：设施的功能、成本、数量、地点、服务对象、存货类型及数量、运输选择、管理运作方式（自营或向第三方外筹）等。运输和库存被认为是网络设计的关键参考因素，当系统中库存数月增加时，虽然运输费用降低，但平均库存却会增加，另外，顾客服务水平与物流成本之间是相互增长的关系，且服务水平达到一定程度后，物流成本尤其是库存成本将急剧攀升，所以，达到最小总成本的物流设施网络的设计目标极其重要。网络战略必须以一种给顾客价值最大化的方式与渠道战略进行整合。例如，一个制造商与一个距离很近的分销商的仓库保持大量的同种存货毫无意义。渠道成员的协调与整合在整个物流系统绩效中起着日益重要的作用。另外，企业一般在把其存货、仓库和运输活动组织起来的物流网络设计上采取整体的方法，来满足单一的标准。有些物流网络设计成满足所有顾客的平均服务需求，有些设计成满足某个顾客群最苛刻的需求，两种方法都不能实现较高的资产利用水平或为特定细分群体提供优良的物流服务。有时，要针对顾客细分群体的服务需求和收益性来定制物流网络。在很多行业，安排特定的分销资产来满足个别的物流需求，是那些实际产品没有太大差别的厂商做到差别化的重要来源。

涉及和第三方物流提供商的合作，物流网络可能会变得更为复杂，也比传统网络更加灵活，因此，企业对现有的仓储业务、库存配置方针、运输管理业务、管理程序、人员组织和体系等进行革新是明智之举。另外，在动态的、竞争的市场环境中，也需要不断地修正设施网络以适应供求基本结构变化。对顾客和相近的地理区域实行共享的方法（物流与配送共同化），以及将原先企业向顾客各自的配送转为由第三方物流提供商的共同配送，将导致网络的多余。

4. 职能层

第四层（职能层）包含了物流战略的职能部分，尤其是运输、仓储和物料管理方面的分析。职能部分的战略考虑的主要是对企业物流作业管理的分析与优化。运输分析包括承运人选择、运输合理化、货物集并、装载计划、路线确定及安排、车辆管理、回程运输或承运绩效评定等方面；仓储方面的考虑包括设施布置、货物装卸搬运技术选择、生产效率、安全、规章制度的执行等；在物料管理中，分析可以着重于预测、库存控制、生产进度计划和采购上的最佳运作与提高。

由于市场、供应模式和顾客服务需求随时变化，物流作业必须加以调整以适应这些新的要求。例如，由于顾客对小批量、多批次、高频度运输的服务要求，仓库和运输两者的作业必须调整，以实现最佳绩效。由于货运规模的减小，仓库作业必须考虑新的分拣工艺或新技术。同样，由于货运规模的下降，运输必须考虑到共同配送、中转货物的集并或其他物流技术。随着第三方物流提供商的高质量服务与独特能力（如装载集并计划或拼箱计划、再包装服务等）水平提高，许多企业逐渐选择外包物流的方式。

5. 执行层

第五层（执行层）涉及的是日常的物流管理问题。物流战略金字塔的最后一层为执行层，包括支持物流的信息系统、指导日常物流运作的方针与程序、设施设备的配置及维护以及组织与人员问题。其中，信息系统和组织问题对有效的物流业绩特别重要。物流信息系统是一体化物流思想的实现手段和现代物流作业的支柱。没有先进的信息系统，企业将无法有效地管理成本、提供优良的顾客服务和获得物流运作的高绩效。

物流信息系统的作用包括：启动和控制用于接纳、处理和装运顾客订货的各种活动，需求计划、管理控制、决策分析，提高信息的可得性、准确性、及时性、灵活性、应变性，连接渠道成员。组织一体化、供应链整合、虚拟组织、动态联盟、战略联盟、战略伙伴、企业流程再造、敏捷制造等发生在组织管理领域的变革，需要以全新的思维认识企业，同时，物流管理也要对变革作出积极的反应。

一个整合的、高效的组织对成功的物流绩效是重要的。一体化的物流管理并不意味着将分散于各职能部门中的物流活动集中起来，单一的组织结构并非对所有的企业都是适宜的，关键在于物流活动之间的协调配合，要避免各职能部门追求局部物流绩效的最大化。例如，运输、仓储和订货处理等活动经常相互矛盾、彼此影响，较低的存货水平减少了存货持有成本，但也可能降低顾客服务水平，并由于缺货、再订货、额外的生产作业以及费用较高的快递等增加成本。在绩效评定上，应当以总成本最低为标准。

（三）企业物流战略规划的领域

企业物流战略规划领域集中说明了应主要解决四个方面的问题：客户服务目标、设施选址策略、库存策略和运输策略，如图 2—5 所示。这些领域是互相联系的，应该作为整体进行规划，每一领域都会对系统设计产生重要影响。

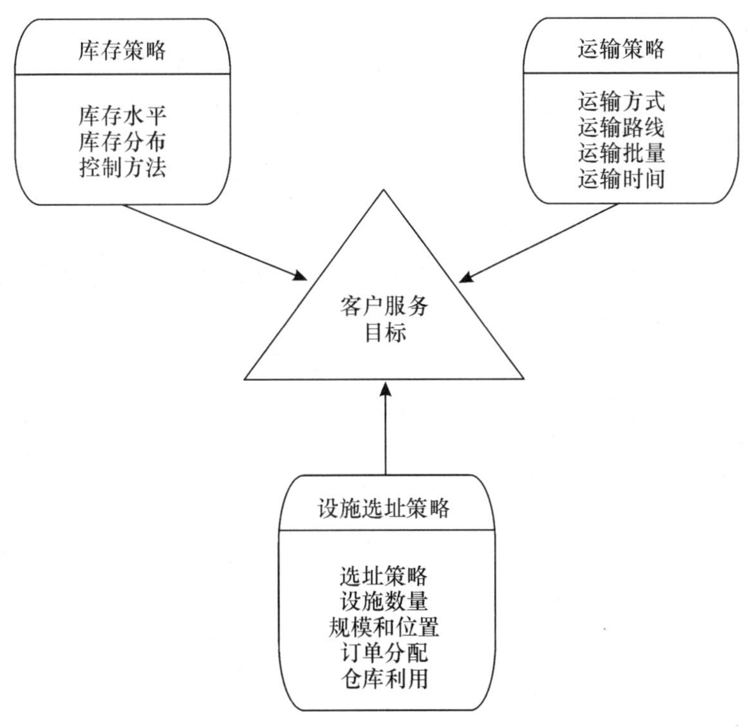

图 2—5 企业物流战略规划领域

1. 客户服务目标

企业提供的客户服务水平比任何其他因素对物流系统运行的影响都要大。目标服务水平较低，可以在较少的存储地点集中存货，利用较廉价的运输方式；目标服务水平高则恰恰相反，需要比较多的、分散的存储设施。但当服务水平接近上限时，物流成本的上升比服务水平上升更快。因此，物流战略规划的首要任务是确定适当的客户服务水平。

2. 设施选址策略

储存点及供货点的地理分布构成物流设施规划的基本框架。物流设施规划的内容主要包括确定设施的数量、地理位置、规模，并分配各设施所服务的市场范围，这样就确定了产品到市场之间的线路。良好的设施选址应考虑所有的产品移动过程及相关成本，包括从工厂、供货商或港口经中途储存点，然后到达客户所在地的产品移动过程及成本。通过不同的渠道来满足客户需求，都会影响总的分销成本。如直接由工厂供货、供货商或港口供货，或经选定的储存点供货等。寻求成本最低的需求分配方案或利润最高的需求分配方案是物流设施规划的核心所在。

3. 库存策略

库存策略是指管理库存的方式。将库存分配（推动）到储存点与通过补货自发拉动库存，是两种不同的策略。其他方面的决策内容还包括：产品系列中的不同品种分别选在工厂、地区性仓库或基层仓库存放，以及运用各种方法来管理永久性存货的库存水平。由于企业采用的具体政策将影响设施选址决策，所以库存策略必须在物流战略规划中予以考虑。

4. 运输策略

运输策略包括运输方式、运输批量和运输时间以及运输线路的选择。这些决策受仓库与客户以及仓库与工厂之间距离的影响，反过来又会影响仓库选址决策。库存水平也会通过影响运输批量影响运输决策。

由上可知，客户服务目标、设施选址策略、库存策略和运输策略是物流战略规划的主要内容，这些决策都会影响企业的盈利能力、现金流量和投资报酬率，其中，每个决策都与其他决策互相联系，物流战略规划必须对不同决策彼此之间存在的悖反关系予以考虑。

（四）企业物流战略规划的流程

企业对物流战略规划中的每一个环节都要进行规划，且要与整体物流规划过程中的其他组成部分相互平衡。企业物流规划是通过提高企业物流的流程价值和顾客服务水平来实现竞争优势，以及通过对物流服务的未来需求进行预测和对整个供应链的资源进行管理来降低企业物流成本，提高顾客满意度的一种统一的、综合的和集成的计划过程。其具体流程如图 2—6 所示。

二、企业物流战略规划的步骤与时机

（一）企业物流战略规划的步骤

企业物流战略规划包括以下五个基本步骤。

1. 设立物流战略规划机构和人员

物流战略规划机构的设置和人员的配备不应当有固定的模式，企业可以根据自己的实际情况，如企业规模的大小，来确定企业物流战略规划的机构和人员。

2. 调查物流资源和需求

调查物流资源和需求既是企业物流战略规划的一部分或一个步骤，同时也应当是企业日常工作的一项重要内容。资源信息的收集和处理应当成为企业的一项基础性工作，企业

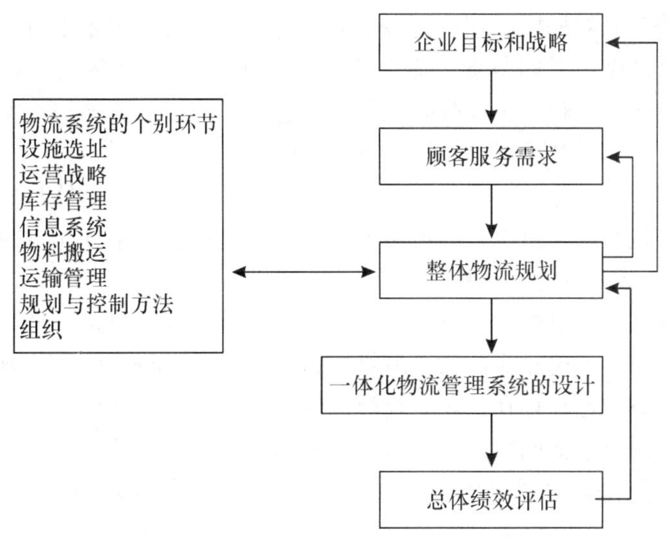

图 2—6 企业物流战略规划的流程

资料来源：王自勤：《现代物流管理》，北京，电子工业出版社，2002。

应当逐步建立一个资源数据库，为企业物流决策和业务开发提供信息支持。物流资源和需求调查的基本内容主要包括企业内部的调查和企业外部的调查两个部分，具体内容包括物流基础设施装备调查、企业物流组织机构调查、物流从业人员调查、客户资源调查、物流流量和流向调查、相关企业资源调查、竞争情报的调查和收集。

3. 分析物流战略规划资源

分析物流战略规划资源的主要内容包括：

（1）资源优势和劣势。包括人力、财力和物力等各方面资源调查，并对上述资源进行分析，得出相应的结论。

（2）业绩和经验。包括用户统计分析、营业收入统计分析、物流流量统计分析、市场开发能力、人才优势、物流功能分析和国际合作经验等。

（3）核心能力。企业核心能力（或者称企业核心竞争力）是企业自身独具的能力，是能够在逆境中生存和发展的能力，是能够将供应商、制造商、市场和客户融为一体的能力，充分体现市场链、供应链和价值链的统一能力。具体包括：主要竞争优势（优势来源），行业中的排名，企业主导业务（主要收入来源），潜在的市场优势，企业独有或擅长的、不易被其他企业模仿的能力等。

（4）竞争分析。包括确定不同行业、不同用户、不同地区的竞争对手，掌握竞争对手的信息，并进行竞争分析。

（5）环境机会和风险（机遇和挑战）分析。应对以下几个影响物流的因素进行分析：政策法律、政治因素、经济因素、重要事件、技术进展、改革发展和市场潜力、未来环境发展预测等。

4. 物流战略规划决策咨询

在知识经济时代，企业的任何一个管理者的知识结构都遇到了挑战，任何人都难免遇到不熟悉的概念和学科。因此，企业在制定物流战略规划时，必须邀请公司内外或者系统内外的不同方面的专家对战略规划进行咨询和评价。因为战略规划本身涉及企业的很多方面，物流又是一个高度集成的行业，需要诸多方面的人才，包括建筑规划设计、机械工程、工业自动化、物流工程、企业战略规划、信息技术等国内或国外专家。

5. 明确企业发展现代物流战略总体目标的问题

在完成以上四个步骤之后，企业还需明确发展现代物流战略总体目标的四个问题，即物流模式、物流外包程度与范围、物流服务面向的产品和物流服务面向的区域。

(二) 企业物流战略规划的时机

在企业物流战略规划过程中，首要考虑的问题就是规划的时机。如果对新企业或产品系列中的新品种还没有考虑相应的物流战略，那么就需要进行物流网络规划。然而，在大多数情况下，物流系统已经存在，现有物流网络可能并非是最优设计或有效率，这时需要决策的问题是修改现有物流网络设计或继续运行旧有物流网络的管理方法。在进行实际规划之前，应对特定的物流规划提出评估和审核。判断物流战略规划的时机主要依靠以下五点。

1. 需求变动

不仅需求的水平极大地影响着物流网络的规模，而且需求的地理分布也决定着物流网络的结构、层次。通常，企业拥有的市场份额或市场占有率是不平衡的，某一个区域的市场销售可能比其他区域市场增长或下降得更快。虽然从整个市场的需求水平来看，可能只需要在当前设施的基础上进行略微扩建或压缩，但是需求的较大波动则可能要求在需求增长较快地区建造新的仓库或工厂，而在市场增长缓慢或萎缩的地区，则可能要关闭设施。如果企业的销售或市场份额异常变化，就说明需要考虑对物流网络进行重新规划。

2. 客户服务

客户服务的内容很广，包括库存可得率、送货速度、订单履行的速度和准确性等。随着客户服务水平的提高，与这些因素相关的成本往往以更快的速率增长。因此，分销成本受客户服务水平的影响很大，尤其是当客户服务水平已经很高时。

由于市场环境的变化，原来确定的客户服务目标前提和依据就会发生变化，物流服务水平就要符合新的计划前提，这时企业通常就需要重新制定物流战略。但是，如果市场比较稳定，服务水平本身很低，变化幅度也很小，就不一定需要重新进行物流规划。

3. 产品特征

物流成本受产品特征影响很大，如产品的重量、数量、体积、价值和市场风险等。

在物流渠道中，产品特征等会因包装设计或产品储运过程中的完工状态而发生改变。例如，将货物拆散运输可以极大地影响产品的重量、体积比和与之相关的运输和仓储费率。由于产品特征的改变会极大地改变物流要素组合中的某一项成本，而对其他成本项目影响很小，所以物流系统内部可能形成新的成本平衡点。因此，当产品特征发生较大变化时，重新规划物流系统可能是有益的。

4. 物流成本

企业在实物供给、分销过程中产生的成本往往决定着物流系统重新规划的频率。如果其他因素都相同，那么生产高价值产品（如机床等投资品）的企业由于物流成本占总成本的比重很小，企业很可能并不关心物流战略是否优化。然而，对于像生产带包装的工业化产品和日常消费品的企业，其单位物流成本一般较高，即使多次重构物流系统也只会带来稍许改进，因此物流战略将是这类企业考虑的重点。

5. 定价策略

商品采购或销售的定价策略发生变化也会影响物流战略，主要是因为定价策略决定了买方或卖方是否承担某些物流活动的责任。如供应商定价由出厂价格（不含运输成本）改为运到价格（含运输成本），一般意味着采购企业无须负责提供或安排内向物流。同样，定价策略也影响着商品所有权的转移和分销渠道内运输责任的划分。

不论定价策略如何影响物流成本，物流成本都是可以通过物流渠道进行转移的。然而，还是有一些企业会根据它们直接负担的成本进行物流系统规划。如果按照企业的定价政策，由客户支付商品运费，那么，只要没有来自客户的压力需增加网点，企业在制定物流战略时就不会设置较多的网点。由于运输成本在物流总成本中举足轻重，定价策略的改变一般会导致物流战略的重构。

第三节　现代企业物流的主要竞争战略

随着现代企业的竞争加剧，了解企业物流的竞争战略是非常必要的。企业物流主要的竞争战略包括即时物流战略、协同或一体化物流战略、全球化物流战略、互联网物流战略以及绿色物流战略。

一、即时物流战略

自20世纪80年代中期以后，企业的经营管理逐步向精细化、柔性化方向发展，其中即时制管理（JIT）得到了广泛的重视和运用。**它的基本思想是“在必要的时间、对必要的产品从事必要量的生产或经营”，因而不会在生产、经营过程中产生浪费和造成成本上升的库存，即所谓的零库存。**即时制管理是即时生产、即时物流的整合体。即时化的物流战略又表现为以下两个方面。

(一) 即时采购

即时采购是一种先进的采购模式或商品调达模式，其基本思想是在恰当的时间、恰当的地点，以恰当的数量、恰当的质量从上游厂商向企业提供恰当的产品。它是从平准化生产发展而来的，是为了消除库存和不必要的浪费而进行持续性改进的结果。平准化生产是为了及时对应市场变化而组织的一种以小批量、多品种为生产特点的敏捷作业管理体制，其特点表现为：在生产方式上，在生产线上同时加工由多个品种组成的生产批量；在生产计划上，以天为单位制定每个品种的生产计划，而且允许生产计划的随时变更；在生产工程上，各种零部件被放置在生产线旁的规定位置，不同的零部件以小批量的方式混合装载搬运。显然，平准化生产的一个重要之处在于物料或上端产品的采购必须是即时化的，亦即当采购部门根据生产经营的情况形成订单时，供应商立刻着手准备作业，与此同时，在详细采购计划编制的过程中，生产部门开始调整生产线，做到敏捷生产，在订单交给供应商的时候，上游厂商以最短的时间将最优的产品交付给用户。所以，即时采购是整个即时制生产管理体系中的重要一环。

要做到即时采购，一个很重要的方面是如何确立与上游供应商的关系。在传统的采购活动中，企业与供应商只是一种简单的买卖关系，所以，供应商的数量也较多。而在即时采购条件下，由于要求供应商的经营行为能充分对应下游企业的平准化生产，做到同步工程，一方面只有建立稳固的长期交易关系，才能保证质量上的一致性；另一方面只有强化、指导对供应商作业系统的管理，才能逐步降低采购成本。因此，在即时采购条件下，企业与少数供应商结成固定关系，甚至是单源供应。但是，在实际运作中，为了防止因为单源供应而产生竞争力弱化，或因意外原因产生生产停滞，企业一般都采用数个供应商作为采购源，以加强供应商之间的竞争和能力的不断提高。除了通过供应商的选择来实现即时采购外，还有一个很重要的问题是如何对供应商实行有效的评价。通常在即时采购中，企业对供应商绩效的监控是通过供应商行为能力的划分来实施的，而这种能力已不仅仅是合约的履行能力（表现为质量、交货期等外在要素），而且还包括为使即时生产顺利而拥有的工程设计能力（即及时按照企业的设计图纸灵活组织作业生产的能力）、价值工程能力（即在企业设计的基础上改善设计、降低成本的能力）和部件设计的创发能力。以上三种能力是一个能力不断发展、提高的序列，也是企业决定供应商地位的参考基础。

知识库

即时采购与传统采购的差异

即时采购与传统采购的差异如表 2—1 所示。

表 2—1　即时采购与传统采购的差异

主要问题	即时采购	传统采购
采购批量	小批量、配送频率高	大批量、配送频率低
供应商选择	长期合作，有限源供应	短期合作，多源供应
供应商评价	合约履行能力、工程设计能力、价值工程能力、部件设计研发能力	合约履行能力
进货检查	逐渐减少，并向无检查进货发展	每次进货检查
交易关系	通过长期合作，不断提高产品质量	以最低价格进行买卖活动
运输	准时配送，由供应方负责安排	由买方企业负责安排
信息交流	快速、可靠	一般要求

（二）即时销售

对于生产企业而言，物流管理的另一个重要机能就是销售物流。在构筑企业自身的物流系统、确立即时销售过程中，生产企业与零售企业出现了不同的发展趋势。对于生产企业而言，推行即时销售一个最明显的措施是实行厂商物流中心的集约化，即将原来分散在各分公司或中小型物流中心的库存集中到大型物流中心，通过数字化备货或计算机等现代技术实现进货、保管、在库管理、发货管理等物流活动的效率化、省力化和智能化，原来的中小批发商或销售部以转为厂商销售公司的形式专职从事销售促进、零售支持或订货等商流业务，从而提高销售对市场的反应能力以及对生产的促进作用；而在零售企业当中，物流中心有分散化、个性化发展的趋势，即物流系统的设立应充分对应一定商圈内店铺运营的需要，只有这样才能大大提高商品配送、流通加工的效率，减少销售中的损失，同时也使物流服务的速度迅速提高。当然，还应当看到的是，即时销售体制的建立除了通常所说的物流系统的构建外，信息系统的构筑也是必不可少的，如今很多企业一方面通过现代信息系统提高企业内部的销售物流效率（如销售点系统、数字库存管理系统等）；另一方面，也积极利用嵌入式操作系统、电子数据交换等在生产企业与批发企业或零售企业之间实现订货、发货自动化，真正做到销售的在线化、正确化和即时化。

二、协同或一体化物流战略

协同化物流是打破单个企业的绩效界限，通过相互协调和统一，创造出最适宜的物流运行结构。在如今流通形式多样化的情况下，各经济主体都在构筑自己富有效率的物流体系，因而反映到流通渠道中必然会积极推动有利于自身的物流活动和流通形式，这无疑会产生经济主体间的利益冲突。除此之外，不同规模的企业也会因为单个企业物流管理的封闭性产生非经济性。随着消费者消费个性化、多样化的发展，客观上要求企业在商品生产、经营和配送上必须充分对应消费者不断变化的趋势，这无疑大大推动了多品种、少批量、多频度的配送，而且这种趋势会越来越强烈，在这种即时化物流的背景下，一些中小型的企业面临着经营成本上升和竞争的巨大压力，一方面由于自身规模较小，不具备商品即时配送的能力，也没有相应的物流系统；另一方面，由于经验少、发展时间短等各种原因，也不拥有物流服务所必需的技术和技术秘诀（know-how），因此，难以适应如今多频度少量配送的要求。即使有些企业具有这些能力，限于经济上的考虑，也要等到商品配送总和达到企业配送规模经济要求时才能够开展，这又有悖即时化物流的宗旨。面对上述问题，作为企业物流战略发展的新方向，旨在弥合流通渠道中企业间对立或企业规模与实需对应矛盾的协同化或一体化物流应运而生。目前，协同化物流战略主要有以下三种形式。

（一）横向协同物流战略

所谓横向物流协同，是指同产业或不同产业的企业之间就物流管理达成协调、统一运营的机制。前者是产业内不同的企业之间为了有效地开展物流服务，降低多样化和及时配送产生的高额物流成本，而相互之间形成的一种通过物流中心的集中处理实现低成本物流的系统。从实践上看，它往往有两种形式，一是在承认并保留各企业原有的配送中心的前提下，实行商品的集中配送和处理；二是各企业放弃自建配送中心，通过共同配送中心的建立，来实现物流管理的效率性和集中化。不同产业之间的协调物流是将不同产业企业生产经营的商品集中起来，通过物流或配送中心达成企业间物流管理的协调与规模效益性。一般来讲，不同产业横向协同物流处理的商品范围比较广，而且从企业内部管理的角度看，同产业协同物流更容易被接受，这主要是因为相同类型企业的商品活动是集中进行的，因而各企业经营的情况以及商品流转的信息等易为竞争者所获得，即所谓的“企业机密的泄露”，从而不利于企业经营战略的施展。相反，不同产业企业间的协同物流，由于相互之间分属于不同的产业，不存在直接的竞争替代性，因而既能保证物流集中处理的规模经济性，又能有效地维护各企业的利益以及经营战略的有效实施。正因为如此，如今国际上不同产业间的协同物流相对发展较快，这也是发展横向协同物流中我们不得不关注的问题。

（二）纵向协同物流战略

纵向协同物流战略是在流通渠道不同阶段企业相互协调，形成合作性、共同化的物流管理系统。这种协同作业所追求的目标不仅是物流活动的效率性（即通过集中作业实现物流费用的递减），而且还包括物流活动的效果性（即商品能迅速、有效地从上游企业向下游企业转移，提高商品物流服务水准）。纵向协同物流的形式主要有批发商与生产商之间的物流协作和零售商和批发商之间的物流协作等形式。批发与生产商间的物流协作有两种形式：一是在生产商力量较强的产业，为了强化批发物流机能或实现批发中心的效率化，生产商自身代行批发功能，或利用自己的信息网络，对批发企业多频度、小单位配送服务给予支援；二是在生产商以中小企业为主、批发商力量较强的产业，由批发商集中处理多个生产商的物流活动。零售商与批发商的协作则表现为：一是大型零售业建立自己的物流中心，批发商经销的商品都必须经由该中心，再向零售企业的各店铺进行配送。此外，与零售商交易的批发商数目尽可能减少，因此要求批发商从原来从事专业商品的经营转向多种类经营，零售企业物流中心订货、收货等手续得到简化。二是对于大型以外的中型零售企业来讲，它们不是自己建立物流中心，而是由批发商建立某零售商专用型的物流中心，并借此代行零售物流。这种方法对于中型零售企业来讲，既可以有效利用批发商所持有的物流技术秘决，又能享受省略本企业物流中心集配商品环节所带来的利益。

（三）通过第三方物流实现协同化

第三方物流是指通过协调企业之间的物流运输和提供物流服务，把企业的物流业务外包给专门的物流管理部门来承担。第三方物流提供了一种集成物流作业模式，使供应链的小批量库存补给变得更经济，而且还比供方和需方采用自我物流服务系统运作得更快捷、更安全，提供更高服务水准，且成本相当低或更低廉的物流服务。从第三方物流协作的对象看，它既可以依托下游的零售商企业，成为众多零售店铺的配送、加工中心，也可以依托上游的生产企业，成为生产企业，特别是中小型生产企业的物流代理。

三、全球化物流战略

当今，企业经营规模不断扩大，国际化经营不断延伸，出现了一大批立足于全球生产、全球经营和全球销售的大型全球型企业。这些企业的出现不仅使世界都在经营、消费相同品牌的产品，而且产品的核心部件和主体部分也趋于标准化。在这种状况下，**全球型企业要想取得竞争优势，获取超额利润，就必须在全球范围内配置利用资源，通过采购、生产、营销等方面的全球化实现资源的最佳利用，发挥最大的规模效益。**但是，在此过程中，有两点是必须加以关注的：一是全球市场的异质性或多样性，决定了企业“从外到内”的思维方式，即企业不仅要考虑通过规模经济的实现来降低成本，而且更要考虑积极发挥范围经济，既满足多样化的要求，又能有效降低费用；二是当一个企业服务全球市场时，物流系统会变得更昂贵、更复杂，结果导致前置时间延长和库存水平上升。因此，综合上述两个问题，企业在实施全球化物流战略时必须处理好集中化与分散化物流的关系，否则将无法确立全球化的竞争优势。

从当今全球化物流的实践看，出现了三种形式的发展趋势：第一，作为全球化的生产企业，在世界范围内寻找原材料、零部件来源，并选择一个适应全球分销的物流中心以及关键供应物资的集散仓库，在获得原材料以及分配新产品时使用当地现有的物流网络，并推广其先进的物流技术与方法。第二，生产企业与专业第三方物流企业的同步全球化。即随着生产企业全球化的进程，将以前所形成的完善的第三方物流网络也带入全球市场。例如，日资背景的伊藤洋华堂在打入中国市场后，其在日本的物流配送伙伴伊藤忠株式会社也跟随而至，并承担了其配送活动。第三，国际运输企业之间结盟。为了充分应对全球化的经营，国际运输企业之间开始形成了一种覆盖多种航线，相互之间以资源、经营的互补为纽带，面向长远利益的战略联盟，这不仅使全球物流更便捷地进行，而且使全球范围内的物流设施得到了极大的利用，有效地降低了运输成本。

四、互联网物流战略

现代信息技术的发展，特别是互联网迅速向市场渗透，正在促使企业的商务方式发生改变。由于互联网具有公开标准、使用方便、相当低的成本和标准图形用户界面（Graphical User Interface，GUI）等特点，使得利用互联网的物流管理具有成本低、实时动态性和顾客推动的特征。互联网物流战略表现在：一方面通过互联网这种现代信息工具，进行网上采购和配销，简化了传统物流烦琐的环节和手续，使企业对消费者需要的把握更加准确和全面，从而推动产品生产的计划安排和最终实现基于顾客订货的生产方式（Build to Order，BTO），以便减少流通渠道各个环节的库存，避免出现产品过时或无效的现象；另一方面，企业利用互联网可以大幅度降低交流沟通成本和顾客支持成本，增强进一步开发现有市场的新销售渠道的能力。如今，互联网物流作为物流管理的一种新趋势正在企业实践中广为应用，如通用、摩托罗拉、丰田等都在积极推动互联网物流的发展。这里应当提出的是，互联网物流的兴起并不是彻底否定了此前的物流体系和物流网络，相反，它们是相互依存的，这是因为虚拟化企业之间的合作必然在实践中产生大量的实体商品的配送和处理，而这些管理活动必须以发达的物流网络为基础才能够实现，或者说互联网物流是建立在发达的实体物流网络基础之上的。现在一些优秀的企业都在探索将这两者的优势有机地结合在一起。

五、绿色物流战略

"温室效应"对全球气候的影响、社会资源的枯竭和自然环境的恶化越来越多地受到人们的关注，环境保护也成为一个热门话题。工业革命后，我们迎来了大量生产、大量消费的时代，这个时代的到来同时带来了一个棘手的问题——工业废弃物和生活废弃物的大量排放，并对经济社会产生了严重的消极影响。经济社会的这个变化也引起了企业物流管理的变化，企业开始关注废弃物物流——及时、便捷地将废弃物从消费地转移到处理中心，在产品从供应商转移到最终消费者的过程中减少容易产生垃圾的商品的出现。

从经济可持续发展的角度看，伴随着大量生产、大量消费而产生的大量废弃物对经济社会产生了严重的消极影响，这不仅因为废弃物处理的困难，而且还表现在容易引发社会资源的枯竭和自然环境的恶化。所以，如何保证经济的可持续发展是所有企业在经营管理中必须考虑的重大问题，对于企业物流管理而言也是如此。具体来讲，要实现上述目标，从物流管理的角度看，不仅要在系统设计或物流网络的组织上充分考虑企业的经济利益（即实现最低的配送成本）和经营战略的需要，同时也要考虑商品消费后的循环物流，这包括及时、便捷地将废弃物从消费地转移到处理中心，以及在产品从供应商转移到最终消费者的过程中减少容易产生垃圾的商品的出现。除此之外，还应当考虑如何使企业现有的物流系统减少对环境所产生的负面影响（如拥挤的车辆、污染物排放等）。显然，要解决上述问题，需要企业在物流安排上有一个完善、全面的规划，诸如配送计划、物流标准化、运输方式等，特别是在制定物流管理体系时，企业不能仅仅考虑自身的物流效率，还必须与其他企业协同起来，从综合管理的角度，集中合理地管理生产和配送活动。

本章小结

首先，本章主要介绍了企业物流战略与战略管理的基本内容，介绍了企业战略的基本概念，企业战略与物流战略的关系，企业物流战略的含义、地位、分类与目标。企业物流战略是指针对企业内外部物流的目标、任务和方向而制定的政策和措施。企业物流战略是企业为了更好地开展物流活动而制定的行动指南。企业物流战略主要从发展方向、业务流程、企业业态、管理重点四种角度分类。企业物流战略目标是企业战略管理的指导思想，主要有成本最小、投资最小、服务改善三个目标。现代企业物流战略管理就是依据企业外部环境和内部环境的状况及其变化制定物流发展战略，实施物流发展战略，并根据对实施过程与结果的评价和反馈来调整制定新的物流发展战略的过程。

其次，本章概述了企业物流战略规划的含义、构成、领域及流程，明确了企业物流战略规划的步骤与时机。企业物流战略通常包含五个重要层次，构成物流战略金字塔，它确立了企业设计物流战略的框架。物流战略规划领域集中说明了企业应主要解决四个方面的问题：客户服务目标、设施选址策略、库存策略和运输策略。物流战略规划包括五个基本步骤：设立物流战略规划机构和人员、调查物流资源和需求、分析物流战略规划资源、物流战略规划决策咨询、明确企业发展现代物流战略总体目标的问题。

最后，本章阐述了现代企业物流的主要竞争战略，包括即时物流战略、协同或一体化物流战略、全球化物流战略、互联网物流战略及绿色物流战略。

基本概念

企业物流战略　企业物流战略管理　战略环境　企业物流战略规划　即时物流战略　协同物流战略　全球化物流战略　互联网物流战略　绿色物流战略

思考题

1. 什么是企业物流战略？什么是企业物流战略管理？

2. 企业物流战略如何分类？什么是企业物流战略的目标？

3. 企业物流战略外部环境分析包括哪些内容？具体说来，影响我国物流企业战略决策的宏观经济环境因素有哪些？行业环境分析中要分析哪些内容？

4. 企业物流战略内部环境分析包括哪些内容？

5. 现代企业物流竞争战略有哪几种？

6. 企业物流战略管理的过程分为哪些部分？

7. 物流战略控制有哪些方法？

第三章 企业供应物流管理

本章要点提示

- 了解供应商的使用、激励与控制，以及采购管理的重要性
- 理解企业供应物流的模式、采购的基本特征、企业供应物流的发展方向
- 掌握企业供应物流的概念、采购管理的目标、企业供应物流发展的三个阶段
- 重点掌握采购管理的内容、供应商的选择、供应商关系管理

企业为了保质、保量、经济、及时地供应生产经营所需的各种物品，对采购、储存、供料等一系列供应过程往往要进行计划、组织、协调与控制，以确保企业经营目标的实现。这一过程实际上就是企业的供应物流管理。

第一节 企业供应物流

一、企业供应物流概述

企业供应物流是指为企业生产顺利进行，对所需要一切物资的采购、进货运输、仓储、库存管理、用料管理和供应管理等活动。

(一) 企业供应物流的业务环节

1. 采购

采购工作是供应物流与社会物流的衔接点，采购是企业生产的开始，主要是依据企业生产—供应—采购计划来进行原材料外购的作业层，负责市场资源、供货厂家、市场变化等信息的采集和反馈。

2. 生产资料供应

生产资料供应工作是供应物流与生产物流的衔接点，是依据生产—供应计划和物资消耗定额进行生产资料供给的作业层，负责原材料消耗的控制。生产资料的供应有两种基本形式：一是用料部门到供应部门领料，二是供应部门按时按量进行物资配送。

3. 仓储与库存管理

仓储管理工作是供应物流的转换点，负责生产资料的接货和发货，以及物料保管工作；库存管理工作是供应物流的重要部分，依据企业生产计划制定供应和采购计划，并负责制定库存控制策略及计划的执行与反馈修改。

4. 装卸与搬运

装卸、搬运工作是原材料接货、发货、堆码时进行的操作。虽然装卸、搬运是随着运输和保管而产生的作业，但却是衔接供应物流中其他活动的重要组成部分。

(二) 企业供应物流的过程

供应物流过程因不同企业、不同供应环节和不同的供应链而有所区别，这些区别就使企业的供应物流出现了许多不同的模式。但是，尽管不同的模式在某些环节具有非常复杂的特点，但是供应物流的基本流程是相同的，其过程有以下几个环节。

1. 取得资源

取得资源是完成以后所有供应活动的前提条件。取得什么样的资源，这是核心生产过程提出来的，同时也要按照供应物流可以承受的技术条件和成本条件辅助这一决策。

2. 组织到企业物流

所取得的资源必须经过物流才能达到企业。这个物流过程是企业外部的物流过程，在物流过程中，往往要反复运用装卸、搬运、储存、运输等物流活动才能使取得的资源到达企业。

3. 组织企业内物流

如果企业外物流到达企业的“门”，便以“门”作为企业内外的划分界限，例如，以企业的仓库为外部物流终点，便以仓库作为划分企业内、外物流的界限。这种从“门”和仓库开始继续到达车间或生产线的物流过程，称作供应物流的企业内物流。

传统的企业供应物流，都是以企业仓库为调节企业内外物流的一个节点。因此，企业的供应仓库在工业化时代是一个非常重要的设施。

二、企业供应物流的模式

(一) 委托社会销售企业代理供应物流方式

企业作为用户，在买方市场条件下，利用买方的主导权力，向销售方提出对本企业进行供应服务的要求，作为向销售方面进行采购订货的前提条件。实际上，销售方在实现了自己生产的和经营的产品销售的同时，也实现了对用户的供应服务，以此占领市场。这种供应服务是销售方企业发展的一个战略手段。

委托社会销售企业代理供应物流方式的主要优点是企业可以充分利用市场经济造就买方市场优势，对销售方即物流的执行方进行选择和提出要求，有利于实现企业理想的供应物流设计。

委托社会销售企业代理供应物流方式存在的主要问题是销售方的物流水平可能有所欠缺，因为销售方毕竟不是专业的物流企业，有时候很难满足企业供应物流高水平化、现代化的要求，例如，企业打算建立自己的广域供应链，这就超出了销售方的能力而难以实现。

（二）委托第三方物流企业代理供应物流方式

委托第三方物流企业代理供应物流是指在企业完成了采购程序之后，由销售方和本企业之外的第三方去从事物流活动。当然，第三方从事的物流活动，应当是专业性的，而且有非常好的服务水平。这个第三方所从事的供应物流，主要向买方提供了服务，同时也向销售方提供服务，在客观上协助销售方扩大了市场。

由第三方从事企业供应物流的最大好处是，能够承接这一项业务的物流企业必定是专业物流企业，有高水平、低成本、高服务水平从事专业物流的条件、组织和传统。不同的专业物流公司，瞄准物流对象的不同，有自己特有的形成核心竞争能力的机器装备、设施和人才，这就使企业有广泛选择的余地，进行供应物流的优化。

在网络经济时代，很多企业要构筑广域的或者全球的供应链，这就要求物流企业有更强的能力和更高的水平，这是一般生产企业不可能做到的，从这个意义来讲，必须要依靠从事物流的第三方来从事这一项工作。

（三）企业自供物流方式

在卖方市场的市场环境状况下，由企业自己组织所采购的物品的本身供应的物流方式是经常采用的供应物流方式。

本企业在组织供应的某种物品方面，可能有一些优势，例如设备、装备、设施和人才方面的优势，这样，由本企业组织自己的供应物流也未尝不可。在新经济时代，这种方式也不能完全被否定，关键还在于技术经济效果的综合评价。但是，在网络经济时代，如果不考虑本企业核心竞争能力，不致力发展这种竞争能力，而仍然抱着“肥水不流外人田”的旧观念，也不是不可能取得一些眼前利益，但是这必将以损失战略的发展为代价，是不可取的。

三、企业供应物流发展的三个阶段

首先，供应物流电子信息化，并与其他系统整合为企业物流信息系统成为发展的必然。不仅供应物流，整个物流系统的电子信息化是企业现代物流在网络时代发展的基础。供应物流对采购、仓储、供应等各环节中的物料信息及流通中产生的信息进行收集、整理，将信息数据库化、代码化、电子化、标准化、实时化。同时通过供应物流与销售、生产等其他物流系统中各点和线的信息化、网络化，使整个系统整合为企业物流信息系统。这时采购物料的信息是由生产计划和调度信息来指导的，库存管理是按生产信息和采购信息来实时监控和调整的，物流信息系统将使企业实现自动化、无纸化办公，其建立已成为信息时代企业提高运营效率、获取最大利益、实现组织目标的战略。

其次，企业物流一体化是企业发展的必然，供应物流将是物流一体化的重要组成部分。物流一体化针对企业内部各个职能的运作与协调，当然包括采购资源的计划、分配和控制过程，实物配送和生产支持系统的管理，它将企业的各个功能和物流进行统一管理、系统优化，实现企业内部的一体化，形成企业内部供应链。人们越来越清楚地意识到在生产经济性和市场需求之间存在着一定的交替损益，只有从物流系统的总体效益出发，把所有相关的物流成本放到同一场所，用“总成本”这一统一尺度衡量，从综合经济效益上衡量比较总的损益、得失、优劣，进一步发挥各功能的协调作用。如果运费上升的增加低于储存费用的降低，物流总成本降低，说明这一决策是正确的、合理的。反之，若运费上升的增加高于储存费用的降低部分，这样减少商品的存储数量不但是无意义的，而且是不合理的。内部供应链的形成可以降低系统的库存水平，信息通信更有效地提高了整个系统的运作效率。但是内部一体化只能实现企业内的最优化，由于没有与供应商和分销商的一体化管理，仍然存在大量原料和成品的库存，或将库存转加到供应商和分销商，这些成本最终转加到用户身上。

最后，供应链管理发展使供应物流发展进入新的阶段。供应链强调原材料的采购、生产、销售、服务、回收等整个流通管理、采购、生产、销售部门与供应商、分销商、零售商的整合。供应链涉及将产品或服务提供给最终消费者的所有环节的企业所构成的上、下游产业一体化体系。供应链管理强调核心企业与相关企业的协作关系，通过信息共享、技术扩散（交流与合作）、资源优化配置和有效的价值链激励机制等方法体现经营一体化。

在供应链条件下，供应物流将融入其发展中，采购、库存控制将与供应链中的其他成员紧密整合，采购、库存将不再是单个企业的行为，市场竞争将是供应链间的竞争。生产商和供应商将结成战略伙伴关系。信息共享使销售商根据需求动态、库存，利用网络向生产商发出商品信息，生产商根据生产情况和销售进货情况，制定生产计划，通过网络向供应商发送原材料品种、数量订单。由于信息畅通、及时，以及对客户的需求做出快速的反应，从而降低库存，提高整体的服务水平。由于供应链管理的目标是将整个供应链上的所有环节的市场、分销网络、制造过程和采购活动联系起来，以实现顾客服务的高水平与低成本，以赢得竞争优势，因此供应物流最终将与其他部分整合在一起，成为供应链发展中不可分割的重要组成部分。

以上三个阶段是供应物流发展的一般阶段，不同的企业有不同的发展基础，因此应根据本企业的特点制定发展供应物流的战略。

四、企业供应物流的发展方向

（一）由单一的物流模式转向多种物流模式共存

目前，企业供应物流中主要采取企业自供、部分外协物流模式，而随着社会分工的细化和先进管理方式方法如第三方物流、供应链理论与实践的深入，物流模式向委托社会销售企业代理、委托第三方代理、自供、供应链供应等多种模式组合转变，特别是供应链物流供应概念和方式的出现代表着供应物流发展的新导向，也是供应链发展的重要组成部分。未来网络时代，企业的供应物流将是多模式的灵活组合，这种组合将更好地适应市场经济的变化，更好地发挥各企业优势，达到全社会物流的合理化。

（二）供应配送制的发展

供应配送往往是针对特定的用户，用配送方式满足其供应需求。由于配送对象的确定性，需求、服务的相对确定性，所以在供应环节中，配送可形成较强的计划性、较为稳定的渠道，可更充分发挥配送制度的优势，有利于提高配送的科学性和强化管理。供应配送有两种方式：由本企业自己组织企业供应需求的配送；由社会物流服务商（第三方物流）进行供应配送。供应配送可以实现企业的“零库存”，但对配送的准时性和可靠性要求较高。

（三）传统的采购模式转型

在传统的采购模式中，供应与需求之间的关系是临时性的，或是短时性的合作，而且竞争多于合作。同时，传统的采购过程还使用户需求响应能力迟钝，供应与采购双方在信息的沟通方面缺乏及时的信息反馈，缺乏应对需求变化的能力。现代采购理论是基于供应链环境下的新型采购模式，实施外向资源管理、转变为订单、由一般采购关系转向战略伙伴关系、采购即时制等完善了供应链环境下的采购理论。

（四）追求零库存是供应物流库存的发展趋势

库存本身不是错误，但它也在以极高的代价掩盖着错误。因此，追求零库存成为供应物流库存发展的趋势。这并不是为零库存而零库存，而是在极大程度上降低浪费。即时制库存理论将打破传统库存理论中库存的意义，转变为无浪费库存；供应商库存管理打破传统物流中供应商与用户各自为政管理库存的方式，成为供应链方式下以系统、集成的思想统一控制供应链整体库存；业务流程重组打破传统库存管理中以库存控制为目的的管理，而采用以过程控制为目的的库存管理。零库存管理方式和理论将带来库存管理的思维革命，大大提高供应物流管理理论的水平。目前，随着供应链管理应用的推进，供应物流中零库存管理理论和实际也将得到巨大的推进。无论采用哪种零库存的方式和理论，都将提高企业的库存管理水平，为企业带来可观的经济效益。

案例 3—1

戴尔供应链实现“零库存”

戴尔的核心能力，在于管理好整条供应链，让新产品在最短时间交到客户手上。和这件事无关的，都会交给供应链上的伙伴。戴尔的供应链管理可以归纳为以下几步：

第一，减少供货商并将他们集中。将原本下给 200 多家供货商的订单集中，以就近供货原则交给其中 50 家，从而使戴尔本身的零件库存不到 2 小时，接到订单后，再通知供货商送零件，从进料到组装完出货只要 4 小时。

第二，强化供应链上的信息流通速度和透明度。戴尔的供货商等于转接了戴尔的库存压力，因此必须很清楚戴尔未来的出货计划，以免出现库存过多自己赔本、库存不够被戴尔撤换的情况。

第三，在研发上，戴尔选择降低研发和设计比重，放大伙伴价值的做法。如戴尔把笔记本的研发和设计交给台湾的代工伙伴广达承揽，自己则专心去争取订单。此外，在发动价格战争时，供应商也需要扮演极具效率的后勤支持角色。

借助供应链的威力，戴尔可以实现顾客下单到出货存货周转天数 4 天、每人每小时的生产效率提升 160%、订单处理效率提高 50%以及订单错误率降低 50%的竞争力。

第二节 企业采购管理

一、采购与采购管理

采购是一种最为常见的经济行为。它是指在一定时间、地点条件下，通过一定的交易

手段从多个备选对象中选取能够满足自身物品需求的整个活动过程。

企业采购是指根据生产经营活动的需要，企业经营者通过对信息进行搜集、整理和评价，选择合适的供应商，并就交易价格和其他交易条件进行谈判，最终达成协议，以确保企业生产经营需求得到满足的整个过程。

采购管理是指为保障企业正常生产经营活动所需的物资供应而对企业的整个采购活动进行的计划、组织、指挥、协调和控制活动。

采购和采购管理是两个不同的概念。采购是指一项具体的物资购买活动，有具体的采购人员操作实施；而采购管理是企业战略管理的重要组成部分，是构成现代企业管理系统的一个重要子系统，通常由企业高层决策者承担。企业采购管理的目的是保证生产经营活动的正常进行，而对采购信息、采购人员、采购资金、采购物资和采购决策进行的综合管理，是一个系统工程。不同企业的采购管理，由于其采购物资的数量、品种、地点以及其他交易条件不同，其管理的侧重点也不尽相同。

知识库

企业采购与消费品采购的区别

企业采购与消费品采购的区别如表 3—1 所示。

表 3—1　　企业采购与消费品采购

类别	企业采购	消费品采购
采购目的	保证生产	满足个人需求
采购动机	主要出于理性考虑	带有个人喜好或冲动
采购功能	专业职能、企业行为	消费者个人行为
采购决策	多人参与、程序化过程	个人决定
产品与市场知识	系统、宽广	零散、有限
采购量	大	小
采购需求	由生产及发展驱动、波动性强	由生活所需导向、通常较稳定
采购市场价格	弹性有限	弹性相对较大
顾客	数量有限、往往地域性集中	数量很多、地域上分散

二、采购的基本特征

（一）采购具有较强的综合性

采购具有较强的综合性，主要表现为它是商流、物流、信息流、资金流相结合的过程。商流就是商品所有权的转移，采购是将物资的所有权从供应商转移到用户。在这个过程中，采购者首先要对物资市场的信息进行收集、整理和传递，寻找到合适的供应商；其次还要实现所采购物资的位移，这是一个物流过程，具体包括运输、储存、包装、装卸等具体环节。因此，采购过程涉及商流、物流、信息流以及资金流，只有将这些方面紧密结合起来采购才能完成。

（二）采购是一种经济活动

所谓经济活动就是指物资的购买行为是通过市场来实现的，因此要遵循市场经济的内在规律，提高采购活动的效率。

采购的主体是企业，在市场经济中，企业是自主经营、自负盈亏、自我发展的经济实体，企业的经营行为要通过市场来实现。采购行为是企业经营行为的一种，也必然要通过市场来实现。采购既然是企业经营行为的一种，也要服从于企业的经营目标，通过对采购物资的质量控制，确保优质产品的生产，提高客户的品牌忠诚度，树立良好的企业形象。同时，在采购过程中要努力降低采购成本，按照价值工程原理提高采购效益，为提高企业竞争力奠定基础。

（三）采购是一种大规模的购买行为

在买方市场上，采购商通过货币选票来表达自己的兴趣偏好，由于购买物资的数量较大，采购商往往在买卖过程中具有较明显的讨价还价优势，在交易中处于有利的地位。随着国际市场的逐渐形成，许多大型采购商逐渐形成了“买全球、卖全球”的交易趋势，在全球市场寻找最佳的货源地与供应商，通过多种交易形式与手段努力实现经济效益最大化的目标。

三、采购管理的重要性

采购物资的价值在最终产品价值中占有相当大的比例，它是产品市场价格的重要组成部分。采购物资的价值分析与成本管理直接决定着企业实施成本控制的效果，决定着产品的价格竞争力；采购物资是最终产品的物质构成基础，它的质量决定了产品的最终品质，会影响到消费者的产品忠诚度，最终影响到企业的经济效益。

具体来讲，采购管理具有以下几方面的重要性。

（一）采购管理在成本控制中的地位

在市场经济中，几乎所有企业都要进行成本控制，而采购则是产生成本最大的领域，尤其在制造业中，物资价值通常会超过产品销售额的一半以上。例如，当汽车生产商向经销商以每辆1.8万美元的价格销售新车时，他已经支付了10 800美元（占60%）用于购买轮胎、钢材、皮革、化纤、油漆、铜、铝以及制造汽车所必需的电子器件；当软饮料生产商以1 000美元的价格向超级市场出售包装饮料时，他已经支付了近650美元给供应商用于购甜味剂、碳化物、调味剂、瓶子以及纸板或塑料容器，用于一般生产和包装最终产品。

（二）采购管理在生产过程中的地位

没有稳定的物资供应，企业就谈不上持续的生产经营活动，也就无法“敏捷、灵活、快速”地向市场提供顾客满意的产品与服务，也就难以形成一种以顾客价值为基础的产品和服务所驱动的对不断迅速变化的市场做出快速反应的能力。采购管理是企业建立的由物资供应商、生产商、分销商、零售商以及最终消费者连成一体的功能网络结构模式的起点，只有在确保采购供应的基础上，企业才能实施缩短产品开发周期、增加产品类型、提高顾客满意度的经营策略。

（三）采购管理在产品质量控制中的地位

质量是产品的生命，更是关系到企业生死存亡的关键因素。物资的采购不仅仅只涉及交易条件或价格，更深层次的则是质量水平、质量保证能力、产品服务水平、售后服务等。如果采购的物资质量有问题，也就无法向最终消费者提供满意的产品，消费者也就不可能产生重复购买行为，企业的发展必然会受到影响。现在，许多企业都将质量控制战略划分为采购品质量控制、生产过程质量控制以及产品质量控制。

由于物资价值在产品价值中所占比例较大，因此，采购物资的质量保证是产品质量保证的前提，只有在此基础上才有可能生产出优质产品。采购管理通过供应链将质量管理延伸到供应商的生产经营活动中，对产品质量具有明显的控制作用。

（四）采购管理在企业销售业务中的地位

物资采购作为零售资本“G—W—G’（资本的总公式）”周转的第一个环节，只有在“G—W”环节中购进的物资在品种、规格、花色以及款式适合市场的需要时，才能实现“W—G’”中“惊险的跳跃”，实现企业的经济效益目标，也才能最终实现采购的价值。否则，购销之间会产生矛盾，直接影响到企业的经济效益。因此，产品销售工作绩效的大小在一定程度上取决于采购物资的质量，从供应品的角度来说，采购管理决定着企业的产品销售业绩，最终影响到企业的生存与发展。

（五）采购管理在市场信息收集方面的地位

在买方市场条件下，采购部门面对着众多的供应商，如果能够及时把握市场动态，随时了解物资供求的发展趋势，则可以为企业内部相关部门提供有用的信息，这些信息包括：产品价格、新供应源、新技术、新产品、新细分市场等，这些信息可以运用于企业的市场营销、销售、服务与技术支持等领域，通过强化跟踪服务和信息分析能力，有利于企业内部各部门协同建立和维护一系列与客户和生意伙伴之间卓有成效的“一对一关系”。这一方面使企业得以提供更快捷和周到的优质产品或服务，提高顾客满意度，吸引和保护更多的客户，从而增加营业额；另一方面可以通过信息共享和优化商业流程有效地降低企业的经营成本。

关于投资、兼并、国际市场动态、产业政策以及当前顾客与潜在顾客等方面的信息，对企业进行开拓新市场、调整经营方向、增强核心竞争力等决策都有一定的参考意义。

四、采购管理的目标

现代企业实施采购管理，主要是为了实现控制生产成本、提高产品质量、促进新产品开发、增强企业竞争力、协调供应商关系等经营目标。

（一）控制生产成本

生产成本直接决定着产品出厂价格的高低，也影响着产品的市场竞争力。而采购成本是生产成本的重要组成部分，直接影响到产品的边际利润。采购成本的高低是衡量采购管理绩效的一项重要指标。采购成本具体包括直接采购成本和间接采购成本。

直接采购成本是指物资或服务的采购价格，也就是采购商与供应商最终达成的交易价格。对直接采购成本的控制主要通过优化供应商、采购市场本土化（或本地化）、数量优势谈判、提高采购工作效率、与供应商共同实施价值工程等途径来实现。

间接采购成本是指采购过程中发生的相关费用，如运输费、汇率变动费用、仓储费用。控制间接采购成本主要通过增加送货频率、压缩供货周期、减少库存、实施来料免检、包装物回收利用、及时结算等途径来实现。

（二）提高产品质量

质量是市场上唯一经久的价值标准。采购商通过不断加强对供应商的管理，确保采购物资或服务的质量，从而达到提高企业产品质量的目标。要达到这一目标，采购企业就要建立严格和规范的质量管理制度，制定衡量质量的标准，通过贯彻全员质量管理的团队精神来确保质量管理制度的落实与执行。同时，还应将质量管理的经营理念延伸到供应商，使供应商形成系统的质量计划、质量控制和质量改进的经营体系，为企业产品从源头上提供可靠的质量保证。

（三）促进新产品开发

在采购过程中，采购商应该充分发挥供应商接触市场、了解市场的优势，鼓励他们积极参与到本企业新产品开发的工作中来，听取和吸收他们的意见和建议，最终开发出适销对路的新产品，为企业赢得竞争优势。

（四）增强企业竞争力

增强企业竞争力是企业经营活动的主要目标之一，也是实施采购管理的一项重要目标。只有不断增强企业竞争力，企业才能在激烈的市场竞争中生存和发展，才能确保企业基业常青。通常情况下，采购管理可通过降低采购成本、控制采购物资质量、缩短交货时间、提高采购绩效、稳定供货渠道等途径实现。

（五）协调供应商关系，确保适时适量供应

采购管理要建立起企业与资源市场之间的良好关系，建立并且管理好供应链，保证企业的物资来源，为生产经营活动的正常进行奠定基础。

物资采购要适时适量，货物进少了就有可能产生缺货，影响到正常的生产经营活动；货物进多了会占用较多的资金，也会增加仓储和保管费用，加大企业的经营成本。因此，要实现适时适量的采购目标，既保证供应，又使采购成本最小化，提高资金的使用效率。

五、采购管理的内容

（一）制定采购计划

1. 接收物资申购单

在企业中，物资采购工作一般由采购部门全权负责，以确保整个企业生产经营的物资供应。采购部门要在接收到其他部门的物资申购单以后，才能根据申购单开展具体的采购活动。物资申购单的内容包括：所需物资的品名；所需物资的规格与数量、计量单位；用途；交货期限；申购部门的名称。

2. 进行采购决策

采购部门在审核了物资申购单之后，就要进行采购决策，一般包括采购物资的品名和规格决策、采购量（批量）决策、采购方式决策和采购价格决策。

3. 确定采购计划

采购部门要根据物资申购单制定采购计划，包括：采购方式的确定、采购招投标的时间安排、供应商的选择、采购金额、本项采购的具体负责人与一般工作人员安排、运输方式、交货时间、采购费用预算等内容。

知识库

MRP、MRPⅡ和 ERP

MRP（Material Requirement Planning）物料需求计划
MRPⅡ（Manufacturing Resource Planning）制造资源计划
ERP（Enterprise Resource Planning）企业资源计划

（二）采购计划的组织实施

1. 选择供应商

了解供应商是进行有效采购的前提条件。一般情况下，采购商可以通过供应商的商品目录、行业期刊、工商企业名录、销售代表等途径来搜集有关信息。其中，供应商的销售代表是采购商接触到的最有价值的信息源，他们能为采购商提供供应源、产品型号、产品规格、售后服务等方面的信息。

在了解了供应商以后，采购部门还要对供应商进行正式或非正式的评价，根据供应商以往交付、订货的情况，追踪并检查产品在质量、数量、价格、交货日期、服务等方面的状况，对供应商进行评级，选择最高等级的供应商。

2. 向供应商订货

如果采购订单涉及金额较大，特别是在一次性购买大型设备的情况下，企业通常采用招标采购的方式，邀请供应商积极投标。

3. 验收入库

在采购过程中，采购商一个非常重要的权力就是在接收货物之前进行检验。这个权力设定的目的就是给采购商一个机会，以鉴定交付的货物是否与合同中规定的要求标准相一致。如果供应商交付的货物未能与合同中规定的相一致，采购商可以选择以下策略：拒收全部货物，拒收发生的费用由供应商全部承担；接收部分货物，拒收次品；接收全部货物，并要求赔偿。

需要注意的是，拒收供应商的货物必须在交付货物后的合理期限内。在实践中，由于许多采购商希望得到货物，他们往往采用其他方法来处理不符合合同规定的产品，主要看违反订购合同的严重程度。如果不严重的话，对供应商提出口头的警告就可以了。有时货物规格不符合合同要求，可以让供应商进行再加工或做其他处理；如果货物是构件，可以由供应商负责更换；如果设备非常复杂，可以要求供应商在使用者的场地对设备的缺陷进行修补。

4. 合同监督

市场经济的本质就是契约经济、合同经济，采购商与供应商在达成交易之前必须订立订货合同或购销合同，以明确双方的权利和义务。有效合同包括四个基本要素：有资格的签约方，包括委托人或有资格的代理人；合法的标的或目的；发盘和接收；具体细节（如外汇兑换率等）。

采购商的采购订单是指包含了买方发盘并在供应商接受时签订的、合法的一种合同形式。大多数订单都包含了确认或接受的条款，有些采购商订单的背面还印有适合于任何交易的条款细节，供应商需要注意或向法律顾问咨询。

一旦签订合同，采购部门要主动与供应商联系，督促其按期交货。同时，要对交货时出现的产品质量、规格、数量等方面的问题进行交涉，确保合同的顺利执行。

5. 购后评价

购后评价就是对供应商交付货物的情况和合同执行的情况进行系统评价，并将评价结果档案化，方便下一次采购时利用。

（三）采购的监督与控制

采购的监督与控制是采购管理工作的重要组成部分，其目的就是确保采购计划的顺利执行，具体包括以下内容。

1. 对采购人员的监控

采购人员是采购活动的实施者，直接影响到采购计划的完成。企业要加强对采购人员的职业道德教育和业务知识的培养，努力提高采购人员的综合素质，消除和杜绝采购过程中采购人员行贿受贿、贪污腐败、假公济私的行为；建立有效的奖惩制度，规范采购人员的业务行为。

2. 对采购过程的控制

整个采购流程包括许多环节，对其控制要有所侧重，要抓关键环节，达到以点带面的效果。具体来讲，应重点控制采购计划的制定、供应商的评级与选择标准、招标书的拟定、采购合同的拟定与审批、采购合同的督导执行、供应商交付货物的检验、采购绩效的考核、采购文件的保管等。

3. 对采购预算及执行情况的控制

采购预算是采购过程中发生成本费用的具体匡算，它不仅包括成本费用总额，而且包括费用列支情况。它是采购计划的具体化，也是实施采购计划的保证。企业要建立、健全严格的采购预算管理体制，明确费用列支的范围和责任。

4. 采购信息的收集与使用

要通过采购调查来进行系统的数据收集、分类和分析，为企业的采购决策提供依据。企业若要做好采购信息的收集与使用，就要指定专职工作人员负责此项工作，使收集的采购信息面广点新，客观反映市场状况。

一般来讲，可以通过对所购材料、产品或服务的调查，包括价值工程分析，或者对供应商以及采购系统的调查来获取采购信息。

第三节　供应商管理

一、供应商管理概述

供应商，是指可以为企业生产提供原材料、设备、工具及其他资源的企业。供应商，可以是生产企业，也可以是流通企业。企业要维持正常生产，就必须要有一批可靠的供应商为企业提供各种各样的物资供应。因此，供应商对企业的物资供应起着非常重要的作用，采购管理就是直接和供应商打交道并从供应商那里获得各种物资。因此采购管理的一个重要工作，就是要搞好供应商管理。

所谓供应商管理，就是对供应商的了解、选择、开发、使用和控制等综合性管理工作的总称。其中，了解是基础，选择、开发、控制是手段，使用是目的。供应商管理的目的，就是要建立起一个稳定可靠的供应商队伍，为企业生产提供可靠的物资供应。

供应商，是一种客观存在，而且自然地构成了企业外部环境的组成部分，它必然间接或直接地对企业产生影响。因为任何供应商，不管是否已经与企业有直接关系还是没有直接关系，它都是资源市场的组成部分。

企业的采购，都只能从资源市场中获取物资，所以企业采购物资的质量水平、价格水平都必然受到资源市场每个成员的共同影响。

供应商的一个特点，就是它们都是一个与购买者独立的利益主体，而且是一个以追求利益最大化为目的的利益主体。按传统的观念，供应商和购买者是利益互相冲突的矛盾对立体。对购买者来说，原材料供应没有可靠的保证、产品质量没有保障、采购成本太高，这些都直接影响企业生产和成本效益。

为了创造出一种良好的供应商关系局面，克服传统的供应商关系观念，企业有必要非常重视供应商的管理工作，通过多方面持续努力，了解、选择、开发供应商，合理使用和控制供应商，建立起一支可靠的供应商队伍，为企业生产提供稳定可靠的物资供应保障。

二、供应商的选择

供应商选择是供应商管理的目的，是最重要的一项工作。选择一批好的供应商，不但对企业的正常生产起着决定作用，而且对企业的发展也非常重要。因此，企业要不惜下大力气采用各种方法选择好供应商。

实际上，供应商选择融合在供应商开发的全过程中。供应商开发的过程包括几次供应商的选择过程：在众多的供应商中，每个品种要选择 5～10 个供应商进入初步调查；初步调查以后，要选择 1～3 个供应商进入深入调查；深入调查之后又要做一次选择，初步确定 1～2 个供应商；初步确定的供应商进入试运行，又要进行试运行的考核和选择，确定最后的供应商结果。

（一）供应商需具备的条件

供应商需具备的条件包括以下几方面：

（1）企业生产能力强。表现在：产量高、规模大、生产历史长、经验丰富、生产设备好。

（2）企业技术水平高。表现在：生产技术先进、设计能力和开发能力强、生产设备先进、产品的技术含量高、达到国内先进水平。

（3）企业管理水平高。表现在：有一个坚强有力的领导班子，尤其是要有一个有魄力、有能力、有管理水平的一把手；要有一个高水平的生产管理系统；还要有一个有力的、具体落实的质量管理保障体系。

（4）企业服务水平高。表现在：能对顾客高度负责、主动热诚认真服务，并且售后服务制度完备、服务能力强。

案例3—2

沃尔玛的全球供应商管理制度

沃尔玛在全球的供应商总数达到了6.8万，通过建立一套完整有效的供应商管理制度，使得沃尔玛能够以最低的成本快速反应来满足市场需要。

首先是建立准入制。沃尔玛建立供应商准入制，目的是从一开始就淘汰和筛选不合格的供应商，节约谈判时间。当供应商的资金实力、技术条件、资信状况、生产能力等达到基本要求后，沃尔玛公司的采购人员会将本公司对具体供应商关于商品的质量和包装要求，商品的送货、配货和退货要求，商品的付款要求等要点向供应商提出，初步询问供应商是否能够接受。若对方能够接受，方可准入，并且将这些要点作为双方进一步谈判的基础。

其次是建立供应商会见制。在供应商获得准入后，沃尔玛公司为了规范采购和提高谈判效率，在同供应商接洽中建立严格的供应商会见制，要求所有的供应商都到其总部或各地的采购机构，进行包括货物采购以及各项合作在内的谈判，该制度主要包括接待时间、接待地点和洽谈内容三方面的要求。

最后，对供应商进行定期评价。沃尔玛的供应商多达几千家，公司通过建立供应商的分类和编号，建立供应商基本资料档案，建立供应商商品台账，统计供应商销售数量的方法对供应商进行管理，否则业务的推广必定困难。

（二）选择供应商的原则

许多成功企业的实践经验表明，做到目标明确、深入细致的调查研究、全面了解每个候选供应商的情况、综合平衡、择优选用是开发新供应商的基本要点。一般来说，选择新供应商应遵循以下几方面的原则。

1. 目标定位原则

目标定位原则要求新供应商评审人员应当注重对供应商进行考察的广度和深度，应依据所采购商品的品质特性、采购数量和品质保证要求去选择供应商，使建立的采购渠道能够保证品质要求，减少采购风险，并有利于自己的产品打入目标市场，让客户对企业生产的产品充满信心。

2. 优势互补原则

优势互补原则要求选择的供应商应当在经营方向和技术能力方面符合企业预期的要求水平，供应商在某些领域应具有比采购方更强的优势，在日后的配合中能在一定程度上优势互补。尤其在建立关键、重要零部件的采购渠道时，企业更需对供应商的生产能力、技术水平、优势所在、长期供货能力等方面有一个清楚的把握。

只有那些经营理念和技术水平符合或达到规定要求的供应商才能成为企业生产经营和日后发展的忠实和坚强的合作伙伴。

3. 择优录用原则

在相同的报价及相同的交货承诺下，毫无疑问要选择那些企业形象好，可以给世界驰名企业供货的厂家作为供应商。信誉好的企业更有可能兑现曾许下的承诺。

4. 共同发展原则

如今市场竞争越来越激烈，如果供应商不以全力配合企业的发展规划，企业在实际运作中必然会受到影响。若供应商能以荣辱与共的精神来支持企业的发展，把双方的利益捆绑在一起，这样企业就能对市场的风云变幻做出更快速、更有效的反应，并能以更具竞争力的价位争夺更大的市场份额。

(三) 供应商的选择方法

供应商的选择，要根据具体情况采用合适的方法。常用的方法主要有两类：一是考核选择，二是招标选择。

1. 考核选择

所谓考核选择，就是在对供应商充分调查了解的基础上，再进行认真考核、分析比较而选择供应商的方法。

(1) 调查了解供应商。供应商调查可以分为初步供应商调查和深入供应商调查。每个阶段的调查对象都有一个供应商选择的问题，而且选择的目的和依据是不同的。

初步供应商调查对象的选择非常简单，选择的基本依据就是供应商产品的品种规格、质量价格水平、生产能力、地理位置、运输条件等。在这些条件合适的供应商当中选择几个，就是企业初步供应商调查的对象。

深入供应商调查对象的选择，一是根据企业自己产品的 ABC 分类确定的产品重要程度，二是根据供应商企业的生产能力水平的实际情况。对于企业的关键产品、重要产品，要认真地选择供应商。这些产品，或者是价值高，或者是精度高，或者是性能优越，或者是技术先进，或者是稀缺品，或者是企业产品的关键的、核心的零部件等。要对这些产品的供应商进行深入研究考察考核，选择真正能够满足企业要求的供应商。

深入供应商调查对象的选择标准主要是企业的实力、产品的生产能力、技术水平、质量保障体系和管理水平等。

(2) 考察考核供应商。初步确定的供应商还要进入试运行阶段进行考察考核，试运行阶段的考察考核更实际、更全面、更严格。在运行过程中，就要进行各个评价指标的考核评估，包括产品质量合格率、按时交货率、按时交货量率、交货差错率、交货破损率、价格水平、进货费用水平、信用度、配合度等的考核和评估。在单项考核评估的基础上，还要进行综合评估。综合评估就是把以上各个指标进行加权平均计算而得的一个综合成绩。可以用下式计算：

$$s=\frac{\sum w_i p_i}{\sum w_i}\times 100\%$$

式中：s 为综合指标；p_i 为第 i 个指标；w_i 为第 i 个指标的权数，由人们根据各个指标的相对重要性而主观设定。我们把各个选定的单项考核指标值与相应的权数值相乘再相加除以总权数，就可以算出综合成绩值 s。s 可以作为供应商表现的综合描述，这个值越高的供应商表现越好。

(3) 考核选择供应商。通过试运行阶段，得出各个供应商的综合评估成绩，基本上就可以最后确定哪些供应商可以入选，哪些供应商被淘汰了。一般试运行阶段达到优秀级的供应商应该入选；一般或较差级的供应商应予以淘汰；对于良好级的供应商，可以根据情况，将其列入候补名单。候补名单中的成员可以根据情况处理，可以入选，也可以落选。

现在一些企业为了制造供应商之间的竞争机制，采取了一些做法，就是故意选两个或三个供应商，称作 AB 角或 ABC 角。A 角作为主供应商，分配较大的供应量；B 角（或再加上 C 角）作为副供应商，分配较小的供应量。从综合成绩为优的中选供应商担任 A 角，候补供应商担任 B 角。在运行一段时间以后，如果 A 角的表现有所退步而 B 角的表现有所进步的话，则可以把 B 角提升为 A 角，而把原来的 A 角降为 B 角。这样无形中就造成了 A 角和 B 角之间的竞争，促使他们竞相改进产品和服务，使得采购企业获得更大的好处。

从以上可以看出，考核选择供应商是一个较长时间的深入细致的工作。当供应商选定之后，应当终止试运行期，签订正式的供应商关系合同，进入正式运行期后，就开始了比较稳定正常的物资供需关系运作。

2. 招标选择

招标选择的主要工作，一是要准备一份合适的招标书，二是要建立一个合适的评标小组和评标规则，三是要组织好整个招标投标活动。

招标活动的另一个关键环节就是要组织好评标。评标就意味着具体选择供应商。能不能选择一个好的供应商，关键就看评标活动的具体操作。要搞好评标活动，一是要组织一个好的评标小组，二是要拟定一个好的评标规则，三是要组织好评标活动。

在招标活动中，广大供应商的主要工作包括：一是起草自己的投标书参与投标竞争，二是参加招标会，进行自己的投标说明和辩论。评标小组根据各个供应商的标书以及他们的投标陈述，进行质询、分析和评比，最后得出中标的供应商。

知识库

供应商选择

供应商选择，主要是指粗略地对现有的供应商和准备发展的供应商进行大致的选择，把显然不符合标准的供应商排除在外。以往企业寻找供应商经常是采购部门的事，而现在对供应商的挑选则要关注以下几个事项：一是要由工艺设计部门在设计过程中提出；二是参照历史数据资料的提示；三是对供应链各个节点之间的关系进行分析，看供应商在供应链里是否处于关键节点上；四是充分利用公共网络上的信息，在公共网络上寻找优秀的供应商。

通过以上几项要素，最终把供应商锁定在比较大的范围内。这里应注意的是，在供应商选择的初始阶段，就应把供应商与自己企业的产品、工艺、设计联系在一起。

三、供应商的使用、激励与控制

(一) 供应商的使用

使用供应商的第一个工作，就是要与供应商签订一份正式合同。这份合同既是宣告双方合作关系的开始，也是一份双方承担责任与义务的责任状，也是将来双方合作关系的规范书。协议生效后，它就成为直接约束双方的法律性文件，双方都必须遵守。

在供应商使用的初期，采购企业的采购部门应当和供应商协调，建立起供应商运作的机制，相互在业务衔接、作业规范等方面建立起一个合作框架。在这个框架的基础上，各自按时按质按量完成自己应当承担的工作。在日后供应商使用的整个期间，供应商当然尽职尽责，完成企业规定的物资供应工作。采购企业的采购管理部门应当按合同的规定，严格考核检查供应商执行合同、完成物资供应任务的情况。既充分使用、发挥供应商的积极性，又进行科学的激励和控制，保证供应商的物资供应工作顺利健康地进行。

(二) 供应商的激励与控制

激励和控制供应商的目的，一是要努力充分发挥供应商的积极性和主动性，努力搞好自己所承担的物资供应工作，保证采购企业的生产生活正常进行；二是要防止供应商企业的不轨行为，预防一切对企业、对社会的不确定性损失。

对供应商的激励与控制应当注意以下几方面的工作。

1. 逐渐建立起一种稳定可靠的关系

企业应当和供应商签订一个较长时间的业务合同关系，例如 1～3 年。时间不宜太短，太短了让供应商不太放心，从而总是对本企业留一手，不可能全心全意为搞好企业的物资供应工作而倾注全力，但是合同时间也不能太长。这一方面是因为将来可能会发生变化，例如市场变化导致产量变化，甚至产品变化、组织机构变化等；另一方面，也是为了防止供应商产生一劳永逸、铁饭碗的思想而放松对业务的竞争进取。

为了促使供应商加强竞争进取，就要使供应商有危机感。所以合同时间一般定为一年比较合适，如果合适，第二年继续，可以再续签。第二年不合适，则合同终止。这样签合同，就是既要让供应商感到放心，可以有一段较长时间的稳定工作，又要让供应商有危机感，不要放松竞争进取。

2. 有意识地引入竞争机制

有意识地在供应商之间引入竞争机制，促使供应商之间在产品质量、服务质量和价格水平方面不断优化。例如，在几个供应量比较大的品种中，每个品种可以实行 AB 角制或 ABC 角制。

3. 与供应商建立相互信任的关系

当供应商经考核转为正式供应商之后，一个重要的措施就是应当将验货收货逐渐转为免检收货。免检，是供应商的最高荣誉，也可以显示出企业对供应商的高度信任。免检，当然不是不负责任地随意给出，应当稳妥地进行，既要积极地推进免检考核的进程，又要确保产品质量。一般免检考核时间要经历三个月左右，在免检考核期间内，起初企业要进行严格的全检或抽检。如果全检或抽检的结果，不合格品率很小，则可以降低抽检的频次，直到不合格率几乎降到零为止。这个时候，要组织供应商稳定生产工艺和管理条件，保持零不合格率。如果供应商真能保持零不合格率一段时间，这时就可以实行免检了。

免检期间，也不是绝对免检，还要不时地随机抽检一下。抽检的结果如果满意，则继续免检。一旦发现了问题，就要增加抽检频次，进一步加大抽检的强度，甚至取消免检。通过这种方式，也可以激励和控制供应商。

4. 建立相应的监督控制措施

在建立起信任关系的基础上，也要建立起比较得力的、相应的监督控制措施。根据情况的不同，可以分别采用以下一些措施：

（1）对一些非常重要的供应商，或是当问题比较严重时，可以向供应商单位派常驻代表。常驻代表的作用，就是沟通信息、技术指导、监督检查等。对于那些不太重要的供应商，或者问题不那么严重的单位，则视情况分别定期或不定期到工厂进行监督检查，或者设监督点对关键工序或特殊工序进行监督检查；或者要求供应商报告生产条件情况、提供制程管制上的检验记录，进行分析评议等办法实行监督控制。

（2）加强成品检验和进货检验，做好检验记录，退还不合格品，甚至追究赔款或罚款，督促供应商改进。

（3）组织本企业管理技术人员对供应商进行辅导，提出产品技术规范要求，使其提高产品质量水平或企业服务水平。

四、供应商关系管理

（一）供应商关系管理的概念

供应商关系管理（Supplier Relationship Management，SRM），是企业供应链上的一个基本环节，它建立在对企业的供方以及与供应相关信息完整有效的管理与运用的基础上，对供应商的现状、历史，提供的产品或服务，沟通、信息交流、合同、资金、合作关系、合作项目以及相关的业务决策等进行全面的管理与支持。它是用来改善与供应链上游供应商的关系，致力于实现与供应商建立和维护长久、紧密的伙伴关系，旨在改善企业与供应商之间的关系的新型管理机制。它是一种扩展协作互助的伙伴关系，是一项共同开拓和扩大市场份额，以实现“双赢”为向导的企业资源管理的系统工程。

（二）供应商关系管理的作用

供应商关系管理的作用包括以下几个方面：

首先，供应商关系管理有助于提高客户对需求和服务的满意度。目前，很多顾客与供应商之间仍然是相互对立而非合作伙伴关系，其交易过程仍是典型的非信息对称博弈过程。为了克服这种信息不对称，客户不得不在采购环节加大监督管理力度，这无形中加大了管理成本，减缓了对顾客需求的响应速度。加强供应商管理，使采购方与合格的供应商建立合作伙伴关系，通过信息共享，达到低成本、高柔性的目标。

其次，供应商关系管理有助于提高供应商对客户需求反应的敏捷性。零库存管理、即时制生产、精益物流等先进的管理方式已逐步被国内外企业采用。在这样的环境中，供应商对客户需求反应的敏捷性便成为考核供应商综合绩效的重要指标，这一指标将决定供应商能否在激烈的市场竞争中站稳脚跟。

最后，供应商关系管理有助于保证采购质量、降低采购成本。供应商产品的质量是客户生产质量和研发质量的组成部分。从成本角度考虑，供应商的成本在一定程度上也是采购商的成本。供应商成本增加，势必最终将附加的成本转移到采购商手中。所以，加强供应商管理，选择合适的供应商，使供应商在竞争的环境中保持提高产品质量、降低成本的竞争状态，对保证采购质量、降低采购成本有积极的意义。

知识库

现代供应商关系管理与传统供应商关系管理的区别

现代供应商关系管理与传统供应商关系管理的区别如表 3—2 所示。

表 3—2　现代供应商关系管理与传统供应商关系管理的区别

类别	传统供应商关系管理	现代供应商关系管理
供应商数目	多数	少数
供应商管理	短期合作，买卖关系	长期合作，伙伴关系
企业与供应商的沟通	仅限于采购部门与供应商销售部门之间	双方多个部门沟通
信息交流	仅限于订货收货价格	多项信息共享
价格谈判	尽可能低的价格	互惠的价格，双赢
供应商选择	凭采购员经验	完善的程序
供应商对企业的支持	无	提出建议
企业对供应商的支持	无	技术支持

（三）进行供应商战略伙伴关系管理

通过供应商开发及选择过程，一定数量的供应商从原来的普通供应商转化成供应链核心企业的合作伙伴，企业通过对供应商合作伙伴关系的管理，即关系的维护、提升和优化，使合作伙伴进一步发展成战略性合作伙伴，战略性合作伙伴的协同将会产生新的生产能力，提升供应环节的价值增值。

1. 供应商关系维护

从经济学视角看，维护一个已有供应商，比开发一个新供应商的交易成本要低得多。管理与供应商的关系就是希望通过对伙伴关系的维护，达到关系的“亲密”，在亲密的平台上，通过对关系的提升，实现伙伴的自愿“贡献”行为。维护供应商关系并使其逐步达到亲密，需要企业的主动行为。首先，企业要以诚信的态度与供应商公平交易。其次，企业应注重以本企业精神去影响供应商，用本企业文化熏陶供应商，逐步形成企业与供应商的团队文化，形成一种学习型虚拟组织，并通过实践不断磨合，使伙伴关系更加融洽。最后，要注意采用恰当的协同管理方式，如激励供应商的协同采购行为，加强与供应商的日常沟通等。

2. 供应商关系提升

现实中的合作伙伴，更希望在一种超越了交易关系的环境中努力工作，当这种伙伴关系超越了交易关系而达到相当高的紧密程度时，供应商就会产生一种贡献的意愿和行为。“贡献”是供应商关系提升的目标。要使供应商甘愿为协同企业运作作出贡献，企业首先要敢于向他们开放内部运作系统，敢于向他们授权，与其建立长期深层次的业务合作。其次，要注重企业与供应商核心竞争力的培育。

(四) 供应商关系管理理念上的发展趋势

随着整体社会环境和企业相关信息系统的改变，供应商关系管理的理念也发生了一些变化，新的理念包含如下内容。

1. 越来越依靠使用电子化采购来获取服务

企业会希望把越来越多的功能外包出去。然而，相对于具体的商品而言，企业对所接受的服务可能很难一个一个地比较。综合因素的权衡比较会成为关键。供应商关系管理有助于让企业找到一个办法，让他们既可以同供应商沟通其需求，同时对供应商的价值和运作水平进行评价。

2. 越来越多地使用垂直细分的供应商关系管理应用方案

不同产业有不同的需求。根据客户和供应商之间的关系的不同分类，我们又可以对供应商关系管理进行不同的细分。专业化的供应商关系管理应用方案允许企业通过对他们有价值的方式来管理同供应商的关系。供应商关系管理应用方案的提供者依次启动以前被关闭的垂直市场专业策略，作为其产品的关键卖点。

3. 对供应商和合作伙伴有不同的思考

在线交易中，各个交易方被当作对手，而不是伙伴。随着企业之间沟壑的消失，这种对“交易”的强调和对“关系”重要性的忽略，以及由此在产业界所形成一种不信任的气氛，都逐渐成为了一个问题。只有在关系管理方面做得最好的企业才有可能获得生存。供应商关系管理允许企业一起合作以获得双赢。

4. 更深层次的集成

供应商关系管理使得企业在采购和外包上实现无缝连接，并使得供应商的行为越来越符合自己的预期。在企业内部，企业主要专注于把供应链管理、供应商关系管理应用和客户关系管理、企业资源计划功能集成起来。

5. 客户服务

随着“按订单生产”概念不断得到市场认同以及对合同方生产商（其承担几乎所有或者大规模的零部件生产功能）的依赖，类似于戴尔以及汽车定点生产厂商这样的企业就不能仅仅把供应商当成商品条目了。企业对客户服务的质量大部分要依靠供应商以及企业和供应商如何在客户关系管理的框架内运作。这样一来，供应链和供应商关系管理对客户服务就显得非常重要，以至于许多企业开始寻求整合前端客户关系管理和供应商关系管理的功能。

6. 协同管理

在互联网和信息技术日臻成熟之际，供应商关系管理正逐步朝供应链上各供应商之间的协同与同时性发展，供应链中的各个供应商可以针对顾客的需求进行协同规划、预测与补货，让供应链更符合需求导向。

本章小结

首先，本章介绍了企业供应物流的有关概念、模式、发展阶段及发展方向。企业供应物流是指为企业生产顺利进行，对所需要一切物资的采购、进货运输、仓储、库存管理、用料管理和供应管理等活动。企业供应物流包括采购、生产资料供应、仓储与库存管理、装卸与搬运等业务环节，企业供应物流的模式有委托社会销售企业代理供应物流方式、委托第三方物流企业代理供应物流方式以及企业自供物流方式。今后，企业供应物流将朝着以下几个方向发展：由单一的物流模式转向多种物流模式共存、供应配送制、传统的采购模式转型、追求零库存。

其次，本章介绍了采购和采购管理的基本概念，详细介绍了采购管理的重要性、目标和内容。采购是一种最为常见的经济行为。它是指在一定时间、地点条件下，通过一定的交易手段从多个备选对象中选取能够满足自身物品需求的整个活动过程。采购管理是指为保障企业正常生产经营活动所需的物资供应而对企业的整个采购活动进行的计划、组织、指挥、协调和控制活动。

最后，本章阐述了供应商的选择、使用、激励、控制以及供应商关系管理。供应商管理，就是对供应商的了解、选择、开发、使用和控制等综合性管理工作的总称。好的供应商需要具备企业生产能力强、企业技术水平高、企业管理水平高、企业服务水平高等条件，选择供应商应遵循目标定位、优势互补、择优录用、共同发展的原则，常用的方法主要有两类：一是考核选择，二是招标选择。供应商关系管理是企业供应链上的一个基本环节，它建立在对企业的供方以及与供应相关信息完整有效的管理与运用的基础上，对供应商的现状、历史，提供的产品或服务，沟通、信息交流、合同、资金、合作关系、合作项目以及相关的业务决策等进行全面的管理与支持。

基本概念

企业供应物流　采购　采购管理　企业采购　供应商　供应商管理　供应商关系管理

思考题

1. 简述企业供应物流发展的三个阶段。
2. 企业供应物流的业务环节有哪些？
3. 试述企业供应物流的模式。
4. 谈谈企业供应物流的几个发展方向。

5. 简述采购的内涵。
6. 采购管理的主要目标有哪些？
7. 论述采购管理的重要性。
8. 试述一个好的供应商需要具备的条件。

第四章
企业生产物流管理

本章要点提示

- 了解企业生产物流的基本概念、类型及管理原则
- 理解不同生产类型的物流特征，以及生产物流的计划管理
- 掌握不同生产模式下生产物流的管理，以及生产物流的控制原理
- 重点掌握现代企业的生产物流运作方式

企业生产物流是企业在生产工艺中的物流活动。这种物流活动是与整个生产工艺过程相伴的，实际上已构成了生产工艺过程的一部分。企业生产过程的物流大体为：原料、零部件、燃料等辅助材料从企业仓库或企业的大门开始，进入生产线的开始端，再进一步随生产加工过程一个环节一个环节地流动，在流动的过程中，原料等本身被加工，同时产生一些废料、余料，直到生产加工终结，再流进生产成品仓库，便终结了企业生产物流过程。企业生产物流是企业物流的关键环节，企业生产物流研究的潜力、时间节约的潜力、劳动节约的潜力是非常大的，认识并研究生产物流的基本原理，将有利于加强企业竞争力。

第一节　企业生产物流概述

一、企业生产物流的概念

（一）企业生产物流的含义

企业生产物流是指原材料、燃料、外购件投入生产之后，经过下料、发料，运送到各加工点和存储点，以在制品的形态，从一个生产单位流入另一个生产单位，按照规定的工艺过程进行加工、储存，借助一定的运输装置，在某个点内流转，又从某个点内流出，始终体现着物料实物形态的流转过程。简而言之，企业生产物流就是指按生产流程的要求组织和安排物品在各生产环节之间进行流转的内部物流活动。

生产过程的物流组织与生产过程的组织是同步进行的。例如，以加工装配型的工业企业来讲，伴随生产过程的空间和时间组织物流。物料随着时间进程不断改变自己的实物形态和场所位置，物料处于加工、装配、储存、搬运和等待状态，由原材料、外购件的投入开始，终止于成品仓库，形成贯穿生产全过程的物流。工厂的物流过程是由工厂生产系统下设的生产部、多个生产车间和材料仓库之间的物料移动所构成的。产品的物流过程是将外购件制作成部件存放在各车间的半成品仓库中，又将部件、外购件和外协件组装成产成品存放在成品仓库待销售而构成的。

案例 4—1

海尔物流再造

海尔是国内知名企业，产品覆盖了大部分家电产品，其中空调是其主要产品。在海尔青岛科技园的空调器事业部有 3 个零部件厂，安装有 7 条总装配线，最大班生产能力可达 1 万台。一台室内机和室外机共有各种零部件约 400 多种。

为了储存如此众多的零部件，公司外租用仓库 66 562 平方米，年运行费用达 7 121 万元，公司内各个工厂、装配线还有大小不等的暂存区，占用生产资金 12 亿元；为了配合公司的生产需要，各个供应商还在工业园附近租用库房，以适应公司的生产需要。即使如此，在旺季（3～7 月）经常因物料供应延误或管理不善而造成装配线停产，有时停产损失率高达 40%，全年折合损失利润数亿元。

海尔集团对物流系统进行了一次彻底改造。在组织上，成立了物流推进本部，统管国内物资的采购、存储、管理与配送，消灭了过去那种各自为政、多头作业的弊病，并对物流改造归口管理；在技术上，分析了零部件生产和总装配的过程，详细规划了合理的物料流程，重新布置或调整了部分生产设备，核算并重新设置公司内的仓库、暂存区及其存放周期与数量；在硬件设施上，建设了高架立体库，配备了标准、系统的容器与机械化搬运设备；在管理上，制定了准时定时定量配送物料的管理制度，张贴在生产现场或仓库。经过公司员工的讨论，达成了行动的一致，得到了很好的实施和执行。实施改造之后，公司取得了巨大的经济效益。由于大多数外购件只存储 3 天，尺寸和体积大的物料当日用当日送，装配线仅存 2～4 小时用的物料，这就大大减少了存储面积和生产资金。经过这样的改造，空调器事业部基本实现了存储单元化、搬运机械化、配送准时化、管理信息化，为同行树立了榜样。

（二）影响企业生产物流的主要因素

1. 生产类型

生产类型是影响生产过程物流的主要因素。不同的生产类型，生产的产品品种、数量、质量等级、性能精度，产品结构的复杂程度，工艺加工的技术要求都不尽相同，因而对原材料的种类、质量、数量要求也不一样，这影响到生产物流的构成以及相互间的比例关系。

2. 生产规模

生产规模越大，表明生产过程越复杂，物料需求就越大；反之，规模越小，生产过程越简单，物料需求就越小。

3. 企业的专业化协作水平

专业化协作水平低，企业自身生产的零配件就多，所需物料也随之增加，物流过程就长；反之，若零配件可由厂外其他专业工厂提供，则企业的物料流程就会缩短。

4. 企业的技术管理水平

企业技术管理水平的高低直接影响着生产工艺是否先进合理，生产过程能否顺利进行。

二、企业生产物流的类型

通常情况下，企业生产的产品产量越大，产品的品种数则越少，生产的专业化程度也越高，而物流过程的稳定性和重复性也就越大。所以生产物流类型与决定生产类型的产品产量、品种和专业化程度有着内在的联系。因此，可把划分生产物流的类型与划分生产类型看成是一个问题。

（一）从物料流向的角度分类

根据物料在生产工艺过程中的特点，可以把生产物流划分为项目型生产物流、连续型生产物流和离散型生产物流三种类型。

1. 项目型生产物流（固定式生产）

项目型生产物流也可称为物流凝固，即当生产系统需要的物料进入生产场地后，几乎处于停止的“凝固”状态，或者说在生产过程中物料流动性不强。物流凝固分为两种状态：一种是物料进入生产场地后就被凝固在场地中和生产场地一起形成最终产品，如住宅、厂房、公路、铁路、机场和大坝等；另一种是在物料流入生产场地后，“滞留”时间很长，形成最终产品后再流出，如大型的水电设备、冶金设备、轮船和飞机等。该种类型物流管理的重点是按照项目的生命周期对每阶段所需的物料在质量、费用以及时间进度等方面进行严格的计划和控制。

2. 连续型生产物流（流程式生产）

连续型生产物流的特点是：物料均匀、连续地进行，不能中断；生产出的产品和使用的设备、工艺流程都是固定且标准化的；工序之间几乎没有在制品储存。该种类型物流管理的重点是保证连续供应物料和确保每一生产环节的正常运行。由于工艺相对稳定，企业有条件可采用自动化装置实现对生产过程的实时监控。

3. 离散型生产物流（加工装配式生产）

离散型生产物流的特点是：产品由许多零部件构成，各个零部件的加工过程彼此独立；制成的零件通过部件装配和总装配最后成为产品，整个产品的生产工艺是离散的，各个生产环节之间要求有一定的在制品储备。该种类型物流管理的重点是在保证及时供料和零件、部件的加工质量基础上，准确控制零部件的生产进度，既要减少在制品积压，又要保证生产的成套性。

（二）从物料流经的区域和功能角度分类

从物料流经的区域和功能角度，可以把生产过程中的物流细分为两部分，即工厂间物流、工序间物流（车间物流）。

1. 工厂间物流

工厂间物流是指大型企业各专业厂间运输物流或独立工厂与材料、配件供应厂之间的物流。

2. 工序间物流

工序间物流也称工位间物流、车间物流，是指生产过程中车间内部和车间、仓库之间各工序、工位上的物流。其内容包括：接受原材料、零部件后的储存活动；加工过程中的在制品储存活动；成品出厂前的储存活动；仓库向生产车间运送原材料、零部件的搬运活动；各种物料在车间、工序之间的搬运活动。

据一些机械制造业的典型调查资料，按工艺过程，零件在机床上全部切削时间只占生产过程全部时间的10%左右，在其余90%左右的时间内，原材料、零部件、半成品或制成品处于等待、装卸、搬运和包装等物流过程中，即工序间物流活动时间约占产品生产过程总时间的90%。可见，如果从时间上考虑，工序间物流已成为生产物流的代名词。为了尽量压缩工序间物流在生产过程中的时间，从管理的角度考虑，重点是进行合理仓库布局，确定合理的库存量，配置设备与人员，建立搬运作业流程、储存制度和确定适当的搬运路线，正确选定储存、搬运项目的信息收集、汇总、统计和使用方法，以实现“适时、适量、高效、低耗”的生产目标。

由于工序间物流实际上主要与两种物流状态——储存和移动有关，所以对于仓储与搬运这两个物流环节而言，首先要讲究合理性原则，然后才是具体形式的选择问题。

合理性原则体现在仓储环节时要求：首先，要以工艺流程和生产作业排序的要求确定仓库的形式、规模和位置，位置布置的目标是要适应物料移动中道路通畅、安全的要求以及有利于厂内外物流作业，尽可能在方便作业的前提下缩短作业距离；其次，要有利于作业时间的有效利用，避免重复作业，减少窝工、防止物流阻塞；最后，在符合安全规范的前提下充分利用生产面积和空间。

合理性原则体现在车间物料的搬运环节时要求：首先，搬运路线要按直线设置，避免交叉、往复、混杂和多余路线；其次，搬运设备要机械化、省力化和标准化；再次，物料集中堆放，便于减少搬运次数，搬运采用集装、托盘和拖运方式，以提高作业效率；最后，减少等待和空载，提高作业者和搬运设备利用率。

（三）从生产专业化程度的角度分类

根据产品的品种多少、同一品种的产量大小和生产的重复程度，可以把生产过程中的物流划分为以下三种类型：

（1）大量生产。大量生产品种单一，产量大，生产的重复程度高。

（2）单件生产。单件生产与大量生产相对应，是另一个极端。单件生产品种繁多，但每种仅生产单位产量，生产重复程度低。

（3）成批生产。成批生产介于大量生产与单件生产之间，即品种不单一，每种都有一定的批量，生产有一定的重复性。

三、企业生产物流的管理原则

现代企业的生产物流管理是指对企业生产经营活动所需的各种物料的采购、验收、供

应、保管、发放、合理使用、节约代用和综合利用等一系列计划、组织、控制等管理活动的总称。

企业生产物流的边界起于原材料、外构部件的投入，止于成品库存。它贯穿生产全过程，横跨整个企业运营系统，其流经的范围是全面、全过程的。物料投入生产后即形成物流，并随着时间进程不断改变自己的实物形态（如加工、装配、储存、搬运、等待状态）和空间位置（各车间、工段、工作地、仓库）。因此，在生产过程中，物流管理应体现以下原则。

（一）连续性

连续性是指物料总是处于不停的流动之中，包括空间上的连续性和时间上的流畅性。空间上的连续性要求生产过程各个环节在空间布置上合理紧凑，使物料的流程尽可能短，没有迂回往返现象。时间上的流畅性要求物料在生产过程的各个环节的运动，自始至终处于连续流畅状态，没有或很少有不必要的停顿与等待现象。

（二）平行交叉性

平行交叉性是指物料在生产过程中应实行平行交叉流动。平行是指相同的在制品同时在数道相同的工作地（机床）上加工流动；交叉是指一批在制品在上道工序还未加工完时，将已完成的部分在制品转到下道工序加工。平行交叉流动可以大大缩短产品的生产周期。

（三）比例性

比例性是指在生产过程的各个工艺阶段之间、各工序之间在生产能力上要保持一定的比例以适应产品制造的要求。比例关系表现在各生产环节的工人数、设备数、生产面积、生产速率和开动班次等因素之间的相互协调和适应，所以，比例是相对的、动态的。

（四）均衡性

均衡性是指产品从投料到最后完工都能按预定的计划（一定的节拍、批次）均衡地进行，能够在相等的时间间隔内（如月、旬、周、日）完成大体相等的工作量或稳定递增的生产工作量，很少有时松时紧、突击加班现象。

（五）准时性

准时性是指生产的各阶段、各工序都按后续阶段和工序的需要生产，即在需要的时候，按需要的数量，生产所需要的零部件。只有保证准时性，才有可能推动上述连续性、平行交叉性、比例性和均衡性。

（六）柔性

柔性是指加工制造的灵活性、可变性和调节性，即在短时间内以最少的资源从一种产品的生产转换为另一种产品的生产，从而适应市场的多样化、个性化要求。

第二节　不同生产模式下的企业生产物流管理

一、不同生产类型的物流特征

生产系统中的物流特征表现在：第一，物料按照工艺流程流动；第二，物流作业与生产作业紧密关联相互交叉；第三，物流连续有节奏地按比例运转。通常，根据物流连续性特征从低到高，产品需求特征从品种多、产量少到品种少、产量多而把生产过程划分成五种类型：项目型、单件小批量型、多品种小批量型、单品种大批量型和多品种大批量型。

（一）项目型生产物流特征

项目型生产物流是指具有项目特征（有具体的开始和结束时间，有严格定义的最终目标，有成本和时间计划，能够产生具体结果，只发生一次）的生产物流系统。项目型生产物流特征包括：

（1）物料采购量大，供应商多变，外部物流较难控制。

（2）生产过程中原材料、在制品占用大，几乎无产成品占用。

（3）物流在加工地的方向不固定，加工路线变化大，工序间的物流联系不规律。

（4）物料需求与具体产品存在着一一对应的相关需求。

（二）单件小批量型生产物流特征

单件小批量型生产物流是指需要生产的产品品种多但每一品种生产的数量甚少，生产重复度低的生产物流系统。单件小批量型生产物流特征表现在以下三个方面：

（1）生产的重复程度低，从而物料需求与具体产品制造存在一一对应的相关需求。

（2）由于单件生产，产品设计和工艺设计重复性低，从而物料的消耗定额不容易或不适宜准确制定。

（3）由于生产品种的多样性，使得制造过程中采购物料所需的供应商多变，外部物流较难控制。

（三）多品种小批量型生产物流特征

多品种小批量型生产物流是指生产的产品品种繁多并且每一品种有一定的生产数量，生产重复性中等的生产物流系统。

由于企业必须按用户需求以销定产，使企业物流配送管理工作复杂化，协调采购、生产、销售物流并最大限度地降低物流费用是多品种小批量型生产物流系统最大的目标。其生产物流特征表现在：

（1）物料生产的重复性介于单件生产和大量生产之间，一般是制定生产频率，采用混流生产。

（2）以 MRP 实现物料的外部独立需求与内部的相关需求之间的平衡。以 JIT 实现客户个性化特征对生产过程中物料、零部件和成品的拉动需求。

（3）由于产品设计和工艺设计采用并行工程处理，物料的消耗定额容易准确制定，从而产品成本容易降低。

（4）由于生产品种的多样性，对制造过程中物料的供应商有较强的选择要求，从而外部物流的协调较难控制。

（四）单品种大批量型生产物流特征

单品种大批量型生产物流是指生产的产品品种数相对单一，而产量却相当大，生产的重复度非常高且大批量配送的生产物流系统。

由于企业面临的主要问题是如何增加产品数量，因此从物流的角度看，各种物料的计划、采购、验收、保管、发放、节约使用和综合利用贯穿了生产物流管理过程。单品种大批量型生产物流特征表现在：

（1）由于物料被加工的重复度高，从而物料需求的外部独立性和内部相关性易于计划和控制。

（2）由于产品设计和工艺设计相对标准和稳定，从而物料的消耗定额容易并适宜准确制定。

（3）由于生产品种的单一性，使得制造过程中物料采购的供应商固定，外部物流相对而言较容易控制。

（4）为达到物流自动化和效率化，强调在采购、生产和销售物流各功能的系统化方面，引入运输、保管、配送、装卸和包装等物流作业中各种先进技术的有机配合。

（五）多品种大批量型生产物流特征

多品种大批量型生产物流也叫大批量定制生产（Mass Customization，MC）。它是一种以大批量生产的成本和时间，提供满足客户特定需求产品和服务的新的生产物流系统。

MC的基本思想是：将定制产品的生产，通过产品重组和过程重组转化或部分转化为大批量生产问题。对客户而言，所得到的产品是定制的、个性化的；对生产厂家而言，该产品是采用大批量生产方式制造的成熟产品。这种生产方式目前在国外得到了较快的发展，并作为一种有效的竞争手段逐渐被企业所采纳。事实上，制造的全球化和专业化分工是促使大批量定制生产在全球范围逐步实施的动力。

按照客户不同层次的需求，可以将大批量定制生产粗略分成三种模式，即面向订单设计（Engineering to Order，ETO）、面向订单制造（Making to Order，MTO）、面向订单装配（Assembly to Order，ATO）。可以看到，三种模式都是以订单为前提，所以大批量定制生产物流特征表现在以下几方面：

（1）由于要按照大批量生产模式生产出标准化的基型产品，并在此基础上按客户订单的实际要求对基型产品进行重新配置和变型，所以物料被加工成基型产品的重复度高，而对装配流水线则有更高的柔性要求，从而实现大批量生产和传统定制生产的有机结合。

（2）物料的采购、设计、加工、装配和销售等流程要满足个性化定制要求，这就促使物流必须有坚实的基础——订单信息化、工艺过程管理计算机化与物流配送网络化。而实现这个基础需要一些关键技术支持，如现代产品设计技术、产品数据管理技术、产品建模技术、编码技术、产品与过程的标准化技术、面向MC的供应链管理技术、柔性制造系统等。

（3）产品设计的“可定制性”与零部件制造过程中由于“标准化、通用化、集中化”带来的“可操作性”的矛盾，往往与物料的性质与选购、生产技术手段的柔性与敏捷性有很大关联。因此，创建可定制的产品与服务非常关键。

（4）库存不再是生产物流的终结点，基于快速响应客户需求为目标的物流配送与合理化库存将真正体现出基于时间竞争的物流速度效益。单个企业物流将发展成为供应链系统物流、全球供应链系统物流。

（5）生产品种的多样性和规模化制造，要求物料的供应商、零部件的制造商以及成品的销售商之间的选择将是全球化、电子化和网络化的。这会促使生产与服务紧密结合，使得基于标准服务的定制化产品和基于定制服务的产品标准化，从交货点开始就提升了整个企业供应链价值。

二、不同生产模式下企业生产物流的管理

生产模式是一种制造哲理的体现，它支持制造业企业的发展战略，并具体表现为生产过程中管理方式的集成（包括与一定的社会生产力发展水平相适应的企业体制、经营、管理、生产组织、技术系统的形态和运作方式的总和）。生产模式不同，对生产物流管理的侧重点也不同。事实上，如果从物流角度看，正是生产物流的类型特征决定了生产模式的变迁。

企业生产模式经历了三个阶段，即作坊式手工生产、大批量生产、多品种小批量生产。生产模式演变图如图 4—1 所示。

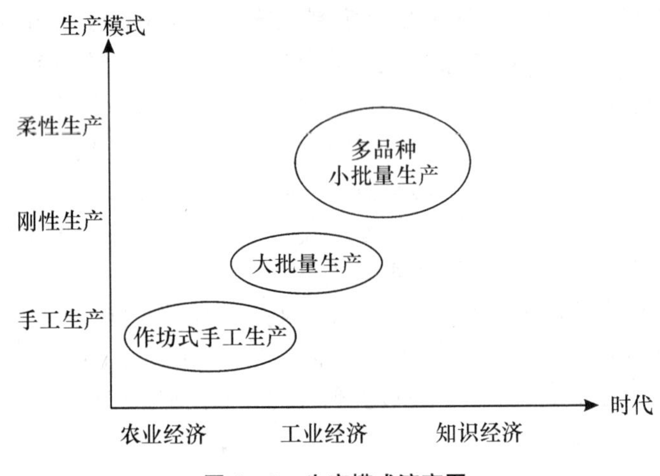

图 4—1　生产模式演变图

（一）作坊式手工生产模式

1. 背景

作坊式手工生产模式也叫单件生产模式（Craft Production，CP），产生于 16 世纪的欧洲，随着技术的发展大致可分为三个阶段：

第一阶段的特征是按每个用户的要求进行单件生产，即按照每个用户的要求，每件产品单独制作，产品的零部件完全没有互换性，制作产品依靠的是操作者高度娴熟的技艺。

第二阶段是第二次社会的大分工，即手工业与农业相分离，形成了专职工匠，手工业者完全依靠制造谋生，制造工具的目的不是为了自己使用而是为了同他人交换。

第三阶段是以瓦特蒸汽机的发明为标志，形成近代制造体系，但使用的是手动操作的机床。从业者在产品设计、机械加工和装配方面都有较高的技艺，大多数从学徒开始，最后成为制作整台机器的技师或作坊业主。

2. 管理要点

单件生产模式下的生产物流管理一般是凭借个人的劳动经验和师傅定的行规进行管理，因此个人的经验智慧和技术水平起了决定性的作用。

（二）大批量生产模式

1. 背景

大批量生产模式（Mass Production，MP）产生于19世纪末至20世纪60年代。第一次世界大战结束后，市场对产品数量的需求剧增，以美国企业为代表的大批量生产方式逐步取代了以欧洲企业为代表的手工单件生产方式。费雷德里克·泰勒、亨利·甘特、亨利·福特等人在推动手工单件生产模式向大批量生产模式转化中起到了重要作用。

知识库

1903年，费雷德里克·泰勒首先研究了刀具寿命和切削速度的关系，在工厂进行时间研究，制定工序标准，于1911年提出了以劳动分工和计件工资制为基础的科学管理方法——《科学管理原理》，从而成为制造工程学科的奠基人。亨利·甘特用一张事先准备好的图表（甘特图）对生产过程进行计划和控制，使得管理部门可以看到计划执行的进展情况，并可以采取一切必要行动使计划能按时或在预期的许可范围内完成。1913年，亨利·福特认为大量的专用设备、专业化的大批量生产是降低成本、提高竞争力的主要方式。他在泰勒的单工序动作研究基础之上，提出作业单纯化原理和产品标准化原理（产品系列化，零件规格化，工厂专业化，机器、工具专业化，作业专门化等），并进一步对如何提高整个生产过程的效率进行了研究，规定了各个工序的标准时间定额，使整个生产过程在时间上协调起来（移动装配法），最终创造性地建立起大量生产廉价的T型汽车的第一条专用流水线——福特汽车流水生产线，标志着“大批量生产模式”的诞生。与此同时，全面质量管理在美国等先进的工业化国家开始尝试推广，并开始在实践中体现一定的效益。

大批量生产模式以流水线形式生产大批量、少品种的产品，以规模效应带动劳动生产率提高和成本降低，并由此带来价格上的竞争力。因此，在当时该模式代表了先进的管理思想与方法并成为各国企业效仿的典范。这一过程的完成，标志着人类实现了制造业生产模式的第一次大转换，即由单件生产模式发展成为以标准化、通用化和集中化为主要特征的大批量生产模式。大批量生产模式推动了工业化的进程和世界经济的高速发展，为社会提供了大量的物质产品，促进了市场经济的形成。

2. 管理要点

大批量生产模式下的生产物流管理是建立在科学管理的基础上的，即事先必须制定科学标准——物料消耗定额，然后编制各级生产进度计划对生产物流进行控制，并利用库存制度或库存管理模型对物料的采购及分配过程进行相应的调节。生产中对库存控制的管理与优化是基于外界风险因素而建立的，所以强调一种风险管理，即面对设备与供应等生产中的不确定因素，应保持适当的库存，用以缓冲各个生产环节之间的矛盾，避免风险，从而保证生产连续进行。物流管理的目标在于追求供应物流、生产物流和销售物流等物流子系统的最优化。

（三）多品种小批量生产模式

多品种小批量生产模式也叫精益生产（Lean Production，LP），产生于 20 世纪 70 年代。第二次世界大战结束后，虽然以大批量生产方式获利颇丰的美国汽车工业已处于发展的顶点，但是以日本丰田公司为代表的汽车业却开始酝酿一场制造史上的革命。

知识库

丰田汽车公司在考察分析美国汽车制造业的生产模式后认为，丰田应结合自己的国情，考虑一种更能适应市场需求的生产组织策略。丰田公司副总裁大野耐一先生指出，第一，虽然此时的先进制造技术和系统（数控、机器人、可编程序控制器、自动物料搬运装置、工厂局域网、基于成组技术的柔性制造系统等）迅速发展，但它们只是着眼于提高制造的效率，减少生产准备时间，却忽略了可能增加的库存而带来的成本增加。第二，造成生产率低下和增加成本的根结在于制造过程中的一切浪费。他从美国的超级市场受到启迪，形成了看板系统的构想，提出了即时生产制，并最终形成了多品种小批量、高质量和低消耗的生产模式，即精益生产模式。而 1973 年的石油危机，给日本的汽车工业带来了前所未有的机遇，并由此拉开了丰田汽车公司与世界其他汽车制造企业的距离。与此同时，单品种大批量的流水生产模式的弱点日渐明显，最终走向了衰落。至此，多品种小批量生产逐渐取代了大批量生产。

精益生产下的生产物流管理有两种模式，即推进式和拉动式。

1. 推进式模式

（1）原理。推进式模式是基于美国计算机信息技术的发展和美国制造业大批量生产基础上提出的以 MRPⅡ技术为核心的生产物流管理模式，但它的长处却在多品种小批量生产类型的加工装配企业得到了最有效的发挥。

推进式模式的基本思想是：生产的目标应是围绕着物料转化组织制造资源，即在计算机、通信技术控制下制定和调节产品需求预测、主生产计划、物料需求计划、能力需求计划、物料采购计划和生产成本核算等环节。信息流往返于每道工序、车间，而生产物流要严格按照反工艺顺序确定的物料需要数量、需要时间（物料清单所表示的提前期），从前道工序“推进”到后道工序或下游车间，而不管后道工序或下游车间当时是否需要。在该模式下，信息流与生产物流完全分离。信息流控制的目的是要保证按生产作业计划要求按时完成物料加工任务，如图 4—2 所示。

（2）推进式模式物流管理的特色。在管理标准化和制度方面，重点处理突发事件；在管理手段上，大量运用计算机管理；在生产物流方式上，以零件为中心，强调严格执行计划，维持一定量的在制品库存；在生产物流计划编制和控制上，以零件需求为依据，计算机编制主生产计划、物料需求计划、生产作业计划；在对待在制品库存的态度上，认为“风险”是外界的必然，为了防止计划与实际的差异所带来的库存短缺现象，编制物料需求计划时，往往采用较大的安全库存和留有余地的固定提前期，而实际生产时间又往往低于提前期，于是不可避免地会产生在制品库存，因此，必要的库存是合理的。

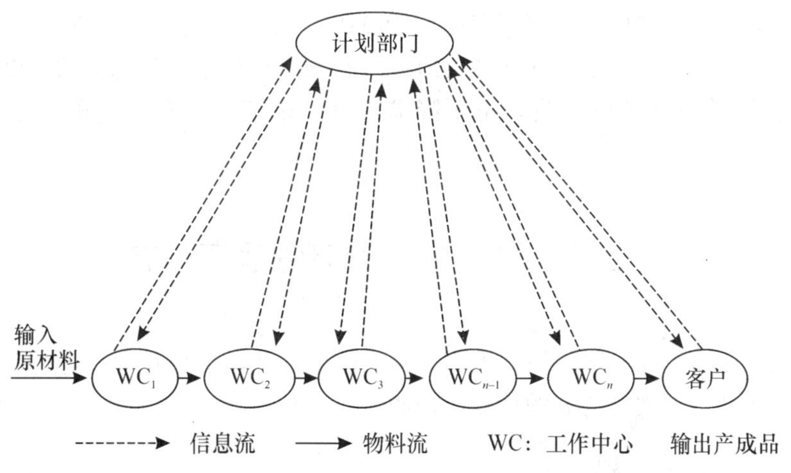

图 4—2　推进式模式下信息与物料的流向

2. 拉动式模式

(1) 原理。拉动式模式是以日本制造业提出的 JIT 技术为核心的生产物流管理模式，也称“现场一个流”生产方式，表现为物流始终处于不停滞、不堆积、不超越、按节拍地贯穿于从原材料、毛坯的投入到成品的全过程。

拉动式模式的基本思想是：强调物流同步管理，即：第一，必要的时间将必要数量的物料送到必要的地点。理想状态是整个企业按同一节拍有比例性、节奏性、连续性和协调性，根据后道工序的需要投入和产出，不制造不需要的过量制品（零件、部件、组件和产品），工序间在制品向“零”挑战。第二，必要的生产工具、工位器具要按位置摆放挂牌明示，以保持现场无杂物。第三，从最终市场需求出发，每道工序、每个车间都按照当时的需要由看板向前道工序、上游车间下达生产指令，前道工序、上游车间只生产后道工序、下游车间需要数量的产品。信息流与物流完全结合在一起，但信息流（生产指令）与（生产）物流方向相反。信息流控制的目的是要保证按后道工序要求准时完成物料加工任务，如图 4—3 所示。

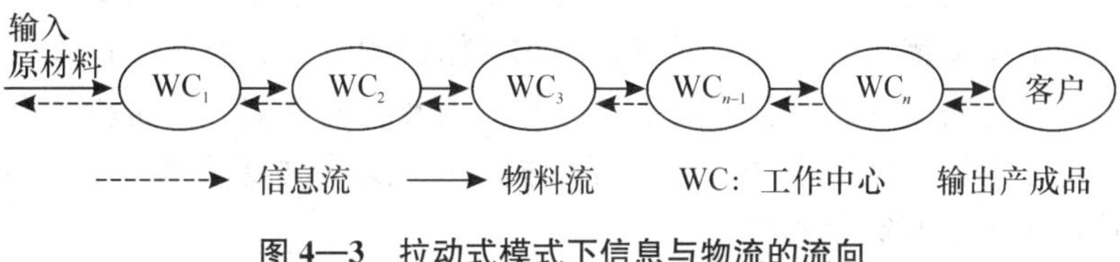

图 4—3　拉动式模式下信息与物流的流向

(2) 拉动式模式物流管理特色。在管理标准化和制度方面，重点采用标准化作业；在管理手段上，把计算机管理与看板管理相结合；在生产物流方式上，以零件为中心，要求前一道工序加工完的零件立即进入后一道工序，强调物流平衡而没有在制品库存，从而保证物流与市场需求同步；在生产物流计划编制和控制上，以零件为中心计算编制物料生产计划，并运用看板系统执行和控制，以实施为中心，工作的重点在制造现场；在对待库存的态度上（与传统的大批量生产方式相比较），认为基于整个生产系统而言，“风险”不仅来自于外界的必然，更重要的是来自于内部的在制品库存，正是库存掩盖了生产系统中的各种缺陷，所以应将生产中的一切库存视为“浪费”，要“消灭一切浪费”。库存管理思想表现为：一方面强调供应对生产的保证，但另一方面强调对零库存的要求，以不断暴露生产中基本环节的矛盾并加以改进，不断降低库存，以消灭库存产生的“浪费”为终极目标。

第三节 企业生产物流的运作方式

企业要降低成本，高效率地组织生产，减少生产混乱，必须对生产进行严格的计划与控制，其中也包括了对生产物流的计划与控制。

一、生产物流计划管理

（一）生产物流计划的内容

生产物流计划是企业生产过程中物料流动的纲领性书面文件，指导生产物流的开始、有序运行至完成的全过程。

生产物流计划的核心是生产作业计划的编制工作，即根据计划期内规定的生产产品的品种、数量、期限以及发展了的客观实际，具体安排产品及其零部件在各工艺阶段的生产进度。与此同时，为企业内部各生产环节安排短期的生产任务，协调前后衔接关系。具体内容包括：

（1）确定企业计划期的生产物料需用量。

（2）确定生产物料的消耗定额。

（3）清查企业的库存资源，经过综合平衡，编制出物料需求计划，并组织实现。

（二）生产物流计划的意义

一个科学合理的生产物流计划，对提高生产物流管理的工作效率具有以下几点意义。

1. 生产物流计划是订货和采购的依据

企业生产经营所需的生产物资种类繁多，数量不一，规格复杂，只有事先做好周密计划，才能尽可能地避免错订、错购、漏订、漏购等错误的发生。有了生产物流计划，可以对生产物料市场的价格波动进行合理的预测，并做出及时的反应。对价格预期上扬较大的生产物料可有计划地提前做好准备，避免提价损失；反之，如果预期生产物料价格下降，则应控制进货，防止造成资金浪费。

2. 生产物流计划可作为监督生产物料合理使用的标准

生产物流计划设置了一些考核指标，以衡量供应部门、生产车间、仓库管理、运输等部门的工作质量和效率。几个重要的考核指标是：计划准确率、订货合同完成率、库存生产物料周转率、库存生产物料削价或报废的损失率等。工作中需经常对照检查这些指标，考核企业生产物料使用的有效性，从而使企业能更充分地利用资源，发挥生产物流的最大效能，有效降低成本。

3. 生产物流计划有助于存货控制和生产物流配送

生产物流计划包括生产物料的分配和配送计划。通过运用相应的控制工具和管理方法

（如分销需求计划），可以更好地协调生产与市场之间的关系。

（三）生产物流计划的任务

生产物流计划的任务包括以下几方面。

1. 保证生产计划的顺利完成

为了保证按计划规定的时间和数量生产各种产品，企业要研究物料在生产过程中的运动规律，以及在各工艺阶段的生产周期，以此来安排经过各工艺阶段的时间和数量，并协调系统内各生产环节内的在制品的结构、数量和时间。总之，通过物流计划中的物流平衡以及计划执行过程中的调度、统计工作，来保证计划的完成。

2. 为均衡生产创造条件

均衡生产是指企业及企业内的车间、工段、工作地等生产环节，在相等的时间阶段内，完成等量或均增数量的产品。

知识库

均衡生产的要求

均衡生产的要求包括：每个生产环节都要均衡地完成所承担的生产任务；不仅要在数量上均衡生产和产出，而且各阶段物流要保持一定的比例性；要尽可能缩短物料流动周期，同时要保持一定的节奏性。

3. 加强在制品管理，缩短生产周期

保持在制品、半成品的合理储备是保证生产物流进行的必要条件。在制品过少，会使物流中断而影响生产；反之，又会造成物流不畅，加长生产周期。因此，对在制品的合理控制，既可减少在制品占用量，又能使各生产环节衔接、协调，按物流作业计划有节奏地、均衡地组织物流活动。

二、生产物流控制原理

在生产物流运行过程当中，由于受到生产企业的战略选择与企业内外部环境的作用和影响，使得在企业生产过程中的生产物流偏离预定目标，因此，应加强企业生产物流的过程管理，以实现生产物流的有效控制。

（一）控制系统的组成要素

1. 控制对象

控制对象是由人、设备组成的一个系统单元，通过施加某种控制或指令，以完成某种变化。在生产物流系统中，物流过程是主要的控制对象。

2. 控制目标

控制目标是系统预先确定的力争达到的目标，控制的职能就是随时或定期对控制对象进行检查，发现偏差，进行调整，以利于目标的实现。

3. 控制主体

在一个控制系统里，目标已定，收集控制信息的渠道也已畅通，就需要一个机构来比较当前系统的状态与目标值的差距，如果差距超过容许的范围，则采取纠正措施，下达控制指令。这样的控制机构就成为控制主体。

（二）生产物流控制的方式

生产物流有两种基本的控制方式：负反馈控制方式和前反馈控制方式。

负反馈控制是控制主体根据设立的目标，发布控制指令，控制对象根据下达的命令执行规定的动作，将系统状态信息传递到控制主体，经过与目标比较确定调整量，通过控制对象来实施，负反馈控制过程如图4—4所示。负反馈控制的特点是根据当前状态决定下一步行动，由于从信息收集到调整实施有一定的时间滞后，因而在某种情况下就可能影响目标的实现。负反馈控制的另一特点是稳定性好，其总趋势是保持系统的平衡状态。

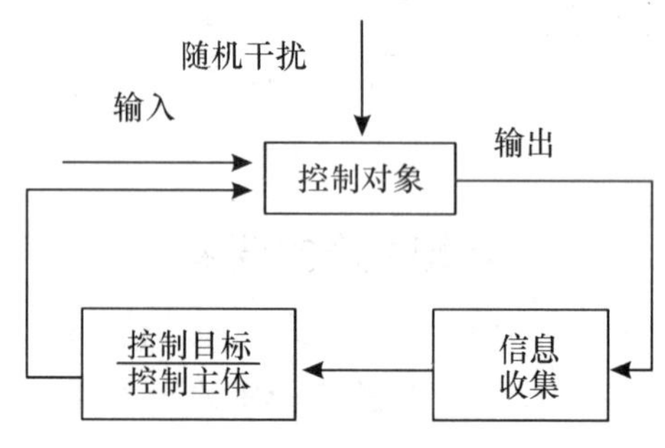

图4—4 负反馈控制过程

前反馈控制是根据对系统未来的预测，事先采取措施应付即将发生的情况。这种控制方法带有主动性，前反馈控制过程如图4—5所示。从图4—5中可以看出，除了缺少信息收集这一环节外，前反馈几乎与负反馈控制过程相同。但前反馈控制主体中有预测功能，它是靠系统长期运行以后加以总结得到的。实际上，对于一个复杂的物流系统，预测不可能完全正确，还可能有事先无法估计到的随机干扰，所以在实际生产物流过程中很少采用单独的前反馈控制方式，通常采用由负反馈和前反馈结合的复合控制系统。

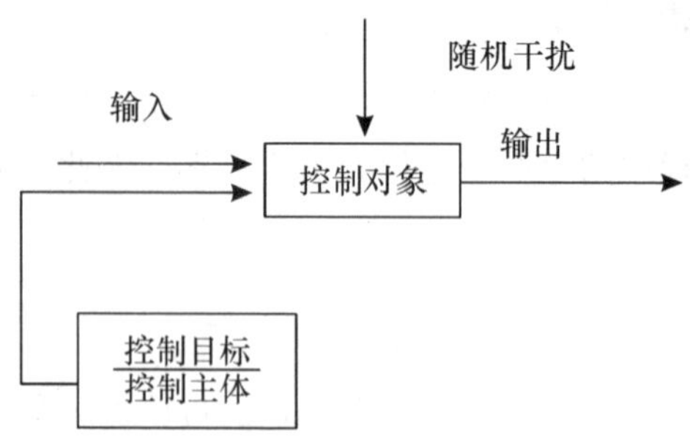

图4—5 前反馈控制过程

（三）生产物流控制的内容

1. 进度控制

物流控制的核心是进度控制，即物料在生产过程中的流入、流出控制，以及物流量的控制。

2. 在制品控制

在生产过程中，对在制品进行静态、动态以及占有量进行控制。在制品控制包括在制品实物控制和信息控制。有效地控制在制品，对及时完成作业计划和减少在制品积压均有重要意义。

3. 偏差的测定和处理

在进行作业过程中，按预定时间及顺序检测执行计划的结果，掌握计划量与实际量的差距，根据发生差距的原因、差距的内容及严重程度，采取不同的处理方法。首先，要预测差距的发生，事先规划消除差距的措施，如动用库存、组织外协等；其次，为及时调整产生差距的生产计划，要及时将差距的信息向生产计划部门反馈；再次，为了使本期计划不做或少做修改，将差距的信息向计划部门反馈，作为下期调整的依据。

完成上述控制内容的系统可以采用不同的形式和结构，但都具有一些共同的要素。这些要素包括以下几个方面：

第一，强制控制和弹性控制的程度，即通过有关期量标准、严密监督等手段进行的强制控制或自觉控制。

第二，目标控制和程序控制，即控制系统的作用是核查生产实际结果并对生产程序、生产方式进行核查。

第三，管理控制和作业控制，管理控制的对象是全局，是指为使系统整体达到最佳效益而按照总体计划来调节各个环节、各个部门的生产活动。作业控制是对某项作业进行控制，是局部的，其目的是保证其具体任务或目标的实现。有时不同作业控制的具体目标之间可能会出现脱节或矛盾的情况，需要管理控制对此进行协调，以使整体达到最优效果。

（四）生产物流控制的程序

生产物流控制的程序与控制的内容相适应，控制程序一般包括以下几个步骤。

1. 制定作业计划标准

生产物流控制从制定作业计划标准开始，所制定的标准要保持先进与合理的水平，随着生产技术条件等因素的变化，要对标准进行定期或不定期的修订。

2. 制定生产物流计划

依据生产计划制定相应的物流计划，并有目的地、有组织地、系统地完成计划。

3. 物流信息的收集、传送和处理

物流过程要有物流信息为之服务，即物流信息要支持物流的各项业务活动。通过信息传递，把运输、储存、加工、装配、装卸、搬运等业务活动有机地结合起来，协调一致，以提高物流作业效率。

4. 按期调整

为了保证生产物流计划的顺利完成，要及时检查监督计划的执行情况，及时调整偏差，保证完成生产物流计划的目标。按期调整可分为短期调整和长期调整。

（1）短期调整。为了保证生产的正常进行，及时调整偏差，保证计划顺利完成。

（2）长期调整。定时进行及时有效的评估和调整。

（五）生产物流控制的复杂性

生产物流系统相对于工程技术系统而言，其内容和结构要复杂得多，系统各部分之间的联系极为密切，并相互制约。生产物流系统的目标也往往不是单一的，如既要保证满足生产要求，又要减少在制品库存。这些目标常常互相矛盾，所以对生产物流系统的控制也比较复杂，这主要表现在以下几个方面：

首先，物流信息收集问题。为了及时对生产系统进行控制，必须掌握生产系统的各种信息。但生产物流系统涉及范围广，采集周期、衡量尺度不一致，需建立统一完善的数据采集系统。

其次，生产物流系统对反馈信息响应速度慢。由于物流系统中的许多问题是非结构化的，控制决策复杂，在实际应用中主要依赖于管理人员的判断，这使得生产物流系统对反馈信息的响应速度比工程技术系统要慢。

最后，生产物流控制系统设计难度大。物流系统往往是大规模复杂系统，简单地直接使用反馈控制，不一定能取得预想的效果。在物流系统中，为了正确设置控制目标，要充分估计系统的当前以及潜在的能力，要充分考虑系统中的多目标问题。通常，将计划看作是控制的前提，即制定了计划以后，为了实施计划而采用控制手段。在这个控制过程中，收集计划的完成情况以及系统状态，经控制主体分析比较之后，采取调整措施，以便使计划完成。整个过程发生在一个计划期之内，当一期计划完成后，对系统内在能力进行评估，以作为以后编制计划的参考，甚至可以作为修订或编制计划的依据。

（六）生产物流控制的原理

1. 推进式物流控制

根据最终需求量，在考虑各阶段的生产提前期之后，向各阶段发布生产指令量，这种方式称为推进方式。以这种方式进行物流控制的原理称为物流推进控制原理。

2. 拉引式物流控制

在最后阶段按照外部需求，向前一阶段提出物流供应要求，前一阶段按本阶段的物流需求量向上一阶段提出要求，以此类推，接受要求的阶段再重复地向前阶段提出要求，这种方式称为拉引方式。这种方式在形式上是多道工序，但由指令方式不难看出，由于各阶段各自独立的发布指令，所以实质上是前一阶段的重复。采用此方式的物流控制原理称为物流拉引控制原理。

三、现代企业生产物流的运作方式

（一）以 MRP 思想为指导的生产物流运作方式

MRP 是指库存资源的管理，做到在需用的时候所有的物料都能配套备齐，而在不需用时又不过早地积压，从而达到既要降低库存，又要不出现物料短缺的目的。

1. MRP 的定义

企业根据市场需求制定营销计划后，生产系统必须按期交付出产成品，由此倒推产生了主生产进度计划，再根据产品的数量与产品的层次结构逐次求出各零部件所需时间，这种方式就称为 MRP。

2. MRP 的逻辑原理

（1）主产品结构文件。主产品结构文件反映产品的层次结构，即所有物料的结构关系和数量组成。由需求时间和相互关系来确定主产品进度计划。根据营销计划，主产品结构和工艺规程决定了成品出厂时间和各个时间段内的生产量，包括产出时间、数量或装配时间和数量等。

（2）产品库存文件。产品库存文件，包含原材料、零部件和产成品的库存量，已订未到量和分配但还没有提取的数量。企业应根据物料需求计算所需物料量，并考虑库存量，不足部分再进行采购。

（3）MRP 的逻辑原理如图 4—6 所示。

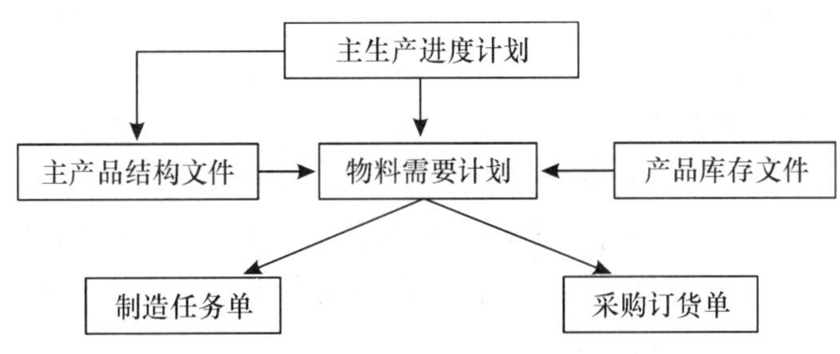

图 4—6　MRP 的逻辑原理图

3. MRP 的特点

MRP 的特点包括以下几方面：

（1）需求的相关性。如根据订单确定了所需产品的数量之后，由产品结构文件即可推算出各种零部件和原材料的数量，这种根据逻辑关系推算出来的物料数量称为相关需求。

（2）需求的确定性。MRP 计划是根据主生产进度计划、产品结构文件和库存文件精确计算出来的，品种、数量和需求时间都有严格的要求，不可改变，即刚性需求。

（3）计划的复杂性。由于产品的所有零部件需要的数量、时间、先后关系等需要准确地计算，当产品的结构复杂、零部件数量特别多时，必须依靠电子计算机计算。

（4）MRP 的优越性。由于各个工序对所需要的物资都按精密的计划适时地足量地供应，一般不会产生超量库存，对于在制品还可以实现零库存，从而节约库存费用，有利于提高企业管理素质。企业只有加强物流的信息化、系统化和规范化管理，才能协调好供应、生产和销售以及售后服务工作。

4. MRP 运作方式的改进

20 世纪 60 年代出现的物料需求计划 MRP，根据生产计划、产品结构和库存记录对每种物料进行计算，指出何时将会发生物料短缺，并以最小库存量来满足需求，同时避免物料短缺。

到了 20 世纪 70 年代，为了及时调整需求和计划，出现了具有反馈功能的闭环 MRP（Close MRP），把财务子系统和生产子系统结合为一体，采用计划—执行—反馈的管理逻辑，有效地对生产各项资源进行规划和控制。

20 世纪 80 年代末，人们又将生产活动中的主要环节如销售、财务、成本、工程技术等与闭环 MRP 集成为一个系统，成为管理整个企业的一种综合性的制定计划的工具。这种综合的管理技术称为**制造资源计划 MRP Ⅱ，即将公司高层管理与中层管理结合在一起，以制造资源计划为活动核心，促使企业管理循环的动作，达到最有效的企业经营。MRP Ⅱ的涵盖范围包含了企业的整个生产经营体系，包括经营目标、销售策划、财务策划、生**

产策划、物料需求计划、采购管理、现场管理、运输管理、绩效评价等各个方面。MRPⅡ可在周密的计划下有效地利用各种制造资源，控制资金占用，缩短生产周期，降低成本，实现企业整体优化，以最佳的产品和服务占领市场。

根据 MRPⅡ的运作原理，通过预测计算物料的需求量和各个生产阶段对应的提前期，确定原材料、零部件和产品的投入产出计划，向相关车间或工序以及供应商发出生产和订货指令。各个生产车间或工序以及供应商，按计划安排进行生产，把加工完的零部件送到后续车间和工序，并将实际完成情况反馈到计划部门，通过"送料制"，最终产品逐渐形成。计划信息流同向指导推动物流。

对于 MRPⅡ这种"推动式"生产物流系统，进行生产控制就是要保证各个生产环节的物流输入和输出都按计划要求按时完成。但是由于各类因素的干扰，外部需求经常波动，内部运行也时有异常事件发生，各种提前期的预测也不尽准确，造成"计划变化滞后"的情况，各车间、工序之间的数量和品种都难以衔接，交货期难以如期实现。为了解决这些矛盾，通常采用调整修改计划、设置安全库存、加班加点、加强调度控制力度、增加计算机辅助管理系统等措施。与此对应，要发生相关的库存费用、人工费用、管理费用和投资。尽管这样，还是不能完全挽回由于不确定性因素带来的损失。

（二）以 JIT 思想为指导的生产物流运作方式

知识库

JIT"拉动式"物流系统的最大特点是市场供需关系的工序化。它以外部市场独立需求为源点，拉动相关物料需求的生产和供应。生产系统中的上下游、前后工序之间形成供应商—顾客关系，下游和后工序"顾客"需要什么，上游和前工序"供应商"就"即时化"提供什么，物流过程精益化，市场需求导向的理念在拉动式物流中得到充分体现。

1. JIT 的定义

即时制是指将必要的零件以必要的数量在必要的时间送到生产线，并且将所需要的零件，只以所需的数量，只在正好需要的时间送到生产线。这是为适应消费需要多样化、个性化而建立的生产体系及为此生产体系服务的物流体系。

2. JIT 的原理

在生产系统中，任何两个相邻工序之间都是供需关系。按照传统的生产计划组织生产，物料根据预定的计划时间由需求方逐个工序流动，需求方根据上一工序送来物料的数量和到达时间进一步加工。需求方接受物料完全是被动的，如果出现了不可预料的因素，物料就可能提前或延迟到达。延迟到达将使生产中断，因此必须在生产计划中留有余地，以避免这种现象的发生，这样一来，必然存在或多或少提前到达的现象，从而导致库存量的上升，占用过多的流动资金。

3. JIT 的目标

JIT 的目标包括以下几个方面：

（1）最大限度地降低库存，最终降为零库存。传统观点认为，在制品库存和产成品库存都是资产，代表库中已累积的增值，期末库存与期初库存的差被认为是生产部门在该周期内的效益。JIT 则认为任何库存都是浪费，必须予以消除。在生产现场，生产需要多少就供应多少，生产活动结束时现场应没有任何多余的库存品。

（2）最大限度地消除废品，追求零废品。传统的生产管理理论认为一定数量的不合格品是不可避免的，是允许接受的质量水平。而 JIT 的目标是消除各种引起不合格品的因素，在加工过程中，每一道工序都力求达到最好水平，要最大限度地限制废品流动造成的损失，每一个需方都拒绝接受废品，让废品只停留在供应方，不让其继续流动而损害以下的工序。

（3）实现最大的节约。JIT 认为，多余生产的物资或产品不但不是财富，反而是一种浪费，因为要消耗材料和劳务，还要花费装卸搬运和仓储等物流费用。JIT 的生产指令是由生产线终端开始，根据定单依次向前一工序发出的。

4. JIT 的实施

以 JIT 思想为指导的生产物流运作方式从最终产品装配出发，由下游工序反向启动上游的生产和运输。每个车间和工序都是“顾客”，按当时的需要提出需求指令；前序车间和工序成为“供应商”，按顾客的需求指令进行生产和供应，没有需求就不进行作业，实行“领料制”需求信息流逆向拉动物流。

JIT 的“拉动式”物流管理模式的实施需要一定的企业管理基础，它主要考虑了人的因素，注重员工的多功能合作。但是，JIT“拉动式”物流系统的成功运行是在与生产相关的物流系统资源都能够提供足够大的物流能力的前提下进行的。在实际生产中，各种资源的能力不可能一开始就是完全相等的，即不可能一开始就实现最大能力的均衡生产。所以，JIT 的顺利实施也就受到了整个生产系统中有效产出最低的环节——瓶颈的限制。

（三）以 TOC 理论为依据的生产物流运作方式

知识库

TOC 是约束理论（Theory of Constraints）的缩写，是在以色列物理学家 Eli Goldratt 博士提出的最优生产技术（Optimized Production Technology，OPT）理论的基础上，于 20 世纪 90 年代逐渐成熟完善起来的。TOC 的核心思想是企业必须把有限的资源和精力投入最紧要的环节，投入到物流效率最低的瓶颈环节上去，强调决策沟通与团体协作，体现了“抓住重点，以点带面”的管理思想。它“把企业在实现其目标的过程中现存的或者潜伏的制约因素称为‘约束’或瓶颈，通过逐个识别和消除这些‘约束’，使企业的改进方向与策略明确化，从而达到帮助企业更有效地实现其目标的目的”。

1. TOC 的定义

生产系统是将一定投入（生产要素）转换为特定输出（产品或服务）的有机整体，也是物流的输入—输出系统。系统的特征表明：在一定的目标下，任何系统都可以想象成由一连串的环节构成，环环相扣，并且存在着一个或者多个相互矛盾的约束关系。因此，要想提高系统产出，必须尽可能打破各种约束，找到整个系统的强度中最弱的一环。这就是

TOC 理论的出发点。

约束理论最初被称作最优生产时间表，后改称为最优生产技术，最后进一步发展成为约束理论，并在美国企业界得到很多应用，在 20 世纪 90 年代逐渐形成完善的管理体系。

2. TOC 的基本原理

约束理论把企业看作是一个完整的系统，认为任何一种体制至少都会有一个约束因素。犹如一条链子，是链条中最虚弱的那环决定着整个链条的作用。正是各种各样的制约（瓶颈）因素限制了企业生产产品的数量和利润的增长。因此，基于企业在实现其目标的过程中现存的或潜伏的制约因素，通过逐个识别和消除这些约束，使得企业的改进方向和改进策略明确化，从而更有效地实现其“有效产出”目标才是最关键的。

为了达到这个目标，约束理论强调：第一，在能力管理和现场作业管理方面寻找约束因素（约束是多方面的，有市场、物料、能力、工作流程、资金、管理体制、员工行为等，其中，市场、物料和能力是主要的约束）；第二，应该把重点放在瓶颈工序上，保证瓶颈工序不发生停工持料，提高瓶颈工作中心的利用率，从而得到最大的有效产出；第三，根据不同的产品结构类型、工艺流程和物料流动的总体情况，设定管理的控制点，例如，如果约束来自于市场，则根据市场的约束制定物料的初步生产规划，同步地用能力约束修订，生成主生产计划，物料需求计划、能力需求计划同步运行。

3. TOC 的核心内容

TOC 的核心内容包括以下几方面：

（1）重新建立企业目标和作业指标体系。TOC 认为，一个企业的最终目标就是：在现在和将来赚取更多的利润。生产系统衡量的作业指标应该有以下三种：有效产出，是指企业在某个规定时期通过销售获得的货币；库存，是指企业为了销售有效产出，在所有外购物料上投资的货币；运行费用，是指企业在某个规定时期为了将库存转换为有效产出所花费的货币。运行费用包括了除材料费以外的成本，库存保管费也包括在运行费用中。

（2）寻找系统资源的瓶颈约束。TOC 认为，在生产系统中，是有效产出最低的环节决定着整个系统的产出水平。因此，任何一个环节只要阻碍了企业更大程度地增加有效产出，或减少产出和运行费，那么这个环节就是一个约束（瓶颈）。所以，企业应做到：找出系统的瓶颈；充分利用瓶颈；由非瓶颈配合瓶颈；打破瓶颈；再找下一个瓶颈，别让惰性成为最大的约束，也就是应持续不断地改善。

（3）以“物流”为中心建立企业特征。TOC 根据不同类型“物流”的特点对企业进行分类，从而为企业准确识别出各自的弱点或者说“约束”提供了帮助，并对其实施有针对性的计划与控制。

4. 以九条管理原则来细化理论

TOC 的基本思想是由九条具体的原则来描述的，而有关生产物流计划与控制的算法和软件，就是按照这九条原则提出和开发的。

（1）有关对生产系统瓶颈资源的原则。原则一，瓶颈控制了库存和有效产出；原则二，非瓶颈资源的利用程度不由其本身决定，而是由系统的约束决定的；原则三，瓶颈上一个小时的损失则是整个系统的一个小时的损失；原则四，非瓶颈资源节省的一个小时无益于增加系统有效产出；原则五，资源的“利用”和“活力”不是同义词；原则六，编排作业计划时考虑系统资源约束，提前期是作业计划的结果，而不是预定值。

（2）有关系统中物流的原则。原则七，平衡物流，而不是平衡生产能力；原则八，运输批量可以不等于（在许多时候应该不等于）加工批量；原则九，批量大小应是可变的，而不是固定的。

5. TOC与MRPⅡ、JIT相比的特点

TOC、MRPⅡ与JIT是在不同时代、不同经济与社会环境下产生的不同的企业生产物流运作方式，其物流活动的原理也不尽相同。这几乎涉及企业经营规划、业务运作、决策模式以及持续改进管理等企业运作管理的方方面面。

（1）计划方式。MRPⅡ采用集中的计划方式，计算机系统首先建立一套规范、准确的零件、产品结构及加工工序等数据系统，并在系统中维护准确的库存、订单等供需数据，MRPⅡ据此按照无限能力计划法，集中展开对各级生产单元及供应单元的生产与供应指令；JIT采用看板管理方式，按照有限能力计划，逐道工序地传递生产中的取货指令和生产指令，各级生产单元依据所需满足的上级需求组织生产；而TOC的计划方式不同，它先安排约束环节上关键部件的生产进度计划，以约束环节为基准，把约束环节之前、之间、之后的工序分别按拉动、工艺顺序、推动的方式排定，并进行一定优化，然后再编制非关键的作业计划。

（2）能力平衡方式。MRPⅡ提供能力计划功能，由于MRPⅡ在展开计划的同时将工作指令落实在具体的生产单元上，因此根据生产单元的初始化能力设置，可以清楚地判断生产能力的实际需求，由计划人员依据经验调整主生产计划，以实现生产能力的相对平衡；JIT计划展开时基本不对能力的平衡作太多考虑，以企业密切协作的方式保持需求的适当稳定并以高效率的生产设备来保证生产线上能力的相对平衡，而总体能力的平衡一般被作为一个长期的规划问题处理；TOC首先按照能力负荷比把资源分为约束资源和非约束资源，通过改善企业链条上的薄弱环节来消除“约束”，同时注意到“约束”是动态转移的，通过TOC管理手段的反复应用以实现企业的持续改进。

（3）库存的控制方式。MRPⅡ中一般设有各级库存，强调对库存管理的明细化、准确化，库存执行的依据是计划与业务系统产生的指令，如加工领料单、销售领料单、采购入库单、加工入库单等；JIT的生产过程中一般不设在制品库存，只有当需求期到达时才供应物料，所以库存基本没有或只有少量；而TOC的库存控制是通过合理设置“时间缓冲”和“库存缓冲”来实现的，缓冲器的存在起到了防止随机波动的作用，使约束环节不至于出现等待任务的情况，缓冲器的大小由观察与实验确定，再通过时间进行必要的调整。

（4）质量的管理方式。MRPⅡ将出现的质量问题视为概率性问题，并在最终检验环节加以控制，系统可以设置默认质量控制参数，借助生产中质量信息的反馈，事后帮助分析出现质量问题的原因；JIT在质量控制中，进入下一道工序时要确保上一道送来的零件没有质量问题，一级级控制直至最后成品，对于发现的质量问题，一方面立即组织质量小组解决，另一方面可以停止生产，确保不再生产出更多废品；在TOC中，一方面，在约束环节前设置质检，以避免前道工序的破洞对约束环节的影响，另一方面，当“质量管理”因素成为一个无形约束时，通过一系列工具来找到突破点。

（5）物料采购与供应方式。MRPⅡ的采购与供应系统主要根据由计划系统下达的物料需求指令进行采购决策，并负责完成与供应商之间的联系与交易，此类采购与供应部门的工作主要是围绕如何保证供应的同时降低费用；JIT将采购与物料供应视为生产链的延伸部分，即为看板管理向企业外传递需求的部分，在实际生产过程中，由于企业多已建立密切的合作关系，所以供应商一般亦根据提出的需求组织生产，保证生产链的紧密衔接，采购供应部门更像协作管理部门；TOC软件的集体运行和MRPⅡ一样需要大量的数据支持，如产品结构文件、加工工艺文件以及加工时间、调整准备时间、最小批量、最大库存、替代设备等，物料采购提前期不是事先固定的，而是由上述数据共同决定的函数，物料的供应与投放则按照一个详细作业计划来实现，即通过“绳子”来同步。

本章小结

首先，本章主要介绍了企业生产物流的管理及其运作方式，企业生产物流的概念、类型以及管理原则。企业生产物流受生产类型、生产规模、企业的专业化协作水平和技术管理水平的制约。生产物流类型与决定生产类型的产品产量、品种和专业化程度有着内在的联系。企业生产物流的边界起于原材料、外构部件的投入，止于成品库存。它贯穿生产全过程，横跨整个企业运营系统，其流经的范围是全面、全过程的。物料投入生产后即形成物流，并随着时间进程不断改变自己的实物形态（如加工、装配、储存、搬运、等待状态）和空间位置（各车间、工段、工作地、仓库）。因此，在生产过程中，物流管理应体现连续性、平行交叉性、比例性、均衡性、准时性和柔性的原则。

其次，本章阐述了不同生产类型企业的物流特征及其生产物流管理。根据物流连续性特征从低到高，产品需求特征从品种多、产量少到品种少、产量多而把生产过程划分成五种类型：项目型、单件小批量型、多品种小批量型、单品种大批量型和多品种大批量型。生产物流的类型特征决定了生产模式的变迁，而不同生产模式下企业生产物流的管理具有不同要点。企业生产模式经历了三个阶段，即作坊式手工生产、大批量生产、多品种小批量生产。这三种模式具有不同的背景与管理要点。

最后，本章介绍了企业生产物流的计划与控制以及现代企业生产物流的运作方式。企业要降低成本、高效率地组织生产，减少生产混乱，必须对生产进行严格的计划与控制，其中也包括了对生产物流的计划与控制。掌握生产物流的控制方式和原理对提高企业生产效率和竞争力具有重要意义。以MRP、JIT和TOC为代表的现代企业物流的运作方式是在不同时代、不同经济环境与生产经营环境下产生的不同的运营管理方式，但从组织生产物流的角度看，三者各有所长。

基本概念

企业生产物流　　项目型生产物流　　单件小批量型生产物流　　多品种小批量型生产物流　　单品种大批量型生产物流　　多品种大批量型生产物流　　生产物流计划

负反馈控制方式　　前反馈控制方式　　MRP　　MRPⅡ　　即时制生产　　TOC

思考题

1. 什么是企业生产物流？企业生产物流的类型包括哪几种？
2. 企业生产物流管理的原则是什么？
3. 不同生产类型的物流特征是什么？
4. 企业生产模式经历了几个阶段？每个阶段的管理要点是什么？
5. 简述生产物流计划的内容、意义和任务。
6. 简述生产物流控制的原理。
7. 简述以 MRP 思想为指导的生产物流运作方式。
8. 简述以 JIT 思想为指导的生产物流运作方式。
9. 简述以 TOC 理论为依据的生产物流运作方式。

第五章 企业仓储与库存管理

本章要点提示

- 了解仓储和仓储管理的基本概念、企业仓储管理的目标
- 理解库存的作用、库存管理的目标和意义
- 掌握企业库存管理的方法
- 重点掌握 ABC 分类法、经济订货批量法

由于世界经济一体化趋势的推动，仓储和库存方面的发展已成为企业物流系统中最重要的功能之一。仓储和库存管理不仅具有创造时间价值、调节商品价格、调节运输、调节供需的作用，而且还具有集货配送、保证供应、节约物资、减少浪费、发挥物流服务终端和前线据点的作用。

第一节　企业仓储管理

仓储管理是物流管理的核心内容之一。仓储管理的核心目标是提高仓库的运作效率通过采用科学的管理方法，以达到降低物流成本，提高企业经济效益的目的。

一、仓储与仓储管理概述

生产的集中性与消费的分散性、生产的季节性与消费的常年性是市场经济中两个客观存在的矛盾。商品的仓储是解决这两个矛盾的必然选择。因此，仓储在物流过程中是一个必不可少的环节，它在物流过程中占有重要地位。

（一）仓储概述

1. 仓储的含义

“仓”也称为仓库，是存放物品的场地或建筑物；“储”表示收存以备使用，具有收存、保管、交付使用的意思。**仓储是利用仓库及相关设施设备进行物品的入库、存储、出库的活动。**

显然，仓储的形成在于社会产品出现剩余和产品流通的需要。当产品不能及时地被消耗时，需要专门的场所来存放，就产生了静态的仓储。而将物品存入仓库以及对于存放在仓库里的物品进行保管、控制、提供使用管理技术等，形成了动态仓储。

2. 仓储的功能

仓储的功能概括起来主要有以下几个方面：

(1) 调节功能。一方面，仓储能调节生产和消费的关系，如销售与消费的关系，使它们在时间和空间上得到协调，保证整个社会再生产的顺利进行；另一方面，仓储还可以实现对运输的调节，因为产品从生产地到消费地流转，主要是靠运输完成，但各种运输方式在运向、运程、运量、线路及时间上都存在着差别，除道路运输以外的其他运输方式往往不能完成“门到门”的运输，这就需要在中途换装，有的商品还需要停留（即储存）。

(2) 检验功能。在物流过程中，为了保障商品的数量和质量准确无误，分清责任，维护各方经济利益，要求企业必须对商品及有关事项进行严格的检验，以满足生产、运输和用户的要求，仓储活动为检验提供了场地和条件。

(3) 集散功能。仓储把生产单位的产品汇集起来，形成规模，然后根据需要配送到消费地区。通过一集一散，衔接产需，均衡运输，提高了物流速度。

(4) 配送功能。仓储的配送功能是保管功能的外延，提高了存储的社会服务效能。它的主要作用就是确保储存商品的安全，最大限度地保持商品在储存中的使用价值，减少保管损失。

(二) 仓储管理概述

仓储管理是对仓库以及仓库内的物品所进行的管理，是仓储机构为了提供高效的仓储服务所进行的计划、组织、控制和协调的过程。

1. 仓储管理的内容

仓储管理的对象是仓库及库存物资，具体包括以下几个方面：

(1) 仓库的选址与建筑问题。例如，仓库的选址原则、仓库建筑面积的确定、库内运输道路与作业的布置等。

(2) 仓库机械化作业的选择与配置问题。例如，如何根据仓库的作业特点和所储存物资的种类与物理、化学特性，选择机械设备及应配备的数量，如何对这些设备进行管理等。

(3) 仓库的业务管理问题。例如，如何组织物资出入库，如何对在库物资进行储存、保管与养护。

(4) 仓库的库存管理问题。除上述内容外，新技术、新方法在仓库管理中的应用问题，仓库安全与消防问题等，都是仓储管理所涉及的内容。

2. 仓储管理的基本原则

仓储管理的基本原则包括：

(1) 快进快出、讲求效率的原则。仓储作业管理的核心是效率管理，当货物到达指定地点（车站、港口等），要以最快的速度完成货物的接运、验收和入库作业活动；货物出库时，要及时迅速地完成备料、复核和出库等作业活动。实现投入最小的劳动量，获得最大的产品产出，否则就无法开展高品质的服务。

（2）损耗小、费用省的经济效益原则。生产和经营的目的是获得利润最大化，实现利润最大化需要企业做到经营收入最大化和经营成本最小化。因此，在不影响仓储管理水平的前提下，减少投入，尽量避免和减少储存物品的自然消耗和因工作失误造成的损耗，以最低的成本取得最好的经济效益。

3．仓储管理的业务流程

仓储管理的业务流程为：

（1）入库业务。商品入库是指接到商品入库通知单后，经过接运提货、装卸搬运、检查验收、办理入库手续等一系列作业环节构成的工作过程。入库业务具体分为货物入库准备、货物接运、货物验收、货物入库交接和登记等。

（2）理货业务。仓库理货是指仓库在接收入库货物时，根据入库通知单、运输单据和仓储合同，对货物进行数量清点、分类分拣、数量接收的交接工作。理货是仓库履行仓储合同的行为，也是仓库保管的第一道关口，其具体内容包括对货物件数的清点、分拣，对货物重量的验收，对货物表面状态的检验等。上述内容可以通过在运输工具现场进行理货、与送货人共同理货、按送货单或者仓储合同理货、在现场进行记录和及时签署单证等方法实施。

（3）分类存放。分类存放是将入库的货物按不同类别分别进行存放。分类存放是仓库保管的基本要求，是保证货物质量的重要手段。不同类别、不同规格和不同批次的货物要分类堆放，残损货物要与原货分开。具体存放方法有散堆法（适用于露天堆放没有包装的大宗货物，如煤炭）、货架存设（适用于小件、品种规格复杂且数量较少，包装简易或脆弱的货物）、堆垛法存放（适于有包装的货物）。

（4）保管。入库货物的保管是指仓库针对货物的特性，采取一系列科学方法对货物进行养护，以防止货物质量产生变化的行为，具体措施包括通风、温度控制、湿度控制等。

（5）出库业务。出库业务是仓储管理的最后一个环节，在整个过程中起到关键作用。出库业务直接与客户发生联系，具体工作包括向已知的提货人发出提货通知的催提工作（可用信件、电话、传真等方式），仓库接到通知时的备货工作，以及出库交接和仓库内销账和存档工作。

案例 5—1

月山啤酒集团的仓储管理

月山啤酒集团在几年前就借鉴国内外物流公司的先进经验，结合自身的优势，制定了仓储物流改革方案。首先，公司成立了仓储调度中心，对全国市场区域的仓储活动进行重新规划，对产品的仓储、转库实行统一管理和控制。由提供单一的仓储服务，到对产成品的市场区域分布、流通时间等全面的调整、平衡和控制，仓储调度成为销售过程中降低成本、增加效益的重要一环。其次，以原运输公司为基础，月山啤酒集团注册成立了具有独立法人资格的物流有限公司，引进现代物流理念和技术，并完全按照市场机制运作。作为提供运输服务的“卖方”，物流公司能够确保按规定要求，以最短的时间、最少的投入和最经济的运送方式，将产品送至目的地。最后，筹建了月山啤酒集团技术中心。月山啤酒集团应用建立在互联网信息传输基础上的ERP系统，筹建了月山啤酒集团技术中心，将物流、信息流、资金流全面统一在计算机网络的智能化管理之下，建立起各分公司与总公司之间的快速信息通道，及时掌握各地最新的市场库存、货物和资金流动情况，为制定市场策略提供准确的依据，并且简化了业务运行程序，提高了销售系统工作效率，增强了企业的应变能力。

通过这一系列的改革，月山啤酒集团获得了很大的直接和间接经济效益。首先是集团的仓库面积由7万多平方米下降到不足3万平方米，产成品平均库存量由12 000吨下降到6 000吨。其次，产品物流体系环环相扣，销售部门根据各地销售网络的要货计划和市场预测，制定销售计划；仓储部门根据销售计划和库存及时向生产企业传递要货信息；生产厂有针对性地组织生产，物流公司则及时地调度运力，确保交货质量和交货期。最后，销售代理商在有了稳定的货源供应后，可以从人、财、物等方面进一步降低销售成本，增加效益，经过一年多的运转，月山啤酒物流网取得了阶段性成果。实践证明，现代物流管理体系的建立，使月山啤酒集团的整体营销水平和市场竞争能力大大提高。

二、企业仓储管理模式

企业仓库曾经被认为只具备仓储的职能，而现在库存的“流速”已成为评价仓库职能的重要指标，仓库是“河流”而不再是“水库”或“蓄水池”。对仓储管理的要求已从静态管理向动态管理发生了根本性的转变。从供应链管理的角度来看，只有每一个环节全部流动起来，才能提高整个供应链的反应速度。企业仓储管理的现代化是提高供应链反应速度的重要前提。

如何为库存安排仓储空间，企业可以有三种选择，即自建仓库、租赁公共仓库和采用合同仓储（第三方仓储）。从成本和客户服务的角度看，选择其中之一或结合使用是仓储管理的一项重要决策。某些企业适合自建仓库，而有的企业更适合租赁仓库，但大多数企业则由于不同地区的市场条件及其他因素而结合使用自有仓库与公共仓库。企业需要根据自身特点和条件，在对成本和客户服务进行对比分析的基础上做出合理选择。

仓储管理模式可以按仓储活动的运作方式分为自有仓库仓储、租赁公共仓库仓储和合同仓储。

（一）自有仓库仓储模式

1. 运用自有仓库进行仓储的优点

相对于公共仓储而言，企业利用自有仓库进行仓储活动具有以下优势：

（1）更大程度地控制仓储。由于企业对自有仓库拥有所有权，所以企业作为货主能够对仓储实施更大程度的控制。在产成品移交给客户之前，企业对产成品负有直接责任。这种控制使企业易于将仓储的功能与企业的整个分销系统进行协调。

（2）自有仓储更具灵活性。由于企业是仓库的所有者，所以可以按照企业要求和产品的特点对仓库进行设计与布局。高度专业化的产品往往需要专业的保管和搬运技术，而公共仓储难以满足这种要求，因此，这样的企业必须拥有自有仓库或直接将货物送至客户。

(3) 长期仓储时，自有仓储的成本低于公共仓储。如果自有仓库得到长期的充分利用，自有仓储的成本将低于公共仓储的成本。这是由于长期使用自有仓库保管大量货物会降低单位货物的仓储成本。如果企业自有仓库的利用率较低，说明自有仓储产生的规模经济不足以补偿自有仓储的成本，则应转向公共仓储。当然，降低自有仓储成本的前提是有效的管理与控制，否则将影响整个物流系统的运转。

(4) 为企业树立良好形象。当企业将产品存储于自有仓库时，会给客户一种企业长期持续经营的良好印象，客户会认为企业经营十分稳定、可靠，是产品的持续供应者，这将有助于提高企业的竞争优势。

2. 运用自有仓库进行仓储的缺点

运用自有仓库进行仓储存在以下不足：

(1) 局限性。自有仓库固定的容量和成本使得企业的一部分资金被长期占用。不管企业对仓储空间的需求如何，自有仓库的容量是固定的，不能随着需求的增加或减少而扩大或减小。当企业对仓储空间的需求减少时，仍须承担自有仓库中未利用部分的成本；而当企业对仓储空间有额外需求时，自有仓库却无法满足。此外，自有仓库还存在地理位置和建筑结构的局限性。如果企业只能使用自有仓库，则会由于数量限制而失去战略性优化选址的灵活性；市场的大小、市场的位置和客户的偏好经常变化，如果企业在仓库结构和服务上不能适应这种变化，企业将失去许多商业机会。

(2) 投资大。由于自有仓库的成本高，所以许多企业因资金问题而难以修建自有仓库。自有仓库是一项长期、有风险的投资。而企业将资金投资于其他项目可能会得到更高的回报。因此，进行投资建造自有仓库决策时要非常慎重。

(二) 租赁公共仓库仓储模式

没有自有仓库的企业或企业自有仓库不能满足储存任务需求时，通常要选择租赁为一般公众提供营业性服务的公共仓库进行储存活动。

1. 运用公共仓库进行仓储的优点

(1) 企业不需要资本投资。任何一项资本投资都要在详细的可行性研究基础上才能实施，利用公共仓储，企业可以避免资本投资和财务风险。公共仓储不要求企业对其设施和设备做任何投资，企业只需支付相对较少的租金即可得到仓储服务。

(2) 满足企业在库存高峰时大量额外的库存需求。一方面，公共仓储能满足企业在销售淡季所需要的仓储空间；另一方面，库存高峰时能满足企业大量额外的库存需求。大多数企业由于产品的季节性、促销活动或其他原因而导致存货水平变化，利用公共仓储，没有仓库容量的限制，从而能够满足企业在不同时期对仓储空间的需求。

(3) 可以避免管理上的困难。仓储管理人员的培训和管理是任何一类仓库所面临的一个重要问题，尤其是对于产品需要特殊搬运或具有季节性的企业来说，很难维持一个有经验的仓库员工队伍，而使用公共仓储则可以避免这一困难。

(4) 规模经济会导致货主仓储成本的降低。由于公共仓储为众多企业保管大量库存，因此公共仓储会产生自有仓储难以达到的规模经济。与自有仓储相比，公共仓储可提高仓库的利用率，降低存货的单位储存成本；另外，规模经济还使公共仓储能够采用更加有效的物流设备，从而提供更好的服务；公共仓储的规模经济还有利于拼箱作业和大批量运输，降低货主的运输成本。

（5）使企业的经营活动更加灵活。由于公共仓储的合同是短期的，当市场、运输方式、产品销售或企业财务状况发生变化时，企业能灵活地改变仓储的位置；此外，企业不必因仓库业务量的变化而增减员工；企业可以根据仓库对整个分销系统的贡献以及成本和服务质量等因素，临时签订或终止租赁合同。

（6）便于企业掌握保管和搬运成本。当企业使用公共仓储时，由于每月可以得到仓储费用单据，所以可清楚地掌握保管和搬运的成本，有助于企业预测和控制不同仓储水平的成本。而企业自己拥有仓库时，很难确定其可变成本和固定成本的变化情况。

2. 运用公共仓库进行仓储的缺点

（1）增加包装成本。公共仓库中存储了各种不同种类的货物，而各种不同性质的货物有可能互相影响，因此，企业使用公共仓库时必须对货物进行储存包装，从而增加包装成本。

（2）企业对公共仓库中的库存难以控制。企业与仓库经营者都有履行合同的义务，但非常事故给货主所造成的货物的损失会远远大于得到的赔偿。因此，在控制库存方面，使用公共仓库将比使用自有仓库承担更大的风险。

自有仓库仓储和租赁公共仓库仓储各有优势，企业决策的依据应以仓储的总成本最低为目标。租赁公共仓库的成本只包含可变成本，随着存储总量的增加，租赁的空间就会增加，由于公共仓库一般按所占用空间收费，这样成本就与总周转量成正比，其成本函数是线性的，而自有仓库仓储的成本结构中存在固定成本。由于公共仓库的经营具有盈利性质，因此自有仓库仓储的可变成本的增长速率通常低于公共仓储成本的增长速率。当总周转量达到一定规模时，两条成本线相交，即成本相等。这表明在周转量较低时，租赁公共仓库仓储是理想选择。随着周转量的增加，由于可以把固定成本均摊到大量存货中，因此使用自有仓库更经济。自有仓库仓储与租赁公共仓库仓储的成本比较如图 5—1 所示。

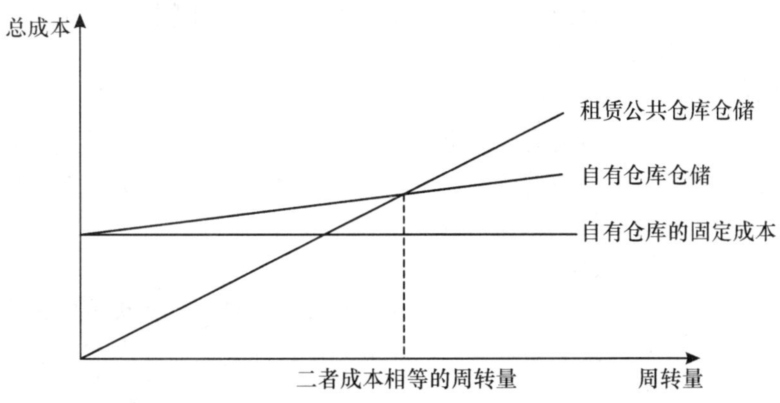

图 5—1 自有仓库仓储与租赁公共仓库仓储的成本比较

（三）合同仓储模式

所谓合同仓储或称第三方仓储，是指企业将物流活动转包给外部公司，由外部公司为企业提供综合物流服务。

合同仓储不同于一般公共仓储。第三方仓储公司能够提供专业化、高效、经济和准确的分销服务。企业若想得到高水平的质量与服务，则可利用合同仓储，因为合同仓库的设计水平更高，并且符合特殊商品，如药品、电子产品等价值较高产品的高标准、专业化的搬运要求。合同仓储本质上是生产厂商和仓储企业之间的合作伙伴关系。正是由于这种伙伴关系，合同仓储公司与传统仓储公司相比，能为更少的货主提供特殊要求的空间、人力、设备和特种服务。合同仓储公司为数量有限的货主提供专门物流服务，其中包括存储、卸货、拼箱、订货分类、现货库存、在途混合、存货控制、运输安排、信息和货主要求的其他服务。

1. 运用第三方仓储的优点

(1) 企业可以有效利用资源。利用第三方仓储比企业自建仓库仓储更能有效处理季节性产业普遍存在的产品的淡、旺季存储问题，能够有效地利用设备与空间。同时，第三方仓储的管理具有专业性，管理专家拥有更具有创新性的分销理念，掌握更多降低成本的方法，因此物流系统的效率更高。

(2) 有利于企业扩大市场。第三方仓储企业具有经过战略性选址的设施与服务，货主在不同位置得到的仓储管理和一系列物流服务都是相同的。许多企业将其自有仓库数量减少到有限几个，而将各地区的物流转包给合同仓储公司。通过这种自有仓储与合同仓储相结合的网络，企业在保持对集中仓储设施的直接控制的同时，利用合同仓储来降低直接人力成本，扩大市场的地理范围。

(3) 有利于企业进行新市场的测试。货主企业在促销现有产品或推出新产品时，可以利用短期第三方仓储来考察产品的市场需求。当企业试图进入一个新的市场区域时，要花费很长时间建立一套分销设施，而通过第三方仓储网络，企业就能达到目的。

(4) 有利于企业降低运输成本。第三方仓储企业同时处理不同货主的大量商品，经过拼箱作业后可通过大规模运输大大降低运输成本。

2. 运用第三方仓储的缺点

尽管第三方仓储具有一定的优势，但也存在一些不利因素，其中对物流活动失去直接控制是企业最担心的问题。企业对仓库的运作过程和员工雇佣等控制较少，这一因素成为商品价值较高的企业利用合同仓储的最大障碍。

以往企业在制造领域寻找降低成本途径时，是通过与小制造商签订合同而将零部件的生产转包出去，甚至转包给劳动力成本更低的海外工厂。如今，物流发达国家的企业已将降低成本的重点转向有巨大潜力的物流领域。通过利用合同仓储服务，企业可以将物流活动转包出去，以集中精力搞好生产和销售。

(四) 三种仓储模式的决策

自有仓库仓储、租赁公共仓库仓储和合同仓储各有优势，企业决策的依据是物流的总成本最低。企业是自建仓库还是租赁公共仓库或采用合同仓储需要考虑以下因素。

1. 周转总量

由于自有仓库的固定成本相对较高，而且与使用程度无关，因此必须有大量存货来分摊这些成本，使自有仓储的平均成本低于公共仓储的平均成本。因此，如果存货周转量较高，自有仓储更经济；相反，当周转量相对较低时，选择公共仓储更为明智。

2. 需求的稳定性

需求的稳定性是自建仓库的一个关键因素。许多厂商具有多种产品线，使仓库具有稳定的周转量，因此自有仓储的运作更为经济。

3. 市场密度

市场密度较大或供应商相对集中，有利于修建自有仓库。这是因为零担运输费率相对较高，经自有仓库拼箱后，整车装运的运费率会大大降低。相反，市场密度较低，则在不同地区使用几个公共仓库要比一个自有仓库服务一个很大地区更经济。

仓储模式适用的条件如表 5—1 所示。

表 5—1　　仓储模式适用条件表

仓储模式	周转总量		需求的稳定性		市场密度	
	大	小	是	否	集中	分散
自有仓库仓储	√	×	√	×	√	×
租赁公共仓库仓储	√	√	√	√	√	√
第三方仓储	√	√	√	√	√	√

三、企业仓储管理的任务

企业仓储管理的任务是由工业企业的特点、企业物资管理的任务以及企业仓储管理的性质和所具有的作用决定的。企业仓储管理的基本任务是：使库存物资经常保持合理储备水平并处于质量良好状态，以保证按质、按量、及时、准确地供应生产建设所需的各种物资。

上述的基本任务提出了仓储管理最基本的要求和最终目标，同时也体现了仓储工作必须从生产出发、为生产服务的工作出发点。具体地说，企业仓储管理的任务包括以下几方面内容。

（一）组织好物资的收、发、保管保养工作

物资的收、发、保管保养工作是企业仓储管理的中心工作，应做好以下各项业务：

（1）做好物资的保管保养工作，保质、保量、保安全。仓储的责任就是要保持物资的原有使用价值，使物资的质和量两方面都不受损失。为此，要加强物资的科学管理，研究和掌握影响物资变化的各种因素，采取科学的保管保养方法；同时要搞好物资从入库到出库各环节的质量管理；搞好防火、防汛、防盗等工作，确保物资的安全。

（2）快进快出，及时供应，保证生产需要。企业不仅要保证储存物资的完好，而且还要及时、准确地将物资供应给需要的单位。这就要求在物资出入库的各个环节上都要做到迅速，如快装卸、快验收、快发放、快结算等，尽量缩短物资在各业务环节的停留时间，加快物资的运动速度。为此，必须合理组织仓库内的人力和机具，不断提高劳动效率，合理规划库区，合理组织仓储的业务流程等。

（3）保持储存物资数量的准确，保证账、卡、物、证四相符。要求对储存物资进行整理、分类，建立物资的收、发、存明细台账，料卡和物资档案，做到账目清楚，资料齐全，账物相符。

（4）充分利用库容，不断提高库容利用率。物资的储存量随着生产的发展而不断增加。为了充分使用现有的仓储设施，减少基建投资，需对现有仓库进行挖潜改造，不断提高库容利用率。

（5）减少不必要的费用开支，认真开展经济核算，不断降低储运成本和提高仓库的经济效益。

归纳起来，要求仓库做到：快进快出、多储存、保管好、省费用，为生产提供优质服务。

（二）提高仓库作业机械化、自动化水平

进行仓储技术的科学研究工作，积极开展技术革新、技术改造，是实现仓库作业机械化、自动化的重要途径之一。过去一段时期，由于对仓储技术的科研工作重视不够，致使我国的仓库机械化水平和科学管理水平较低。要迅速改变这种状况，必须加强对仓储技术的科学研究，尽快地将国内外现代科学技术的新成果运用到仓储管理中。

（三）监督库存动态，保持物资的合理储备

仓储工作要起到仓库的调节作用，调节物资进出库量，并使储备物资的数量始终保持在一个合理的范围之内，这样才能经济地为企业的生产建设提供可靠的物资保证。为了做到这一点，仓库必须认真执行物资储备量定额和储备资金定额，及时向计划、采购、运输等环节提供库存动态等信息，并且切实做到低储报警，对未经计划部门批准的超储物资拒绝收货。既要保证货源充足，又要防止积压浪费资金。

（四）做好物资的节约回收工作

搞好余料、废旧物资的回收是企业仓储工作不容忽视的任务之一。一方面，仓库应根据本企业的具体情况，大力回收各种废金属、废油、废液和废旧包装等。因地制宜地采取措施，进行简单的废料加工、再生或修配改用，变废为宝，扩大物资来源。另一方面，在物资出库时，要严格执行按限定额发料送料，同时对维修余料、工程余料等应当组织回收。要做到既开源又节流，充分发挥企业仓库节约挖潜的职能。

（五）建立健全仓库管理制度，提高管理水平

企业物资仓库是一个复杂的劳动场所，为了保证仓库内各项工作的正常进行，并取得良好的经济效果，就必须合理协调劳动过程中人、机器设备、工具、物料等之间的关系。这就要求企业有严格的管理制度，使人们按照规定的工作内容、工作程序、工作时间和工作方法进行工作。因此，建立健全科学的仓库管理制度具有重要意义。

（六）培养仓储管理专职队伍

充分调动广大仓储工作人员的积极性，这是企业仓储管理的任务之一。通过对职工的教育来调动职工群众的积极性和创造性，不断克服轻视仓储工作的错误情绪，加强职工的事业心和责任感。同时，还要做好职工的业务技术教育，加强业务技术培训工作，帮助职工掌握科学技术和管理技术，不断提高广大仓储工作人员的业务水平、技术水平和管理水平。

第二节　库存与库存管理

从现代物流管理的角度看，持有库存可以使企业获得规模经济以及好的客户服务水平，但高昂的库存持有成本同时也可能使库存成为企业一项代价很高的投资。因此，库存管理是企业物流管理领域面临的一个关键问题。

一、库存

库存是指处于储存状态的物品或商品，具有整合需求和供给，维持各项活动顺畅进行

的功能。

（一）库存的类型

1．按库存在再生产过程中所处的领域分类

按库存在再生产过程中所处的领域不同，库存可以分为制造库存、流通库存和国家储备。

（1）制造库存。是制造商为了满足未来生产的需要，保证生产的顺利进行而建立的物资储备，包括原材料，半成品，成品，辅助生产用的工具、设备、低值易耗品等。虽然制造商拥有的库存品种可能比批发商或零售商少许多，但在产品供大于求的市场条件下，库存向供应商转移成为一种趋势。

（2）流通库存。是为了满足生产或消费的需要，补充生产和消费储备的不足而建立的库存。其中，有批发商、零售商为了保证供应和销售而建立的商品库存，以及在车站、码头、港口、机场等待中转运输和正在运输过程中的物资和商品。

（3）国家储备。是流通库存的一种形式，是国家为了应对自然灾害、战争和其他意外事件而建立的长期储备，如石油储备、粮食储备、药品储备等。

2．按库存的用途分类

企业持有的库存，按其用途可以分为原材料库存，在制品库存，维护、维修、作业用品库存，包装物和低值易耗品库存和产成品库存等。

（1）原材料库存。原材料库存是指企业通过采购和其他方式获得的，用于制造产品并构成产品实体的物品，以及供生产消耗但不构成产品实体的辅助材料、修理用配件、燃料以及外购半成品等的库存，其作用是支持企业内制造或装配过程。

（2）在制品库存。在制品库存是指已经过一定的生产过程，但尚未全部完工或在销售以前还需要进一步加工的中间产品和正在加工中的产品。生产一件产品需要循环时间，因而产生在制品库存。

（3）维护、维修、作业用品库存。维护、维修、作业用品库存是指用于维护和维修设备而储存的配件、零件、材料等。维护和维修设备的需求和时间的不确定性导致维护、维修、作业用品库存。

（4）包装物和低值易耗品库存。包装物和低值易耗品库存是指企业为包装产品而储备的各种包装容器、材料等以及因价值低、易损耗等而不能作为固定资产的各种物资的储备。

（5）产成品库存。产成品库存是指已经完成制造并等待装运，可以对外销售的制成品的库存。由于用户在某一特定时期对产成品的需求量是未知的，因此需要提前存储一部分产成品以备一时之需。

3．按库存的目的分类

企业持有的库存，按照其持有目的可以分为：周转库存、保险库存、季节性库存、促销库存、投机库存、战略库存、积压库存和在途库存等。

（1）周转库存。周转库存又叫做经常库存，是指在正常的经营环境下，企业为了满足日常需要而建立的库存，也就是货物到达之前满足正常生产经营需要而储备的库存。

（2）保险库存。保险库存又叫做安全库存，是指为了防止由于不确定因素（如突发性大量订货、供应商交货延期）而准备的缓冲库存。保险库存对作业失误和突发事件起着预防和缓冲作用，它的主要目的是以备一时之需，一般情况下不会动用，一旦动用，必须及时补充。

（3）季节性库存。季节性库存是指为了满足特定季节出现的特定需要而建立的库存，对季节性出产的商品在其出产季节大量收购所建立的库存。

（4）促销库存。促销库存是指为了应付企业的促销活动产生的预期销售增加而建立的库存。

（5）投机库存。投机库存是指为了避免商品价格上涨造成损失或为了从商品价格上涨中获利而建立的库存。

（6）战略库存。战略库存是指企业为整个供应链系统的稳定运行而持有的库存，例如在淡季仍然安排供应商继续生产，以使供应商保留技术工人，维持生产线的生产能力和技术水平。这样的战略库存虽然从库存持有成本方面来看会有较大幅度的增长，但从整个供应链的运作成本来看是经济可行的。

（7）积压库存。积压库存是指物品因变质而不再具有使用价值或因为长期没有销售出去而堆积的库存。

（8）在途库存。在途库存是指正处于运输或停放在相邻两个工作地之间或相邻两个组织之间的库存。这种库存是一种客观存在，而不是有意设置的。在途库存的大小取决于运输时间及该期间内的平均需求。

4. 按库存的价值分类

按价值划分，库存可以分为贵重物品和普通物资，按价值分类的方法，如库存 ABC 分类方法，可以把库存分为 A、B、C 三类：

（1）A 类物资是年度占用货币量最高的库存，这些品种可能只占库存总数的 15%，它们的库存成本却占到总数的 70%～80%。

（2）B 类物资是年度货占用币量中等的库存，这些品种可能占库存总数的 30%，其库存成本占总数的 15%～25%。

（3）C 类物资是年度占用货币量较低的库存，它们的价值只占到总数的 5%，但品种数占库存总数的 55%以上。

5. 按库存需求的相关性分类

（1）独立需求。当一种物品的库存需求与另一种物品的库存需求无关时，称为独立需求，如一个汽车制造厂的汽车的需求量是独立的，它来自公司外部的销售渠道，不是其他产品的一个部分，与其他产品的需求无关。

（2）相关需求。当某一物品的库存量与某些物品有关，存在一定的量与时间的对应关系时，称为相关需求。如一辆汽车需要四个车轮，该汽车制造厂车轮的库存量就与汽车的生产量有关。

这里需要注意的是，如果一个企业最终的产品只是某商品的一个部件，则这个部件的需求也是独立需求，如某个发动机制造厂的最终产品是汽车用的发动机，则对于发动机的库存需求属于独立需求，而发动机所包含的零配件库存需求属于相关需求。

（二）库存的作用

1. 库存的积极作用

库存的主要作用是缓冲，其目的是使运作的各个阶段具有一定的分离性。原材料库存把制造商和供应商分开；在制品库存使得制造的各个阶段相互关系紧密度减小；制成品库存使制造商与顾客之间具有缓冲作用。具体表现为以下几点：

第一，满足需求的变化。生产计划通常根据市场需求的预测做出，但预测通常具有一定的误差，因此需要保持安全库存或缓冲量以防需求的变化，减少缺货风险。

第二，平滑生产要求。对于备货型生产企业，市场对于产品的需求经常具有季节性，为了应付特定季节的过高需求，企业需要在淡季进行生产，积累一定库存，即所谓的季节性库存，以减轻旺季对生产能力的要求。

知识库

生产类型

按照企业组织生产的特点，可以把制造性生产分成备货型生产（Make-to-Stock，MTS）与订货型生产（Make-to-Order，MTO）两种。流程式生产一般为备货型生产，加工装配式生产既有备货型又有订货型生产的特点。

备货型生产也称存货型生产或按库存生产，是在对市场需求量进行预测的基础上，有计划地进行生产，产品有库存。为防止库存积压和脱销，生产管理的重点是抓供、产、销之间的衔接，按“量”组织生产过程各环节之间的平衡，保证全面完成计划任务。这种生产方式的顾客定制程度很低，通常是标准化、大批量地进行轮番生产，其生产效率比较高。

第三，克服原材料交货的波动。原材料供应商有时会因为各种原因（如质量问题、运输问题等）导致材料供货延迟，因此需要一定的原材料库存，防止短缺。

第四，平衡生产线，保持生产过程的连续性和均衡性，使得产量稳定。在生产线上，由于每个工作中心或者工序都是独立进行的，所需的操作复杂性和时间存在差异，如果在工作中心之间保持一定零件的库存，作业时间短的工作中心和作业时间长的工作中心之间容易取得平衡。另外，生产线上某个设备由于故障而停止运行，库存的建立可以使其他设备照常进行加工而不至于使整个生产线陷于停顿。当然，如果能够及时发现故障源并将其消除，就会大大减少这类库存的需要。这点在JIT的生产控制系统中得到了体现。

第五，降低生产准备成本。由于每一次新的生产准备都要带来一定的成本，如果在工作中心准备一定的库存，则可以减少生产准备成本。

第六，分摊订货成本。库存的设立使得大批量订货成为可能。订货成本与订货的批量大小有直接的关系，订货批量越大，订货次数越少，分摊到单件物品上的运输费用、人员成本等订货费就越低。

2. 库存的消极作用

既然库存是为了满足未来的需求而暂时闲置的资源，该闲置的资源就一定会造成一定程度上的浪费，增加企业的开支。因此，库存的作用是相对的，它也给企业带来了一定程度的副作用，任何企业都希望最大限度地降低库存，以此来降低库存成本。库存的副作用主要表现在如下几个方面：

（1）占用大量的流动资金。通常情况下，库存资金占到企业总资产的比重大约为20%～40%，库存管理不当还会形成大量资金的沉淀，形成积压库存。

（2）增加了企业的产品成本与管理成本。库存材料的成本增加直接增加了产品成本，而相关库存设备、管理人员的增加也增加了企业的管理成本。

（3）掩盖了企业众多的管理问题。如计划不周、采购不力、生产不均衡、产品质量不稳定及市场销售不力等。

二、库存管理

库存是一种闲置资源，如果库存过大会占用大量资金使企业效益下降，如果库存过小又会影响企业的正常生产和商品的销售，也会影响到企业的经济效益。所以库存管理的核心问题就是如何在满足生产经营对库存需要的前提下，保持合理的库存水平。

库存管理又称存货管理或在库管理，是在库存理论的指导下，在经济、合理或某些特定的前提下（如不允许缺货与降低服务水平等）建立库存数量的界限，即库存量（需求量）、库存水平、订货量等数据界限。

（一）库存管理的内容

库存管理往往被误认为只是对库存数量的控制，认为其内容主要是保持一定的库存量，其实这只是库存管理中的一项重要内容，而并不是它的全部。库存管理的内容主要包括以下几方面。

1. 库存信息管理

库存信息面广、量大，既包括库存商品本身的信息，如商品的名称、种类、规格、型号、数量、质量等，还包括市场、用户对库存商品的需求信息和库存业务的有关信息，如入库日期、出库日期、存货数量、盘盈盘亏、库存成本、客户资料等。

2. 库存决策、控制

决定与库存有关的业务如何进行，如库存商品的购入或发出的时间、地点、品种、数量、质量、构成，订购方式的确定等。

3. 衡量库存商品的库存管理水平

一定期间内采用的库存管理方式是否恰当，应给予评价、衡量，这不仅关系到企业的经济效益，同时也关系到下一阶段的库存管理策略，对库存管理水平进行衡量可以帮助企业对库存管理策略进行及时和最优地调整。

（二）库存管理的目标

库存管理的目的是在满足顾客服务要求的前提下，通过对企业的库存水平进行控制，尽可能降低库存水平，提高物流系统的效率，以强化企业的竞争力。

库存管理的总目标是在库存成本的合理范围内达到满意的顾客服务水平。

（三）加强库存管理的意义

1. 维持生产的稳定

企业按销售订单与销售预测安排生产计划，并制定采购计划，下达采购订单。由于采购物品需要一定的提前期，这个提前期是根据统计数据或者是在供应商生产稳定的前提下制定的，存在一定的风险，有可能拖后而延迟交货，最终影响企业的正常生产，造成生产的不稳定。为了降低这种风险，企业就会增加材料的库存量，从库存方面保证连续不断的生产需要。

2. 平衡企业物流

在企业材料采购、生产用料、在制品及销售物品的物流环节中，库存起着重要的平衡作用。采购部门根据库存能力（资金占用等），协调来料收货入库。同时，对生产部门的领料应考虑库存能力、生产线物流情况（场地、人力等）平衡物料发放，并协调在制品的库存管理。

3. 平衡流动资金的占用

库存的材料、在制品及成品是企业流动资金的主要占用部分。在企业资金量一定的情况下，库存这一部分资金占用过多，其他部门占用的资金就会减少，库存这一部分资金占用少，有利于资金流向其他更需要的部门，因而库存量的控制实际上也是进行流动资金的平衡，使资金能够满足企业的需要。

4. 为企业节约大量的资金

企业库存管理业务主要是物料的收发管理工作，根据物料的不同物理与化学属性做好物料存储与防护工作，降低各种库存管理费用，使库存经常处于合理水平，防止超储积压，满足生产与销售的需要。同时，减少库存物资的资金占用，使库存总成本最低，达到节约资金的目的，提高企业的竞争力。

第三节　企业库存管理方法

一、库存管理分类方法（ABC 分类法）

要对库存进行有效的管理和控制，首先要对库存进行分类。最常用的库存分类方法是ABC 分类法。

（一）ABC 分类法的概念与原理

ABC 分类法又称 ABC 分析法或重点管理法，它是将库存物资按品种和占用资金的多少分为特别重要的库存（A 类）、一般重要的库存（B 类）和不重要的库存（C 类）三个等级，然后针对不同等级分别进行管理与控制的方法。

知识库

ABC 分类法是由意大利经济学家维尔弗雷多・帕累托首创的。1879 年，帕累托在对米兰财富分布的研究中发现，20%的人掌握着 80%的财富。占总数相对很少的一部分却在总的影响力或价值上占很大一部分比重的原理，被称为帕累托定律或“二八法则”。该分析方法的核心思想是在决定一个事物的众多因素中分清主次，识别出少数的但对事物起决定作用的关键因素和多数的但对事物影响较少的次要因素。后来，帕累托定律被不断应用于管理的各个方面。1951 年，管理学家戴克将其应用于库存管理，命名为 ABC 分类法。

一般来说，库存货物与资金占用之间也存在这种规律：即少数存货价值高，占用大部分库存资金；相反，大多数存货价值低，仅占用很少部分的库存资金。因此，可根据库存种类数量与所占用资金比重之间的关系，将库存货物分为 ABC 三类，并根据其特点分别采取不同的管理方法，如图 5—2 所示。这样能使企业在库存管理上分清主次、突出重点，提高存货管理的整体效果。

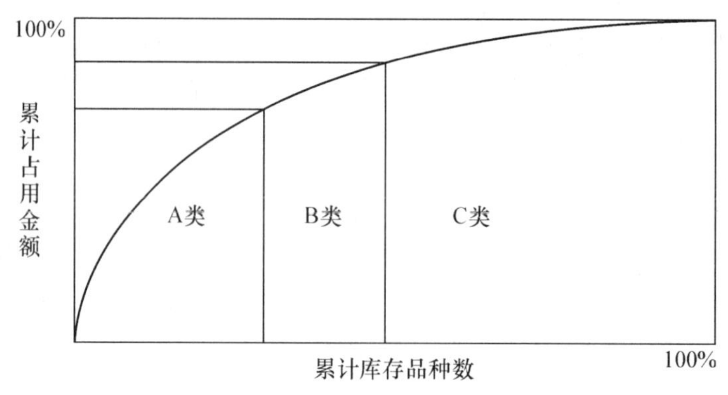

图 5—2 ABC 分类法

(1) A 类存货。这类存货品种数约占总数的 15%，价值占 70%～80%，应投入最多的精力和资源进行重点控制。

(2) B 类存货。该类存货品种数约占总数的 25%，价值占 10%～20%，可进行适当控制。

(3) C 类存货。该类存货品种数占总数的 60%，价值仅占 5%～10%，只需进行简单控制。

除价值量指标外，企业还可以按照销售量、销售额、订货提前期（前置期）、缺货成本等指标将库存物品进行分类。ABC 分类法并不局限于分为三类，可以增加。但经验表明，最多不超过五类，过多的种类反而会增加控制成本。

(二) ABC 分类法的实施步骤

(1) 分析本企业库存物资的性质和特征。具体包括货物的价值、重要性以及保管要求的差异等。

(2) 搜集库存物资的入库量、出库量和结算量等存储资料。前两项一般搜集半年到一年的资料，后一项则应搜集盘点时的最新资料。

(3) 进行资料的整理和分析。根据搜集的资料对库存物资按价值大小进行排列，并算出每种存货的价值总额及其占库存物资总额的百分比。

(4) 按存货金额由大到小进行排序，整理成表格并累加存货金额百分比。

(5) 按照表中统计数据绘制 ABC 分析图。根据价值和数量比率的划分标准，确定货物对应的种类。

(三) ABC 分类法的应用

根据 ABC 分析法，对不同等级的存货采取不同的控制和管理方法，如表 5—2 所示。

A 类物资属重点库存控制对象，要求库存记录准确，严格按照物资的盘点周期进行盘点，检查其数量与质量状况，并要制定不定期检查制度，密切监控该类物品的使用与保管情况。A 类物资属于非常重要资源，增加或减少一件对库存物资总金额影响较大，应采取出多少进多少，增加其周转效率的策略对其进行管理。另外，还应尽量降低 A 类物资库存量，采取合理的订货周期。C 类物资，由于它对物资总金额影响很小，企业对这类物资可以采取粗放管理，但是同时要防止因数量和质量而影响计划的执行。对于 B 类物资主要以一般日常管理为主。

表 5—2　　ABC 类库存管理方法

项目/级别	A 类物资	B 类物资	C 类物资
控制程度	严格控制	一般控制	简单控制
库存量计算	依库存模型详细计算	一般计算	简单计算或不计算
进出记录	详细记录	一般记录	简单记录
存货检查频度	密集	一般	很低
安全库存量	低	较大	大量

二、经济订货批量法

(一) 经济订货批量法

经济订货批量（Economic Order Quantity，EOQ）又称最佳订购批量，是指企业在计划期商品供求条件下，储存费用和采购费用最小的商品订购批量。经济订货批量法的示意图如图 5—3 所示。

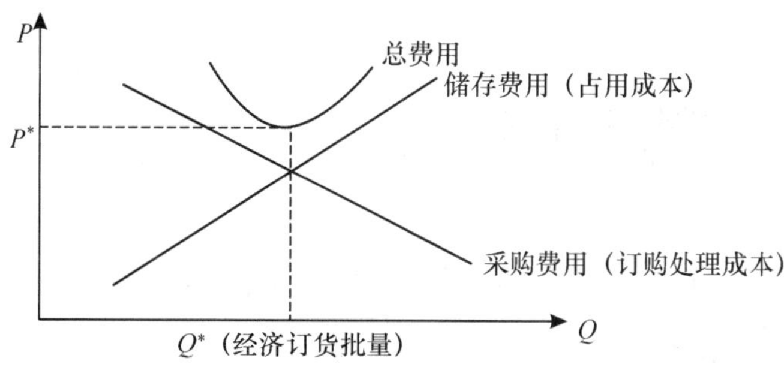

图 5—3　EOQ 法

企业每次订货的数量直接关系到库存的水平和库存总成本的大小，因此，企业希望找到一个合适的订货数量以使库存总成本最小。经济订货批量模型能满足这一要求。经济订货批量模型就是通过平衡采购进货成本和保管仓储成本，确定一个最佳的订货数量来实现最低总库存成本的方法。这里只探讨确定条件下的经济订货批量模型。

最佳订购批量可以用数学公式求得。订货处理成本与存货占用成本随着订货量的不同而改变。单位订货成本随订货量的增加而降低，单位占用成本随订货量的增加而提高。

设订货批量为 Q，平均库存量为 $\frac{Q}{2}$，单位成本为 C，每年的占用成本占单位成本的百分比为 I（%），每次订货处理成本为 S，每年需要货物量为 D，于是有五个重要变量：平均库存量 $\frac{Q}{2}$，每年订货次数 $\frac{D}{Q}$，每年订货成本 $\frac{DS}{Q}$，每年单位占用成本 IC，每年占用成本 $\frac{Q}{2}IC$，则

总成本＝每年订购成本＋每年占用成本

$$\min TC=\frac{DS}{Q}+\frac{1}{2}QIC$$

令：$(TC)'=\frac{dT}{dQ}=0$

$$T=\frac{DS}{Q}+\frac{1}{2}QIC$$

$$\frac{dT}{dQ}=\frac{DS}{Q^2}+\frac{1}{2}IC$$

$$Q=\sqrt{\frac{2DS}{IC}}$$

举例说明，已知 $D=3\,600$ 吨，$S=100$ 元，$I\cdot C=2$，则

$$Q=\sqrt{\frac{2\times 3\,600\times 100}{2}}=\sqrt{360\,000}=600\text{（吨）}$$

全年订货次数为：

$$N=\frac{D}{Q}=\frac{3\,600}{600}=6\text{（次）}$$

总费用为：

$$TC=6\times 100+\frac{600\times 2}{2}=1\,200\text{（元）}$$

或

$$TC=\sqrt{2DS\cdot IC}=\sqrt{2\times 3\,600\times 100\times 2}=\sqrt{1\,440\,000}=1\,200\text{（元）}$$

（二）订货方式的选择

企业存在多种订货方式，每种订货方式各有其特点和适用范围。这里介绍两种常见的订货方式，即定量订货方式和定期订货方式。

1. 定量订货方式

所谓定量订货方式，是指当库存量下降到预定的最低库存数量（订货点）时，按规定数量（一般以 EOQ 为标准）进行订货补充的一种库存管理方式。如图 5—4 所示，当库存量下降到订货点（R，也称为再订货点）时马上按预先确定的订货量（Q）发出货物订单，经过交付周期（L_T）收到货，库存水平上升。采用定量订货方式必须预先确定订货点和订货量。

通常，订货点的确定主要取决于需要量和订货、到货时间间隔这两个要素。在需要固

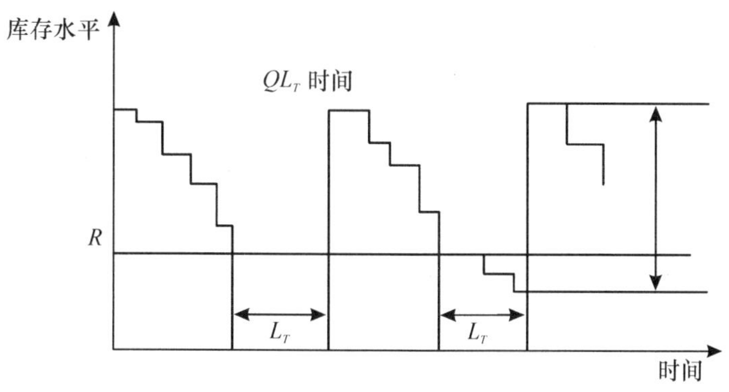

图 5—4 定量订货方式

定均匀和订货、到货间隔时间不变的情况下，不需要设定安全库存，订货点由下式确定：

$$R=\frac{L_T \cdot D}{365}$$

其中，D 为每年的需要量。

当需要发生波动或订货、到货间隔时间是变化的情况下，订货点的确定方法较为复杂，且往往需要设定安全库存。

图 5—5 表示的是定量订货方式的作业程序。其优点是：由于每次订货之前都要详细检查和盘点库存（看是否降低到订货点），因此能及时了解和掌握库存的动态；因每次订货数量固定，且是预先确定好了的经济批量，因此使用方法简便。这种订货方式的缺点是：经常对库存进行详细检查和盘点，工作量大且需花费大量时间，从而增加了库存保管维持成本；该方式要求对每个品种单独进行订货作业，这样会增加订货成本和运输成本。定量订货方式适用于品种数目少但占用资金大的 A 类库存。

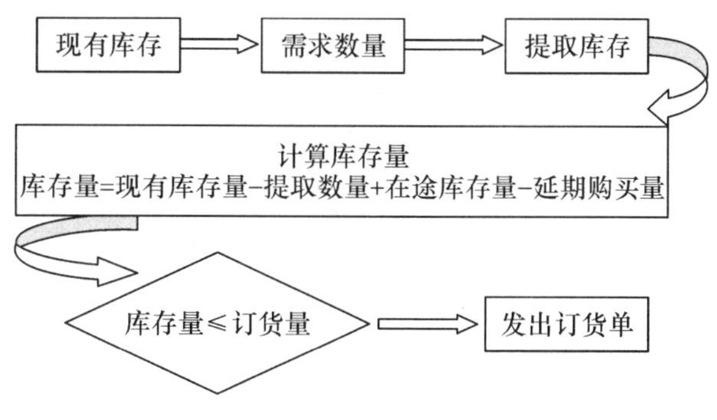

图 5—5 定量订货方式的作业程序

2. 定期订货方式

所谓定期订货方式，是指按预先确定的订货间隔期间进行订货以补充库存的一种库存管理方式。企业根据过去的经验或经营目标先确定一个订货间隔期间，每经过一个订货间隔期间就进行订货，每次订货数量都不同。

定期订货方式总订货量的确定公式如下：

订购量＝最高库存量－现有库存量－订货未到量＋顾客延迟购买量

定期订货方式的优点是：由于订货间隔期间确定，因而多种货物可同时进行采购，这样不仅可以降低订单处理成本，还可降低运输成本。另外，这种方式不需要经常检查和盘点库存，可节省这方面的费用。

定期订货方式的缺点是：由于不经常检查和盘点库存，对货物的库存动态不能及时掌握，遇到突发性的大量需要时，容易造成缺货现象，从而带来损失，因而企业为了应对订货间隔期间内需要的突然变动，往往保持较高的库存水平。定期订货方式适用于品种数量多，占用资金较少的C类库存和B类库存。定期订货方式的示意图和作业程序见图5—6和图5—7。

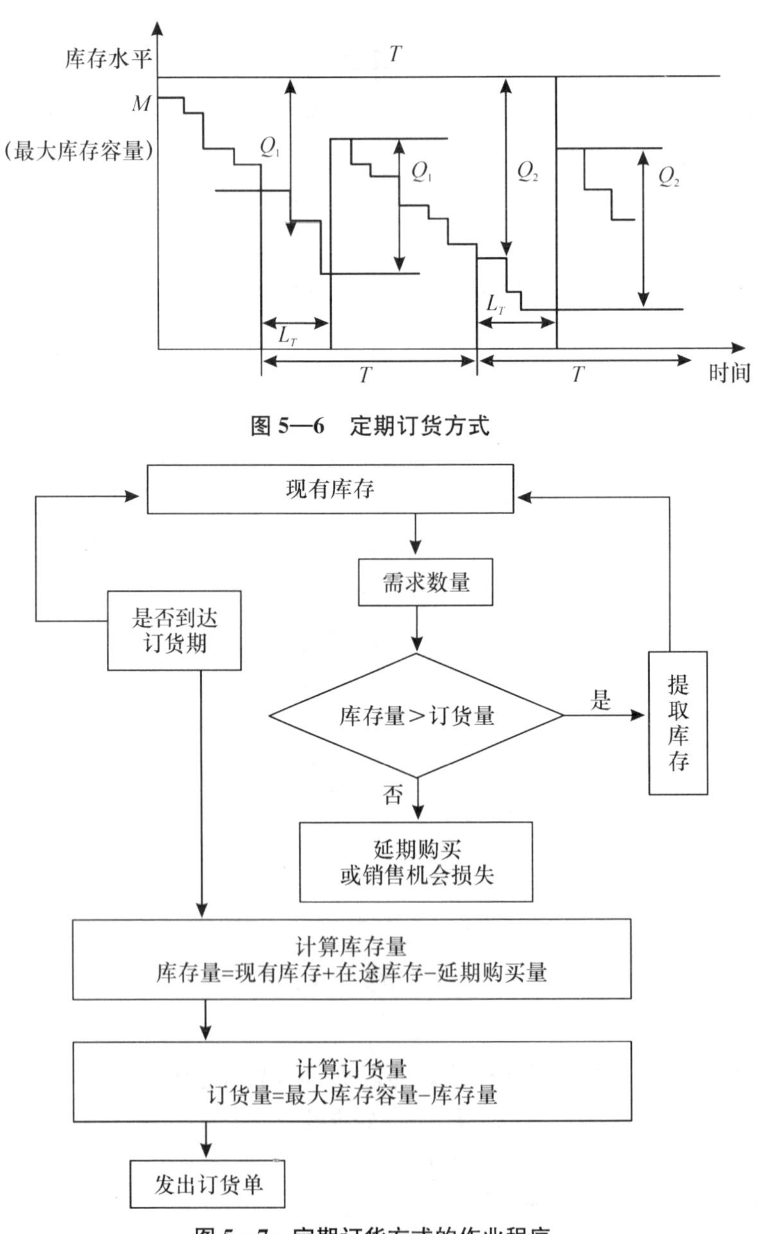

图5—6 定期订货方式

图5—7 定期订货方式的作业程序

三、供应链环境下的库存管理

案例 5—2

LSI Logic 的库存管理

LSI Logic 是世界上最大的半导体公司之一。该公司的库存管理遵循“哑铃战略”——生产库存在中国香港，辐射亚洲各生产企业；销售库存在美国硅谷，辐射北美客户群。半导体产品的订货特点使其需求高峰在每个季度都会出现。为了即时满足客户的需求，同时减少生产的波动性，LSI Logic 总是有计划地在配送中心贮备一定数量的库存。LSI Logic 多年来的经验证明，配送中心库存方法优于直接运输方法。配送中心的建立提高了库存管理和运输管理的效率，并进一步形成规模效益，同时减少了由于各生产企业对客户直接运输造成的混乱，提高了企业整体盈利水平。

在传统的库存管理模式下，企业的库存管理是各自为政的，物流渠道中的每一个部门都各自管理着自己的库存。零售商有自己的库存，批发商有自己的库存，供应商也有自己的库存。与此同时，供应链上各节点企业都有自己的库存控制策略，它们的库存控制策略不同而且相互封闭，无法利用供应链上的资源。如果将视野从单个企业扩大到由供应商、制造商、批发商和零售商组成的整个供应链来考虑库存问题，就会发现有问题的库存数量较单个企业大大增加。

过去，上下游企业之间是纯粹的买卖关系，企业之间缺少信息交流，也不会相互协调进行库存管理，因而形成了不必要的大量库存，同时也可能降低客户的满意度。例如，过去由于缺少信息交流和相互协调，组成供应链的企业之间缺少必要的信任或信任度不高，它们往往会储存高于实际需要量的物资，以防出现供应商延期交货或不能交货的情况而给企业造成损失。我们把这种超过实际需要量的库存称为“缓冲库存”。

同样，企业和各自的客户间也缺少信息交流，企业只能根据预测来安排生产，很容易产生库存不足或库存过剩的现象。有的企业则会为了满足客户大量突发性的订货而刻意储备缓冲库存。缓冲库存会增加企业的成本，这些成本最终会通过价格的上升转嫁给消费者，不利于给客户创造价值，会减少客户满意度。当然，真正意义上的零库存是不可能实现的，它只是即时制生产方式的努力方向。

随着组成供应链企业之间由过去的建立在买卖基础上的对立关系向基于共同利益的协作伙伴关系的转变，供应链上的各个企业之间加强交流，分享信息，协作进行库存管理成为可能，而先进的库存管理方法和管理技术的出现正在使这种可能变成现实。目前已经出现了许多在维持和改进客户服务水平的基础上优化企业内部和整个供应链库存的方法和技术。

（一）零库存管理

“零库存”是一种特殊的库存概念，其含义是某种或某些物品的储存数量很低，甚至可以为“零”，即不持有库存。减少存货数量，直至消灭库存就可以避免一系列问题，如仓库的建设与管理费用，存货的维护、保管、装卸、搬运等费用，存货专用资金，以及库存货物的老化、损失、变质等问题。

不过，零库存是对某个具体企业而言，是在社会充分储备前提下的一种特殊形式。没有社会储备的保障，没有供大于求的经济环境，微观经济领域的零库存是很难实现的。

供应链物流、第三方物流和其他的新型物流系统，都把零库存服务作为客户服务的一项重要形式。企业为了降低物流成本，在构建自己的物流系统时，也把零库存作为降低成本，提高整个经营水平的重要举措。具体实现零库存的方法有以下几种。

1. 委托保管方式

委托保管方式是指接受用户的委托，由受托方代存代管所有权属于用户的货物，使用户不再保有库存，甚至可不再保有安全库存，从而实现零库存的方式。

2. 协作代包方式

协作代包方式是使制造企业（主企业）供应库存为零的一种准时供应方式。在许多发达国家，很多制造行业都存在一家规模很大的主企业和数以千百计的小型分包企业，主企业主要负责装配和市场开拓，小型企业各自分包零部件制造等活动。分包零部件制造的小型企业，可以采取各种生产组织形式和库存调节形式，以保证按主企业的生产速率和指定时间送货到主企业，从而使主企业不再设立库存，达到零库存的目的。

3. 同步方式

同步方式也称轮动方式，是在对物流系统进行周密设计的前提下，使各个环节速率完全协调，从而在根本上消除库存的一种零库存形式。

4. 准时供应方式

在供应与生产之间或生产工序之间完全做到同步，这是一项难度很大的系统工程，同时，一些产业也不适合采用同步方式，因而，大部分企业采用比同步方式更为灵活、更容易实现的准时供应方式。

案例 5—3

戴尔的零库存管理

戴尔的营运方式是直销，在业界号称“零库存、高周转”。在直销模式下，公司接到订货单后，将电脑部件组装成整机，而不是像很多企业那样，根据对市场预测制定生产计划，批量制成成品。真正按顾客需求定制生产，这需要在极短的时间内完成，速度和精度就是考验戴尔的两大难题。戴尔的做法是，利用信息技术全面管理生产过程。通过互联网，戴尔公司和其上游配件制造商能迅速对客户订单做出反应：当订单传至戴尔的控制中心后，控制中心将其分解为子任务，并通过网络分派给各独立配件制造商进行排产。各制造商按戴尔的电子订单进行生产组装，并按戴尔控制中心的时间表来供货。戴尔所需要做的只是在成品车间完成组装和系统测试，剩下的就是客户服务中心的事情了。通过各种途径获得的订单被汇总后，供应链系统软件会自动地分析出所需原材料，同时比较公司现有库存和供应商库存，创建一个供应商材料清单。而戴尔的供应商仅需要 90 分钟的时间用来准备所需要的原材料并将它们运送到戴尔的工厂，戴尔再花 30 分钟时间卸载货物，并严格按照制造订单的要求将原材料放到组装线上。由于戴尔仅需要准备手头订单所需要的原材料，因此工厂的库存时间仅有7个小时，而这7个小时的库存也可在某种程度上看做处于周转过程中的产品。

5. 看板方式

看板方式是即时生产制的一种简单有效的实现形式，也称为“卡片”制度，是日本丰田公司首先采用的。在供应企业与生产企业之间，或生产企业各工序之间，采用固定格式的卡片为凭证，由下一环节根据自己的节奏，逆生产流程方向，向上一环节指定供应，做到即时同步。采用看板方式，有可能使供应环节实现零库存。

6. 水龙头方式

水龙头方式是一种像打开自来水管的水龙头就可以取水而无须自己保有存货的零库存方式，由日本索尼公司首先使用。经过一段时间的演进，已发展成即时供应制度，用户可以随时提出采购要求，采取需要多少就购入多少的方式，供货者以自己的库存和有效供应系统承担即时供应的责任，从而使用户实现零库存。适合这种供应方式的货物主要是工具及标准件。

（二）供应商管理库存

供应商管理库存（Vendor Managed Inventory，VMI）是指供应商等上游企业在对其下游客户的生产经营和库存信息进行充分了解的基础上，对下游客户的库存进行管理和控制的库存管理策略。这种库存管理策略打破了传统的各自为政的库存管理模式，体现了供应链的集成化管理思想，适应市场变化的要求，是一种适应供应链环境的有代表性的库存管理方法。

1. 供应商管理库存的基本思想

长期以来，库存控制都是由库存拥有者进行的。生产与流通环节中的每一个部门都是各自管理自己的库存，供应商、制造商、批发商及零售商都有各自的库存，供应链上的各节点企业也都有自己的库存控制策略。由于各自的控制策略不同，需求与库存信息无法共享，因此不可避免地产生需求的扭曲现象，即所谓的需求放大现象，无法使供应商迅速响应用户的需求。在供应链管理环境下，供应链各个环节的活动都应该是同步进行的，而传统的库存控制方法无法满足这一要求。

VMI库存管理系统突破了传统的条块分割的库存管理模式，以系统的、集成的管理思想进行库存控制，使供应链系统能够获得同步化运作。VMI的主要思想就是在用户和供应商相互合作的基础上，以双方获得最低成本为目的，在一个共同的协议下由供应商管理用户的库存，确定库存水平和补给策略并拥有库存控制权，双方不断监督协议的执行情况并根据情况变动修正协议内容，使库存管理得到持续性改进。

2. 供应商管理库存的原则

VMI的原则包括以下几方面：

（1）合作性原则。在实施VMI时，相互信任与信息透明是很重要的。供应商和其下游用户（制造商、零售商等）都要有较好的合作精神，这样才能够建立战略合作伙伴关系。

（2）互惠原则。VMI的关键不是关于成本如何分配或谁来支付的问题，而是关于减少成本的问题。通过该策略使双方的成本都得以降价，也只有实现了互惠互利才能使双方更好地合作。

（3）目标一致性原则。VMI 的实施要签订相关的协议，在协议中对双方的责任和义务及相关的问题要做出明确的规定，从而使得双方在观念上达成一致。如库存放在哪里，何时支付，是否支付管理费，需支付多少等问题都要经协商达成一致，并体现在框架协议中。

（4）连续改进原则。该原则使供需双方能共享利益和消除浪费。

3. 供应商管理库存的实施策略

实施 VMI 策略，就要改变订单的处理方式，建立基于标准的托付订单处理模式。供应商和批发商一起确定供应商的订单业务处理过程所需要的信息和库存控制参数，然后建立一种订单处理的标准模式，如电子数据交换标准报文，最后把订货、交货和票据处理各个业务功能集成在供应商一边。另外，库存信息的透明度对于实施供应商管理用户库存是至关重要的。信息不透明，供应商就不能够随时跟踪和检查销售商的库存状态，从而快速地响应市场的需求变化，也就不能对本企业的生产（供应）状态做出相应的调整，无法实现库存的最优化。因此，要实施供应商管理用户库存，就要建立相应的信息系统，使得供应商能随时追踪和掌控下游客户库存情况及其变动。

具体来说，VMI 策略包括如下几个实施步骤：

（1）建立下游客户情报信息系统。要有效地管理用户库存，供应商必须能够获得顾客的有关信息。可以通过建立顾客信息库的方式，掌握需求变化的有关情况，并把本应由分销商进行的需求预测与分析功能集成到供应商的系统中来。

（2）建立销售网络管理系统。要很好地管理库存，供应商必须建立起完善的销售网络管理系统，保证自己的产品需求信息和物流畅通。为此，企业必须做到：保证自己产品条码的可读性和唯一性，这可以通过利用条码技术，实现产品的条码化；解决产品分类、编码的标准化问题，解决商品存储、运输过程中的识别问题。

（3）签订供应商与分销商（批发商）的合作框架协议。供应商和销售商（批发商）通过协商，确定处理订单的业务流程以及控制库存的有关参数（如再订货点、最低库存水平等）、库存信息的传递方式（如电子数据交换或互联网）等相关内容并将其反映在协议中。

（4）变革相关的组织机构。在传统的库存管理策略下，一般由财务经理处理与用户的有关事宜。引入 VMI 策略后改变了供应商的组织模式，在订货部门产生了一个新的职能，即负责用户库存的控制、补给和确定服务水平。因此，企业要对组织机构进行相应的变革以适应新的库存管理模式的要求。

值得注意的是，VMI 策略虽然较传统的库存策略更能适应供应链整体的要求，但也并不具有普遍的适应性。一般在以下情况下实施该策略较为有效：零售商或批发商没有 IT 系统或基础设施来有效管理它们的库存；制造商实力雄厚并且比零售商市场信息量大；有较高的直接存储交货水平，因而制造商能够有效规划运输。

（三）联合库存管理

联合库存管理（Combined Inventory Management，CIM）是指供应商与客户同时参与，共同制定库存计划，实现利益共享、风险共担的供应链管理策略。

1. 联合库存管理的基本思想

简单地说，联合库存管理是一种在供应商管理库存的基础上发展起来的上游企业和下游企业权利责任平衡和风险共担的库存管理模式。它体现了新型的供应链联盟的企业战略合作伙伴关系，强调了供应链企业之间的互利合作。联合库存管理是解决供应链系统中由于各节点企业的相互独立库存运作模式导致的牛鞭效应（需求放大现象），提高供应链的同步化程度的一种有效方法。联合库存管理强调供应链中各个企业同时参与，共同制定库存计划，并从相互之间的协调性出发，保持对需求预期的一致性。在这个模式下，任何相邻企业需求的确定都是供需双方协调的结果，从而部分消除了由于供应链环节之间的不确定性和需求信息扭曲现象导致的供应链的库存波动。库存管理不再是各自为政的独立运作过程，而是供需连接的纽带和协调中心。库存连接的供需双方以供应链整体的观念出发，同时参与，共同制定库存计划，实现供应链的同步化运作，联合库存管理同时在供应链中建立合理的库存管理风险的预防和分担机制、合理的库存成本与运输成本分担机制和与风险成本相对应的利益分配机制，在进行有效激励的同时，避免供需双方的短视行为及供应链局部最优现象的出现，实现风险、成本和效益的平衡，提高供应链运作的稳定性。

知识库

牛鞭效应

牛鞭效应又称为“需求变异加速放大原理”，其基本思想是：当供应链的各节点企业只根据来自其相邻的下级企业的需求信息进行生产或供应决策时，需求信息的不真实性会沿着供应链逆流而上，产生逐级放大现象，达到最源头的供应商时，其获得的需求信息和实际消费市场中的顾客需求信息发生了很大的偏差，需求变异系数比分销商和零售商的需求变异系数大得多。这种需求放大效应的影响是，上游供应商往往维持比下游供应商更高的库存水平。牛鞭效应反映出供应链上需求不同步的现象。

2. 联合库存管理的实施策略

（1）建立供应链协调管理机制。为了发挥联合库存管理的作用，供应链各方应从合作的思想出发，建立供应链协调管理的机制，建立合作沟通的渠道，明确各自的目标和责任，为联合库存管理提供有效的机制。建立供应链协调管理机制，要从以下几个方面着手：

首先，建立共同合作目标。要建立联合库存管理模式，首先供需双方必须本着互惠互利的原则，建立共同的合作目标。为此，要理解供需双方在市场目标中的共同之处和冲突点，通过协商形成共同的目标，如用户满意度、利润的共同增长和风险的减少等。

其次，建立联合库存的协调控制方法。联合库存管理中心担负着协调供需双方利益的任务，起协调控制器的作用，因此，需要对库存优化的方法进行明确规定。这些内容包括库存如何在多个需求商之间调节与分配，最高库存水平和最低库存水平，安全库存的确定，需求的预测等。

再次，建立一种信息沟通的渠道或系统。信息共享是供应链管理的特色之一。为了提高整个供应链需求信息的一致性和稳定性，减少由于多重预测导致的需求信息扭曲，应增加供应链各方对需求信息获得的及时性和透明性。为此应建立一种信息沟通的渠道或系统，以保证需求信息在供应链中的畅通和准确性。

最后，建立利益的分配、激励机制。要有效运行基于协调中心的库存管理，必须建立一种公平的利益分配制度，并对参与协调库存管理中心的各个企业（供应商、制造商、分销商）进行有效的激励，防止机会主义行为，增加企业间的协作性和协调性。

（2）发挥两种资源计划系统的作用。为了发挥联合库存管理的作用，在供应链库存管理中应充分利用目前比较成熟的两种资源管理系统：MRPⅡ和 DRP（配送需求计划）。原材料库存协调管理中心应采用 MRPⅡ，而在产品联合库存协调管理中心则应采用 DRP。这样，在供应链系统中就能把两种资源计划系统很好地结合起来。

知识库

ERP 和 DRP

ERP 是企业资源计划（Enterprise Resource Planning）的简称，它是在 MRPⅡ的基础上扩展了管理范围，给出了新的结构，把客户需求和企业内部的制造活动以及供应商的制造资源整合在一起，体现了完全按用户需求制造的思想。

DRP 是配送需求计划（Distribution Requirement Planning）的简称。它是流通领域中的一种物流技术，是 MRP 在流通领域应用的直接结果。它主要解决分销物资的供应计划和高度问题，达到既保证有效地满足市场需要又使得配置费用最省的目的。

（3）建立快速响应系统。快速响应系统是在 20 世纪 80 年代末由美国服装行业发展起来的一种供应链管理策略，目的在于减少供应链中从原材料到用户过程的时间和库存，最大限度地提高供应链的运作效率。该系统在美国等西方国家的供应链管理中被认为是一种有效的管理策略。美国的 Kurt Salmon 协会通过调查分析认为，实施快速响应系统后供应链效率大有提高：缺货大大减少，通过供应商与零售商的联合协作保证 24 小时供货；库存周转速度提高了 1～2 倍；通过敏捷制造技术，企业的产品中有 20%～30%是根据用户的需求而制造的。快速响应系统需要供需双方的密切合作，因此，协调库存管理中心的建立为快速响应系统发挥其作用创造了有利的条件。

（4）发挥第三方物流系统的作用。第三方物流系统是供应链集成的一种技术手段。该系统也叫做物流服务提供者，它为用户提供各种服务，如产品运输、订单选择、库存管理等。第三方物流系统的一种形式是由一些大的公共仓储公司通过提供更多的附加服务演变而来的，另外一种形式则是由一些制造企业的运输和分销部门演变而来。

面向协调中心的第三方物流系统使供应与需求双方都取消了各自独立的库存，增加了供应链的敏捷性和协调性，并且能够大大改善供应链的用户服务水平和运作效率。

本章小结

首先，本章介绍了仓储与仓储管理的概念、企业仓储管理的模式与任务。仓储功能的实现，仓储积极作用的发挥有赖于有效的仓储管理。仓储的正负两方面作用，证实了仓储具有积极和消极两重性，说明了仓储管理的必要性。仓储管理模式可以按仓储活动的运作方式分为自有仓库仓储、租赁公共仓库仓储和合同仓储（第三方仓储）。企业仓储管理的基本任务是使库存物资经常保持合理储备水平并处于质量良好状态，以保证按质、按量、及时、准确地供应生产建设所需的各种物资。

其次，本章阐述了库存的概念、类型与作用，库存管理的概念、内容、目标与意义。库存是指处于储存状态的物品或商品，具有整合需求和供给，维持各项活动顺畅进行的功能。库存管理又称存货管理或在库管理，是在库存理论的指导下，在经济、合理或某些特定的前提下（如不允许缺货与降低服务水平等）建立库存数量的界限，即库存量（需求量）、库存水平、订货量等数据界限。

最后，本章明确了库存管理的方法。库存控制是仓储管理重要的技术经济措施。有效的库存控制的前提是对库存商品的盘点和基于 ABC 分析的分类管理。本章从介绍库存和库存管理方法入手，详细讲述了 ABC 分析的原理和实施步骤。库存控制是为了实现总库存成本最低的目标，在无法控制出库需求的情况下，合理的订货显得尤为重要，因此，本章对定量订货方式和定期订货方式的基本原理进行了阐述，也对当今较为先进的供应链环境下的库存管理进行了简要的介绍。

基本概念

仓储　仓储管理　库存　库存管理　ABC 分类法　经济订货批量法
定量订货方式　定期订货方式　零库存　供应链库存管理　联合库存管理

思考题

1. 什么是仓储？什么是仓储管理？
2. 企业仓储管理的模式有哪些？
3. 企业仓储管理的任务是什么？
4. 什么是库存？库存的作用是什么？
5. 简述企业库存管理的内容、目标和意义。
6. 如何理解 ABC 分类法？
7. 如何理解经济订货批量法？
8. 谈谈你对供应链环境下的库存管理方法的认识。

第六章
企业销售物流与逆向物流管理

本章要点提示

● 了解配送中心的定义、逆向物流的特征和流程以及回收物流与废弃物物流的流向和相关技术

● 理解如何创建具有竞争优势的企业销售物流服务，逆向物流的产生原因，回收物流与废弃物物流的意义

● 掌握企业销售物流服务的概念、目标、要素和能力，以及回收物流与废弃物物流的概念和作用

● 重点掌握企业销售物流的概念、功能、流程和模式，配送的定义、作用和一般流程，以及逆向物流的概念和管理

生产企业、流通企业售出产品或商品通过物流转到用户或消费者的过程形成了销售物流。通过销售物流，企业得以回收资金，并进行再生产活动。销售物流的效果关系到企业的存在价值是否被社会承认。销售物流的成本在产品及商品的最终价格中占有一定的比例。因此，在市场经济中，为了增强企业的竞争力，销售物流的合理化管理非常重要。

第一节　企业销售物流概述

在现代市场中，企业的销售和物流密不可分。企业物流在销售环节中的活动构成了销售物流，销售物流对于企业销售有着重要的影响，并成为企业销售竞争的有力武器。同时，销售物流是企业物流的最后环节，是企业物流与社会物流的转换点。通过销售物流，产品才能实现使用价值，企业才能从中获得利润。本节主要介绍企业销售物流的概念、流程及模式。

一、企业销售物流的概念

(一) 企业销售物流的含义

企业销售物流，又称为分销物流，是企业在销售过程中，将产品的所有权转给用户的

物流活动，是产品从生产地到用户的时间和空间的转移，是以实现企业销售利润为目的，销售物流是包装、运输、储存等诸环节的统一。销售物流是生产企业、流通企业出售商品时，物品在供方与需方之间的实体流动，是企业物流与社会物流的一个衔接点。它与销售系统相配合共同完成产成品或商品的销售任务。

（二）企业销售物流的内容

销售物流是企业的一部分，其成本占企业销售总成本的20%。因此，销售物流的好坏直接关系到企业利润的高低。销售物流是企业物流活动的一个重要环节，它以产品离开生产线进入流通领域为起点，以送达用户并完成售后服务为终点。销售物流管理主要包括以下几个方面。

1. 调查与需求预测

销售物流包括大量工作，首要任务是进行销售预测，然后在此基础上制定生产计划和存货计划。生产计划明确了采购部门必须订购的原料。这些原料先运到工厂，经过检验接收后存入原材料仓库，而后经生产加工制造成产成品。产成品存货是顾客订购和公司生产活动之间的桥梁。产成品离开生产车间，经由包装、厂内储存、运输前的配货处理，然后再经过厂外运输和地区储存，最后送达顾客，并向顾客提供有关服务。

2. 编制销售计划

销售计划包括确定计划期产品的销售量和销售收入，以满足市场需求，保证产销衔接。当然，在制定计划前，企业需要开拓市场和制定销售产品的方针和策略，如销售渠道、营销组合、产品定价等。这些应该由企业的经营战略决定，因为它直接影响到成本、可能的销售额、产品的定位等问题。

3. 组织管理订货合同

组织管理订货合同主要包括签订合同、检查执行合同和处理执行合同三个部分。

4. 组织产品推销

产品推销包括产品的商标与装潢设计、广告宣传、试销试展、派员推销以及市场信息反馈等。

5. 组织售后服务

销售出产品后，企业还需要对用户进行售后服务，包括产品安装调试，使用与维修指导，实行“三包”，提供配件以及接受售前、售后用户的意见反馈等。

6. 进行成本分析

为了提高销售的经济效益和管理工作水平，企业需要对销售费用与销售成本进行分析。一般来说，销售物流总成本主要包含运输、仓储、存货、接收和运送、包装、管理以及订单处理等费用。物流成本的降低是企业的“第三利润源泉”。经济学家认为，销售物流成本费用的节约可以大大降低企业物流成本，成为成本经济的最后防线。

二、企业销售物流的流程

在学习企业销售物流流程前，我们需要了解销售物流的整个过程。销售物流是将产成品从仓库运出，经过分销物流，完成长距离、长干线的物流活动，再经过配送完成区域范围的物流活动，最终到达企业、商业用户或最终消费者。整个销售物流看上去是一个发散的物流过程，通过这种发散，使资源得以广地配置。企业销售物流过程如图 6—1 所示。

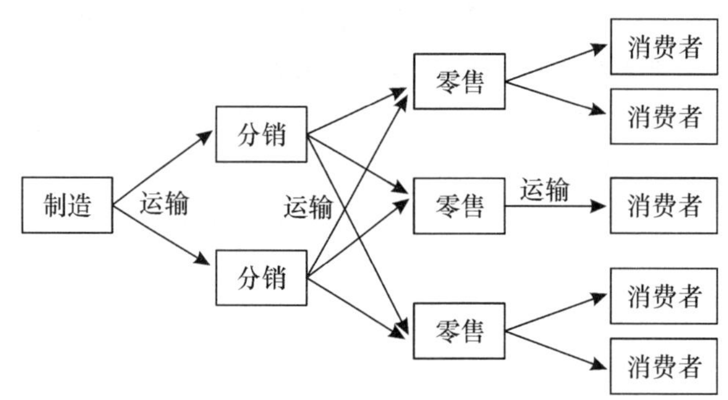

图 6—1　企业销售物流过程

通过企业销售物流的过程，我们可以看出，企业制造过程的结束就意味着销售工作的开始。对于按照订单进行生产的企业而言，在销售过程中，不存在产成品的库存阶段，也就是说，产成品可以直接进入市场流通领域，进行实际销售；而对于按照产品的需求制定计划进行生产的企业，产成品进入流通领域以前多数会经过短暂的库存阶段，然后再根据企业销售部门收到的产品订单和产品运输时所选择的运输方式等来决定产品的运输包装。产品的外包装工作结束后，企业产品进入销售渠道。一般的企业销售物流流程如图 6—2 所示。

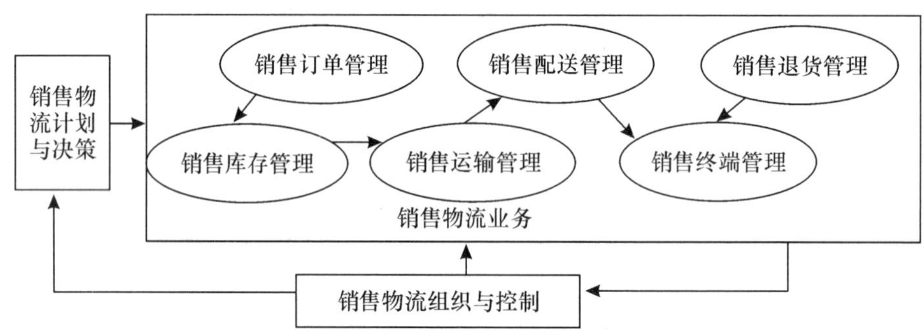

图 6—2　企业销售物流流程图

销售物流归根到底是由客户订单驱动的，而物流的终点又是客户。因此，在销售物流之前，企业要进行售前的各种市场活动，包括确定客户（潜在客户、目标客户）、与客户联系、产品展示、客户询价、报价、报价跟踪等。

总的来说，企业销售物流的主要环节包括以下几方面。

(一) 产品包装

销售包装的目的是向消费者展示、吸引顾客、方便零售；运输包装的目的是保护商品，便于运输、装卸搬运和储存。

(二) 产品储存

储存是满足客户对商品可得性的前提。

通过仓储规划、库存管理与控制、仓储机械化等，提高仓储物流工作效率、降低库存水平、提高客户服务水平。

帮助客户管理库存，有利于稳定客源，便于与客户的长期合作。

（三）货物运输与配送

运输是解决货物在空间位置上的位移。

配送是在局部范围内对多个用户实行单一品种或多品种的按时按量送货。通过配送，客户得到更高水平的服务，企业可以降低物流成本，减少城市的环境污染。企业要考虑制定配送方案，提高客户服务水平的方法和措施。

（四）装卸搬运

装卸是物品在局部范围内以人或机械装入运输设备或卸下。搬运是对物品进行以水平移动为主的物流作业。

企业在装卸搬运方面主要考虑：提高机械化水平、减少无效作业、集装单元化、提高机动性能、利用重力和减少附加重量、各环节均衡、协调、系统效率最大化。

（五）流通加工

加工是指企业根据需要进行分割、计量、分拣、刷标志、拴标签、组装等作业的过程。

企业在流通加工方面主要考虑：流通加工方式、成本和效益、与配送的结合运用、废物再生利用等。

（六）订单及信息处理

客户在考虑批量折扣、订货费用和存货成本的基础上，合理地频繁订货，企业若能为客户提供方便、经济的订货方式，就能吸引更多的客户。

（七）销售物流网络规划与设计

销售物流网络，是以配送中心为核心，连接从生产厂出发，经批发中心、配送中心、中转仓库等，一直到客户的各个物流网点的网络系统。

企业在销售物流网络方面主要考虑市场结构、需求分布、市场环境等因素。

三、企业销售物流的模式

企业销售物流有三种主要的模式：生产企业自己组织销售物流；第三方物流企业组织销售物流；用户自己提货的形式。

（一）生产企业自己组织销售物流

生产企业自己组织销售物流是在买方市场环境下主要的销售物流模式之一，也是我国当前绝大部分企业采用的物流形式。

生产企业自己组织销售物流，实际上是把销售物流作为企业生产的一个延伸或者看成是生产的继续。销售物流成了生产企业经营的一个环节。而且，这个经营环节是和用户直接联系，直接向用户提供服务的一个环节。在企业从以“生产为中心”转向以“市场为中心”的情况下，这个环节逐渐变成了企业的核心竞争环节，已经不再是生产过程的继续，而是企业经营的中心，生产过程变成了这个环节的支撑力量。

生产企业自己组织销售物流的好处在于，可以将自己的生产经营和用户直接联系起来，信息反馈速度快、准确程度高，信息对于生产经营的指导作用和目的性强。企业往往把销售物流环节看成是开拓市场、进行市场竞争的一个环节，尤其在买方市场前提下，企业格外看重这个环节。

生产企业自己组织销售物流，可以对销售物流的成本进行大幅度的调节，充分发挥其“成本中心”的作用，同时能够从整个生产企业的经营角度，合理安排和分配销售物流环节的力量。

在生产企业规模可以达到销售物流的规模效益前提下，采取生产企业自己组织销售物流的办法是可行的，但不一定是最好的选择。主要原因为：一是生产企业的核心竞争力的培育和发展问题，如果生产企业的核心竞争力在于产品的开发，销售物流可能占用过多的资源和管理力量，对核心竞争力造成影响；二是生产企业销售物流专业化程度有限，自己组织销售物流缺乏优势；三是一个生产企业的规模终归有限，即便是分销物流的规模达到经济规模，延伸到配送物流之后，就很难再达到经济规模，因此可能反过来影响对市场更广泛、更深入的开拓。

（二）第三方物流企业组织销售物流

由专门的物流服务企业组织企业的销售物流，实际上是生产企业将销售物流外包，将销售物流社会化。

由第三方物流企业承担生产企业的销售物流，其最大优点在于，第三方物流企业是社会化的物流企业，它向很多生产企业提供物流服务，因此可以将企业的销售物流和企业的供应物流一体化，可以将很多企业的物流需求一体化，采取统一解决的方案，这样可以做到专业化和规模化。这两者可以从技术方面和组织方面强化成本的降低和服务水平的提高。在网络经济时代，第三方物流企业组织销售物流模式是一个发展趋势。

（三）用户自己提货的形式

用户自己提货的形式实际上是将生产企业的销售物流转嫁给用户，变成了用户自己组织供应物流。对销售方来讲，已经没有了销售物流的职能。这是在计划经济时期广泛采用的模式，除非在十分特殊的情况下，用户自己提货形式不再具有生命力。

第二节　企业销售物流服务与配送

随着国际、国内的市场竞争日益加剧，传统制造领域的技术和产品的特征优势日渐缩小，人们越来越认识到销售物流服务已经成为企业销售系统，甚至是整个企业成功运作的关键，是增强企业产品的差异性、提高产品及服务竞争优势的重要因素。

销售物流的服务性表现在要以用户为中心，树立“用户第一”的观念。销售物流的服务性要求必须快速、及时，这不仅是用户和消费者的要求，也是企业发展的需要。销售物流的时间越短、速度越快，资本所发挥的效益就越大。在销售物流中，还需强调节约的原则和规模化的原则，一般来讲，物流的价值主要是规模价值。在销售过程中，正确确定库存数量、减少库存费用就是这一目标的体现。

一、企业销售物流服务的概念

企业销售物流服务是指企业向客户提供及时而准确的产品输送服务，是一个广泛满足

客户的时间和空间效用需求的过程。

无论企业的性质如何，接受服务的客户始终是形成物流需求的核心和动力。销售物流服务的目标主要表现在以下几个方面。

（一）提高销售收入

销售物流活动提供时间和空间效用以满足客户需求，是企业物流功能的产出或最终产品。无论是面向生产的物流服务，还是面向市场的物流服务，其最终产品都是提供某种满足客户需求的服务。

也可以说，服务是使产品产生差异性的重要手段。这种差异性，为客户提供了增值服务，从而有效地使企业与竞争对手有所区别。尤其是在竞争产品的质量、价格相似或相同时，如果销售物流服务活动提供了超出基本服务的额外服务，就能使本企业的物流产品和服务在竞争中胜出一筹。所以，提高客户服务水平，可以增加企业销售收入，提高市场占有率。

（二）提高客户的满意程度

客户服务是由企业向购买其产品或服务的人提供的一系列活动。它的内容一般包括三个层次：一是产品能提供给客户基本效用或利益，这是客户需求的核心内容；二是产品的形式能向市场提供实体和劳务的外观，它包括产品的质量、款式、特点、商标及包装；三是增值产品，这是客户在购买产品时，得到的其他利益总和，是企业出售产品时附加上去的东西，它能给客户带来更多的利益和更大的满足，如维修服务、咨询服务、交货安排等。

一般来说，客户关心的是购买全部产品，即不仅仅是产品的实体，还包括产品的附加价值。销售物流服务就是提供这些附加价值的重要活动。良好的销售物流服务能提高产品的价值和附加价值，更能提高客户的满意程度。

（三）留住老客户，争取新客户

研究显示，服务质量、留住客户和企业利润率之间有着非常高的相关性，这是因为：留住客户就可以留住业务；摊销在客户中的销售、广告费用；开办成本较低；为老客户服务的成本较低；满意的客户还会提供中介，即介绍新客户；满意的客户会愿意支付溢价。相反，一个对服务提供者感到不满的客户将被竞争对手获得。

物流领域高水平的顾客服务能吸引客户并留住客户，对于客户来说，频繁地改变供应来源会增加其物流成本及风险性。

（四）降低销售物流成本

物流管理要求以最小的总物流成本产生最大的时间和空间效用。企业非常重视采取各种创新性的方法来降低物流成本。因此，从管理的角度看，客户服务水平对物流系统起着制约作用，运输、仓储、订单处理等各项物流成本的增加或减少都依赖于客户所期望的服务水平。

综上所述，提高销售物流的客户服务水平是提高企业竞争优势的重要途径，企业的销售物流服务与产品质量、质量管理具有同等重要性，需要引起企业管理者的高度重视。

二、企业销售物流服务的要素

为客户提供快速的、满意的物流服务，需要从以下几个方面考虑。

（一）时间

时间要素通常是指订货周期时间。客户订货周期是指从客户确定对某种商品有需要到被满足之间的时间间隔，也称为提前期。

目前，很多企业对物流服务要求的标准水平，已经从“97-3”，提高到“98-2”，其含义是：97%的企业要求物流服务的时效从3天72小时，提高到98%的企业要求时效为2天48小时。很多企业接到生产指令后，从原材料供给到送达供应商手中，全部周期仅用48小时。

对销售物流而言，时间因素重点是指订货周期（提前期），即从客户确定对某种产品有需求到需求被满足之间的时间间隔。

时间要素主要受以下几个变量的影响：

第一，订单传输时间。由于订货方式的不同，订单传输时间差异很大。

第二，订单处理时间和配货时间。企业可以有效地利用电子数据处理设备来同时进行订单处理等各项工作，但企业应注意投资与收益之间的关系。

第三，额外补充存货时间。在保持适当库存水平的情况下，要完全履行订单往往需要额外补充库存的时间。

第四，订货装运时间。订货装运时间的长短与装运规模、运输方式、运输距离等因素有关。

缩短客户订货周期要从以上四个方面综合考虑。

（二）可靠性

“97-3”到“98-2”除了上面讲的时间因素外，还有一个意思就是差错率由3%下降到2%，也就是说，目前制造企业要求供应商的供货差错率低于2%。因此，企业在销售物流整个过程中要考虑货物的安全性，保证产品在预定的时间、以足够的数量及承诺的质量送到客户手中。

可靠性是指根据客户订单要求，按照预定的提前期，安全地将订货送达客户指定的地点。如果没有销售物流的可靠性作保证，销售物流服务只能是空谈。

物流管理者应认真做好信息反馈工作，了解客户的反应与要求，提高客户服务系统的可靠性。销售物流的可靠性主要包括以下三个方面：

1. 提前期的可靠性

提前期的可靠性对于客户的库存水平和缺货损失有直接影响。可靠的提前期能减少客户面临供应的不确定性，使客户的库存、缺货、订单处理和生产总成本最小化。如果提前期是固定的，客户可将其库存调整到最低水平，不需要保险存货以避免由于波动的提前期造成的缺货。

2. 安全交货的可靠性

安全交货是销售物流系统的最终目的，如果货物破损或丢失，客户不仅不能如期使用这些产品，而且还会增加库存和销售成本。若收到破损的货物，就意味着客户不能将破损的货物用于生产或销售，这就增加了缺货损失。为了避免这种情况，客户必须提高库存水平，但同时也增加了库存成本。另外，不安全交货还会使客户向承运人提出索赔或向卖方退回破损商品。

3. 正确供货的可靠性

当客户收到的货物与所订货物不符时，将给客户造成停工待料损失或使其不能及时销售产品。在销售物流领域中，订货信息的传送和订货挑选可能影响企业的正确供货。因此，为了做到正确供货，在订货信息传递阶段，使用电子数据交换系统，可以大大降低出错率。产品标识和条形码的标准化，可以减少订货挑选过程中的差错。另外，电子数据交换系统与条形码的结合还能够提高存货周转率、降低成本、提高销售物流系统的服务水平。

（三）通信

当前供应商与企业之间的关系，已经由原来的短期买卖关系转变为长期合作伙伴关系，双方追求的是一种"双赢"的关系。企业和供应商要达到双赢就需要双方都尽心尽力地为销售产品努力。因此，企业与供应商之间要经常沟通，通信的方便与否直接影响到销售的状况。

同客户保持信息沟通是监控客户服务可靠性的手段。设计客户服务标准必须包括与客户的信息沟通。通信渠道应对所有客户开放并准入，因为这是销售物流外部约束的信息来源。没有与客户的联系，物流管理者就不能提供有效的、经济的服务。

沟通是双向的，卖方必须把关键的服务信息传递给客户，如卖方应把服务水平降低的信息及时通知客户，使客户及时做出必要的调整。另外，客户需要了解装运状态的信息，询问有关装运时间、运输路线等情况，因为这些信息对客户制定运行计划是非常必要的。

（四）便利性

便利性是指服务水平必须灵活便利。从销售物流服务的角度来看，所有客户对销售物流服务有着相同的要求，有一个或几个标准的服务水平适用于所有客户是最理想的，但却是不现实的。为了更好地满足客户需求，就必须确认客户的不同要求，根据客户规模、区域分布、购买的产品及其他因素将客户需求进行细分，为不同客户提供适宜的服务水平，这样可使物流管理者针对不同客户，以最经济方式满足其服务需求。

总的来说，企业的产品只有经过销售才能实现其价值，从而创造出利润，实现企业的价值。因此提供优质的销售物流服务，和供应商相互配合与合作，才能使企业间真正达到双赢。

三、创建具有竞争优势的企业销售物流服务

创造具有竞争优势的销售物流服务的一个重要手段是提供增值服务。提供增值服务的主要领域包括：以客户为核心的服务、以促销为核心的服务、以制造为核心的服务和以时间为核心的服务。

（一）以客户为核心的服务

以客户为核心的服务由下列活动构成：处理顾客向制造商的订货，直接送货到商店或顾客家，持续提供递送服务。这类专门化的增值服务可以被有效地用来支持新产品的推广，以及基于当地市场的季节性配送。如美国 UPS 公司开发了独特的服务系统，专门递送食品公司的快餐产品到批发商店，而不是通过传统的烟糖配送商提供配送服务。又如有个配送公司下属的一个部门创造性地建立了一种订货登记服务，为刚出世的婴儿安排将某

公司生产的一次性尿布送货到家。对仓库来说，还普遍流行一种做法，就是提供“精选—定价—重新包装”服务，以便于按仓库、俱乐部、便利店等不同要求独特配置，配送生产企业的标准产品。

（二）以促销为核心的服务

以促销为核心的服务，最为突出的表现是销售点展销，它可以包含来自不同供应商的多种产品，并组合成一个多节点的展销单元，以便适合特定的零售商店所需。在有选择的情况下，以促销为核心的服务还对储备产品的样品提供特别介绍或广告宣传，甚至进行直接邮寄促销等。

（三）以制造为核心的服务

以制造为核心的服务，是通过独特的产品分类和配送来支持制造活动的。如有一家仓储公司，使用多达六种不同的纸箱重新包装一种普通的肥皂，以支持各种促销方案和各种等级的贸易要求。有的厂商将外科手术的成套器具按需要进行配装，以满足特定医生的独特要求。这些增值服务都是把产品最终定型一直推迟到接收客户订单为止。

（四）以时间为核心的服务

以时间为核心的服务，包括专业人员在递送以前对存货进行分类、组合和排序。以时间为核心的服务的一种典型方式就是即时生产，在即时生产条件下，供应商向位于装配厂附近的仓库进行日常的递送，一旦某时某地产生需要，该仓库就会对多家卖主的零部件进行精确的分类、排序，然后递送到装配线上去，其目的是要在总量上最低限度地减少在装配厂的搬运次数和检验次数。如本田汽车公司就是使用这类即时生产服务来支持其装配线的。总之，以时间为核心的服务，其主要特征是排除不必要的仓库设施和重复劳动，以期实现最大限度地提高服务速度。

四、企业销售物流配送

不管是对生产企业、销售企业，还是第三方物流公司，物流配送都成为其节省成本、提高利润的重要途径。配送的多样化、集成化功能以及配送中心的种种优势，使配送与配送中心成为企业和社会关注的焦点。

所谓配送就是在合理区域范围内，根据客户要求，对物品进行拣选、加工、包装、分割、组配等作业并按时送达指定地点的物流活动。配送是物流中一种特殊的活动形式，是商流与物流紧密结合，包含了物流中若干功能要素的一种物流活动。从物流的角度来看，配送集装卸、包装、保管、运输等各种物流功能于一身，通过这一系列活动将货物送达客户。所以，有人从这个角度称配送为“小物流”。从商流来说，物流与配送又明显不同，物流是商物分离的产物，而配送是商物合一的产物。配送是“配”和“送”的有机结合。

知识库

运输与配送的区别

广义的运输一般分为狭义的运输和配送。关于运输和配送的区别，有许多不同的观点，可以这样说，所有物品的移动都是运输，而配送则专指短距离、小批量的运输。因此，可以说运输是指整体，配送则是指其中的一部分。狭义的运输与配送的区别如表6—1所示。

表6—1　狭义的运输与配送的区别

狭义的运输	配送
长距离、大量货物的移动	短距离、少量货物的移动
据点间的移动	企业送交顾客
地区间货物的移动	地区内部货物的移动
卡车一次向一地单独运送	卡车一次向多地运送

（一）配送的作用

配送对企业的物流系统和和整体服务水平具有重要意义，其作用主要表现在以下几个方面。

1. 完善了输送及整个物流系统

干线运输使长距离、大批量的运输实现了低成本化。但是，之后的支线转运或小搬运，成为物流过程的一个薄弱环节。这个环节要求具备灵活性、适应性、服务性，采用配送方式，从范围来讲将干线运输及小搬运衔接起来，完善了物流系统。

2. 提高了末端物流的效益

采用配送方式，通过增大经济批量来达到经济地进货，又通过将各种商品用户集中进行一次发货，代替分别向不同用户小批量发货以形成经济地发货，使末端物流经济效益提高。

3. 降低了企业库存成本

采取准时配送方式之后，企业可以完全依靠配送中心的准时配送而不需要保持自己的库存，或者企业只需保持少量保险储备而不必留有经常储备，这就可以实现生产企业多年追求的“零库存”，将企业从库存的负担中解脱出来，同时解放出大量储备资金，从而改善企业的财务状况。

4. 提高了服务水平

采用配送方式，用户只需向一处订购，或和一个进货单位联系就可订购到以往需去许多地方才能订到的货物，只需组织对一个配送单位的接货便可代替现有的高频率接货，因而大大减轻了用户工作量和负担，也节省了事务开支。

（二）配送的一般流程

一般来说，配送就是进货、储存、分拣、配货、配装、送货的过程。具体地说，配送的一般流程是：当收到用户订单后，首先将订单按其性质进行“订单处理”，之后根据处理后的订单信息，进行从仓库中取出用户所需货品的“拣货”作业。拣货完成，一旦发现拣货区所剩余的存货量过低，则必须由储存区进行“补货”作业。如果储存区的存货量低于规定标准，便向供应商采购订货。从仓库拣选出的货品经过整理之后即可准备“发货”，等到一切发货准备就绪，司机便可将货品装在配送车上，进行“送货”作业。另外，在所有作业进行中，可发现只要涉及物的流动作业，其过程就一定有“搬运”作业。配送的一般流程如图 6—3 所示。

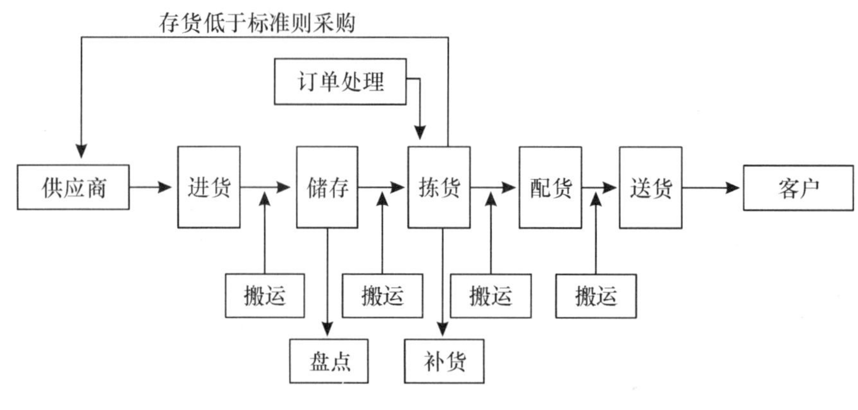

图 6—3　配送的一般流程

（三）配送中心

配送中心是以组织配送性销售，执行实物配送为主要职能的流通型节点。**我国国家标准《物流术语》对配送中心的定义是：接受并处理末端用户的订货信息，对上游运来的多品种货物进行分拣，根据用户订货要求进行拣选、加工、组配等作业，并进行送货的设施和机构。**

配送中心的功能主要有：第一，集货。为了满足配送物数量及品种的要求必须通过物流运输系统从生产厂家或仓库配送中心等地调运大量的货物，这就是集货过程。第二，储存。为了保证能按用户的要求及时准确地配送货物，防止用户由于配送货物不及时而造成缺货停产，配送中心必须有一定水平的货物储存。配送中心的货物储存与仓库储存有相同之处也有其特点。由于配送中心的主要工作是配送而不是储存，货物的存储量不宜过大，否则会使配送中心规模过大而造成浪费。此外，由于配送中心的货物流动性很大，在货物存储时必须考虑到这一特点，使货物存取简便，有利于机械化分货和配货。第三，分货和配货。分货与配货是按照用户对货物数量和品种的需求，利用分拣运输设备，从配送中心的货物存储区将货物分拣并送到货物分放地的过程。

案例 6—1

配送与配送中心

华联超市股份有限公司，拥有连锁店 800 家（其中直营店 170 家，加盟店 630 余家），网店遍布上海市各区县，辐射江苏、浙江等地，2003 年，门店数计划达 1 300 家，销售额 130 亿元。连锁超市是以连锁制为轴心，以广大的门店网络为市场依托，以规模化采购、收货、流通加工、保管和集约化的配送体制为利润源。2000 年 8 月，华联超市现代配送中心正式启动，位于上海市普陀区桃浦镇。

海尔物流中心就有采购件和制成品两个自动化仓库，共有 14 个巷道、19 536 个库存货位。采购件自动化仓库负责向装配线工位准时地配送零部件；制成品自动化仓库负责向全国 42 个分销配送中心准时地配送制成品。仓库建成后，库存占压资金由 1999 年的15亿元，降至2000年的7亿元，2001年目标为3亿元。海尔配送体制建成后，已经做到中心城市6～8小时配送到位，区域销售店配送24小时到位，全国主干线分拨配送平均3.5天到位。

（四）配送的形式和种类

1. 按时间及数量分类

（1）定时配送。**定时配送是指按规定时间间隔进行配送，如数天或数小时一次。而且每次配送的品种及数量可以根据计划执行，也可以在配送之前以商定的联络方式（如电话、计算机终端输入等）通知配送的品种及数量。**由于这种配送方式时间固定、易于安排工作计划、易于计划使用车辆，因此对于用户来讲，也易于安排接货的力量（如人员、设备等）。但是由于配送物品种类变化，配货、装货难度较大，因此当要求配送数量变化较大时，也会使安排配送运力出现困难。

常见的定时配送有小时配送、日配送和准时配送方式。小时配送是在接到配送信息后，在一小时之内将货物送达的配送方式，适用于一些消费者突发的需求所产生的配送要求。日配送是在接到配送信息后，在24小时之内将货物送达的配送方式。日配送是定时配送中较为广泛的配送方式。准时配送是指按照双方协议的时间，配送企业准时将货物送到客户指定地点的配送方式。准时配送方式要求有很高水平的配送系统作为保证。

（2）定量配送。**定量配送是指按照规定的批量，在一个指定的时间范围内进行配送。**这种配送方式数量固定，备货工作较为简单，可以根据托盘、集装箱及车辆的装载能力规定配送的定量，这种配送能够有效利用托盘、集装箱等集装方式，也可做到整车配送，配送效率较高。由于时间不严格限定，因此可以将不同用户所需的物品凑成整车后配送，运力利用较好。对于用户来讲，每次接货都处理同等数量的货物，有利于人力、物力的准备工作。

（3）定时定量配送。**定时定量配送是指按照规定的配送时间和配送数量进行配送。**这种方式兼有定时、定量两种方式的优点，但是其特殊性强，计划难度大，因此适合采用的对象不多，不是一种普遍的方式。

（4）定时定线路配送。在确定的运行路线上制定到达时间表，按运行时间表进行配送，用户可在规定路线站点及规定时间接货，可按规定路线及时间表提出配送要求，进行合理选择。采用这种方式有利于计划安排车辆及驾驶人员，在配送客户较多的地区也可免去过分复杂的配送要求造成的配送计划、组织工作、配货工作及车辆安排的困难。对用户来讲，既可在一定路线、一定时间进行选择，又可有计划安排接货力量，也有其便利性。这种配送方式的服务对象是商业区的繁华地段。

（5）即时配送。即时配送是指不预先确定不变的配送数量，也不预先确定不变的配送时间及配送路线，而是完全按照用户要求的时间、数量进行配送的方式。这种方式是以某天的任务为目标，在充分掌握了这一天需要地、需要量及种类的前提下，及时安排最优的配送路线并安排相应的配送车辆，并实施配送。这种配送可以做到每天配送都能实现最优的安排，因而是水平较高的方式。

采用即时配送方式时，为了使这种配送具有有效的计划指导，可以在初期按预测的结果制定计划，以便统筹安排一个时期的任务，并准备相应的力量，实际的配送实施计划则可在配送前一两天，根据任务书做出。

2. 按配送组织者分类

（1）企业内部的配送。企业内部的配送大体有三种情况：第一，大型企业内部配送。大型企业由于原材料、零部件采购量大，为了控制成本，减少采购费用，有效地运用资金，由企业总部统一进货、统一库存，统一向各分厂或车间配送。第二，企业在消费地建若干个配送中心，在配送中心集中的核心地区建物流基地，各生产工厂的产品先批量地运往物流基地，在物流基地经过大致分类后，再配送给周围的配送中心，然后再从配送中心配送至终端用户。第三，连锁型企业内部配送。由连锁企业统一进货、加工后，定点、定量地向各连锁商店配送。这种配送由于货物品种、规格、形状、包装、容器等基本一致并匹配，更容易做到有计划、低成本的配送。

（2）企业之间的配送。企业之间的配送一般有两种类型：一种类型是专业物流企业或第三方物流企业受生产企业的委托开展的配送，即将生产企业的产品或半成品配送给该生产企业指定的企业；另一种类型是生产企业的配套生产企业，按该生产企业的数量、品种、时间、地点等要求，将自己的产品供给该生产企业的各分厂或车间生产线的配送。

（3）企业对消费者的配送。企业对消费者的配送大多数是日用消费品向居民或个人的配送，例如，向居民每日的纯净水和牛奶的配送以及报纸的配送到户等。

3. 其他配送方式

（1）共同配送。**共同配送是指为了提高物流效率，对许多客户一起进行配送，其具体形式有由一个配送企业对多家客户进行配送，或在送货环节上将多家客户的货物集装在同一辆车上再进行运输。**共同配送的本质在于发挥人、财、物、时间等物流经营资源最大效率，促进物流服务效果以及社会效益的提高。

共同配送又可以分为横向和纵向的配送方式。其中，横向共同配送可以分为同产业和异产业间的配送。同产业共同配送是指处于相同产业的生产或经营企业，为了提高物流效率，通过配送中心或物流中心集中运输货物的一种方式；异产业间的共同配送是指将不同产业企业生产经营的商品集中起来，通过配送中心或物流中心向顾客输送的一种形式。纵向共同配送在厂家与批发商或供应商与连锁总店之间进行，又分为两种：一是将不同厂家的不同批发商按区域进行共同配送；二是众多厂商通过配送中心的共同配送向众多连锁总店配送商品。

（2）加工配送。**在配送中心进行必要的加工，这种加工可使配送工作更主动、更完善。这种将流通加工和配送一体化，使加工更有针对性、配送服务更趋完善的形式称为加工配送。**

知识库

销售物流配送作业合理化的标准

销售物流配送作业合理化的标准包括。

(1) 在适当的交货期，准确向客户发送交付合适的商品。

(2) 根据客户要求，确保商品供给，尽量减少商品脱销。

(3) 合理设置配送中心，保持合理化的商品库存量。

(4) 尽量使配送中心的分拣、装卸、运输、保管、包装和流通加工既省力又快捷。

(5) 维持合理的物流费用，满足客户对降低全程物流成本的要求。

(6) 配送进一步信息化，使订单、发货等信息在企业各部门、客户之间实现信息共享。

(7) 将销售物流与其他的采购物流、生产物流、回收物流、消费物流联动，达到快速响应。

第三节 企业逆向物流

逆向物流是物流系统的一个分支，在正向物流信息化逐渐受到企业重视的同时，逆向物流信息化工作也不应被遗忘，或者被落下，等到一系列的瓶颈出现后才开始着手逆向物流信息化的研究，这未免为时过晚。逆向物流对节约资源，改善环境，实现可持续发展具有非常重要的现实意义。在中国，虽然逆向物流逐渐引起了业界的注意，并被认为是中国未来物流业发展的趋势之一，但中国的逆向物流业目前还处在摸索阶段，逆向物流企业缺乏有效的激励机制和自律机制，消费者自身环保意识薄弱，此外，专业化技术水平较低、信息不对称等诸多因素导致企业和公众对逆向物流兴趣不大、实施困难。因此，在国家进行宏观调控的同时，各行业更应未雨绸缪，在加强物流现代化建设的同时，也应重视逆向物流工作的开展。

一、逆向物流的概念

一般意义上的物流是指物质实体从供给者到需求者的正向的物理性运动（即通常所称的常规物流、正向物流和动脉物流），它包括运输、储存、装卸、搬运、包装、流通加工、配送和信息处理等基本功能。而**逆向物流则是物质实体自最终的目的地回流处理的过程（通常也称为反向物流和静脉物流），它也包括运输、储存、装卸、搬运、包装、流通加工、配送和信息处理等基本功能，其目的是适当地处理物品并获取价值利润，以及为实现环境保护而进行废弃物回收处理。**逆向物流流向如图 6—4 所示。

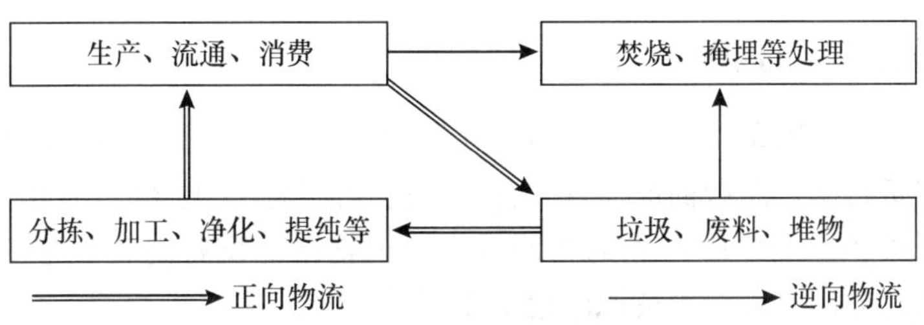

图 6—4 逆向物流流向图

我国 2001 年制定的国家标准 GB/18354—20015《物流术语》中，将逆向物流分为回收物流和废弃物物流。其中，常见的回收物流大致可分为以下几种类型：废旧物品的回收物流；退货回收物流；维修回收物流；废弃材料及副产品的回收物流；包装回收物流。废弃物物流是指将经济活动中失去原有实用价值的物品，根据实际需要进行收集、分类、加工、包装、搬运、储存，并分送到专门处理场所时所形成的物品实体流动。本文所指的逆向物流同时包括回收物流和废弃物物流。

逆向物流战略现在已经成为国外企业的竞争战略之一。我国的传统意识认为，逆向物流一般是由对不中意产品、变质产品的退货，不合格材料和残次品的召回，包装品的循环使用，废弃物的处理，有害物品的回收等引起的。因此，大多数企业都只看到逆向物流的负面影响，认为逆向物流会造成资源和时间的浪费，而没有看到其正面的效应，即可以为企业带来经济效益。一般来说，企业都重正向物流而轻逆向物流，它们更乐于在正向物流上投入资金、下大工夫，对逆向物流则普遍不够重视，不愿意将其作为企业的经营战略之一。同时，我国逆向物流理论研究还处在一个初级阶段，并不成熟。构建逆向物流模型有助于研究逆向物流网络的复杂结构，但目前在这方面的理论研究尚显稚嫩，未能很好地指导逆向物流体系的构建。此外，逆向物流实施困难以及缺乏相应技术和管理手段做支撑也是我国企业逆向物流发展缓慢的原因。逆向物流作为企业面临的一个全新领域，存在众多不确定性，渠道不确定性大、前期投资多、优化目标放大、内在的供求失衡、外部性影响增大等特点，使得企业实施逆向物流还存在许多困难。

逆向物流的应用有着积极意义：第一，可以使企业的运行成本下降。对一个企业而言，在经济规模不断扩大的同时，其资源损失的绝对值也会同步增长。以客户为主导的市场机制迫使企业为了保持竞争地位而调整战术，接受许多隐性损失，如退货带来的无谓损耗，产品由市场反向流回企业的现象不可忽视。企业在原有供应链的基础上，通过逆向物流形成一定范围的原材料供应，减少原材料的浪费，同时保证原材料供应的及时、稳定，促进供应链的整合，降低企业的运行成本。第二，通过逆向物流，也可以达到紧密联系客户，提高客户满意度的目的。由企业提供给用户的各种产品无论由于质量问题或其他原因造成货物暂时无法使用的，在企业良好逆向物流的带动下进行维修或包换，通过良好的服务则可以增加用户对企业的信任，有利于提高客户满意度，有利于企业良好的发展。第三，通过逆向物流，可以改善企业形象，获取社会效益。作为一个企业，在取得一定的经济效益的同时，通过对一些废旧物资的处理和填埋，可以在一定的程度上向社会展现企业负责的形象，改善社会环境，取得良好的社会效益。

二、逆向物流产生的原因

逆向物流产生的原因是多方面的，包括环保的需求，物品的再利用，由于质量问题而发生的返修、退货行为，制造商能通过完善的逆向物流体系为顾客提供更满意的服务，并且降低由于退货等多方面原因产生的物流成本，树立自身良好的企业形象。基于以上阐述，可以分析得出逆向物流产生的原因包括以下几方面。

（一）顾客的退货行为

世界上任何一家企业，只要它生产出有形的产品，它就可能遇到顾客退货问题。这种退货问题产生的原因也是多方面的，常见的退货原因有：产品自身的质量问题；产品订购数量偏差；用户使用后不满意；错误的物流递送等。由于退货行为存在普遍性，所以它是逆向物流产生的一个重要原因。

（二）生产厂商的产品召回行为

产品召回制度源于20世纪60年代的美国汽车行业，经过多年实践，美国、日本、欧洲、澳大利亚等国家和地区对缺陷汽车召回都已形成比较成熟的管理制度。在欧洲，许多欧盟成员国实施了专门的法律，要求制造商在知晓其产品存在缺陷后采取措施召回。2000年是世界汽车业界的“汽车召回年”，福特汽车中国有限公司、三菱汽车公司、瑞典沃尔沃公司、日本马自达公司、韩国现代下属的起亚公司、标致公司、戴姆勒·克莱斯勒公司以及通用汽车公司都相继宣布，因各种原因其各自生产的汽车或多或少都存在安全隐患，在全球范围内召回汽车。近年来，随着消费者地位的上升，产品召回现象从最初的汽车、电脑迅速蔓延到手机、家电、日用品等各行业。为了维护企业的核心竞争力，企业需要通过有效的逆向物流管理来降低召回损失。2002年10月，中国国家质量监督检验检疫总局通过报纸和互联网站全文公布《缺陷汽车产品召回管理规定（草案）》，向全社会广泛征求意见，并于2004年10月1日正式实施，召回制度将从汽车开始成为消费者维护自身权利的有效法律武器。

（三）产品生命周期结束或其他原因造成的产品无法使用的产品回收行为

由于产品生命周期结束、产品在使用中由于人为因素导致产品生命周期提前结束、产品零部件正常耗损更换，产品更新换代等原因，都会导致回收行为的产生，因此，产品的回收行为是促使逆向物流产生的一个极其重要的原因之一。

（四）国际和法律的环境保护因素

伴随着经济的迅速发展，环境的恶化、资源的枯竭引起了人们广泛的关注，人们的环保意识不断增强。各企业为了在消费者心目中树立良好的形象，提高企业和商品的知名度而纷纷展开逆向物流，降低资源消耗和减少对环境的污染。另外，仍是基于环境保护和节约资源的目的，许多国家的政府也纷纷制定各种法律法规，责令生产厂商为商品的整个生命周期负责，要求他们回收处理所生产的产品或包装物品等，否则就要为对环境的破坏埋单，从而迫使企业改变策略，实行逆向物流。

案例6—2

丰田汽车“召回门”事件

因油门踏板问题，日本最大的汽车公司丰田将在欧洲和中国进行大规模车辆召回。丰田此前一直以高质量闻名，这一召回将进一步损害该公司声誉。

丰田公司曾在2009年11月因脚垫滑动卡住油门踏板缺陷召回426万辆丰田和雷克萨斯品牌汽车。两个月后，丰田公司在“召回门”中越陷越深。2010年1月21日，丰田公司表示，由于油门踏板存在技术缺陷，该公司将在美国召回RAV4、Corolla、Avalon、Highlander等车型，召回总量达230万辆汽车。

丰田公司当天在一份声明中说，调查发现这些车型的部分油门踏板在极少数情况下会出现踩下后不能返回原位或回位缓慢的问题。28 日，丰田又在北美召回 109 万辆油门踏板和脚垫存在问题的车辆，此次召回共涉及五款车型。

接着，丰田召回大火蔓延至欧洲。丰田欧洲公司 1 月 29 日表示，该地区可能有至多 180 万辆汽车将被召回，以便对油门踏板问题进行处理。该公司称，受影响的车型包括 Aygo、iQ、Yaris、Auris、Corolla、Verso、Avensis 以及 RAV4，且 2005 年 2 月至 2010 年 1 月期间生产的所有汽车都在召回范围之内，具体批次取决于车型。

若算上本次在中国将要召回的 75 552 辆 RAV4，丰田近期召回汽车数量将超过 800 万辆。而丰田公司最新快报显示，丰田集团（包括丰田、大发、日野）2009 年度全球销量为 781.3 万辆，也就是说。丰田公司汽车的召回数量将大大高于其 2009 年的销售数量。

三、逆向物流的特征

人们对物流的研究和实践起始于典型的正向物流流程，对逆向物流的研究和应用时间并不长，由于逆向物流中物料流动方向与传统物流方向相反，其物料的供应来源和在逆向物流过程中涉及的计划、实施和控制等工作也有许多显著的特征。

（一）同正向物流的方向相反

正向物流系统中的物料是通过市场需求拉动的，整个物流系统都是围绕消费者的需求自行进行调整的。而逆向物流中的产品作为生产者的责任延伸部分，更加趋向于反应性的行为与活动，其中，实物与信息的流动基本都是由供应链末端的成员引起的。

（二）物料供应和需求不确定

逆向物流产生的地点、时间及回产收品的质量和数量难以预测，这导致了逆向物流供给的高度不确定性，再加上已恢复或再使用产品市场的高度不确定性，使得对回收产品的需求更是难以预测，因而供需平衡难以掌握。相反，正向物流的供给根据系统的需要是可以控制的。原材料在适当的时间和地点按一定的数量和质量投入生产是正向物流的基本要求，所以正向物流对产品的需求几乎完全由需求方决定，供给和需求容易达到平衡。

由于缺乏成熟专业化再使用（二手）市场，回收产品的再分销没有稳定的顾客群，没有特定的专业的分销回收市场，废旧物品的供应与生产商的需求不能很好地匹配。因此，对于回收产品或物料的需求有很高的不确定性，供需平衡难以掌握。

（三）运作复杂

逆向物流发生的地点分散、无序，起始阶段数量少、种类多，只有在不断汇集的情况下才能形成较大的流动规模，短时间内不可能集中起来统一向接受点转移，因而无法实现运输和存储的规模经济。而且，回收的物料还要经过各种再加工环节才能重新投入流通渠道，再处理和报废商品的处理过程区别很大，这也导致所需资源、设备条件等无法实现规模经济，增加了管理的难度。

（四）物流管理成本高

在正向物流中，决定成本的因素相对比较稳定，成本的计算可控性较强。在逆向物流中的产品所涉及的成本包含广泛，而且由于产品回返的原因各有不同，对于各种回收产品要进行适当的处理后才能重新进入流通渠道，因而产生了很高的回收处理费用，这就造成了逆向物流的成本核算复杂且可控性较弱。

逆向物流与正向物流的比较如表6—2所示。

表6—2　逆向物流与正向物流的比较

正向物流	逆向物流
预测较为容易	预测较为困难
分销模式为一对多	分销模式为多对一
产品质量均一	产品质量不均一
产品包装统一	产品包装大多已经损坏
产品处理方式明确	产品处理方式不明确
价格相对一致	决定价格的因素复杂
服务速度的重要性得到认同	服务速度经常被忽视
正向的分销成本相对透明可见	逆向的分销成本多为隐性的
运输目的地、线路明确	运输目的地、线路不明确
库存管理统一	库存管理不统一

四、逆向物流的流程

逆向物流更多的是针对“返回”供应链渠道中的产品或者材料，所以逆向物流主要是指处理损坏、不符合顾客要求的退回商品、季节性库存、残值处理、召回产品等，另外还包括废物回收、危险材料的处理、过期设备的处理和资产的回收。逆向物流的流程主要包括以下几个环节：

（1）回收。回收是将顾客所持有的产品通过有偿或无偿的方式返回销售方。这里的销售方可能是供应链上任何一个节点，如来自顾客的产品可能返回到上游的供应商、制造商，也可能是下游的分销商、零售商。

（2）检验与处理决策。对回收品的功能进行测试分析，并根据产品结构特点以及产品和各零部件的性能确定可行的处理方案，包括直接再销售、再加工后销售、分拆后零部件再利用和产品或零部件报废处理等。然后，对各方案进行成本效益分析，确定最优处理方案。

（3）分拆与再加工。按产品结构的特点将产品分拆成零部件，对回收产品或分拆后的零部件进行加工，恢复其价值。

（4）报废处理。对那些没有经济价值或严重危害环境的回收品或零部件，通过机械处理、地下掩埋或焚烧等方式进行销毁。

五、逆向物流的管理

（一）分层次实施逆向物流目标

逆向物流追求不同层次的目标，包括资源缩减、重复使用、再生循环和废弃处置。逆向物流首先强调产品生命周期的资源缩减，使正向物流和逆向物流活动量最低化；其次是重复使用，物流管理者应尽量使产品零部件材料本身的形态被多次重复使用；再次是再生循环，再生循环是经过物理或化学处理后，使废弃材料再资源化的过程；最后，废弃处置是最终的选择。

（二）把好逆向物流过程的入口关

企业为吸引顾客，提高市场占有率，增加销售额，往往实行比较宽松的退货、回收政策，而有些消费者就会滥用这一政策，不符合退货的产品也企图退还企业，因而企业要守好入口关，从根源上减少逆向物流成本。

（三）压缩逆向物流处置时间

由于退货是例外驱动过程，因此减少与退货决定、移动和处理相关的时间很不容易。确定产品处置时，要谨慎地制定决策机制，企业更应实行有效客户响应，减少各个环节的处理时间。

（四）构建逆向物流信息系统

企业需构建逆向物流信息系统，如用销售终端系统技术和射频技术就可把好入口关，加速逆向物流活动处理。此外，由于逆向物流过程有很多例外和不确定性，因而逆向物流信息系统必须是柔性的。一个成功的逆向物流计划在很大程度上取决于收集有意义的信息，这些信息可以在追踪成本时帮助管理退货过程。逆向物流信息系统还会由于退货而为企业赢得信用，改进现金流管理。该信息系统还应该能追踪每次退货的原因，并且为最后处置分配一个编码。

（五）建立集中回收中心

回收中心的建立有利于一致、迅速、有效地检查、分类和决定如何处理回收的产品，回收中心的有效管理需要信息系统的支持。

（六）从供应链的范围构建企业逆向物流系统

逆向物流并不等于废品回收，它涉及企业的原材料供应、生产、销售和售后服务等各环节，企业要实施逆向物流，还必须与供应链上的其他企业合作。由于供应链存在“牛鞭”效应，为了实现风险共担、利益共享，企业必须与供应链上的其他企业共享信息，建立战略合作伙伴关系。

（七）财务管理

财务管理问题在逆向物流系统和处置产品方式的结构中是主要决定因素。多数企业需要改进内部财务过程。退货行为引起了相关金融活动的紧张，包括发生的退款和信用、库存成本和追踪税务责任等，因而要在财务会计上进行严格控制。

（八）外包逆向物流

若企业在分析核心竞争力时，认识到自身缺乏从事逆向物流的专业知识、技术、经验等，则应将其外包给从事逆向物流的第三方物流供应商。这些外包供应商是管理逆向物流和开展关键增值服务的专家，如重新生产和整修。第三方供应商也提供针对退货过程的仓储服务，退货产品在这里根据客户的需要进行维修、处置或退回制造商。

由于许多原因，目前逆向物流还不是企业优先发展的领域，但逆向物流管理是产品生命周期管理的一部分，是实现可持续发展的重要措施。在不久的将来，肯定会有越来越多的企业认识到它的战略重要性，投入更多的资源用于改进逆向物流系统，因此逆向物流领域存在着一个有待于进一步开发的大市场。

第四节　企业回收物流与废弃物物流

从生产经过流通直到消费是物资流向的主渠道。在这一过程中有生产过程形成的边角余料、废渣、废水，有流通过程产生的废弃包装器材，也有大量由于变质、损坏、使用寿命终结而丧失了使用价值或者在生产过程中未能形成合格产品而不具有使用价值的物资，它们都要从物流主渠道中分离出来成为生产或流通中产生的“排泄物”。这些“排泄物”一部分可以回收并再生利用，称为再生资源，形成了回收物流；另一部分在循环利用过程中，基本或完全失去了使用价值，产生无法再利用的最终排放物，形成了废弃物物流。回收物流与废弃物物流都属于逆向物流。

一、回收物流与废弃物物流的概念

所谓回收物流是指废旧物资通过一定的手段回收、加工，重新投入使用所要经过的一系列的流动过程。例如废纸被加工成纸浆，又成为造纸的原材料，废钢被分拣加工后又进入冶炼炉变成新的钢材，废水净化后又被循环使用等。

所谓废弃物物流是指将经济活动中失去原有使用价值的物品，根据实际需要进行收集、分类、加工、包装、搬运、储存等，并分送到专门处理场所时所形成的物品实体流动。

回收物流与废弃物物流的区别为是否可再利用。

二、回收物流与废弃物物流的作用和流向

回收物流的作用是考虑到被废弃的对象有再利用的价值，将其进行加工、拣选、分解、净化，使其成为有用的物资或转化为能量而重新投入生产和生活循环系统。

废弃物物流的作用是无视对象物的价值或对象物已没有再利用价值，仅从环境保护出发，将其焚化、化学处理或运到特定地点堆放、掩埋。

回收物流与废弃物物流的流向如图 6—5 所示。

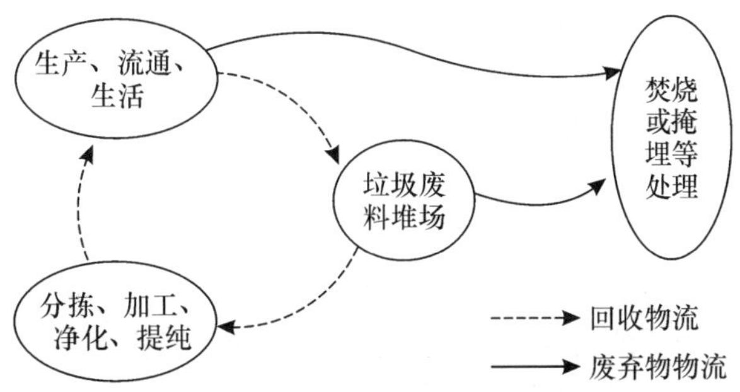

图 6—5　回收物流与废弃物物流流向图

三、回收物流与废弃物物流的意义

回收物流是社会物资大循环的组成部分，自然界的物资是有限的，森林的采伐、矿山的开采都是有一定限度的，在资源已日渐枯竭的今天，人类社会越来越重视通过回收物流将可以利用的废弃物收集、加工，重新补充到生产、消费的系统中去。例如，废纸回收已成为造纸业原料供应不可缺少的一环。据统计，钢铁产量有近 1/3 来自回收的废钢。在日本，每年半数以上的报废汽车被分解成废钢、橡胶和玻璃而回收利用。城市垃圾中的一些成分也可以加工成肥料或燃料，甚至有些废物、废材经过适当加工，可以直接成为商品进入消费领域。

回收物流与废弃物物流合理化具有经济意义。废弃物资是一种资源，但和自然资源不同，它们曾有过若干加工过程，本身凝聚着能量和劳动力的价值，因而常被称为载能资源。回收物资重新进入生产领域作为原材料会带来很高的经济效益。

回收物流与废弃物物流合理化具有社会意义。由于废弃物的大量产生严重地影响人类赖以生存的环境，必须有效地组织回收物流与废弃物物流，使废弃物得以重新进入生产、生活循环或得到妥善处理。

四、回收物流与废弃物物流技术

（一）回收物流与废弃物物流技术的特点

1. 小型化、专用化的装运设备

使用各种机动车和非机动车，采用多阶段收集、逐步集中的方式将分布广泛的各类生产和生活废弃物回收处理。

2. 多样化的流通加工

对回收的废弃物根据其类别采用分拣、分解、分类，压块、捆扎、切断和破碎的加工处理方法。

3. 简易包装与储存

废弃物多数不需包装，只需露天堆放，但对一些特殊废弃物应进行包装，以防止对环境的污染。

（二）回收物流技术

1. 以报废汽车为代表的拆解及破碎分选物流技术

报废汽车是再生资源，在报废汽车回收物流过程中，流通加工占据重要位置，所有的废旧汽车几乎都通过一定的流通加工，然后以各种新的资源进入新一轮循环利用中。例如，利用报废汽车拆解制作学习教具。

2. 以废玻璃瓶为代表的回送复用技术

在以废玻璃瓶作为再生利用资源的回收物流过程中，有一个回送复用的运输系统，依靠这个运输系统，可将用过的玻璃瓶再回运给生产企业，成为再生资源。

3. 以废纸为代表的收集集货物流技术

在回收废纸资源的物流过程中，有一个收集废纸的废纸收集物流系统，这种收集系统是集货系统的一种，废纸需要收集、集中，才能批量提供给回收加工企业。

4. 以粉煤灰为代表的联产供应物流技术

在粉煤灰再生资源的回收物流过程中，采用管道物流手段，将电厂排放的粉煤灰，通过管道直接运送供应给生产企业，进行加工处理。

（三）废弃物物流技术

1. 垃圾掩埋

在一定规划区内，利用原来的废弃坑塘或用人工挖出深坑，将垃圾运来后倒入，达到一定处理量之后，表面用土掩埋。

2. 垃圾焚烧

在一定地区用高温焚烧垃圾以减少垃圾和防止污染及病菌、虫害滋生。

3. 垃圾堆放

在远离城市地区的沟、坑、塘、谷中，选择合适位置直接倾倒垃圾，也是一种物流技术。

4. 净化处理加工

净化处理加工是对垃圾进行净化处理，以减少对环境危害的废弃物物流技术，尤其是废水的净化处理。

5. 垃圾发电

对垃圾进行技术处理，利用现代技术手段，对垃圾进行转化，通过燃烧和化学降解，使其转换成热能和电能。

回收与废弃物物流具有良好的社会效益，同时对资源的再利用起到较大的作用。

案例 6—3

回收物流与废弃物物流

1. 德国废旧冰箱的回收

德国有专门的处理工厂。先由工人手工操作，将冰箱中残存的制冷剂放出，以免后续处理中泄漏出来污染环境。然后按自动化的程序，用机器将冰箱压扁、捶碎，再将不同的成分筛选出来。例如，先根据导电性将金属和非金属分开，再根据磁性和密度筛选出钢、铁、铜、铝等不同金属。几条分选流水线过去，出来就是成分比较单一的各种原材料。回收的金属冶炼后又是好材料，而合成橡胶粉碎后可以和沥青掺在一起，成为铺路材料。

2. 马兰拉面快餐的废弃物物流

马兰拉面是马兰拉面快餐连锁有限责任公司（以下简称马兰）的拳头产品。马兰的成功很大一部分原因要归功于它规范完善的物流系统设计。马兰的废弃物物流主要分为固体废弃物物流和液体废弃物物流两部分。固体废弃物包括在生产过程中未用完的物料和顾客消费后的剩余物，如菜叶、包装物、用餐后碗中的食物残渣等。不含汤汁的固体废弃物直接丢进垃圾桶中；而含汤汁的固体废弃物要先经过过滤，除去水分后，再把固体废弃物倒掉。同时，固体废弃物也可分为可回收固体废弃物与不可回收固体废弃物，可回收固体废弃物被回收后用来制作饲料，不可回收固体废弃物被回收后进行适当处理。

在每个加工间的地面上都有一个地漏，在生产过程中产生的液体废弃物通过这些地漏直接排到下水道。于是，马兰的废弃物物流之旅在一桶桶的回收垃圾中结束了。

本章小结

首先，本章介绍了企业销售物流的概念、流程和模式。销售物流，又称为分销物流，是企业在销售过程中，将产品的所有权转给用户的物流活动，是产品从生产地到用户的时间和空间的转移，是以实现企业销售利润为目的的，销售物流是包装、运输、储存等诸环节的统一。销售物流有三种主要的模式：生产企业自己组织销售物流；第三方物流企业组织销售物流；用户自己提货的形式。

其次，本章对于企业销售物流服务和配送进行了重点阐述。其中，对企业销售物流服务的概念、目标、要素，以及如何创建具有竞争优势的企业销售物流服务进行了详细的介绍。明确了配送的定义、作用、一般流程，以及配送中心的定义。销售物流服务是指企业向客户提供及时而准确的产品输送服务，是一个广泛满足客户的时间和空间效用需求的过程。销售物流服务的要素包括时间、可靠性、通信和便利性。配送就是在合理区域范围内，根据客户要求，对物品进行拣选、加工、包装、分割、组配等作业并按时送达指定地点的物流活动。

再次，本章阐述了逆向物流的概念、产生原因、特征、流程和逆向物流的管理。所谓的逆向物流则是物质实体自最终的目的地回流处理的过程（通常也称为反向物流和静脉物流），它包括运输、储存、装卸、搬运、包装、流通加工、配送和信息处理等基本功能，其目的是适当地处理物品并获取价值利润，以及为实现环境保护而进行废弃物回收处理。逆向物流包括回收物流与废弃物物流。

最后，本章进一步介绍回收物流与废弃物物流的概念、作用和流向、意义，以及相关的技术。回收物流是指废旧物资通过一定的手段回收、加工，重新投入使用所要经过的一系列的流动过程。废弃物物流是指将经济活动中失去原有使用价值的物品，根据实际需要进行收集、分类、加工、包装、搬运、储存等，并分送到专门处理场所时所形成的物品实体流动。

基本概念

企业销售物流　企业销售物流服务　提前期　销售物流客户服务能力　配送　配送中心　定时配送　定量配送　定时定量配送　加工配送　逆向物流　回收物流　废弃物物流

思考题

1. 什么是企业销售物流？有哪些功能？

2. 什么是企业销售物流服务？它的目标是什么？有哪些要素？
3. 如何创建具有竞争优势的企业销售物流服务？
4. 什么是配送？它的作用和流程是怎样的？
5. 简述逆向物流产生的原因。
6. 如何进行有效的逆向物流管理？
7. 什么是回收物流与废弃物物流？简述它们的作用和意义。

第七章 企业物流服务管理

本章要点提示

- 了解物流服务的含义、模式，物流服务质量管理体系的评价
- 理解物流服务的内容、物流服务的标准和质量管理体系
- 掌握物流服务的客户满意和客户成功
- 重点掌握物流服务的本质和特性、物流客户服务管理策略

如今，物流服务与物流服务管理越来越被企业界重视。它们所带来的效益是继物资的节约——“第一利润源泉”，劳动消耗的降低——“第二利润源泉”之后的又一利润源泉，被喻为“第三利润源泉”。

物流业属于第三产业的范畴，即广义的服务。其管理活动从本质上说是一种服务，是对客户的服务，在使客户满意的前提下，在权衡服务成本的基础上，向物流需求方——客户，有效率、效果地提供产品。因此，物流服务是对客户商品利润可能性的一种保证，包含着备货保证、输送保证与品质保证，其最终目的是让客户满意。

第一节 物流服务概述

一、物流服务的含义

物流服务具有两层含义：一是将物流看成是一种服务，其本质是满足客户的需求；二是在物流运作中提供不同方式和不同层次的服务，为客户提供获取某项物品的保证。在市场经济环境下，物流服务受到供求机制和价格机制的影响，并构成物流成本的一部分。物流服务的目的是以适当的成本实现高质量的客户服务，物流服务的效率和效果直接关系到企业的销售额、利润额乃至企业的生存和发展。

由于流通业与一般制造业和销售业不同，它具有运输、仓储等公共职能，是为生产、销售提供物流服务的产业，所以物流服务就是流通业为他人的物流需要而提供的一切物流活动。物流服务是以客户的委托为基础，按照货主的要求，为克服货物在空间和时间上的间隔而进行的物流业务活动。物流服务的内容是满足货主需求，保障供给，即在适量性、多批次、广泛性上满足货主的数量要求，在安全、准确、迅速、经济上满足货主的质量要求。按照服务经济理论，物流服务除了具有服务的基本性质（服务是非实体的，服务是一种或一系列行为，服务在某种程度上生产与消费同时发生，客户在一定程度上参与生产）之外，还具有以下特性。

（一）从属性

由于货主企业的物流需求是以商流为基础，伴随商流的发生而发生，所以物流服务必须从属于货主企业物流系统，流通货物的种类、流通时间、流通方式、提货配送方式都是由货主选择决定，流通业只是按照货主的需求，站在被动的地位来提供物流服务。

（二）即时性

物流服务是属于非物质形态的劳动，它提供的不是有形的产品，而是一种伴随销售和消费的即时服务。

（三）移动性和分散性

物流服务是以分布广泛、大多数为不固定的客户为对象，所以，物流服务具有移动性以及面广、分散的特性，其移动性和分散性会使产业局部的供需不平衡，也会给经营管理带来一定的难度。

（四）较强的需求波动性

由于物流服务是以数量多而又不固定的客户为对象，它们的需求在方式上和数量上是多变的，有较强的波动性，为此容易造成供需失衡，这成为企业在经营上劳动效率低、费用高的重要原因。

（五）可替代性

由于一般企业都可能具有自营运输、保管等自营物流的能力，使得物流服务从供给力方面来看具有可替代性，这种自营物流的普遍性，使物流经营者从量和质上调整物流服务的供给力变得相当困难。

正是物流服务特性对物流业经营管理的影响，要求企业经营者的管理思维和决策必须以服务为导向，把物流服务作为一个产品，关注物流服务质量。

案例 7—1

摩托罗拉公司的物流服务要求

摩托罗拉公司的物流服务要求包括以下几方面：

第一，要提供 24 小时的全天候准时服务。主要包括：保证摩托罗拉公司与中外运业务人员、天津机场和北京机场两个办事处及双方有关负责人通信联络 24 小时通畅；保证运输车辆 24 小时运转；保证天津与北京机场办事处 24 小时提货、交货。

第二，要求服务速度快。摩托罗拉公司对提货、操作、航班、派送都有明确的规定，时间以小时计算。

第三，要求服务的安全系数高。摩托罗拉公司要求对运输的全过程负责，要保证航空公司及派送代理处理货物的各个环节都不出问题，一旦某个环节出了问题，将由服务商承担责任，赔偿损失，而且当过失达到一定程度时，将被取消做业务的资格。

第四，要求信息反馈快。要求物流公司的计算机与摩托罗拉公司联网，做到对货物的随时跟踪、查询，掌握货物运输全过程。

第五，要求服务项目多。根据摩托罗拉的公司货物流转的需要，通过发挥中外运系统的网络综合服务优势，提供包括出口运输、进口运输、国内空运、国内陆运、国际快递、国际海运和国内提供的派送等全方位的物流服务。

二、物流服务的模式

（一）客户自我服务模式

客户自我服务模式即第一方物流服务模式，是由购买者（企业或消费者）自行完成商品或货物的物流服务的模式。在这种模式中，提供和使用物流服务的是同一主体，购买者通过自我服务实现商品或者货物的物理位移和增值。大部分中小工商企业都将自己的物流业务全部由企业内部来运作，而很少交由社会物流来承担，该模式的突出特点是企业自备从采购到产成品销售的一系列后勤保障系统，以自备物流形式在企业内部形成“内部供应链体系”。自备物流固然有其独立、封闭运作的优势，但这种物流服务模式与社会化的物流服务模式相比，其消耗和占用的资源多，物流服务设施闲置时间和程度较高，因此物流成本高。同时，该模式难以克服企业规模扩大后带来的物流成本上涨，存在市场反应不及时、客户服务水平降低等弊端。我国至今仍以这种物流服务模式为主，其成因与传统的“大而全，小而全”的企业运营模式有关。从国民经济运行质量及社会资源配置的角度出发，这是社会成本最高的一种物流服务模式，所以发达国家只将它作为其他社会化物流服务模式的一种补充。

（二）协作物流服务模式

协作物流服务模式是在企业仅用自己资源难以满足生产经营需要时，与相关企业为有效解决物流问题而开展的物流协作服务模式，即第二方物流服务模式。该模式可以是供应商物流服务模式，即由销售者（卖方）为购买者（买方）提供物流服务的模式，即通过供应商使用其物流服务设施为购买者提供商品与货物的地理位置的位移和增值。与第一方物流服务模式相比，第二方物流服务模式在资源消耗和占用的效率上有很大的提高，因为供应商通常可以为许多个购买者提供物流服务，所以这是一种准社会化的物流服务模式。第二方物流服务模式也可以由物流公司提供部分物流服务（指由于业务的地理范围扩张，制造商会将自身业务的一部分由企业内部职能部门来承担，如产成品仓库、外设分销仓库的管理等），将企业自身难以运作或整合起来较为困难，或物流成本较高的一部分物流业务交与物流公司运作，一般包括干线运输等。它是寻求一家第二方物流（Second-Party Logistics，2PL）提供商，来分担其增长的物流负担。2PL 是一家营销能力提供商，如一家卡车运输公司或一家仓储运营公司。2PL 在供应链中提供的只是单一的（或少数）服务功能，它们面临的情况是低回报，资产密集度高，但市场壁垒很低。这时，一些通过密集网络和立法保护获取高额回报的分销（配送）商随之出现了，这种回报是建立在一定规模成本基础之上的。

例如快递包裹公司、邮政公司，它们的收费是以及时的递送来定价的。这种模式在可得性和可靠性方面都有保障，而且在提高国民经济运行质量和社会资源合理配置方面也有一定的优越性。所以目前发达国家仍然使用这种物流服务模式，尤其在一些现代电子商务的配送中。我国的物流服务多以这种物流服务模式为主。这种“自营＋外包”的商业物流模式虽然在一定程度上迎合了企业自身的需要，降低了一部分物流成本，但由于其操作的非连贯性和衔接不畅，一体化运作不彻底，物流过程的优化有限。

（三）第三方物流服务模式

第三方物流服务模式是指由独立于买卖双方的第三方提供现代物流服务的模式。在这一模式中，提供物流服务的主体是一种集成性的专业物流服务企业，它们使用自己的专业物流服务设施和组织管理技术，为买方或卖方提供货物或商品的物理位移和增值，并提供完全的第三方物流解决方案。完全的第三方物流解决方案是指工商企业将整体物流业务以合同方式委托给专业的独立的第三方物流（Third-Party Logistics，3PL）企业来承担运作，并由第三方物流企业提供供应链一体化的解决方案和实际操作。同时，通过信息系统与物流服务企业保持密切联系，以达到对物流全过程的管理与控制。这种物流服务模式是一种完全社会化的物流服务模式，它面向社会对各种货物的买卖双方进行服务，所以可大大提高物流服务设施和资源的利用率，从而使国家或地区的经济运行质量得以提高，使买卖双方和提供物流服务的第三方都能够获得收益。现在发达国家主要使用这种模式，而我国使用这种模式的比重较低。随着对一站式物流方案需求的增长，许多 2PL 公司已经通过增加新的物流功能和运营一体化，提供一站式服务，向 3PL 公司发展。

3PL 已被包含在供应链管理之中，它可能包括但也可能不包括资产的所有权。3PL 是一个更广泛的概念，被频繁用来涵盖货物运输或者合同物流领域的各种业务。它完成所有或者大部分客户供应链物流业务，其附加值是建立在信息和知识之上的，这不同于无差异性的低成本运作的运输服务。3PL 倾向于低资产性和高回报率。如由新科安达后勤保证公司为高露洁公司提供的物流服务、由广州宝供物流公司为宝洁系列产品提供的物流运作都是第三方物流模式的典范。欧美工商企业基本都采取这种模式，如通用、福特、波音、空客等。完全的第三方物流解决方案包括以下内容。

1. 物流企业为工商企业设计全盘物流方案

物流方案包括涵盖企业生产和销售组织构架在内的管理框架设计，产品生产和销售的流程及控制设计，生产和销售的衔接与配合，生产计划和销售的预测展望及计划的制定，物流的协同定位等。

2. 企业生产基地和仓库的选址

具体内容包括各种生产基地、组装基地、配件基地，以及原材料仓库、产成品仓库、分销仓库等的选址，建设规模、设施装备和技术支持手段等。

3. 原材料的采购和产成品的包装

具体内容包括原材料采购（时间、数量和规模）和实施方案的制定和执行，产成品的集成包装和拆分包装等。

4. 运输服务

运输服务是指所有与原材料采购、产成品生产、销售有关的各种方式的干线运输、联合运输、分包运输、短距离运输和配送运输等。

5. 仓库管理服务

仓库管理服务包括原材料和产成品在收纳地、生产地以及各分销中转仓库的入库管理、出库管理、收货和发货管理、货品保管、货品移动、货物调整、货物控制、货物盘点等服务活动，也包括与仓库管理服务直接相关的如货物保质期管理、废弃物回收的在库管理等。

6. 物流中心的配送服务

物流中心的配送服务包括由原材料收纳地和产成品的生产地到各加工地或分销地的运送服务，由各分销中心至分销商的配送服务，以及由各分销中心或分销商到终端客户的配送服务，也包括独立的货物分拣中转中心、处理中心等由干线至交线或终端客户的配送服务等。

7. 搬运装卸服务

搬运装卸服务是指与上述所有物流活动相关的、货物在不同位置发生的、由机械或人工完成的货物装、卸、短距搬倒或移动，包括但不限于装卸车作业、吊装作业、货物空间位置的短距离移动等。

8. 分包和集成服务

分包和集成服务是指原材料和产成品经常发生的由零集整或由整分零的集成或分包服务，也包括在各物流环节可能发生的为方便装卸、储存需要而进行的分包或继承作业等。

9. 废弃物的回收物流服务

任何企业的物流运作都不可避免要发生退货、损坏品的回收、废弃物及包装物的回收，这些工作也由第三方物流完成。

在实际运作中，一体化的第三方解决方案往往存在于大型企业和大型物流企业之间，更多物流企业承担的还是单一的服务，这与工商企业的认识及物流企业的能力直接相关。

案例 7—2

通用汽车的第三方物流服务

美国通用汽车在美国的 14 个州中，大约有 400 个供应商负责把各自的产品送到 30 个装配工厂进行组装，由于卡车满载率很低，使得库存和配送成本急剧上升，为了降低成本，改进内部物流管理，提高信息处理能力，通用委托专业物流企业 Penske 公司为其提供第三方物流服务。

调查了解半成品的配送路线之后，Penske 公司建议通用汽车公司在克里夫兰使用一家有战略意义的配送中心，配送中心负责接收、处理、组配半成品，由 Penske 派员工管理，同时 Penske 也提供 60 辆卡车和 72 辆拖车，除此之外，还通过 EOI 系统帮助通用汽车公司调度供应商的运输车辆以便实现 JIT 送货，为此，Penske 设计了一套最优送货路线，增加供应商的送货频率，减少库存水平，改进外部物流活动，运用全球卫星定位技术，使供应商随时了解行驶中的送货车辆的方位。与此同时，Penske 在配送中心组配半成品后，对装配工厂实施共同配送的方式，这样既降低了卡车空载率，又减少了通用汽车公司的运输车辆，只保留了一些对 Penske 所提供的车队有必要补充作用的车辆，这样也减少了通用汽车公司的运输单据处理费用。

另外，美国通用汽车公司还选择目前国际上最大的第三方物流公司 Ryder 负责其土星和凯迪拉克两个事业部的全部物流业务，选择 Allied Holdings 负责北美陆上车辆运输任务，选择 APL 公司、WWL 公司负责产品的洲际运输。

（四）第四方物流服务模式

第四方物流服务模式是一种最新的社会化、集成化和信息化的物流服务模式，它是由美国埃森哲咨询公司提出并注册名称的现代物流服务模式。所谓的“第四方”是指社会化的物流集成商，它们通过物流信息系统设计、物流服务集成和电子商务与信息咨询等，将第一方、第二方和第三方的物流过程集成起来，然后利用第三方物流服务商或类物流服务商以及自己的物流服务设施，实现生产控制管理、运输管理、配送管理、客户服务管理、信息管理、战略管理、采购和仓库管理及网络管理等全方位的集成化的物流服务，从而实现物流服务成本的降低和企业供应链的集成管理。目前，像澳大利亚、荷兰、中国香港和中国台湾等国家和地区已经开始第四方物流服务模式的实践。

第四方物流服务可以分为几个方面予以阐释：

首先，对工商企业而言，由于对物流业务的非专业性和缺乏专门管理团队，不可能洞悉和有效控制其物流业务的所有环节，因而在自行规划和操作物流业务时，需要专业的公司为其设计合理的物流运作框架和运作模式，对运作流程予以监督和管理，进而对物流运作质量、运作水平和运作成本进行控制。提供这些专业服务的企业如物流信息管理系统的开发商、物流咨询公司、物流管理顾问公司等即是第四方物流（Four-Party Logistics, 4PL）企业。由于制造和零售企业日益趋向外包其物流业务，这部分业务已经呈现出增长的势头。

其次，第四方物流服务可以是集成商们利用分包商来控制与管理客户公司的点到点式供应链运作。这种第四方物流企业由于拥有强大的客户开发能力和物流运作管理水平，掌握丰富的物流运作资源，能够承接大量的物流订单。但是由于经营取向的不同和对经营利润的追求，这些第四方物流企业往往并不亲自从事物流具体运作，而是将大部分或所有物流运作业务通过分包的形式划分给不同的下线物流服务企业承担，第四方物流企业更多地从整合、分包、控制的角度来实现客户的整体物流运作，并采用电子商务的方式将整个过程集成起来。

再次，对许多第三方物流企业而言，它们为工商企业提供物流服务时需要运用若干的运作资源，包括物流管理信息系统、运输车辆（也包括铁路、航空、海运车船等）、外设仓库及其他的设施和设备等。任何一个第三方物流企业均不可能在任何时候同时具备上述运作资源或手段，都需要对外进行采购或予以整合、借用。这些专门为第三方物流企业提供运作支持和资源保障的企业也可以归为第四方物流，包括物流 IT 企业、运输工具的供应商、仓储供应商等。

最后，一些第三方物流企业、信息技术企业、物流设备制造商、物流咨询顾问公司等进行自上而下、跨行业、跨区域的联合并结成供应商、服务商联盟，为用户提供更加广泛的、完全的供应链一体化物流服务，也是第四方物流服务的又一种表现形式。

第四方物流服务模式本质上是一个物流整合体，可以说是为制造商物流外包需求而设定的一站式联系服务。它的任务是与 2PL 和 3PL 提供商签订合同，整合管理目标，提出解决方案。4PL 提供商不仅具有很强的物流和信息技术，而且能完善供应链理念，并能向制造商提供高附加值的咨询顾问服务。

（五）类物流业服务模式

类物流业服务模式是按照分类提供专门化物流服务的模式。“类物流业”是指由社会化专项物流服务商构成的产业，像运输、仓储、货代等专项物流服务所构成的产业都属于这一范畴。确切地说，第三方和第四方物流服务的最大特征是服务的集成化，而类物流业服务的最大特征就是服务的单一化。类物流业服务商可以向第一方、第二方、第三方，甚至第四方物流服务商提供单一性的专门服务，这种社会分工的细化可以进一步提高企业的效率和效益。在多数发达国家的物流服务体系中，类物流业服务模式仍然占有很重要的地位，而且发挥着重要的作用。我国虽然也有类似的类物流业服务企业，但是在物流服务的组织与管理上存在许多问题，仍然停留在传统运输和仓储业的管理水平上，与国际先进的类物流业服务模式还有一定的差距。

三、物流服务的内容

物流服务一方面要争取新的客户，吸引原有客户继续购买本企业的产品或服务，另一方面要与企业的长期战略相协调，提高投资的回报率。一般认为，企业每一时期的销售，基本上来自新客户和老客户两种客户群。据调查，吸引一个新客户的成本是维持一个满意的老客户成本的 5 倍。对盈利率来说，得到一个客户是丧失一个客户成本的 16 倍，因此，维系客户比吸引客户更加重要。同时，物流服务又是创造回头客的最佳手段，对消费者需求有着重要影响。可以把物流服务的内容看成四部分：基本服务、增值服务、供应链一体化服务和电子商务服务。

（一）基本服务

基本服务是向所有客户提供的最低服务水准承诺，是企业为保持客户的忠诚度所建立的最基本业务关系的客户服务方案。所以，客户服务内容设计得是否合理，直接影响着整个企业供应链目标的实现。詹姆士·斯托克和莉萨·埃拉姆在研究中，将客户服务按服务的过程分为交易前因素、交易中因素和交易后因素，如图 7—1 所示。

1. 交易前因素

交易前的客户服务因素主要包括企业制定的各种规章、政策，为客户需要所建立的客户服务体制等，这些因素影响着客户对组织的感觉及客户对组织整体的满意程度，这些因素并非都与物流直接相关，但必须系统化，且必须在组织执行和客户服务之前到位。这些因素包括：

(1) 企业的书面客户服务章程。这些章程必须与客户需求水平相匹配，应当包括监督客户服务运行情况的度量标准，以及汇报实际运行情况的频率，并且这些标准都是可以实

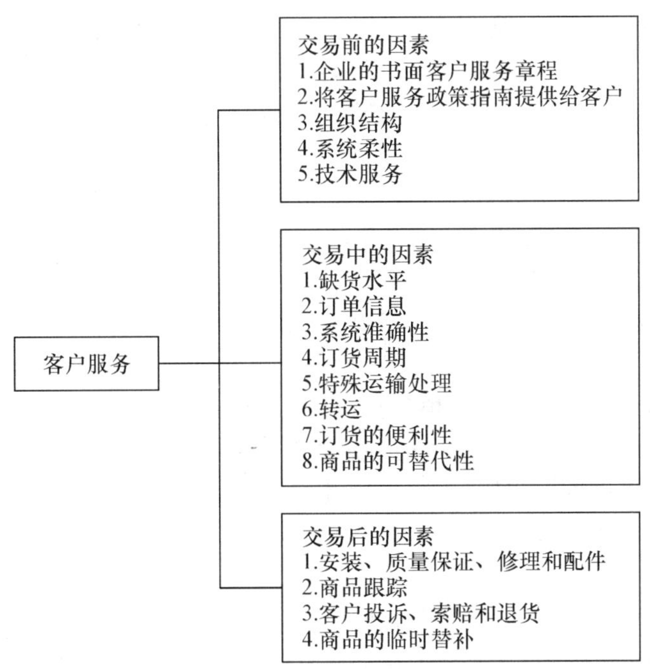

图 7—1 客户服务因素图

际操作运行的。

(2) 将客户服务政策指南提供给客户。给客户提供的客户服务政策指南一方面是使客户了解可以期望得到什么样的服务，以免产生不合理的期望；另一方面，一旦出现企业没有达到指南所规定的服务，指南还应告知客户如何反映情况。

(3) 组织结构。合理的组织结构有利于实现客户服务的目标，并有利于协调企业组织内部的管理，使公司内部和外部在政策、运行和纠正措施等方面的沟通都变得容易，并使客户能方便地联系到公司内能满足其需求及回答其问题的公司部门及人员。这需要企业具有很高的透明度、职责明确、权限清晰，还需配有适当的奖惩措施。

(4) 系统柔性。系统的柔性是指企业应该具有对突发事件的快速反应能力。这里的突发事件包括突然出现的自然灾害、政府禁令、社会动荡以及经营合作伙伴的突然变化等。

(5) 技术服务。技术服务是指在产品销售中为客户提供的帮助。如对客户的培训计划，帮助客户改进库存管理、订单处理的种种努力。这些服务可以免费，也可以收费。

交易前因素主要与企业营销战略有关，为交易中因素和交易后因素奠定基础。

2. 交易中因素

交易中因素是指那些与客户服务联系紧密的因素，包括缺货水平、订单信息、订货周期等。

(1) 缺货水平。缺货水平是衡量产品现货供应比率的重要指标。一旦出现缺货情况，企业应努力为客户寻找替代产品或者在补进货物后再送货，竭尽全力满足客户需求。

(2) 订单信息。客户应能通过计算机系统较迅速地获得各种订货信息。系统能以较快的速度向客户提供的信息包括库存状态、订货情况、运输、期望的或实际的装运日期，以及延迟订货情况。延迟订货的数量和订货周期也是衡量物流灵活性的重要指标，在一定程度上可以抵消缺货的影响。从某种程度上说，延迟订货的能力与缺货水平之间存在效益悖反规律，因此，对补交货物情况的考虑要和缺货情况联系起来。因为客户非常注重发生的问题和递送的例外情况，这一过程应按客户或产品类型跟踪，使再次发生的问题可视化，而且能得到及时解决。

（3）系统准确性。除了能迅速获得广泛而多样化的数据外，客户希望获得的关于订单执行情况和库存水平的信息是准确的。不准确的信息及数据应被注意，并尽可能及时做出更改。因为，如果交付的货物、交付的数量、制作的单证出现错误，对客户和企业来讲，都将带来一定的成本上涨。从根本上讲，提高准确率就是节约成本，提高效率。

（4）订货周期。订货周期是指客户从开始订货到收到产品或服务的全部时间总和，包括订单传递时间、订单录入、订单处理、分拣货物、包装、运输和货物送达。通常，客户只会关注交货周期，对某一具体环节需要耗费的时间并不在意，然而，随着更加强调时间的竞争，减少订货周期的总时间越来越受到重视。因此，充分利用现代科技，特别是现代网络技术、通信技术、条码技术等尽力缩短总的订货周期是当前物流管理的主流。

（5）特殊运输处理。特殊运输处理是处理不能通过正常运货系统处理的订单而所相应采取的措施。这种情况可能由于需要加速运货或者有独特的运输要求而出现。这种运输与标准运输相比较，所需的成本是相当高的。然而，失去一个客户的成本同样可能会很高。企业应当确定哪些客户或哪些情况需要特殊对待，哪些不需要特殊对待。

（6）转运。转运是指为避免缺货转发货物。

（7）订货的便利性。订货的便利性是指客户下订单的难易程度。形式的混乱、条款的不标准或通信手段的落后都可能使客户望而却步。企业应通过直接与客户交流、监控和识别与订单有关的问题，并将传统商务手段与电子商务相结合，有助于方便客户订购产品或服务，鼓励其购买。

（8）商品的可替代性。当客户订购的商品无法得到时，可以用同种品牌的不同规格、不同包装的商品或者其他品牌的商品代替，并且它们也能同样或者更好地完成原来商品的职能，于是便出现了商品替代。如果商品之间可替代性较强，那么可以在降低库存的同时维持较高的客户服务水平。

从上述介绍可以看出，交易中的客户服务要素通常受到最多的关注，因为这些因素与商品销售、与企业的产成品分拨管理联系密切。例如，莱德系统公司在对 1 300 家企业的调查中发现，80％的被调查者认为，商品的运送和商品的质量同等重要。

3. 交易后因素

在客户已经得到商品或服务后，交易后的客户服务因素就是提供商品或服务支持。交易后的因素就是常说的售后服务，指的是为保证产品使用所涉及的一系列服务措施，包括产品安装、维修、商品跟踪、客户投诉的处理等。所以，这部分服务内容的重要性正在得到越来越多企业的认同。

（1）安装、质量保证、修理和配件。这些要素对几乎所有的商品来说都是重要的考虑因素，特别是对于那些服务成本远大于商品本身成本的资本设备来说更是如此，如空调等家用电器，是否有安装、维修服务，服务的质量是影响消费者购买决策的重要因素。

（2）商品跟踪。商品跟踪是指跟踪出售的商品，防止出现社会危害，满足某些行业的特殊需要，这也是一个很重要的客户服务因素。例如，为了向客户通告潜在的问题，一旦已经确认潜在的问题，企业必须能够从市场上调回所有有潜在危机的商品。

（3）客户投诉、索赔和退货。对客户投诉、索赔的处理在大众传媒高度发展的今天有着特别重要的意义，处理不当，可能对企业形象造成恶劣影响。为了解决客户投诉，一个准确的在线信息系统是必要的，用以处理客户数据，监控走势，以及向客户提供最新信息。物流系统设计的目的是运送商品给客户，所以非常规的商品处理，尤其是客户退货的成本，是非常高的。客户退货是要通过逆向物流过程的。企业的政策应建立在尽可能有效果和有效率地处理这些投诉的基础之上。

（4）商品的临时替补。商品的临时替补是指为满足客户的需要对尚未交付的货物或正处于维修阶段的货物提供临时性替代产品。例如，一些汽车代理商在客户的汽车接受服务（如修理）时，免费借给客户备用汽车。这可以最大限度地消除客户的不便，而且培养出更忠诚的客户。

（二）增值服务

如今的物流企业，除提供基本服务外，还应提供一系列附加的创新服务和独特的服务延伸。增值服务是企业提升的重点注意方向。向货主的整体配销活动渗透，以客户为中心全面提高服务质量的活动，称为增值服务。

增值服务能创造出时间和空间效用，通过节省成本费用为供应链提供增值利益。在竞争不断加剧的市场环境下，不仅要求企业的物流部门在传统的运输和仓储服务上有更高的服务质量，同时还要求它们大力拓展物流业务，提供尽可能多的增值服务。目前，能否提供增值服务已成为衡量一个企业在物流服务方面是否真正具有竞争力的标准。因此，物流企业向市场提供的服务内容除了传统的干线运输、仓储保管、装卸搬运、市内配送等业务以外，还要能够提供以下服务。

1. 物流系统设计

传统物流活动中各个服务项目，尤其是两大服务项目——运输和储存，其提供者的目标在很多情况下是相互矛盾的，这将不利于综合物流目标的实现。为此，在以提高客户满意程度为主要目标的综合物流服务中，企业应把客户的需求作为一个整体，以各方面综合绩效最优作为目标，为客户设计并提供具有溢价服务特征的物流系统。

2. 网络化物流服务

由于经济的全球化，企业所有活动都在全球市场上进行。任何物流服务都有赖于企业经营者和消费者的相互协作和共同努力。这就意味着企业的物流活动可能是广流域，甚至是跨国界的，因此现代物流活动也必须实现网络化，全方位追踪货主企业的物流活动，使自己的服务网络能够覆盖货主企业的所有业务活动，真正使货主企业能够全心致力于自身的核心竞争能力上。

3. 构建物流信息系统

物流信息系统是现代物流作业的支柱。现代物流是物流服务功能的集成，管理和控制这些功能必然反映到对物流各环节的信息整合上来。物流服务商要依靠网络的货主跟踪系统、电子订货系统、运价咨询系统等与物流网络整合，进行信息采集与运输业务管理，客户查询及业务跟踪，有效地减少物流中间环节和费用，大幅度提高客户服务水平。

4. 生产支持服务

将客户的货物进行简单组装、合并、包装等，以实现对客户货物的JIT配送，配合客户实现零库存经营。JIT配送服务是指客户在订货时就能确定到货的时间，而网络配送则可按约定的时间将货物送到指定的地点。在JIT配送服务体系中，物流服务商并不承诺将客户的货物在最短的时间送达，而是在双方协商确定的、客户需要的时间内送达。这样有利于企业合理安排运力，尽可能实现所有客户的货物都能按时送达。

我们可以在供应链一体化和客户服务管理理论基础上，针对客户的现实需求和潜在需求，结合物流业务环节进行物流服务创新，即开发多样化的增值物流服务，具体包括：

第一，承运人型增值服务。承运货物运输的快运公司、集装箱运输公司，最适宜从事多样化的增值服务，为了实现这些服务，企业就需要深入了解客户的现实需求和潜在需求，以合理的价格积极满足这些需求。例如，从收货到递送的货物全程追踪服务；电话预约当天收货；车辆租赁服务；对时间敏感的产品提供快速可靠的服务（含相关记录报告）；对温度敏感的产品提供快速可靠的服务，如冷藏、冷冻运输（含相关记录报告）；配合产品制造或装配的零部件、在制品及时交付；被客户退回的商品回收运输服务；运输设备的清洁或消毒等卫生服务；信誉好的承运人甚至可以为客户提供承运人的评估选择、运输合同管理等服务。

第二，仓储型增值服务。拥有大型仓储设施的企业仓储配送中心可以考虑下列增值服务：材料及零部件的到货检验；为材料及零部件的安装制造提供重新包装或简单加工；提供全天候收货和发货窗口；配合客户营销计划进行制成品的重新包装和组合（如不同产品捆绑促销时，提供商品的再包装服务）；提供成品标记服务（如为商品打价格标签或条形码）、便利服务（如为成衣销售提供开箱加挂衣架重新包装的服务）及协助处理追踪服务；为食品、药品类客户提供低温冷藏服务并负责先进先出，能最大限度地方便商家。仓储型增值服务是一项前景很好的增值服务。

第三，货运代理型增值服务。传统的航运经营模式下提供给客户的服务只是间断的、不连贯的一部分客户服务，很难达到客户的满意。而货运代理型增值服务的及时性、增值性、合理性，能最大限度满足客户的各种要求，提高客户的满意度。该种增值服务主要包括：订舱（租船、包机、包舱）、托运、仓储、包装；货物的监装、装卸、集装箱拼装拆箱、分拨、中转及相关的短途运输服务；报关、报验、报检、保险；内向运输与外向运输的组合；多式联运、集运（含集装箱拼箱）。

（三）供应链一体化服务

企业要实现多样化的物流服务，必须首先实现供应链的一体化。供应链的一体化包括最初的供应商采购，到制造部门的制造支持，再到营销部的营销支持，最后通过实物配送到达客户手中的整个过程。供应链一体化使渠道安排从一个个松散的独立企业，变成一种致力于提高效率和增加竞争能力的合作力量。它要求所有供应链的成员在相互信任的基础上进行合作，对基础交易数据和长期战略信息进行分享，共同找出满足客户需求的有效方法和手段，创造出持续特色的物流解决方案，提高整个供应链的竞争能力。供应链一体化服务模式如图 7—2 所示。

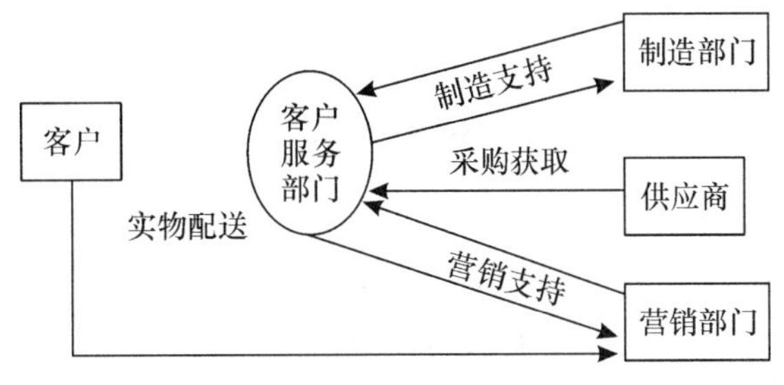

图 7—2　供应链一体化服务模式

以客户服务为核心的物流服务模式把以客户为核心的服务引入供应链一体化的物流服务中，就得到如图 7—3 所示的物流服务模式。

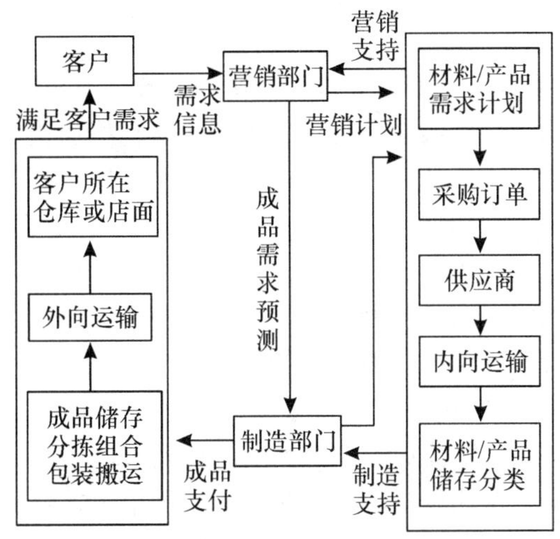

图 7—3　客户服务型物流服务模式

这里，客户不仅是供应链的最终节点所指向的成员，也包含生产厂商的营销部门和制造部门，还包括向物流企业提供产品及材料的供应商，物流企业同样可以为这些供应商提供增值服务。

(四) 电子商务服务

电子商务下的物流服务，包括以下几层含义和内容。

1. 增加便利性的服务——使人变懒的服务

简化是相对于消费者而言的，并不是说服务的内容简化了，而是指为了获得某种服务，以前需要消费者自己完成的事，现在由商品或服务提供商以各种方式代替消费者做了，从而使消费者获得这种服务变得简单并更加好用，这当然提高了商品或服务的价格。在提供电子商务的物流服务时，推行一条龙门到门服务，提供完备的操作或作业提示、免费培训、包维护、省力化设计或安装、代办业务、一张面孔接待客户、24 小时营业、自动订货、传递信息和转账（利用 EOS、EDI、EFT）、物流全过程追踪等都是对电子商务销售有用的增值性服务。

知识库

相关术语

EOS=Electronic Order System 电子订货系统
EDI=Electronic Data Interchange 电子数据交换
EFT=Electronic Funds Transfer 电子资金转账
POS=Point Of Sales 销售点
VAN=Value Added Network 增值网
OCR=Optical Character Recognition 光学字符识别
IC（卡）=Integrated Circuit 集成电路

2. 加快反应速度的服务——使流通过程变快的服务

快速反应已经成为物流发展的动力之一。传统观点是将加快反应速度变成单纯对快速运输的一种要求，而现代物流却认为，可以通过两条途径使过程变快：一是提高运输基础设施和设备的效率，这是一种速度的保障，但在需求方对速度的要求越来越高的情况下，它也变成了一种约束；二是优化电子商务系统的配送中心、物流中心网络，重新设计适合电子商务的流通渠道，以此来减少物流环节，简化物流过程，提高物流系统的快速反应性能，这是一种具有推广价值的增值性物流服务。

3. 降低成本的服务——发掘第三利润源泉的服务

在电子商务发展的前期，物流成本比较高，因此发展电子商务一开始就应该寻找能够降低物流成本的物流方案。企业可行的方案包括：采用第三方物流服务商、电子商务经营者之间或电子商务经营者与普通商务经营者联合，采取物流共同化计划。同时，若具有一定的商务规模，可以通过采用适用但投资较少的物流技术和设施设备，或推行物流管理技术，如运筹学中的管理技术、商品管理技术、条形码技术和信息技术等，以此来提高物流的效率和效益，降低物流成本。

4. 延伸服务——将供应链集成在一起的服务

延伸服务向上涉及市场调查与预测、采购及订单处理，向下涉及配送、物流咨询、物流方案的选择与规划、库存控制决策建议、货款回收与结算、教育与培训、物流系统设计与规划方案的制作等。关于需求预测功能，企业应根据商品进货、出货信息来预测未来一段时间内的商品进出库量，进而预测市场对商品的需求，从而指导订货。关于物流系统设计咨询功能，可以请第三方物流服务商为电子商务经营者设计物流系统，并选择和评价运输商、仓储商和其他供应商。关于物流教育与培训功能，物流系统的运作需要电子商务经营者的支持与理解，通过向电子商务经营者提供物流培训服务，提高电子商务经营的物流管理水平。为了便于确立物流作业标准，也可以将物流中心经营管理者的要求传达给电子商务经营者。

第二节 物流服务的标准及评价

物流服务的标准是基于服务优势与服务成本的一种平衡，是衡量客户服务工作的准绳。确定物流服务的标准历来是物流服务管理的难题，因为这涉及一套专用的、全面的服务目标体系，并且并不存在明显的物流服务标准来衡量、评价客户服务工作成绩，只能用一些基本的、完美的服务标准及服务指标来衡量物流服务。

一、基本的物流服务标准

基本的物流服务标准包括三个方面的内容，即可得性、作业绩效和可靠性。这三个服务标准的服务属性对不同的企业都很重要。然而，对于给定的服务，其标准性的程度或多或少取决于具体的营销情况。

(一) 可得性

可得性是指当客户需要存货时企业所拥有的库存能力。

可得性一般可用缺货频率、供应比率、订货完成率三个绩效指标来衡量。

1. 缺货频率

缺货频率是指缺货发生的概率。当需求超过产品可得性时，就会发生缺货。缺货频率是用来衡量一种特定的产品需求超过其可得性的次数。将全部产品所有的缺货次数汇总起来，可以反映企业实现其基本服务承诺的状况。因此，可以说缺货频率是衡量存货可得性的起点。

2. 供应比率

供应比率是用于衡量缺货的程度或影响大小的比率。供应比率通常是按照客户服务目标予以区分的，于是对缺货程度的衡量就可以构成企业在满足客户需求方面的跟踪记录。如一位客户订 50 单位产品，只有 47 单位产品可得，那么订货供应比率为 94%。要有效地衡量供应比率，一般在评估程序中还应在特定时间内对多位客户订货的完成情况进行衡量。同时，供应比率还可用来衡量按特定产品提供的服务水准。一般来说，供应比率高，客户会感到满意；反之，则不满意。

3. 订货完成率

订货完成率用于衡量物流企业完成客户所预订的全部产品的时间。它把存货的充分可得性看做是一种可接受的完成标准。可以说，缺货频率、供应比率均为零缺陷，则订货完成率就为客户享受完美订货的服务提供了潜在时间。

将以上三个衡量指标结合在一起，就可以判断、识别一个物流企业满足客户期望的程度，成为评估适当可得性水平的基础。

可得性可以通过各种方式实现，最普通的做法就是按预期的客户订货进行存货储备。于是，仓库的数目、地点和贮存政策等标准便成了物流服务标准的基本问题之一。存货储备计划通常是建立在需求预测基础上的，而对特定产品的储备战略还要结合其是否畅销、该产品对整个产品线的重要性、收益率以及商品本身的价值等因素考虑。存货可以分为两类：一类是取决于需求预测并用于支持基本可得性的基本储备；另一类是满足超过预测数的需求量并适应异常作业变化的安全储备。

向同一类客户进行销售的具体厂商所配置的仓储网络可以在很大的范围内变化。一般来说，一个系统中的仓储设施数目越大，那么支持给定层次的存货可得性所需的平均库存也就越大。

可得性的一个重要方面就是厂商的安全储备标准。安全储备的存在是为了调整预测误差，并在安全储备的补给期间对递送延迟进行缓冲。一般来说，防止缺货的期望越大，安全储备的需要也越大；安全储备的负荷越大，平均存货的数量也越大。在市场需求高度变化的情况下，安全储备的构成有可能占到厂商平均存货的一半以上。

知识库

无暇的恢复

许多厂商开发了各种物流服务安排方案，以增补其满足客户存货需求的能力。一家厂商可以经营两个仓库，其中一个指定为主要服务地点，而另一个作为次要的或后援的供给来源。例如，假定该主要仓库是位于广州的一个大型的自动化配送中心，而次要的物流设施则是位于中山的一个效率较低的小型作业仓库。主要仓库是厂商用于输出其绝大多数产品的地点，以便利用自动化设施及其所处地点的优势。一旦主要仓库发生缺货并且情况继续恶化时，就可以利用次要仓库或后援仓库。但是，使用次要或后援仓库的厂商，应尽可能在最大限度上向其提供服务的客户公开，这是因为主要地点有时候只有客户订货的一部分产品，而次要地点却能够满足其剩余的需求，在这种情况下，除非这两部分的订货在递送前能够组合在一起，否则，分开递送会使客户感到不便。需要指出的是，由于厂商已尽了额外的努力保持存货的可得性，而不是延交部分订货，这一事实本身会转变成一种积极的形象，说明厂商为满足客户需求尽心尽力。这类在作业问题发生时设法满足客户需求的例子被称作“无暇的恢复”。

应该清楚的是，要高水准地实现存货可得的一致性需要进行大量的精心策划，而不是在销售量预测的基础上给各个仓库分配存货。事实上，实现可得性的关键是要对选客户或核心客户实现高水准的存货可得性，同时使整个存货储备和仓库设施维持在最低限度。显然，如此高标准的物流表现需要所有的物流资源都实现一体化，并明确向特定客户所承诺的可得性目标。严格的存货可得性方案并非闭门造车，或设法搞“平均主义”。

（二）作业绩效

作业绩效可以通过速度、一致性、灵活性、故障恢复能力等方面来具体说明所期望的完成周期。显然，作业绩效涉及物流活动对所期望的完成时间和可接受的变化所承担的义务。

（1）速度。速度是指从客户订货开始到货物实际到达的时间。

（2）一致性。一致性是指物流企业必须随时按照递送承诺加以履行的物流处理能力。

（3）灵活性。灵活性是指处理异常（一次性改变装运交付地点、供给中断等）的客户服务需求的能力。

（4）故障恢复能力。物流企业要有能力预测服务过程中可能出现的故障或服务中断，并有适当的应急计划来完成恢复服务。当实际的服务故障发生时，应启动应急计划。应急计划还应包括客户期望恢复标准的确认和衡量服务一致性的方法。

（三）可靠性

物流质量与物流服务的可靠性密切相关。物流活动中最基本的质量问题就是如何实现已计划的存货可得性及作业完成能力。除了服务标准外，质量上的一致性涉及厂商能否并且乐意迅速提供有关物流作业和客户订货状况的精确信息。研究表明，厂商有无提供精确信息的能力是衡量其客户服务能力最重要的一个方面。客户通常讨厌意外事件，如果他们能够事前收到信息的话，就能够对缺货或延迟递送等意外情况做出调整，因此，有越来越多的客户表示，有关订货内容和时间的事前信息与完善订货的履行相比更加重要。

除了服务可靠性外，服务质量的一个重要组成部分是持续改善。类似于厂商内部的其他经理人员，物流经理人员也关心如何尽可能少地发生故障以完成作业目标。而完成作业目标的一个重要方法就是从故障中吸取教训，改善作业系统，以防再次发生故障。

二、完美的物流服务标准

物流服务的最高境界就是正确地做每一件事，并且一开始就要做正确。完美物流服务的观念就是指向客户提供服务的能力，并在可得性和作业绩效方面，各自和每次都应同步地实现既定的服务目标；就订货而言，从收到订单到交付货物的各个方面，连同无差错开票等，都应该表现完美。换句话说，在整个订货完成周期内，厂商如同是在编制一首零缺陷的管弦乐曲。这意味着存货可得性和作业绩效得到了完美的履行，并且所有的支持活动，诸如准确无误的开票和恰如其分的产品介绍等，都必须严格地按照对客户的承诺得到完美履行。在许多情况下，完美物流服务的概念是物流质量的外延，在给定的技术条件下，这种服务绩效是可能实现的。但其代价又是昂贵的，因此，很少有厂商会向所有的客户承担这种义务，把零缺陷绩效作为企业基本的服务战略。然而，这种高水准的绩效却是一种战略选择，可供厂商在可选基础上承担义务。

在资源承诺方面，零缺陷绩效通常难以保证，得到支持的往往只是存货承诺方面，因为极高的供应比率一般需承担较高的存货义务，以满足所有潜在的订货需求和作业变化。一个服务地点也许没有足够的存货来满足所有客户在存货可得性方面的要求。为了方便及时地从次要地点装运交付，企业就需要事先确定各种程序以便及时满足各种服务需求。

完美订货的方案通常要涉及各种超出基本服务方案的活动。履行完美订货的承诺通常是建立在各种协议基础上的，旨在发展供应商和首选客户之间密切的工作关系。在这里，需要引起足够重视的是，完美服务的承诺通常是在严密的组织工作安排中履行的。这些安排随时间展开，往往需要得到有关企业间大量交换信息的支持，以便企业保持对各种物流需求的深刻了解，一般不会事先没有提示就贸然向供应商提出完美服务的要求。

知识库

零缺陷服务

在承诺背后驱使厂商实现零缺陷作业绩效的力量是基于这样一种理解，即：接受服务的客户都会对优先向其提供有关产品的供应商作出反应。联邦医院供应公司广泛地对其首选的客户承诺，保证在12小时之内供货到家，这意味着对客户的产品需求必须明确和满足到个别的医疗站或外科单位层次。该公司期望提供这种迅速而又可靠的服务会导致近乎排他性的买主和供应商的关系。从反垄断的角度来看，一项完美服务的方案必须是合法的。任何客户，只要愿意承担并能满足与购买量、排外性或其他有关的要求，都有权利享有这种升级服务。必须记住的是，履行完美服务的承诺超出了厂商的基本服务方案。厂商作出的基本服务承诺应对所有的客户都没有歧视。参与零缺陷服务方案的那些客户必须乐意与厂商发展联盟关系，并对未来重大的业务作出保证。

履行完美服务需要在管理和作业上作出努力，耗费巨资，并且需要杰出的信息支持，这种卓越的服务表现必须致力于那些能够正确评价并愿意提高购买忠诚度，以及对厂商的额外表现作出反应的客户，一旦厂商展开完美服务的战略，那么，企业就必须充分了解潜在的风险和行情下跌的可能性。零缺陷的服务承诺没有错误的余地。客户则期望厂商作出的约定每一次都能兑现。对客户来说，只有当厂商的承诺是真的、可信的以及一致地实现时，这种物流绩效才能被解释为效率。空口承诺没有存在的空间，完美订货的证明是每一次零缺陷服务的完成。

三、物流服务质量管理体系

物流服务的质量管理具有质量保证和质量控制两大基本职能。质量保证是以维护客户的利益、让客户满意为目标的，这也是物流服务质量管理的根本目标；而质量控制是以保证物流服务的全过程达到既定的质量标准为目标的，是质量保证的基础。只有以健全的质量管理体系为依托，采用科学的管理方法，才能够实现物流服务质量管理的这两大基本职能。

按照全面质量管理的思想，物流服务质量管理体系应当具备以下要素。

（一）质量管理体系结构

质量管理体系结构是进行物流服务质量管理的基本框架。在这个框架中，应当明确质量管理的层级关系、各部门的目标、职责和权限等，通过组织结构形式将管理过程中的各个环节、各种资源协调起来，使其相互配合、相互协调，成为一个完整的质量管理体系。

（二）质量政策

质量政策是企业进行物流服务管理的根本依据，应当为物流服务质量管理提供明确的宗旨和方向。质量政策应当明确企业物流服务水平、质量管理的方针和目标、质量保证措施、人力资源政策以及激励制度等内容，同时应当采取有效的措施，保证该政策被企业的全体员工所理解。

全面质量管理的目标表述起来很简单，就是要让客户满意。但是客户满意的程度是很难度量的，质量管理者必须根据客户的需求，并结合企业内外部环境，制定出一系列可识别的物流服务质量管理目标。同时，应当将企业的质量管理目标层层细化，直至形成具体操作过程的质量管理规范。

（三）程序文件

物流服务质量管理的每一个环节都应当形成程序文件，程序文件既是对物流服务和质量管理过程的描述，又是进行质量保证和质量控制的依据。通过严格执行程序文件，可以使服务质量始终在受控状态，降低各环节出现质量问题的可能性。程序文件没有固定的格式，应当根据企业的管理模式、企业开展物流活动的具体特征以及质量管理体系的结构形式制定。

（四）控制系统

由于环境的不确定性，计划的执行情况与期望目标总是会有差异的。控制的过程就是要使二者保持一致，确保所期望目标实现。图 7—4 说明了物流服务质量控制系统基本的运行过程。

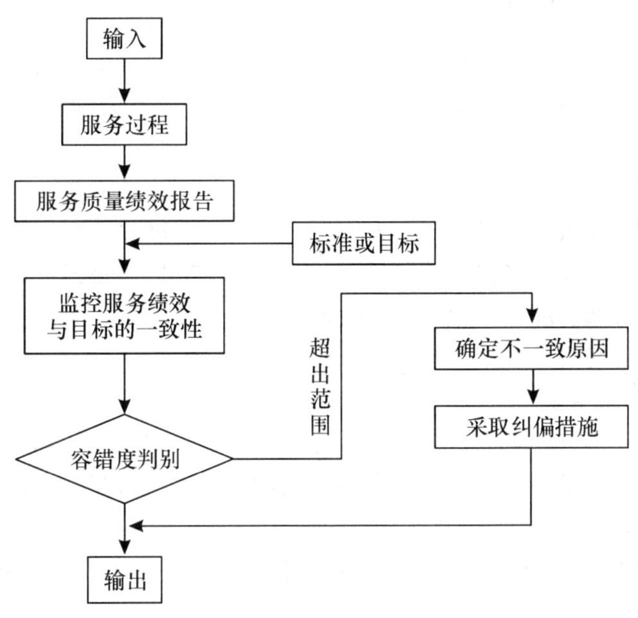

图 7—4 物流服务质量控制系统运行过程

设计的服务质量及其标准要通过测评和监控输出，确保实施情况和标准相吻合，当测评结果超出允许范围时，应分析原因并采取纠偏措施。

（五）资源要素

构成物流服务质量管理体系的资源要素包括信息资源、人力资源和物质资源三部分。

1. 信息资源

以高质量服务著称的企业通常很善于把握客户的想法，物流服务质量管理应当有效地利用来自客户、员工以及社会公众的质量反馈信息，并对它们进行必要的分析，使之成为质量控制和改进的依据。

2. 人力资源

能否实施有效的质量管理，人的因素是具有决定性的。要充分发挥人力资源的作用，应当特别注意以下几个方面：

（1）必须发挥企业最高管理层管理者的领导力，通过他们的决策和实际行动来体现对质量管理的决心。

（2）员工的工作岗位，尤其是那些需要直接与客户接触的岗位应当符合他们的个性。

（3）不断向所有员工提供质量培训。

（4）要给员工充分的授权，鼓励他们参与质量管理并解决质量问题。

3. 物质资源

进行物流服务质量管理离不开服务工具、通信设备、信息系统以及其他基础设施和设备的支持。

以上几个方面的要素是构建物流服务质量管理体系所必需的。企业应当充分认识到质量管理在物流服务管理中的重要性，并在政策、资金、技术和人员上给予大力的支持。

四、物流服务质量管理体系的评价

物流服务质量管理应当充分重视客户的意见和建议，同时要在企业内部提倡下一工序就是客户，本工序的质量问题一定要在本工序发现和解决，为保证下一工序的质量创造条件。

（一）实现全过程的质量管理

企业所构建的物流服务质量管理体系应当能够实现全过程的质量管理。以配送服务为例，全面的质量管理不仅应当包括从接受订单开始到将货物送交客户进行费用结算的过程中，对订单处理、拣选、配货、包装、流通加工、装车和配送等工序的质量管理，还必须包括对客户调查、方案设计及量化管理。

（二）有全面的质量观念

全面的质量观念不仅要求重视物流服务提供过程中的质量保证和控制，还应当重视与之相关的所有工作的质量：要求各部门在为实现其个别的或局部的目标进行质量管理的同时，还要有从企业整体利益出发来实施控制的全局的观念；要求对已经发现的服务质量问题进行妥善处理的同时，还要有分析原因，揭示联系，发现或预防潜在问题的能力和观念。

（三）重视全员参与

企业的物流服务活动是涉及各个部门，由各项工作组成的整体，因此，从企业的负责人到与物流活动相关的具体操作人员、后勤人员都通过自己的工作直接或间接地影响着物流服务质量。开展质量管理工作应当在提高员工的基本素质和科技水平的基础上，强化他们的质量意识和责任感，形成全员参与的质量管理体系。

（四）以数据作为质量管理基础

对物流服务进行全面的质量管理是建立在数据统计的基础上的，应当尽量避免在分析和解决质量问题时凭直观、凭经验的做法。虽然服务本身的特点决定了有一些质量指标是很难或是无法量化的，但是仍然应当尽可能设定必要的标准和绩效指标，通过从物流服务过程中收集到的数据进行质量管理。

(五) 有科学的工作程序

按照全面质量管理的思想构建的物流服务质量管理体系应当具有科学的工作程序，即 PDCA 循环。PDCA 四个字母分别代表计划（Plan）、实施（Do）、检查（Check）和处理（Action），四个环节不断地循环转动，每经历一个循环就解决一个主要问题，服务质量就提高一步。图 7—5 示意了 PDCA 循环的工作内容及步骤。

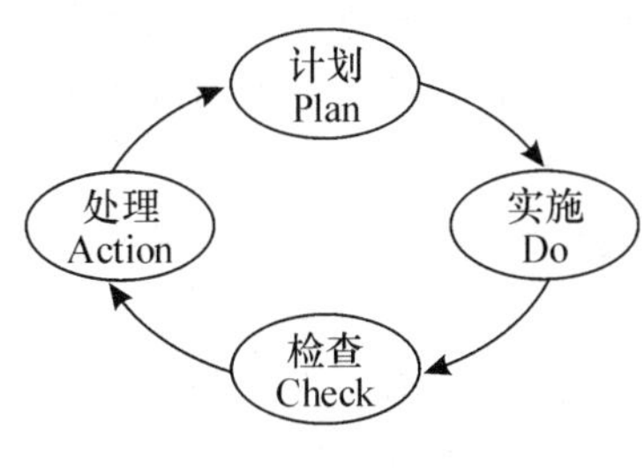

图 7—5　PDCA 循环

第三节　企业物流客户服务管理

一、物流服务的客户满意

物流活动的目的在于向客户提供及时而又准确的产品递送服务，是一个广泛满足客户时间效用和空间效用需求的过程。接受服务的客户始终是形成物流需求的核心和动力，客户的好恶决定着企业的未来，物流企业必须为客户提供高品质的服务，从而增强客户的满意度。企业应把客户的满意作为一种新的质量观，要求物流服务以客户为关注焦点，并把客户的满意作为评估量经营业绩的一种标准。让客户满意是以了解客户需求为基础，以满足客户要求为重点，以超越客户期望为追求，以谋求企业生存和发展为目标的经营观念。

(一) 衡量客户服务质量

随着市场竞争的日趋激烈，企业无论大小，产品或服务无论简单或复杂，客户服务都已经成为企业参与竞争的法宝。因此，企业之间的竞争实质上是客户服务的竞争。要赢得客户、保留客户就必须提升客户服务满意度。

有效衡量客户服务满意度是提升服务质量的关键。作为一个企业，要想有效地提升客户服务的满意度，首先需要准确地对其进行衡量。什么是真正的客户服务满意度？客户个人对于服务的需求和自己以往享受服务的经历再加上自己周围对于某个企业服务的口碑构成了客户对于服务的期望值。作为企业，在为客户提供物流服务时应不断地了解客户对于服务有何种期望值，而后根据自身对于客户期望值的理解为客户提供服务。

衡量客户服务质量的五大要素——RATER 指数。RATER 指数是五个英文单词的缩写，分别代表：信赖度、专业度、有形度、同理度、反应度。经过深入调查研究发现，对于服务质量这五个要素的重要性的认知，客户的观点和企业的观点有所不同：客户认为这五个服务要素中信赖度和反应度是最重要的。这说明客户更希望企业或服务人员能够完全履行自己的承诺并及时地为其解决问题。而企业则认为这五个服务要素中有形度是最重要的。

案例 7—3

医药零售企业的客户满意：多元化及个性化需求

医药物流管理有其独有的特点，主要体现在：品类繁多，存量少；消耗速度慢；单位体积价值高；质量要求较高。物流配送服务对达成客户满意度的影响是多方面的，其水平的高低直接影响门店的工作效率及服务水平。

客户满意是医药零售企业的经营宗旨，而如今踏进药店的客户早已不满足于简单的交易过程。整洁的店面，温馨的服务，丰富的商品陈列，专业化的介绍，服务多元化、个性化，使客户在购买商品的同时享受到高水平的服务。企业也正利用客户的需求来创造其服务特色。这就更依赖于完善的物流配送服务作后盾。

门店商品陈列是企业展现服务特色和传达信息的窗口，物流服务人员在交货时也提供商品上架服务，并向经营者提出商品店面陈列建议方案，共同寻求最佳方式。向门店营业人员介绍商品特点，培训导购技巧，以满足不同客户的个性化需求。

在客户提出紧急配送、夜间配送、假日配送等特殊要求时，物流服务有一套快速反应系统支持，急客户所急，采用变动弹性的操作，进行订单处理，直接送货到门店或客户手中。

门店商品营销活动的开展更是物流服务在客户中频频亮相的好机会。利用系统对商品营销品种的分析选择，积极准备商品、赠品，与厂商洽谈优惠条件。在店面，商品的恰当陈列，促销活动的广泛开展，商品销售信息的反馈，客户对商品的态度等方面，无处不体现出物流服务所表达的关心与周到，并在客户受益的同时树立了厂商、配送与零售的企业品牌。

（二）影响客户满意的因素

物流是为客户服务的，企业的发展必须以客户的需求为导向。目前，客户需求变化快、要求高，他们需要的不仅是从生产材料采购到产品送达消费者一整套的传统服务，更需要能提高整体效率的一体化物流服务和供应链管理模式。面对市场的变化，企业要对传统物流服务进行全面改进，建立全方位物流服务体系，实现客户满意。

客户满意是一个与客户预期相对应的概念，即如果服务商的作业表现高于他们最初的预期水平，客户就会感到满意；相反，客户就会感到不满意。在物流服务中，影响客户形成这些预期的因素有很多，主要有以下几个方面。

1. 作业表现

客户一般根据自己的经营策略对其服务商产生服务需求，而且希望其需求能最大限度地被满足。直观上，客户预期最主要源于客户需求，然而客户的预期往往与他们的真实需求不相符。也就是说，影响客户期望的最主要因素并不是他们自己的真实需求，而是服务商以往的作业表现。一个总是准时运送的服务商，会被希望一如既往地准时，否则就容易引起客户的不满。

此外，与客户打交道的其他服务商的表现同样会影响客户对当前服务商作业表现的期望。例如，如果联邦快递能够实现小包裹的次日递送，客户就会希望其他服务商也能做到这一点，这种预期是基于行业先锋的作业标准产生的。

2. 口碑效应

客户非常重视口碑效应。客户在交易行为发生之前，特别是面对一个新的服务商之前，在心理上普遍存在着风险意识，能否将风险度降低到一定程度，往往是客户能否发生交易行为的关键所在。为降低风险度，客户就格外重视对服务相关信息的收集与评估。客户对信息进行评估得出什么样的结论，既取决于他们的经验与评估原则，也取决于他们对信息渠道的态度，所以，为保证评估的正确性，客户对信息渠道是有所选择的。在众多信息渠道中，客户对同行、朋友提供信息的重视程度要远远高于广告信息和推销人员提供的信息。同时，客户间对于服务商作业表现的讨论，也会影响客户期望的形成。

3. 服务商承诺

影响客户预期的另外一个重要因素是服务商的承诺。服务承诺是企业对客户能够得到的服务具体内容和利益以及出现服务失误时能够获得的补偿而向社会公开做出的保证。服务承诺可以解除客户的后顾之忧。当客户对服务质量不清楚或担心作业中会出现的故障时，若企业能郑重地做出相关承诺，那么，就能在一定程度上解除客户的这种戒心，变潜在需求为现实需求。

(三) 提高客户满意的策略

1. 满足客户需求，超越客户期望

客户满意与否是客户对特定事物主观上的感受，是对企业和企业职工提供服务的综合评价，它通常由不满意、满意和非常满意三个基本指标显示。这三个基本标识在一定条件下又会相互转化。因此，最大限度地满足客户需求，让外部客户满意是企业经营的基础。

一般来说，客户的需求可分为三个层次：基本需求、客户期望、超越客户期望。客户的“基本需求”是指物流服务必须有其属性或功能，满足了基本需求的客户，态度表现为满足。“客户期望”是指企业提供的产品和服务较优秀但并不是“必需的”行为，有些期望甚至连客户自己都不清楚，但却是他们希望得到的，若做到了，客户表现为满意。如企业中的客户服务部门为客户提供的信息处理、流通加工和供应链管理咨询等增值服务。“超越客户期望”是指企业提供了一些完全出乎客户意料的产品属性或服务行为，或者客户从未体验过的需求，使客户产生惊喜。例如，随着市场发展，融资渐渐成为客户的一个需求，如果企业能与大银行结盟，为客户提供买方信贷，这便很好体现了企业精诚为客户服务的宗旨。因此，企业要让客户满意，一方面应全力以赴地满足客户的基本需求，保证客户提出的要求得到最大限度的满足；另一方面应实现客户期望的满足，提供客户喜爱的额外服务或产品功能，使客户满意。在此基础上，要想办法使客户惊喜，时时传达“用户至上”的理念。企业要努力做到客户满意，并且进一步将客户满意目标提升到客户忠诚。据美国有关机构调查，随着客户忠诚度的提高，企业 3/4 的销售成本会相应下降，而且客户忠诚度每提高 5％，企业利润可增加 25％～85％。值得注意的是，客户的需求并非是一成不变的，随着时间推移，特别是科学技术的发展，客户的需求也会发生相应的变化。因此，企业必须动态地聚焦于客户，及时了解客户需求的变化趋势，开展服务为先、增值为本、关系至上的一系列管理创新改进，力求满足客户需求并使客户满意，直到获得客户忠诚。

2. 优化业务流程，关注客户满意度

关注客户满意度并对之进行测量与评价，是企业根据自身业务目标、客户的特点、经营环节、业务流程甚至具体的客户接触点等进行规划、改进和优化的过程。它是掌握客户需求和期望，实施客户满意战略的重要手段。

企业利用客户满意度来评价服务质量时必须认识到：第一，客户有抱怨是不满意的反应，但有的客户即使有不满意的感觉，也不一定会提出申诉。因此，客户没有抱怨并不一定表明客户满意度高。第二，客户满意度具有可变性和滞后性的特点。对当前客户满意度的测定，有一部分可能是客户过去感觉的反映。因此，测评客户满意度不能作为企业的一次性活动，而应是持之以恒的工作。企业应结合产品和服务的性质和特点来确定获得和利用客户信息的方法。诸如通过市场调查、老客户座谈会等形式定期征询客户意见，建立与客户沟通的渠道，了解他们的需求和反应，找出影响客户满意度的主要原因，采取行动予以改进，并对改进效果进行评价，不断实现零缺陷承诺的各种增值服务。

在获得满意水平测量数据后，企业需要运用多种工具和方法，对数据进行描述、分析、预测和决策研究等。这是个不断改进的过程，需要定量化的数据，也需要管理者和专业人员的智慧、技术和经验，同时需经过长期的积累和综合分析来完成。对于新兴的企业来说，这个改进和优化的过程，需以客户满意为目标，以关键的经营流程为主干，按企业内部价值链的观点，明确每一业务流程的客户，建立流程型组织。

3. 实施客户关系管理

客户关系管理（Customer Relationship Management，CRM）作为一种信息产品，从1997年开始，在全球市场上一直处于快速发展的过程中，它是从“以产品为中心”向“以客户为中心”转变过程中的必然产物。

在许多企业内部，客户管理通常是分散的。如销售部门掌握客户档案和销售信息，财务部门掌握客户资金和信用信息，生产部门和物流管理部门则只知道按订单或需货单生产和配送，各部门信息不沟通、关系不协调。从表面上看，各部门似乎都有健全的管理，但实际上给客户带来了诸多不便。CRM的首要功能是打破部门信息封锁的壁垒，整合原本属于各部门分散管理的客户信息，使它们通过现代信息技术和CRM系统形成统一的信息中心，实现企业客户管理统一化。进而在客户需求的拉动下，重组企业内部资源以及物流优势资源，通过个性化的客户服务，提升客户价值和企业价值。

从物流的角度看，CRM是基于企业与客户，实现信息共享、资源互补、多方互动和客户价值最大化，并以此提高企业竞争力的一种管理思想。从技术角度讲，由于CRM在电子商务平台基础上，建立起了一种面向客户的融合企业管理理念、市场营销、客户服务和技术支持的自动化解决方案，为客户和企业提供了协同互动的平台。

成功实施CRM的关键因素有两个：第一，在前端，整合出一个可以实时获取、应用统一的交易数据和客户信息的平台；第二，在后台，来自于运营型CRM系统的数据能够统一地存储到数据仓库或者一系列数据仓库之中。围绕这两点，企业应当反复调研、规划和进行可行性研究。对于一个组织严密、部门之间业务依赖程度较高的大型企业来说，最好的策略应当是分步实施一个标准的基础设施型 CRM 解决方案，同时在特定的客户层和销售渠道上，辅以专门的垂直型 CRM 解决方案。而对于业务之间的关联性没有那么强的企业来说，可以为每一种业务类型选择一种最好的垂直型解决方案。

二、物流服务的客户成功

（一）客户成功的内涵

近年来，许多企业发现可以在物流作业中通过另外一种策略取得竞争优势，这种策略便是客户成功。客户成功的基本思想是：企业能力与市场份额的提升，取决于它们吸引及抓牢各个行业中成功客户的能力，问题的关键是企业如何运用自己的作业能力来提升其所服务客户的成功砝码。

与客户满意相比，客户成功将重点从客户预期转移到了客户的真实需求上。很显然，客户成功策略包括对个体客户需求的全面理解以及注重有增长潜力的长期合作关系，当然，这种合作关系不可能是面向所有潜在客户的市场竞争的。长期实践表明，企业 80%的利润来自 20%的重点客户，因此，企业应主要对这个重点客户群体给予更多的关注，集中了解重点客户群体需求、内部生产过程、竞争环境以及其他任何与客户在自己竞争领域获取成功的相关因素并给予按需定制的个性化服务，这都将极大提升这部分客户的忠诚度和满意度，从而确保企业主流利润来源的长期性和稳定性。

客户成功策略要求企业工作人员具有供应链的全局观念。以往企业只是力求满足自己的直接客户需求，至于这些客户与他们自己的客户如何打交道，企业就不关心了。客户成功策略认为现代企业必须改变这种认识，他们必须了解整个供应链，设计的物流方案应能确保自己的直接客户同样能够满足他们的下一级客户。如果所有供应链成员都具有这种全局观，那么所有成员就会共享成功。

（二）客户成功的主要对策

1. 提高企业全体员工的物流服务战略意识

首先，企业的决策者们必须转变观念，大胆创新地开展物流服务；其次，通过企业教育，灌输物流服务思想以达成共识；最后，企业还要制定物流服务标准和物流服务规章制度，合理规划设置物流部门，明确其职责权利。

2. 从客户实际需要出发开展物流服务

企业必须深入客户，采取问卷调查、专访和座谈的方式进行调查，有条件的企业还可以定期邀请关键客户来参加企业组织的一些活动，借以收集有关客户需求的信息。在调查的同时，还可以了解客户对已接受的服务是否满意，还有哪些需要改进的地方，以便日后做出调整。

3. 按客户或商品的重要性划分层次，开展有等级的物流服务

在成本的制约下，物流服务也是一种有限的经营资源，因此合理分配物流服务至关重要。可以采用 ABC 分析法确定物流服务的分配方案，用科学的方法保证客户的最基本需求得到满足。

物流服务的分配也可以按照所经营的商品来进行，也就是说，对一般商品和战略商品

的物流服务应有所区别。对发展前景较好的产品应积极采用较高的物流服务水平来推动产品销售；对一般的产品应保持现有的服务水准来延长收益；对问题型产品则要根据产品分析的结果采取收缩性的物流服务；而对处于衰退期或淘汰期的产品则可以停止物流服务，撤出相应的市场。

4. 加强运输和保管

鉴于运输在物流服务方面的重要位置，有条件的企业可以把公司的运输业务完全委托给专门从事运输的机构去做，实行联合运输和托盘化运输提高运输质量，这样，既减少了企业的运输成本又方便了客户。

为了提高保管的服务功能，必须引进更先进的库存管理技术，如实行 MRP 和 JIT 用以提高客户服务水平，降低库存，提高企业的投资报酬率。要使物流服务真正成为战略性竞争手段，只有在服务客户、给企业带来利益的同时为社会谋福利，才能使物流服务真正具有竞争力和生命力，才能真正推动企业，从而推动社会持续快速健康发展。

总之，市场竞争已经进入到“客户制胜”的时代，谁能更好地运用信息和技术管理客户，把握客户的需求，超越客户的期望，为客户提供优质的服务，谁就能在竞争中取胜。要想确保客户成功，企业需要根据不同供应链的特点制定不同的服务方案，关键是寻求如何通过链条服务实现增值，而这一切都是以涉及各方的信息交换为前提的，因为只有充分的信息共享，才能深入理解彼此的需求与能力，也才能保证物流服务商更好地实现协调，为各方服务。

三、物流客户服务管理策略

物流服务为企业在竞争中赢得和保持优势提供了基础，但这并不是无条件的。物流服务是企业的一种资源，从经济角度来说，物流服务同其他资源一样具有稀缺性，在物流服务的具体实施中，企业应采取相应的策略和手段，对物流服务进行有效配置，促使物流服务充分发挥其效能。

(一) 提供不同层次的物流服务，设置多物流服务组合

在某一时段，企业在为客户提供物流服务时，不应千篇一律地采取同样的模式，而应当具备根据不同情况同时提供多种物流服务形式的能力。

第一，企业要对客户进行分析。在提供物流服务前，企业要从不同的角度分析客户及其需求，并用分类或聚类的方法划分出不同的客户群，用数据挖掘技术和模式识别的方法发现物流服务中客户的典型行为，如客户的消费偏好等，从而决定差异性服务的实施策略。通常，根据客户经营规模、类型和对本企业销售贡献率等标准，可将客户分成不同的类别和层次。基于客户类型的物流服务策略如表 7—1 所示。

表 7—1　　基于客户类型的物流服务策略

对本企业销售贡献率 / 经营方式	大	小
专卖店、连锁店	积极支援型策略	维持现状型策略
非专卖店、非连锁店	准积极支援型策略	受动型策略

在对本企业销售贡献率大的客户中，存在两种情况：一是专门经营本企业产品的专卖店或连锁店，对它们应当采取积极支援型策略，在物流服务资源发生冲突时要首先考虑这类客户，因为这类客户对企业的发展具有直接的利益相关性；二是除了经营本企业产品外还经营其他企业产品的非专卖店或连锁店，对它们应当采取准积极支援型策略，企业在物流服务中也要特别重视这类客户，因为这类客户往往是具有较强实力的综合店，对最终客户具有很大的吸引力。在对本企业销售贡献率小的企业中也存在两种情况：一是专门经营本企业产品的专卖店和连锁店，对它们应当采取维持现状型策略，因为这些店面可能由于地区等原因暂时无法扩大其销售规模，但它们具有很大的潜力，所以要维系现有的交易关系，为将来可能开展的战略调整打下基础；二是除了经营本企业产品外还经营其他企业产品的非专卖店或连锁店，对它们应当采取受动型策略，因为这类客户未来进一步发展的可能性较小，所以企业在物流服务上可以不采取主动态度，而只在客户要求服务的条件下开展物流服务活动。

第二，企业应充分考虑产品的类型。在市场环境下，不同的产品会表现出不同的态势。企业基于物品类型的物流服务策略如图 7—6 所示。

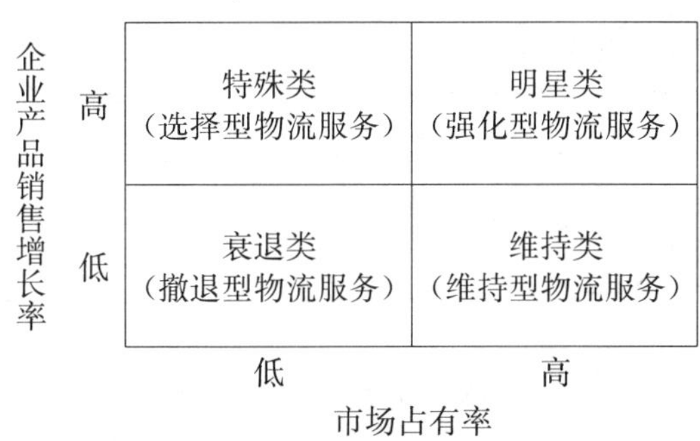

图 7—6　基于物品类型的物流服务策略

有的产品不仅现有市场占有率高，而且还表现出强劲的销售增长趋势，这类产品称得上是企业发展所依赖的明星类产品。企业对这类产品应采取强化型物流服务，充分保障这类产品的各项物流服务指标高质量地完成，如提高交货频度、降低订货单位、随时做好发货准备并当天交货等。有的产品已拥有较高的市场占有率，但新市场的开辟速度较慢，市场销售增长率较低，产品销售额处于维持型稳定状态。企业对这类产品应采取维持型物流服务，通过保持现有物流服务水准来延长产品的收益。有的产品当前拥有的市场占有率较低，但表现出强劲的销售增长趋势，企业对这类产品应具体问题具体分析：对有希望成长为明星类的产品，要采取逐渐强化型物流服务，抓住市场扩大给企业带来效益的机会；对只具备短期销售增长率的产品，则应采取保守型的物流服务。有的产品当前市场占有率较低，且销售增长率也较低，对这类产品，企业可采取撤退型物流服务，逐步撤出相应的市场。

第三，企业要从盈亏角度考虑物流服务的提供。企业的销售部门为了扩大销售额，通常认为企业应当无限制地接受客户对物流服务的要求，并认为只有这样才能保持产品市场占有率和销售增长率，这是不现实的，它一方面会使物流系统无法承受，另一方面会使客户（如分销商和零售商）对物流服务的要求不断升级，以至于企业无法应付。例如，分销商或零售商或者由于销售情况不稳定，或者由于没有存放货物的地方，或者为了减少库存成本，会无节制地要求企业多批次、小批量地提供物流服务，这必然大大提高物流服务成本。因此，企业应当从盈亏角度对物流服务进行考虑。对于总销售额和一次订货销售额都很高的客户，由于这种条件下的物流服务能够给企业带来丰厚的利润，因此企业应采取积极态度支援订货。物流服务处于盈亏分界线上的情况存在两类客户，一类是一次订货销售额较高但总销售额还处于较低水平的客户，这类客户一方面具有销售增长的趋势，另一方面由于大批量可节约企业物流服务成本，企业应当采取准积极态度支援订货。另一类客户是总销售额较高但一次订货销售额较低，这迫使企业不得不多频次、小批量发货，增大了企业物流服务负担，企业对这类客户可采取维持现状策略。对于一次订货销售额较低、总销售额也较低的客户，企业应当采取消极态度，因为向这类客户提供物流服务总是处于盈亏分界线之下，根本不能给企业带来效益。基于盈亏分析的物流服务策略如图 7—7 所示。

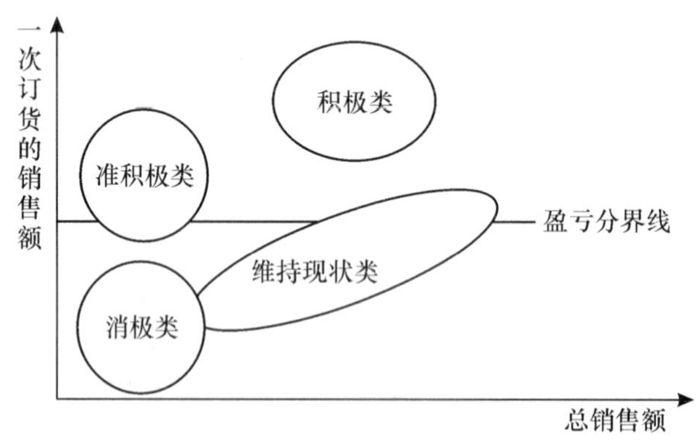

图 7—7 基于盈亏分析的物流服务策略

（二）注重物流客户服务的动态性和发展性

物流服务会随着社会发展和客户需求变化而发生变化。例如，客户对信息提供要求会不断增加，过去企业要提供交货期信息、库存及缺货信息、重新进货信息、到货日期、运送过程中的商品追踪信息和物流质量信息等。随着信息系统的构建和信息交换标准如 EDI 的导入，信息共享程度越来越高，客户在原有信息基础之上会提出更高的信息获取要求，如统一账单格式信息、商品入库统计表信息等。

（三）强调物流客户服务的集成化

信息网络技术是构成现代物流体系的重要组成部分，是提高物流服务效率的重要技术保障，是提升客户服务质量的重要内容。实现物流各环节的实时跟踪、有效控制和全程管理，进而保证供应链快捷顺畅运作，就需要一个完善的信息收集、整理、发布、跟踪、查询系统。信息集成使系统地管理物流成为可能，从而有效地缩短供应管道，减少备货时间，加快企业的反应速度，提高客户满意度和客户服务质量。

物流信息系统是一项系统工程，构建之初和系统维护阶段都需要耗费企业大量的人力、物力和财力；随着信息技术的发展，信息系统需要得到进一步完善。信息系统的构建与完善都要求企业在充分考虑竞争对手和竞争环境后，在物流服务和技术成本之间作出明智的选择，保证信息系统的运行能充分挖掘物流服务的效率。

在我国，目前存在着进行物流要素产权自由交易的市场，如货运市场、仓储市场等，众多的物流企业是由传统的运输公司、储运公司转型而来的，由于受原先行业的影响，这些企业各有特色，如果能在一定范围内将闲置与浪费的物流资源实现要素协同，既可以降低物流成本，又可以提高客户服务水平。

（四）重视物流服务的社会影响

物流服务的结果除了会影响企业自身和所服务的对象（客户）外，还会对其他组织或个人（即第三方）施加影响，产生外部效应，如包装材料的随意遗弃会产生环保问题，物流配送服务的不合理调度会产生交通堵塞和环境污染问题，等等。当外部效应发生时，成本（在某些情况下也可能包含收益）被附加于其他组织或个人身上，而这种影响的施加者却没有付出相应的代价。这种状况，除了依托政府进行管制外，在一定程度上还需要企业自身从伦理和道德的角度自觉地予以解决。也就是说，企业在物流服务中除了关心企业内部物流和销售物流外，还要按照可持续发展的要求，从社会大系统和大环境方面认真考虑环保、节能、节约资源以及废弃物的回收等问题。

（五）定期评估物流服务的绩效

对物流服务的实施情况应定期进行核查，如检查销售部门或客户对物流服务现状是否存在抱怨，有没有错误配送，物品破损是否严重；通过广泛征求客户意见，了解所设定的服务标准是否得以实现，客户对物流服务的满意度如何；通过财务核算掌握物流服务的成本是否合理，企业是否采取了相应的降低成本措施，效果如何，等等。总之，对物流服务的绩效进行评估是为了不断地适应客户需求的变化，及时制定出最佳物流服务组合，提高企业的收益率。

本章小结

物流服务是物流组合中各项活动实施的直接后果。本章首先介绍了物流服务的概念、模式及内容。物流服务模式包括客户自我服务模式、协作物流服务模式、第三方与第四方物流服务模式、类物流业服务模式。物流服务的内容包括四部分：基本服务、增值服务、供应链一体化服务、电子商务服务。

其次，本章阐述了物流服务的标准、物流服务质量体系及评价。基本的物流服务标准包括三个方面的内容，即可得性、作业绩效和可靠性。物流服务质量体系包括质量体系结构、质量政策、程序文件、控制系统及资源要素。

最后，本章介绍了物流服务的客户满意、客户成功以及物流客户服务管理的策略。越来越多的业务环境要求企业对客户的服务承诺要严格执行，基本服务的最高层次是实现客户成功。这需要企业熟知客户的需要，了解客户的潜在需求，并协助客户增强竞争力，使客户在自身领域中获得较大的成功。物流服务是企业的一种资源，从经济角度来说，物流服务同其他资源一样具有稀缺性，在物流服务的具体实施中，企业应采取相应的策略和手段，对物流服务进行有效配置，促使物流服务充分发挥其效能。

基本概念

物流服务　基本服务　客户自我服务模式　协作物流服务模式　第三方物流服务模式　第四方物流服务模式　物流完成周期的速度　客户满意　客户成功　客户关系管理

思考题

1. 简述物流服务的含义。
2. 物流服务质量管理体系应当具备哪些要素？
3. 简述基本的物流服务的标准。
4. 论述物流服务的内容。
5. 影响客户满意的因素有哪些？
6. 试述客户成功的内涵。
7. 简述物流客户服务的影响因素。
8. 物流客户服务管理策略有哪些？

第八章
企业物流成本管理

本章要点提示

- 了解物流成本的几种理论学说及物流成本的分类、影响因素
- 了解作业成本法
- 理解物流成本的基本内涵
- 理解物流成本核算中的会计核算法、统计核算法
- 掌握企业物流成本管理的概念、内容

成本是指在企业进行某项活动时所发生的各种耗费。在企业管理中，成本管理一直受到人们的普遍重视，成本管理是企业内部管理的核心内容。

物流成本是整个物流活动过程中发生的、以货币计算的各种费用总和。物流成本管理就是通过成本去管理物流。作为企业物流管理的一项重要内容，物流成本管理包括的内容极广，涉及成本核算、库存管理、现代信息系统的建立等方面的问题。本章将主要介绍物流成本、物流成本核算以及物流成本管理的相关内容。

第一节　企业物流成本概述

一、物流成本的内涵

物流成本是指在物流过程中，企业为了提供有关的物流服务，所要占用和耗费一定的活劳动和物化劳动的货币表现。从概念来看，物流成本的构成应该包括整个物流过程的各种耗费（人力、物力、财力）。而从广义来说，物流过程包括生产、流通、消费全过程，也就是说，这些过程中所涉及的与物的流通有关的耗费都应计入企业的物流成本，但由于所处领域不同，物流成本的具体构成也有所不同。

一般来说，物流成本主要由以下几部分构成：

第一，伴随物资的物理性流通活动发生的费用以及从事这些活动所必需的设备、设施费用，例如电力、燃料、包装耗材、固定资产损耗等物资消耗以及物资在物流活动中发生的合理损耗等。

第二，完成物流信息的传送和处理所发生的费用以及从事这些活动所必需的设备、设施费用，例如物流活动有关的办公、差旅支出等。

第三，对上述活动进行综合管理所发生的费用，例如企业为了开展物流活动的人力资本。

物流成本在现行财务会计制度中没有单独的科目，这就使得处于社会再生产不同领域的企业对物流成本的核算范围设定不同。一般来说，制造企业通常将生产物流费用计入产品成本中，商品流通企业则把物流费用计入销售费用中。

因此，当前进行物流成本管理的理想目标是将存在于各个会计科目中的物流成本抽取出来，进而分析每一项物流成本的发生是否合理，以便合理降低物流成本。

二、物流成本的几种重要学说

西方对物流、物流管理的研究从 20 世纪就已经开始，对物流成本的研究也有几十年的历史。目前，关于物流成本的理论主要有以下几种。

(一)“黑大陆”理论

在财务会计中，把营运生产费用大致划分为生产成本、管理费用、销售费用和财务费用等。其中，销售费用可以按照支付形态的不同进行分类，这样在损益表中所能看到的物流成本占整个销售额的比重极小，从而使得物流的重要性无法被认识到，这就是物流被称为“黑大陆”的一个原因。

知识库

1962 年，世界著名管理学家彼得·德鲁克在《财富》杂志上发表了《经济的黑色大陆》一文，他将物流比作“一块未开垦的处女地”，强调应高度重视流通以及流通过程中的物流管理。彼得·德鲁克曾经指出：“流通是经济领域里的黑暗大陆。”这里，彼得·德鲁克虽然泛指的是流通，但是由于流通领域中物流活动的模糊性特别突出，是流通领域中人们认识不清的领域，所以“黑大陆”理论主要是针对物流而言的。

“黑大陆”理论是一种未来学的研究结论，是战略分析的结论，带有较强的哲学抽象性，这一理论对于研究物流成本领域起到了启迪和动员作用。

(二) 物流冰山理论

“物流冰山”理论是日本早稻田大学西泽修教授提出来的。他在研究物流成本时发现，现行的财务会计制度和会计核算方法都不能掌握物流费用的实际情况，因而人们对物流费用的了解是一片空白，甚至有很大的虚假性。他把这种情况比作“物流冰山”。冰山的特点是大部分沉在水面以下，是我们看不到的黑色区域，而我们看到的不过是物流成本的一部分。

西泽修教授用物流成本具体分析了彼得·德鲁克的“黑大陆”理论。事实证明，物流领域的方方面面对我们而言还是不清楚的，在“黑大陆”中和“冰山”的水下部分正是物流尚待开发的领域，也是物流的潜力所在。

案例 8—1

自营物流与第三方物流的成本比较

一个销售额为 6 000 万元的箱包企业，工厂总部在北京，而在全国拥有 10 家分公司，与北京距离平均约为 1 200 千米，10 家城市均摊，月均 50 万元销售额。假设标准包装箱为 45 厘米×33 厘米×60 厘米，约 0.09 立方米和重 15 千克，每箱 30 只，平均计价 144 元/只，每箱货值 0.43 万元。每城市每月销售 1.16 箱，计费吨数为 3.4 吨。如果该公司在每个城市有 100 家销售网点，每个网点销售 116 箱，计 0.5 万元/家，约 38 只箱包。送货每城市 3 800 只/月，10 城市总送货 38 000 只，全年送货 45.6 万只。假设每家销售网点布货品种 20 种，30%为畅销品，占销量的 70%，即 6 种箱包的每月送货量为 26 只，其余 14 种每月送货量为 12 只，分三次送完。计每城市每月送货 300 次，10 城市送货 3 000 次，全年送货 3.6 万次。该公司的物流比率为 1.8%（26/1 440）。

该箱包企业为了完成原料采购和产品分销等物流功能，可以有两种选择：采用第三方物流或企业自营物流。依据采用第三方物流的物流服务报价，如自行承担物流功能，则需要物流费用为 277 万元，约占销售额的 4.62%。而采用委托第三方物流的全套物流服务，所需物流费用为 200 万元，约占销售额的 3.33%。显然，采用第三方物流比本公司自营物流可节约成本 28%。

如果加进隐性成本，企业采用自营物流的隐性成本也将大大高于采用第三方物流的隐性成本。从企业物流的总成本角度来分析，第三方物流的成本优势将更为显著地体现出来。

（三）“第三利润源泉”理论

第三利润源泉的理论也是日本早稻田大学教授、日本物流成本研究的权威学者西泽修先生在 1970 年提出的。

从历史发展来看，人类历史上曾经有过两个大量提供利润的领域：在生产力相对落后、社会产品供不应求的历史阶段，由于市场商品匮乏，制造企业无论生产多少产品都能销售出去，于是企业就大力进行设备更新改造、扩大生产能力、增加产品数量、降低生产成本，以此来创造企业剩余价值，即“第一利润源泉”。当产品充斥市场，转为供大于求，销售产生困难时，也就是第一利润源泉达到一定极限，很难持续增长时，企业便采取扩大销售的办法寻求新的利润源泉。人力资源领域最初是廉价劳动，其后则是依靠科技进步提高劳动生产率，降低人力消耗或采用机械化、自动化来降低劳动耗费，从而降低人工成本，增加利润，被称为“第二利润源泉”。然而，在前两个利润源潜力越来越小、利润开拓越来越困难的情况下，物流领域的潜力为人们所重视，于是出现了西泽修教授的“第三利润源泉”理论。

这三个利润源泉着重开发生产力的三个不同要素：第一利润源泉挖掘对象是生产力中的劳动对象；第二利润源泉挖掘对象是生产力中的劳动者；第三利润源泉主要挖掘对象则是生产力中劳动工具的潜力，同时注重劳动对象和劳动者的潜力，因而更具全面性。

（四）效益背反理论

效益背反是物流领域中很经常、很普遍的现象，是这一领域中内部矛盾的反映和表现。

效益背反是指物流的若干功能要素之间存在着损益的矛盾，在某一功能要素的优化和利益发生的同时，必然会存在另一个或几个功能要素的利益损失，反之也是如此。这是一个此消彼长、此盈彼亏的现象，虽然在许多领域中这种现象都是存在的，但在物流领域中这个问题似乎尤其明显。物流系统的效益背反包括物流成本与服务水平的效益背反和物流各功能活动的效益背反。

高水平的物流服务是由高水平的物流成本作保证的。在没有较大的技术进步情况下，物流企业很难做到既提高了物流服务水平，又降低了物流成本。一般来讲，提高物流服务水平，物流成本即上升，两者之间存在着效益背反关系。

同时，现代物流又是由运输、包装、仓储、装卸及配送等物流活动组成的集合。物流的各项活动处于这样一个相互矛盾的系统中，要想较多地达到某个方面的目的，必然会使另一方面的目的受到一定的损失，这便是物流各功能活动之间的效益背反。

三、物流成本的分类

企业物流成本可以按不同的分类方法进行分类。

（一）按功能类别划分

按照物流活动的功能类别分类，物流成本可以分为物流环节成本、物流管理成本和信息管理成本三类。

物流环节成本是指在物流活动过程中所发生的包装成本、运输成本、仓储成本、装卸搬运成本、流通加工成本等。

物流管理成本是指物流的计算、协调、控制等所发生的费用。它不仅包括作业现场的管理费用，也包括物流管理部门的管理费用。

信息管理成本是指处理和传送物流相关信息发生的费用，包括库存管理、订单处理、客户服务等相关费用。

（二）按性质划分

按照物流成本的性质不同，分别有以下几种分类。

1. 可控成本与不可控成本

可控成本与不可控成本是相对的。对于一个部门来说成本是可控的，对另一个部门则是不可控的，但从整个企业来考察，所有发生的一切费用都是可控的。

2. 固定成本与变动成本

成本的变动通常与业务量有关，变动成本很大程度上随业务量而变化，固定成本则不受业务量的影响。

3．实际成本与机会成本

实际成本是由实际发生的交易产生的成本。机会成本是指为了得到某种东西而所要放弃的另一样东西，或者说放弃某种交易而失去的可能获取的价值量。机会成本不构成企业的实际支出。

（三）按费用的支付形式划分

按物流费用的支付形式划分，物流成本可以分为直接物流成本和间接物流成本。

直接物流成本是企业直接支付的物流费用；间接物流成本是企业把物流活动委托给其他组织或个人而支付的物流费用。

（四）按物流活动发生的范围划分

按物流活动发生的范围，物流成本可以分为供应物流费用、工厂内部物流费用、销售物流费用、退货物流费用和废弃物物流费用。

供应物流费用，包括从原材料的采购到送达购买者手中未知的物流活动所发生的费用。

工厂内部物流费用是指产成品从开始加工到商品送达客户手中所发生的费用。

销售物流费用是指从确定向客户销售开始到产品出库为止发生的物流费用。

退货物流费用是指伴随销售退回发生的物流费用。

废弃物物流费用是指为了处理已成为废弃物的产品而发生的物流费用。

四、物流成本的影响因素

我们可以将物流成本的影响因素大致分为以下几个方面。

（一）时间因素

物流流通的速度越快，资金流动就越快。一方面必然会降低物流成本，如订货周期的缩短、库存周转加速、运输路线的合理设计等都能降低物流成本（库存成本和运输成本）；另一方面由于减少了资金的积压，提高了企业的服务水平，增强了企业的竞争力，从物流系统论的观点来讲，也间接降低了成本。

（二）空间因素

物流的运输既包括进货的运输，也包括送货的运输。进货的方向、目标市场的位置显然对物流成本有着重要影响。若企业距离目标市场太远，则必然会增加运输及包装等成本；若在目标市场建立或租用仓库，则会增加库存成本。另外，进货方向也决定了企业货物运输距离的远近及运输成本的高低。

（三）技术因素

一方面，高科技技术和现代化设备等“硬技术”的采用可以提高物流效率，降低成本；另一方面，诸如物流系统设计、物流布局、运输路线及方式的设计、物流作业技术等“软技术”的应用，同样能够降低物流的成本水平。

（四）管理因素

良好的管理水平是影响物流成本的重要因素。例如，对库存良好的管理，严格掌握库存物品的数量、品种、进出情况可以减少资金占用，降低库存成本；严格的保管制度，可以减少物品的损耗、丢失、霉变等，从而降低物流成本；完善的质量管理体系，可以减少废品、次品的回收和退货费用，从而降低物流成本。

物流成本的影响因素之间存在着效益背反。各个因素之间相互制约、相互影响，单纯地加强某种因素的影响，必然产生对另一种因素的制约。例如，为了加速库存的周转，减少物流网络中的仓库数目并减少库存，这样虽然降低了库存成本，但是由此而使库存的补充变得频繁，增加了运输成本；将铁路运输改为航空运输，虽然增加了运费，却提高了运输速度，减少了库存，降低了库存费用；采用现代化设备、技术，提高了效率，加速了流通，从而降低了资金的占用和物品的损失回收费用，但同时也增加了商品的成本；加强管理，完善库存、保管、质量等制度，可以降低库存成本，减少物品损耗和回收费用，却增加了培训、监督等物流管理成本。所以说，物流成本的控制并不仅仅是各个因素简单地相加，而且是一个复杂的平衡、协调过程。

知识库

2008 年上半年，我国社会物流总费用为 24 032 亿元，按现价计算，比 2007 年同期增长 19.8%，增幅同比提高 3.6 个百分点。社会物流总费用与 GDP 的比率为 18.4%。

社会物流总费用增幅提高的主要原因为：一是汽油、柴油等燃料价格大幅上涨拉动了运输成本的上涨。二是劳动力成本上升导致了物流费用的增加。

从社会物流总费用构成看，运输费用为 12 760 亿元，比 2007 年同期增长 16.5%，增幅同比提高 1.2 个百分点。运输费用占社会物流总费用的比重为 53.1%，同比降低 2 个百分点。

保管费用为 8 377 亿元，比 2007 年同期增长 24.4%，增幅同比提高 4.4 个百分点。保管费用占社会物流总费用的比重为 34.9%，同比提高 2.1 个百分点。

管理费用为 2 895 亿元，比 2007 年同期增长 21.7%，同比增幅提高 11.1 个百分点，占社会物流总费用的比重为 12%，比 2007 年同期回落 0.2 个百分点。具体结构见图 8—1。

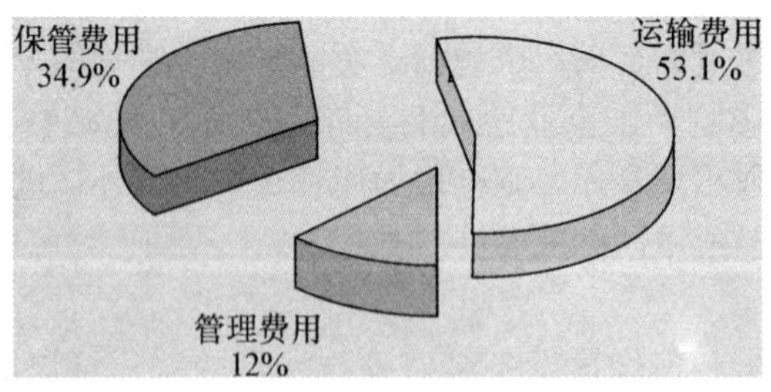

图 8—1　2008 年社会物流总费用构成图

五、降低物流成本的途径

降低物流成本是企业的“第三利润源泉”，也是企业可以挖掘利润的一片新的“绿地”。物流成本的降低成为企业获得利润的重要方面，从长远的角度来看，降低物流成本可以通过以下几个途径加以实现。

（一）物流合理化

物流合理化就是使一切物流活动和物流设施趋于合理，以尽可能低的成本获得尽可能好的物流服务。根据物流成本的效益背反理论，物流的各个活动的成本往往此消彼长，若不综合考虑，必然会造成物流成本的增大，造成物流费用的极大浪费。对于一个企业而言，物流合理化是降低物流成本的关键因素，它直接关系到企业的效益，也是物流管理追求的总目标。要实现物流的合理化，就要根据实际的流程来设计、规划，不能单纯地强调某环节的合理、有效、节省成本，而是要系统考虑。

（二）加强物流质量管理

加强物流质量管理，也是降低物流成本的有效途径。这是因为只有不断提高物流质量，才能减少并最终消除各种差错事故，降低各种不必要的费用支出，降低物流过程的消耗，从而保持良好的信誉，吸引更多的客户，形成规模化的集约经营，提高物流效率，从根本上降低物流成本。

物流质量内涵丰富，其主要内容有：

(1) 商品质量。商品质量是指商品在运送过程中对原有质量（数量、形状、性能）的保证，尽量避免商品的破损。

(2) 物流服务质量。物流服务质量是指物流企业对客户提供服务，使客户满意的程度。如第三方物流企业采用 GPS 定位系统，能使客户对货物的运送情况进行随时跟踪。由于信息和物流设施的不断改善，企业对客户的服务质量必然会不断得到提高。

(3) 物流工作质量。物流工作质量是指物流服务各环节、各岗位具体的工作质量。这是相对于企业内部而言的，是在一定标准下的物流质量的内部控制。具体控制的是物流工作质量指标，包括运输工作质量指标、仓库工作质量指标、包装工作质量指标、配送工作质量指标、流通加工工作质量指标及信息工作质量指标等。

(4) 物流工程质量。物流工程质量是指把物流质量体系作为一个系统来考察，用系统论的观点和方法，对影响物流质量的诸要素进行分析、计划，并进行有效控制。这些因素主要包括：人的因素、体制因素、设备因素、工艺方法因素以及环境因素等。具体的物流工程质量指标有：运输工程质量指标、仓库工程质量指标、包装工程质量指标、配送工程质量指标、流通加工工程质量指标及信息工程质量指标等。

物流质量管理与一般商品质量管理的主要区别是：它一方面要满足生产者的要求，使其产品能及时准确地运送给用户；另一方面要满足用户的要求，即按用户要求将其所需的商品送达，并使两者在经济效益上取得一致。

（三）提高物流速度

提高物流速度，可以减少资金占用，缩短物流周期，降低存储费用，从而节省物流成本。

提高物流速度可以通过加快采购物流、生产物流、销售物流的速度，来缩短整个物流周期，加大资金的利用率。美国生产企业的物流周期为平均每年 16～18 次，而我国目前还不到 2 次。也就是说，生产同样的物品，我们需要的资金是美国的 8～9 倍。由此可见，在我国，通过提高物流速度来降低物流成本的空间非常巨大。

第二节　企业物流成本核算

物流成本核算是物流成本管理的不可缺少的一项基础内容，通过物流成本的核算，可以揭示物流成本的大小，提高企业内部对物流的重视程度。此外，通过分析比较还可以帮助企业发现物流活动中存在的问题，进而对物流活动进行计划和控制。如果没有对物流成本尤其是对其结构的把握，就很难去讨论企业物流管理的改善，更不要说去研究企业的核心竞争力了。鉴于此点，本节将介绍几种较为实用的物流成本核算方法供大家学习参考。

一、物流成本核算的意义

物流成本核算制度是企业按物流管理目标对物流耗费进行确认、计量和报告的制度。建立企业物流成本核算制度，计算企业的物流成本，在企业物流管理中具有十分重要的意义。

（一）提高人们对物流重要性的认识

长期以来，人们未能意识到物流活动的合理化、科学化对企业经济效益的重大影响，其中有许多原因，但重要原因之一是未能树立物流成本观念，没有看到物流成本的全貌。因为按照国家现行会计制度规定进行的成本核算，物流成本被分散在许多成本费用项目之中。在商业企业和物资企业中，物流成本是和商流成本混在一起，被计入“商品流通费”或“物资流通费”项目中。在目前的流通费用中，人们无法知道耗用于企业物流的成本是多少，耗用于商流的成本又是多少。在工业企业中，情况同样如此。采购原材料的外地运杂费是计算在原材料成本之中，而市内运杂费则计入“管理费用”之中，自行运输费和保管费被计入“销售费用”、“制造费用”或“管理费用”之中，销售过程的物流费计入“销售费用”中；另外，与物流有关的利息、税金、租金和物资在运输、保管、装卸、包装、流通、加工过程中的损耗、物资储备过多的资金积压损失、物资供应不及时的停工待料损失等都被分散于许多成本费用项目中。

因此，从现行的会计账户记录和会计报表中，我们很难或者说几乎不可能看清物流耗费的实际情况。然而，据有关专家测算，企业物流成本仅次于原材料本身的价值而在产品成本中占第二位，一般占产品成本的15%～30%，有的高达40%。

对于我国企业而言，认识物流成本、降低物流成本是企业降低成本、创造利润的新途径。通过物流成本核算，能够全面揭示物流活动的全部耗费，提高人们对物流成本重要性的认识。否则，企业就会陷入一种不核算、不知道、不重视、不管理的恶性循环之中，不利于创造利润、提高经济效益。

（二）为企业物流管理决策提供信息

物流成本在企业物流管理决策中起着重要作用。但由于历史的原因，企业物流成本没有被纳入实际核算范围，使得企业物流管理决策受到一定的局限。如在评价是自己购置运输工具还是委托专业运输部门两种方案时，由于没有考虑物流成本，容易出现决策失误，常常造成巨大损失。再如在决策是否购置更先进的装卸设备、扩大仓库规模时，由于物流成本难以确定，使得决策的科学性受到影响。显然，要使诸如上述的物流管理决策建立在科学的基础上，首先要掌握准确的各类物流成本信息，开展物流成本及效益的专门核算。

（三）为制定物流服务价格提供资料

众所周知，成本是制定价格的主要依据。同理，物流成本则是物流部门和企业制定物流服务价格的主要依据。随着经济体制改革的不断深化，社会主义市场经济运行机制的建立和完善，在企业处理内外各种关系时，价格将发挥更大的作用。许多企业为开展内部核算，制定了内部价格。为了考核企业物流工作业绩，企业物流部门对外、对内提供各种物流服务时，也要求按一定的价格进行结算，这使物流成本成为企业制定物流服务价格的重要依据。只有建立了物流成本核算制度，才能为发挥物流价格的杠杆作用提供准确的数据。

（四）及时发现物流管理活动中存在的问题，提高物流管理水平

企业物流成本是全面反映企业物流活动的综合性价值指标。企业物流组织管理水平的高低，物流设备利用率的好坏，燃料、动力消耗量的大小，企业的选址及厂区的规划布置是否合理等，都会在物流成本中反映出来。总之，企业物流成本的高低是企业物流工作实际状况好坏的综合反映。通过企业物流成本核算，可以揭示出企业物流成本的全貌，并为编制物流成本预算、制定标准物流成本提供资料；将实际物流成本与标准物流成本以及物流成本预算进行比较，找出差异，并对差异产生的原因进行深入分析，就可以发现造成物流成本超支或节约的各项技术、组织与管理方面的原因，明确责任所在，并据此协调各方面的工作，从而达到改善物流管理、降低成本、提高效益的目的。

知识库

我国物流成本计算标准

众所周知，发达国家物流管理效率明显高于我国，然而这与其物流成本管理工作的推广是分不开的。这些国家都有自己的物流成本分析模式，以供政府和企业决策之用。例如，日本运输省在 1977 年就制定了物流成本核算类国家标准《物流成本计算统一标准》。

随着国内企业对物流成本的重视，2006 年我国出台了国家标准《企业物流成本构成与计算》。该标准通过对企业物流成本数据的收集和整理，不仅可以帮助企业了解其在物流管理方面的优势与不足，对自营或是外包物流做出有效决策，为企业制定物流发展策略提供参考，而且，通过将企业层面的物流成本数据进行归集，采用统计学的方法确定出行业平均物流成本，从而使行业内不同企业之间以及企业与行业标准的物流成本比较成为可能，为提高我国行业及企业物流管理和服务水平、不断降低物流成本奠定基础。

二、物流成本核算的范围

物流成本的计算是一项比较困难的工作，最主要的原因是在现行会计核算体系的框架内，无法直接得到物流成本数据，各种物流成本数据混杂在生产成本、销售费用以及财务

费用中。例如，从企业内部来看，货物购买或销售时产生的运输成本常常包含在货物的购入成本或产品销售成本之中，企业内运输成本常常是计入生产成本的，订单处理成本可能包含在销售费用之中，部分存货持有成本又可能包含在财务费用之中，等等。从供应链角度来考虑，则会发现一系列相互关联的物流活动产生的物流总成本既分布在企业内部的不同职能部门中，又分布在企业供应链上下游的不同合作伙伴那里。

因此，在现有的物流水平上，全面、准确计算物流成本有相当的难度，而且目前我国对物流成本的计算的范围和具体的计算方法还没有形成统一的规范，不同企业的物流成本项目不同，在如何统一物流成本计算项目方面尚无统一标准。

本书讨论的物流成本的核算范围可以按下列标准分类。

（一）按物流范围分类

物流成本按照物流范围可以分为供应物流费、生产物流费、销售物流费、回收物流费和废弃物物流费五种。

供应物流费是指从商品（包括容器、包装材料）采购直到批发、零售业者进货为止的物流过程中所产生的费用。

生产物流费是指从购进的商品到货或由本企业提货时开始，直到最终确定销售对象的时刻为止的物流过程中所需要花费的费用，包括运输、包装、保管、配货等费用。

销售物流费是指从确定销售对象开始，直到商品送交客户为止的物流过程中所需要的费用，包括包装、商品出库、配送等方面的费用。

回收物流费是指材料、容器等由销售对象回收到本企业的物流过程中所需要的费用。

废弃物物流费是指在商品、包装材料、运输容器的废弃过程中而产生的物流费用。

（二）按物流功能分类

按物流功能进行分类是为了考察物流费用是由哪种物流功能产生的而进行的分类。按照物流功能进行分类，物流成本大体可以分为物品流通费、信息流通费和物流管理费三大类。

物品流通费是指为完成商品、物资的物理性流通而发生的费用。该部分费用还可进一步分为包装费、运输费、保管费、装卸搬运费、流通加工费和配送费等。

包装费是指因商品运输、装卸、保管的需要而进行包装的费用，即运输包装费，不包括销售包装。

运输费是指把商品从某一场所转移到另一场所所需要的运输费用。除了委托运输费外，还包括由本企业的自有运输工具进行运输的费用，但要将伴随运输的装卸费除外。

保管费是指一定时期内因保管商品而需要的费用。除了包租或委托储存的仓储费外，还包括在本企业自有仓库储存时的保管费。

装卸搬运费是指伴随商品包装、运输、保管、流通加工等业务而发生的商品在一定范围内进行水平或垂直移动所需要的费用。

关于信息流通费、物流管理费、流通加工费、配送费等，这里不再赘述。

（三）按物流支付形态分类

按支付形态的不同进行物流成本的分类，是以财务会计中发生的费用为基础，将物流成本分为本企业支付的物流费和其他企业支付的物流费；本企业支付的物流费又可以分为企业本身的物流费和委托物流费。其中，企业本身的物流费又分为材料费、人工费、公益费、维护费、一般经费和特别经费等。

物流成本计算虽然属于管理会计的领域，但是要准确地掌握物流成本，就必须以企业财务会计为基础，从财务会计核算的全部相关项目中抽出其中所包含的物流费用。这虽然是物流成本核算中最困难的工作，却是最为重要的基础工作。如果没有从财务会计中抽出来的物流成本的费用资料，物流成本计算就只是一句空话。将从财务会计核算的项目中抽出来的物流成本分类为材料费、人工费、公益费、维护费、一般经费、特别经费和委托物流费以及其他企业支付的物流费，就是按支付形态不同对物流成本进行的分类。

材料费是指因物料的消耗而发生的费用，由物料材料费、燃料费、消耗性工具、低值易耗品摊销以及其他物料消耗等费用组成。

人工费是指因人力劳务的消耗而发生的费用，包括工资、奖金、福利费、医药费、劳动保护费及职工教育培训费和其他一切用于职工的费用。

三、物流成本核算的方法

物流成本的核算有许多方法，无论采用哪种方法，首先应该明确其核算范围。具体的核算方法包括下列几种。

（一）会计核算法

会计核算法就是通过会计凭证、账户、报表对物流耗费予以连续、系统、全面地记录。在我国现行的会计制度中，物流成本并不是一个独立的核算账户，而是分散在“物资采购”、“制造费用”、“管理费用”、“销售费用”和“财务费用”等账户中。为了获取企业物流成本的数据，会计核算可以采取以下两种形式。

1. 单轨制

单轨制是指不突破原有的会计制度，附着在原有会计成本核算体系中进行物流成本核算。核算时，在“物资采购”、“制造费用”、“管理费用”、“销售费用”和“财务费用”等账户下设置物流费用子科目，再在子科目下按照物流成本项目设置明细账户，如表8—1所示。

表8—1　　物流成本核算账户的设置

科目级次	科目
一级账户	制造费用
二级账户	物流费用
明细账户	材料费
	人工费
	折旧费

2. 双轨制

双轨制是指突破原有会计制度，单独设置“物流成本”一级账户，把物流成本核算与其他成本核算截然分开，单独设立相应的会计凭证、账户和报表。“物流成本”账户借方登记企业发生的各项物流费用支出，贷方登记结转其他账户的物流成本，期末一般无余额。

物流成本一级账户下可直接按照物流活动发生的范围设置“供应物流成本”、“工厂内部物流成本”、“销售物流成本”等二级账户，按照支付形态设置运输费、采购费、工资福利、水电费、维护费、折旧费等若干明细账户，如图 8—2 所示。物流成本的结转账户分别为生产成本、管理费用、销售费用、财务费用等。

物流成本	
（1）物流过程中领取的包装材料费、燃料费 （2）物流管理人员的工资、福利费 （3）物流设施的水费、电费等 （4）物流过程中发生的各种运费 （5）维修物流设施的修缮费 （6）物流管理人员的差旅费 （7）预提银行借款利息 （8）提取物流设备折旧	记录期末结转额

图 8—2 物流成本账户

这样，物流成本信息在账户上一目了然，也可以对物流成本信息进行单独的集中核算，形成会计报表。

采用会计核算计算物流成本，提供的成本信息比较全面、系统、连续和准确，但是采用这种方法计算物流成本比较复杂、工作量大，需要在不违反现行财务会计制度的前提下，设计新的凭证、账户甚至报表体系，或者需要对现有体系进行较大调整。

案例 8—2

企业物流成本会计核算账务处理举例

采购供应成本的账务处理。假设某企业采购一批货物，运输保险费用为 10 万元，同时在车站转运时发生仓储保管费用 6 万元，A 材料价款为 50 万元，增值税为 10 万元，发生的成本费用全部用支票支付。按原方法的账务处理为：

借：原材料——A 材料	660 000	
应交税金——应交增值税	100 000	
贷：银行存款		760 000

按照新方法的账务处理为：

借：原材料——A 材料——物流成本		
——采购供应成本		
——运输保险成本	100 000	
——仓储保管成本	60 000	
——材料成本	500 000	
应交税金——应交增值税	100 000	
贷：银行存款		760 000

（二）统计核算法

统计核算法与会计核算法的不同在于，它不要求设置完整的会计凭证、账户、报表等，而主要通过对企业现行成本核算资料的分析，从中抽取出物流成本部分，再加上现行成本核算没有包括进去，但要归入物流成本的费用，然后对这些费用按照管理要求进行重新归类、分配、汇总，成为最终的物流成本信息。

其中，从会计账户中抽取的物流成本如下：

（1）通过“材料采购”、“管理费用”等账户的分析，抽取出供应物流成本部分。例如，“材料采购”账户中的外地运输费、“管理费用”账户中的材料市内运杂费、原材料仓库的折旧修理费等。

（2）从“生产成本”、“制造费用”、“辅助生产成本”、“管理费用”等账户中抽取出生产物流成本，并按功能类别、形态分别进行核算。例如，人工费部分按照物流人员的比例或物流活动工作量比例确定，折旧修理费按物流作业所占固定资产的比重确定。

（3）从“销售费用”账户中抽出销售物流成本，包括销售过程中发生的运输、包装、装卸、保管、流通加工等费用。

（4）从“管理费用”账户中抽取出退货物流费用。

（5）废弃物成本数额较小时，可以不单独抽出，而是并入其他物流费用。

统计核算法的具体做法是：在财会人员根据原始凭证编制记账凭证、登记有关账户后，由物流成本管理人员根据原始凭证登记物流成本有关账户，同时设置统计台账，登记由公司统一提取或支付而由物流部门负担的费用及按支付形态反映的物流费用。月末，物流成本管理人员根据物流成本有关账户和统计台账编制“物流成本计算表”，并据此对物流成本发生情况进行分析。

与会计核算法相比较，统计核算法不用对账表进行调整就能全面系统的提供物流成本资料，且方法简单、易于掌握，能及时传递与反馈物流成本信息，有效地满足监督与控制物流成本的需要。

在进行统计核算时，可以将物流成本按照领域、功能等的不同交叉汇总，以获取更多的物流成本信息。例如，将不同领域、支付形态的物流成本结合起来，就形成了表8—2所展示的企业物流成本状态。

表8—2　　支付形态与领域类别相结合的企业物流成本统计表

项目	采购物流费用	生产物流费用	销售物流费用	返品物流费用	其他物流费用	合计
材料费						
人工费						
水电费						
折旧费						
利息费						
维护费						
委托物流费						
其他费用						
合计						

也可以按照功能类别与支付形态相结合进行统计，如表 8—3 所示。

表 8—3　　功能类别与支付形态相结合的企业物流成本统计表

项目	运输费	保管费	包装费	流通加工费	信息管理费	合计
材料费						
人工费						
水电费						
折旧费						
利息费						
维护费						
委托物流费						
其他费用						
合计						

案例 8—3

统计核算法应用示例

某公司某月物流费用的统计如表 8—4 所示。

表 8—4　　某公司某月物流费用统计表　　单位：元

费用形态	管理等费用	其中：物流费用	比率（%）	备注
材料费	67 351	67 351	100	全额
人工费	846 498	275 112	32.5	按人数分配
维护费	815 913	339 420	41.6	直接区分
一般经费	135 597	52 476	38.7	直接区分
特别经费	82 323	31 859	38.7	直接区分
委托物流费	218 362	218 362	100	全额
合计	2 166 044	984 580	45.5	

根据物流功能类别进行物流费用统计，如表 8—5 所示。

表 8—5　　根据物流功能类别进行统计的物流费用　　单位：元

费用形态	成本总额	运输	仓储	包装	装卸	流通加工	物流信息	物流管理
材料费	67 351		8 374	46 021		7 593		5 363
人工费	275 112	61 023	56 479	27 510	54 836	27 510	9 940	37 814
维护费	339 420	135 768	162 921	6 788	16 972	10 183		6 788
一般经费	52 476						10 496	41 980
特别经费	31 859					31 859		
委托物流费	218 362	87 345	131 017					
合计	984 580	284 136	358 791	80 319	71 808	77 145	20 436	91 945

已知各部门的人数、面积、存货比例分别为：

人数比例：A 部门 32%　B 部门 27%　C 部门 22%　D 部门 19%

面积比例：A 部门 30%　B 部门 25%　C 部门 25%　D 部门 20%

存货比例：A 部门 35%　B 部门 30%　C 部门 20%　D 部门 15%

按照部门进行分类，物流费用统计如表 8—6 所示。

表 8—6　根据部门进行统计的物流费用　单位：元

费用形态	成本总额	A 部门	B 部门	C 部门	D 部门	计算基准
材料费	67 351	19 532	21 546	13 475	12 798	实际消耗
人工费	275 112	88 036	74 280	60 525	52 271	人数比例
维护费	339 420	101 826	84 855	84 855	67 884	面积比例
一般经费	52 476	18 367	15 743	10 495	7 871	存货比例
特别经费	31 859	11 151	9 558	6 372	4 778	存货比例
委托物流费	218 362	87 140	65 708	43 672	21 842	实际消耗
合计	984 580	326 052	271 690	219 394	167 444	
构成（%）	100	33.12	27.59	22.28	17.01	

（三）作业成本法

在作业成本法中，作业是指企业为了提供一定的产品或劳务所发生的、以资源为重要特征的各项业务活动的统称。

作业成本法，也称为作业成本会计或作业成本核算制度，它是以成本动因理论为基础，通过对作业进行动态追踪，反映和计量各种作业和成本对象的成本，评价作业业绩和资源利用情况的方法。

1. 作业成本法的基本概念

（1）按照作业成本法，物流企业的作业可以划分成以下几种。

按成本层次分为：单位作业，是指可使单位产品受益的作业，例如机器的折旧，这种作业的成本与其产品产量成比例变动；批别作业，是指可使一批产品受益的作业，例如对每批产品的检验，这种作业的成本与产品的批数成正比例变动，而与批量大小无关；产品作业，是指可使某种产品的每个单位的产品都受益的作业，例如对每一种产品编制生产计划等，这种作业的成本与产品产量及批量大小无关，但与产品种类的多少成正比例变动；工序作业，是计算加工成本的基础。

按作业与成本动因关系的密切程度分为：专属作业，是指只与某种产品生产有关的作业；共同消耗作业，是指与多种产品生产有关的作业。

（2）成本动因。成本动因是指导致企业成本发生的各种因素，也就是成本驱动因素。它是引起成本发生和变动的原因，或者说是决定成本发生额与作业消耗量之间内在数量关系的根本因素。例如，直接人工小时、产品数量等。

成本动因按照其对作业成本的形成及其在成本分配中的作用可以分为资源动因和作业动因。

资源动因，是作业成本计算的第一阶段动因，主要用于在各作业中心内部、成本库之间分配资源。按照作业会计的原则，作业量的多少决定着资源的耗用量，资源耗用量的高低与最终的产品量没有直接关系。资源耗用量与作业量的这种关系成为资源动因。资源动因反映了资源被各种作业消耗的原因和方式，例如搬运设备所消耗的燃料直接与搬运设备的工作时间、搬运次数或搬运量有关，那么设备的工作时间、搬运次数或者搬运量称为该项作业成本的资源动因。

作业动因，是作业成本计算的第二阶段动因，主要用于将各成本库中的成本在各产品之间进行分配，它是各项作业被最终产品消耗的原因和方式。

（3）作业中心与作业成本库。作业中心是成本归集和分配的基本单位，它由一项作业或一组性质相似的作业组成。一个作业中心就是生产流程的一个组成部分。作业中心与成本责任单位的不同之处在于：作业中心的设立是以同质作业为原则，是相同的成本动因引起的作业集合。由于作业消耗资源，所以伴随着作业的发生，作业中心也就成为一个资源成本库，也称为作业成本库。

2. 作业成本法的基本原理

作业成本法的理论基础是认为生产过程应该描述为：生产导致作业发生，产品耗用作业，作业耗用资源，从而导致成本发生。如图 8—3 所示，首先根据资源动因将资源成本追踪到作业，形成作业成本，再依据作业动因将作业成本追踪到产品，最终形成产品成本。

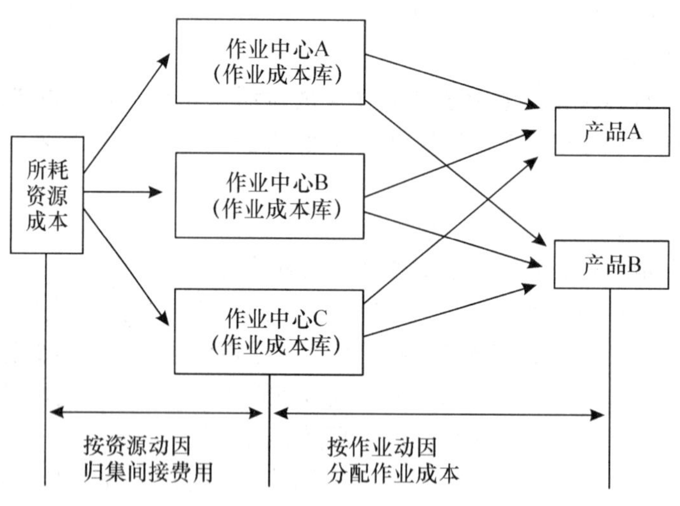

图 8—3 作业成本法的基本原理

3. 作业成本法的核算程序

按作业成本法计算物流成本，就是把各种资源耗费分配给各个作业，再将各作业成本库的成本分配给最终产品或劳务的过程。具体核算步骤为：

（1）确认各项作业的成本动因。在确认成本动因时，应把企业有关技术人员、成本会计核算人员和管理人员组织起来，共同分析、讨论成本动因，使成本动因的确认客观合理。同时应遵循以下原则：确定的成本动因应简单明了，能从现有的资料中直接分辨出来；在选择成本动因时，要把有代表性和有重要影响的成本动因筛选出来，使作业成本计算简单化；在选择成本动因时，也要注意降低获取信息的成本。

（2）对作业进行筛选整合，建立作业中心及作业成本库。该步骤主要包括：对各项作业进行确认；对作业进行筛选与整合。

（3）确认企业物流系统中涉及的资源，也就是确认一项作业所包含的成本要素。

（4）依据资源动因将各项作业所耗费的资源追踪到各个作业中心，形成作业成本库。

（5）根据产品对作业的消耗，将成本分配给最终产品，计算产品成本。

4. 作业成本法的特点

与会计核算法相比，作业成本法有以下特点：

（1）作业成本法在信息提供上不追求“精确”计算，只要求数据能够准确到保证制定计划的正确性，满足物流管理需要即可。

（2）作业成本法有利于企业对物流成本形成的各个阶段进行物流成本控制。

（3）作业成本法可用于分析企业生产能力分析。

（4）作业成本法可应用于大量决策之中。

第三节　企业物流成本管理

物流成本构成涉及企业各方面的成本，物流成本占企业生产经营总成本的一大部分，因此，加强物流管理关键在于加强物流成本管理。

一、物流成本管理概述

（一）物流成本管理的含义

所谓物流成本管理，就是通过成本去管理物流，即管理的对象是物流而不是成本，物流成本管理可以说是以成本为手段的物流管理方法。利用成本作为物流管理的手段是因为：一是成本能真实地反映物流活动的实态；二是成本可以成为评价所有活动的共同标尺。

知识库

物流活动必然带来相应的物流成本，然而物流成本管理并不是与物流管理理论同时提出的。物流管理是在第二次世界大战期间提出的，由美国军队解决当时的一些后勤问题引发，诸如如何把作战物资及时运到前线又不会造成多余，也不会因为转移频繁而造成浪费。由于军事特性，使得可达性和及时性成为当时考虑问题的首要因素，成本被放在第二位。

战后，随着生产技术的发展，西方国家产品成本下降，产品数量大量增加，流通成本问题逐渐浮出水面，同时由于市场竞争的激烈以及工人成本的增加，使得企业家不得不面对削减成本的压力，这时物流成本管理才逐渐进入商业领域，成为继生产资料、劳动力后的第三利润源泉。

在理解物流成本管理时要避免以下两个误区：

一是将“管理物流成本”等同于或在实际工作中不自觉地认为就是“物流成本管理”。这实际上是概念混淆：前者是对物流成本信息包括成本数据的收集归纳和计算分配等的“数据管理”，而后者不仅包括前者的内容，更重要的是要研究如何有效地挖掘和利用成本信息应对物流的整体管理，不仅出发点不同，而且它的内涵远远超出了“管理物流成本”所覆盖的范围。

二是认为“物流成本管理”实际上就是“计算物流成本”，把物流看作只是需要支付的费用，没有把它当作资源加以有效利用。虽然物流成本的计算在物流成本管理中具有非常重要的地位，但如果把计算物流成本当成目的，就可能只在计算物流成本的理论上下工夫，这样虽然有可能弄清物流成本的构成和来源，却不一定知晓如何对其数据和结果加以利用和分析，因此而背离物流成本管理实践应用性的必然要求。

作为一种先进的管理理念，物流成本管理的着眼点不仅要考虑物流本身的效率，而且应综合考虑提高服务、削减库存产品以及与其他企业相比取得竞争优势等各种因素，甚至从物品流通的整个过程来考虑物流成本的效率化。只有从企业的整个系统和战略的高度来看待物流成本管理，才可能在真正意义上降低整体物流成本。

(二) 物流成本管理的目的

企业进行物流成本管理，首先要明确管理目的。物流成本管理的主要目的包括：

(1) 通过掌握物流成本现状，正确揭示物流成本的大小，使管理者和员工深刻了解降低物流费用、管好物流活动的重要意义。

(2) 通过物流成本核算，准确判断物流管理活动中存在的问题或薄弱环节，为企业查找物流管理活动的瓶颈提供有效的依据。

(3) 依据物流成本计算结果，制定物流规划、确立物流管理战略，实现物流活动的合理化。

(4) 通过物流成本管理，发现降低物流成本的环节，以便采取切实有效的措施重点防范费用较高的活动，以降低物流的总成本。

(三) 物流成本管理的意义

进行物流成本管理，降低物流费用具有重要意义。

1. 增加国家资金积累

积累是社会扩大再生产的基础，企业承担着上缴国家利税的责任。物流费用的降低，意味着相应提高和增加国家资金积累。

2. 为社会节省大量的物质财富

工业企业生产的产品，存在着生产过程和消费过程脱节的现象。企业为满足社会的需要，其产品必须通过流通环节从生产地流向消费地。加强物流成本管理，可以降低物品在运输、装卸、仓储等物流环节的损耗。这不但节约物流费用，而且为社会节约了大量的物质财富。

3. 有利于调整商品价格

物流费用是商品价格的组成部分之一，对于某些特殊商品（如啤酒等）更为突出。物流费用的高低，对商品的价格具有重大的影响。降低物流费用，就是降低它在商品价格中的比重，从而使商品价格下降，减轻消费者的经济负担。

4. 有利于改进企业的物流管理，提高企业的竞争力

随着经济全球化和信息技术的迅速发展，企业生产资料的获取与产品营销范围日益扩大，社会生产、物质流通、商品交易及其管理正在并继续发生深刻的变革。企业物流管理水平的高低，将直接影响物流费用水平，进而影响产品成本。对于我国工商企业而言，迫切需要高质量的现代物流系统为之服务，以降低物流成本，提高企业及其产品参与国际市场的竞争力。

总之，降低物流费用，从微观角度上看，可以提高企业的物流管理水平，加强企业的经营管理，促进经济效益的提高；从宏观角度上看，降低物流费用对发展国民经济，提高人民生活水平具有重要意义。

二、物流成本管理的原则

物流成本的管理应遵循以下基本原则。

（一）制定成本管理规范

管理企业必须有章法，在企业内推行物流成本管理，也必须先制定管理规范，以便有章可循。在国家尚未出台企业物流成本管理规定的情况下，企业可以先根据自己的实际情况和管理目标，制定一个试行的规则，利用这一规则对各部门开展物流活动发生的相关费用支出进行管理与控制。

（二）认真执行财务制度，严格遵守费用开支范围

由于物流成本是特殊的成本体系，因此，物流管理开支必须按照财务制度的规定，不得随意扩大开支范围和提高开支标准。财务部门要严格审查一切费用开支，凡不符合规章制度的费用和超过标准的部分，应一律拒绝，以保证费用开支的真实性和合理性。

（三）在保证物流正常进行的前提下，厉行节约

尽量节约一切不必要的开支，努力降低费用水平。但是，节约应当以保证物流正常进行和提高物流服务水平为前提。只有这样，才能有利于以最少劳动消耗取得最好的经济效益。

（四）实现计划管理，坚持按计划开支

物流企业的经营活动是在国家宏观规划指导下有计划进行的。为此，企业应当正确编制流通费用计划，对费用开支实行计划管理，而且应当坚持按照计划开支，保证完成计划规定的降低物流费用的任务。

三、物流成本管理的内容

物流成本管理的内容主要包括物流成本的核算、预测、决策、预算、控制、分析几个部分。

（一）物流成本核算

物流成本核算是根据企业确定的成本计算对象，采用与之相适应的成本计算方法，按规定的成本项目，通过一系列物流费用的汇集与分配，从而计算出各物流活动成本计算对象的实际总成本和单位成本。通过物流成本核算，可以如实地反映物流的实际耗费，同时，也是对各种物流费用的实际支出的控制过程。

（二）物流成本预测

物流成本预测是根据有关物流成本数据和企业具体的发展情况，运用一定的技术方法，对未来的成本水平及其变动趋势做出科学的估计。成本预测是成本决策、预算、控制的基础工作，可以提高物流成本管理的科学性和预见性。在物流成本管理的许多环节都存在成本预测问题，如仓储环节的库存预测、流通环节的加工预测、运输环节的货物周转量预测等。

（三）物流成本决策

物流成本决策是在物流成本预测的基础上，结合其他有关资料，运用一定的科学方法，从若干个方案中选择一个满意的方案的过程。从物流整个流程来说，有配送中心新建、改建、扩建的决策；装卸搬运设备、设施购置的决策；流通加工合理下料的决策等。进行成本决策、确定目标成本是编制成本预算的前提，也是实现成本的事前控制，提高经济效益的重要途径。

（四）物流成本预算

物流成本预算是根据物流成本决策所确定的方案、计划期的物流任务、降低物流成本的要求以及有关资料，通过一定的程序，运用一定的方法，以货币形式规定预算期物流各环节的耗费水平和成本水平，并提出保证成本预算顺利实现所采取的措施。通过物流成本预算管理，可以在降低物流各环节方面给企业提出明确的目标，推动企业加强物流成本管理责任制，增强企业的物流成本意识，控制物流环节费用，挖掘降低物流成本的潜力，保证企业降低物流成本目标的实现。

（五）物流成本控制

物流成本控制是根据计划目标，对物流成本形成和发生过程以及影响物流成本各种因素和条件加以主动的影响，以保证实现物流成本预算完成的一种行为。物流成本控制包括事前控制、事中控制和事后控制。物流成本事前控制是整个物流成本控制中最重要的环节，它直接影响以后各物流作业流程成本的高低。通过成本控制，可以及时发现存在的问题，采取纠正措施，保证物流成本目标的完成和实现。

（六）物流成本分析

物流成本分析是在物流成本核算及其他有关资料的基础上，运用一定的方法，揭示物流成本水平变动的原因，进一步查明影响物流成本变动的各种因素。通过物流成本分析，可以提出积极的建议，采取有效措施，合理地控制物流成本。

上述各项物流成本管理的内容是相互配合、相互依存的一个有机整体。成本核算是物流成本管理的基础内容，成本预测与分析是成本决策的前提，成本预算是成本决策所确定的目标的具体化，成本控制是对成本预算的实施进行监督，以保证目标的实现。

四、物流成本管理的方法

物流成本管理的方法由以下三部分组成。

（一）物流成本横向管理法

物流成本横向管理即对物流成本进行预测和编制计划。物流成本预测是在编制物流计划之前进行的，它是在对本年度物流成本进行分析，充分挖掘降低物流成本潜力的基础上，寻求降低物流成本的有关技术经济措施，以保证物流成本计划的先进性和可靠性。物流成本计划按时间标准进行划分，可分为短期计划（半年或一年）、中期计划和长期计划。

（二）物流成本纵向管理法

物流成本纵向管理即对物流过程的优化管理。物流过程是一个创造时间性和空间性价值的经济活动过程，为使其能提供最佳的价值效能，就必须保证物流各个环节的合理化和物流过程的迅速、通畅。物流系统是一个庞大而复杂的系统，要对它进行优化，需要借助于先进的管理方法和管理手段。

1. 用线性规划、非线性规划制定最优运输计划，实现物品运输最优化

物流过程中遇到最多的是运输问题，例如某产品现有某几个企业生产，又需供应某几个客户，怎样才能使企业生产的产品运到客户所在地时达到总运费最小的目标。假定这种产品在企业中的生产成本已知，从某企业到消费地的单位运费和运输距离，以及各企业的生产能力和消费量都已确定，则可用线性规划方法来解决。如企业的生产量发生变化，生产费用函数是非线性的，就应使用非线性规划方法来解决。属于线性规划类型的运输问题，常用的方法有单纯型法和表上作业法。

2. 运用系统分析技术，选择货物最佳的配比和配送线路，（实现货物配送优化）配送线路是指各送货车辆向各个客户送货时所要经过的路线，它的合理与否，对配送速度、车辆的利用效率和配送费用都有直接影响。目前，较成熟的优化配送线路的方法是节约法，也称节约里程法。

3. 通过计算存储，确定经济合理的库存量，实现物资存储优化

存储是物流系统的中心环节，物资从生产到客户之间需要经过几个阶段，几乎在每一个阶段都需要存储，究竟在每个阶段库存量保持多少为合理？为了保证供给，需隔多长时间补充库存？一次进货多少才能达到费用最省的目的？这些都是确定库存量的问题，也都可以在存储论中找到解决的方法，其中，应用较广泛的方法是经济订购批量模型，即 EQQ 模型。

4. 通过模拟技术，对整个物流系统进行研究，实现物流系统的最优化

例如，克莱顿·希尔模型，它是一种采用逐次逼近法的模拟模型。这个方法提出了物流系统的三项目标，即：最高的服务水平、最小的物流费用、最快的信息反馈。在模拟过程中采用逐次逼近的方法来求解下列决策变量：流通中心的数目、对客户的服务水平、流通中心收发货时间的长短、库存分布和系统整体的优化。

（三）计算机管理系统

计算机管理系统将物流成本的横向与纵向管理法连接起来，形成一个不断优化的物流系统的循环。通过一次次循环、计算、评价，使整个物流系统不断地优化，最终找出总成本最低的最佳方案。

本章小结

本章主要介绍物流成本的相关概念、物流成本核算的三种常用方法以及物流成本管理的内容。

首先，介绍了物流成本的含义以及几种理论界普遍接受的理论，包括“黑大陆”理论、物流成本冰山理论、“第三利润源泉”理论和效益背反理论。在此基础之上，讨论了物流成本的几种分类方式、影响因素及降低物流成本的途径等内容。

其次，介绍了物流成本核算的意义、范围及方法。物流成本核算是物流成本管理的不可缺少的一项基础内容，通过物流成本的核算，可以揭示物流成本的大小，提高企业内部对物流的重视程度。此外，通过分析比较还可以帮助企业发现物流活动中存在的问题，进而对物流活动进行计划和控制。物流成本核算的方法包括会计核算法、统计核算法和作业成本法。会计核算法就是通过会计凭证、账户、报表对物流耗费予以连续、系统、全面地记录。统计核算法与会计核算法的不同在于，它不要求设置完整的会计凭证、账户、报表等，而主要通过对企业现行成本核算资料的分析，从中抽取出物流成本部分，再加上现行成本核算没有包括进去，但要归入物流成本的费用，然后对这些费用按照管理要求进行重新归类、分配、汇总，成为最终的物流成本信息。作业成本法，也称为作业成本会计或作业成本核算制度，它是以成本动因理论为基础，通过对作业进行动态追踪，反映和计量各种作业和成本对象的成本，评价作业业绩和资源利用情况的方法。

最后，介绍了物流成本管理的含义、目的及意义，物流成本管理的原则、内容及方法。物流成本管理就是通过成本去管理物流，管理的对象是物流而不是成本，物流成本管理可以说是以成本为手段的物流管理方法。进行物流成本核算的目的是更好地进行物流成本管理。物流成本管理的内容主要包括物流成本的核算、预测、决策、预算、控制、分析几个部分。物流成本管理的方法包括物流成本横向管理法、物流成本纵向管理法以及计算机管理系统。

基本概念

物流成本　“黑大陆”理论　物流成本冰山理论　“第三利润源泉”理论　效益背反理论　供应物流费用　工厂内部物流费用　销售物流费用　退货物流费用　废弃物物流费用　会计核算法　统计核算法　作业　作业成本法　物流成本管理　物流成本核算　物流成本预测　物流成本决策　物流成本预算　物流成本控制　物流成本分析

思考题

1. 什么是企业物流成本？由哪几部分构成？
2. 企业物流成本如何分类？
3. 关于物流成本都有哪些主要学说？
4. 企业物流成本的影响因素有哪些？
5. 简述企业物流成本核算的三种方法。
6. 作业成本法有何特点？
7. 企业物流成本管理包括哪些内容？

第九章
企业物流信息管理

本章要点提示

- *了解物流信息的定义与特点、物流信息的作用*
- *理解物流信息系统的起源与发展*
- *掌握物流信息系统的应用*
- *重点掌握物流信息系统的功能、内容与分类*

现代物流作为“第三利润源泉”，已经不再是简单的仓储运输，现代信息技术的飞速发展带动了传统物流向现代物流的转变，互联网的普及更是促进了现代物流的巨大进展。物流管理与作业的信息化水平的高低已经成为区别现代物流与传统物流的重要标志之一。没有物流的信息化，关于物流现代化的任何设想都不可能实现，信息技术及计算机技术在物流中的应用将改变世界物流的面貌。

第一节　物流信息与物流信息管理

对于企业来讲，企业物流直接关系到企业成本的高低，从而影响到整个企业的利润，而企业物流只有通过正确高效的信息化管理才能降低运作成本。

一、物流信息

（一）物流信息的概念

所谓信息，指的是能够反映事物内涵的知识，如资料、信函、情报、数据、文件、图像、语音、声音等。信息是事物的内容、形状及其发展变化的反映。

物流信息是指围绕各类物流活动由外界输入或者活动自身反馈输出的数据、资料、图像、文件、知识等的总称，它伴随着物流活动的发生而产生，贯穿于物流活动的始终，在物流活动中起着中枢神经的作用。物流信息不但支持和保障了物流活动的顺利进行，而且能够全方位连接、整合物流系统并使其高效运转。不论是一般企业还是专业的物流企业，物流信息的通畅将为企业业务流程中的仓储、运输、配送、装卸搬运、包装、流通加工等环节提供准确、及时和全面的信息支持，同时也能有效实现相关部门或企业业务的其他业务与物流服务的资源共享和协同工作。只有通过对物流信息的研究才能使物流成为一个有机系统，而不是各个孤立的活动。例如，在物流中对各项活动进行计划预测、动态分析时，还需及时提供物流费用、生产情况、市场动态等有关信息。伴随物流产生的信息流如图 9—1 所示。

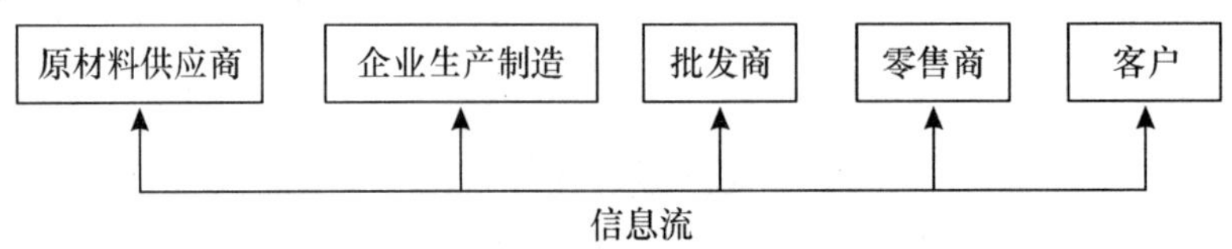

图 9—1　伴随物流产生的信息流

物流是一个大范围内的活动，物流信息贯穿于整个供应链过程，物流信息包含的内容和对应的功能可从狭义和广义两方面来考察。

从狭义范围来看，物流信息是指与物流活动（如运输、保管、包装、装卸、流通加工）有关的信息。在物流活动的管理与决策中，如运输工具的选择、运输路线的确定、在途货物的追踪、仓库的有效利用、订单管理等，都需要详细和准确的物流信息，因为物流信息对运输管理、库存管理、订单管理等物流活动具有支持保证的作用。

从广义范围来看，物流信息不仅是指与物流活动有关的信息，而且包括与其他流通活动有关的信息，如商品交易信息和市场信息等。商品交易信息是指与买卖双方的交易过程有关的信息，如消费者的需求信息、竞争者或竞争性商品的信息、促销活动信息等。在现代经营管理中，物流信息与商品交易信息、市场需求信息相互交叉、融合，有着密切的关系。

总之，物流信息不仅对物流活动具有支持保证的功能，而且具有连接整合整个供应链和使整个供应链活动效率化的功能。正由于物流信息具有这些功能，使得物流信息在现代企业经营战略中占有越来越重要的地位。建立物流信息系统，提供迅速、准确、及时、全面的物流信息，是现代企业获得竞争优势的必要条件。

案例 9—1

双汇集团的 SW 连锁配送管理系统

双汇集团是以肉类加工为主，跨行业、跨地区、跨国经营的特大型食品集团，在双汇集团没有引进 SW 连锁配送管理系统之前，该集团有 70 多人在配送中心接收传真，然后进行手工统计，4～5 个小时后，从大量传真纸中得出统计结果，报给生产厂，生产厂再按单生产，双汇集团引入 SW 连锁配送管理系统后，彻底解决了时效性差、准确性差、控制力度差等问题，大大减少了业务人员的工作量。

（二）物流信息的特征

在电子商务时代，随着人类需求向着个性化的方向发展，物流过程也在向着多品种、少量生产和高频度、小批量配送的方向发展，因此，物流信息在物流的过程中也呈现出很多不同的特征。和其他领域信息比较，物流信息特殊性主要表现在以下几方面。

1. 分布性

由于物流是一个大范围内的活动，物流信息伴随着物体的位移而分布在不同的地点，物流信息源也分布于一个大范围内，信息源点多、信息量大。企业需要在全球范围内对物流信息进行收集、处理和加工。

2. 动态性

由于物流活动本身的复杂性以及物流所面对客户的多样性，决定了物流信息将随着物流活动不同阶段而动态变化，信息的价值衰减速度很快，这就需要具备对动态信息的捕捉和揭示能力。例如，超市销售的商品种类和数量在一天里甚至一小时里都会有很大的变化。

3. 复杂性

物流信息种类多，不仅物流系统内部各个环节有不同种类的信息，而且由于物流系统和其他系统（如生产系统、供应系统、销售系统）密切相关，因而还必须收集物流系统外的有关信息。这使得物流信息的收集、分类、筛选、统计、研究等工作的难度增加。

不同类别的物流信息还有一些不同特点，例如，物流系统产生的信息，由于需要向社会提供，因而收集信息力求全面、完整。而收集的其他系统信息，则要根据物流要求予以选择。

(三) 物流信息的分类

物流系统中的信息种类多、跨地域、涉及面广、动态强，尤其是运作过程中受自然、社会的影响很大。根据对物流信息研究的需要，可以从以下几个方面对物流信息进行分类。

1. 按物流信息的来源分类

物流信息按其来源，可分为物流系统内部信息和物流系统外部信息。

（1）物流系统内部信息。物流系统内部信息是指伴随着物流活动而产生的信息，它包括装卸搬运信息、交通运输信息、仓储管理信息、包装信息、流通加工信息及配送信息等。例如，交通运输信息就包括了铁路、公路、水运、航空、管道等各种运输基础设施的建设进度、网络密度、利用状况、畅通程度、收费标准、质量等级、运营能力、管理水平，以及火车、卡车、轮船、飞机等各种运输工具相互转换的难易程度、物流节点的作业效率等。物流是一个系统工程，强调的是系统的整合性和协调性。所以，搬运、装卸、运输、储存保管、包装等各个环节的协调运转，除了管理因素外，信息传递的及时性和畅通程度对物流活动也有着非常重要的影响。各个物流环节信息的整合和系统化筛选是十分重要的。每个环节的信息是不能间断的，否则物流信息的整体优势就会受到影响，甚至失去物流本身存在的意义。

（2）物流系统外部信息。物流系统外部信息是指在物流活动外部发生的，但提供给物流活动使用的信息，包括商流信息、资金信息、生产信息、消费信息，以及国内外政治、经济、文化等信息。例如，零售商根据对消费者需求的预测以及库存状况制定的订货计划，向批发商或直接向生产厂家发出的订货信息。批发商在接到零售商的订货信息后，在确认现有库存水平能满足订单要求的基础上，向物流部门发出发货配货信息。如果发现现有的库存水平不能满足订单要求，则马上向生产厂家发出订货需求。生产厂家在接到该信息后，如果发现现有库存不能满足需求，则马上组织生产，按需求的数量和时间向物流部门发出配送信息。

2. 按物流信息的功能分类

物流信息按其功能，可分为计划信息、控制及作业信息、统计信息和支持信息。

(1) 计划信息。计划信息是指尚未实现，但已当作目标确认的一类信息，如物流量计划、仓库吞吐量计划、车皮计划、与物流活动有关的国民经济计划和工农业产品产量计划等。只要尚未进行具体的业务操作，如各项预计、计划安排、合同、协议等，都可列入计划信息。计划信息具有相对稳定和更新速度慢的特点。掌握了计划信息，便可对物流活动本身进行战略思考，这对物流活动有着重要的战略意义。

(2) 控制及作业信息。控制及作业信息是指在物流活动过程中产生的信息。这类信息带有强烈的动态特征，是掌握物流状况不可缺少的重要信息，如库存种类、库存量、运输工具状况、物价、运费、投资在建情况等。这类信息的特点是动态性很强，更新速度快，信息的时效性很强。物流活动过程中产生的信息，都是上一阶段过程的结果信息，并不是此项物流活动最终结束后的信息。这种信息的主要作用是用以控制和调整正在发生的物流活动和指导下一次即将发生的物流活动，以实现对过程的控制和对业务活动的调整。

(3) 统计信息。统计信息是指物流活动结束后，对整个物流活动的一种总结性、归纳性的信息。这类信息是一种恒定不变的信息，有很强的资料性。虽然新的统计结果不断出现，使其在总体来看具有动态性，但是已产生的统计信息是一个历史的结论，是恒定不变的。例如，上一年度、月度发生的物流量、物流种类、运输方式、运输工具使用量、仓储量、装卸量以及与物流有关的工农业产品产量、内外贸易量等都属于统计信息。

统计信息有很强的战略价值，通过它可以正确地了解和掌握物流活动及其规律，以指导物流战略发展和制定计划。因此，统计信息是物流信息中极其重要的一类信息，同时也是国民经济中非常重要的一类信息。

(4) 支持信息。支持信息是指对物流计划、业务、操作具有影响或相关的文化、科技、产品、法律、教育、民俗等方面的信息，如物流技术的革新、物流人才需求等。这些信息不仅对物流战略发展具有价值，而且对物流的控制、操作起到指导和启发的作用，是属于从整体上提高物流水平的一类信息。

3. 按物流信息的加工程度分类

物流信息按其加工程度的不同，可分为原始信息和加工信息。

(1) 原始信息。原始信息是指未加工的信息，是信息工作的基础，也是最权威的凭证性的信息。一旦需要，人们可从原始信息中找到真正的依据。原始信息是加工信息可靠性的重要保证。

(2) 加工信息。加工信息是指对原始信息进行各种方式和各个层次处理后的信息。这类信息是原始信息的提炼、简化和综合，它可以大大减少信息存量，并将信息整理成有使用价值的数据和资料。加工信息需要各种加工手段，如分类、汇编、汇总、精选、制档、制表、制音像资料、制文献资料、制数据库等，同时还要制成各种指导资料。

4. 按物流信息的活动领域分类

物流各个分系统、各不同功能要素领域，由于活动性质有区分，信息也有所不同。按这些领域分类，有运输信息、仓储信息、装卸信息等，甚至更细化成集装箱信息、托盘交换信息、库存量信息、火车运输信息、汽车运输信息等。按物流的不同领域分类的信息是具体指导物流各个领域活动，使物流管理细化必不可少的信息。

二、物流信息管理

物流信息管理与物流活动密不可分，伴随物流活动产生的信息与先于物流活动产生的各种用于管理和控制物流活动的决策、计划、用户的配送加工要求等信息，共同构成了物流信息管理的内容。而物流信息管理的实施主要是通过建立管理信息系统来实现的。根据企业物流活动在供应链不同节点的功能需要，建立物流管理信息系统，通过对信息的管理实现对物流活动的控制。

（一）物流信息管理的概念

物流信息管理就是对物流信息的收集、整理、存储传播和利用的过程。也就是将物流信息从分散到集中，从无序到有序，从产生、传播到利用的过程。同时对涉及物流信息活动的各种要素，包括人员、技术、工具等进行管理，实现资源的合理配置。信息的有效管理就是强调信息的准确性、有效性、及时性、集成性、共享性。所以在信息的收集、整理中要避免信息的缺损、失真和失效，要强化物流信息活动过程的组织和控制，建立有效的管理机制。同时要加强交流，信息只有经过传递交流才会产生价值，所以要有信息交流、共享机制，以利于形成信息积累和优势转化。

物流信息管理按其实现的功能可分为：订单处理系统、采购管理系统、库存管理系统、配送管理系统等；按照货运的基本模式又可分为：公路、铁路、航空、船舶、管道五种不同的货运管理信息系统；另外，还有一些更为新颖的或与最新信息技术结合的物流管理信息系统问世并投入使用，例如，货物配载系统、智能化道路交通系统、地理信息系统等，这些管理信息系统构成了物流信息管理的内容。

（二）物流信息管理的作用

一般来说，物流信息系统能够解决的问题包括：缩短从接受订货到发货的时间；库存适量化；提高搬运作业效率；提高运输效率；使接受订货和发出订货更为省力；提高订单处理的精度；防止发货、配送出现差错；调整需求和供给；回答信息咨询。

这些问题的解决能够大大提高物流的效率，从而提升企业的竞争力。物流信息系统的成功运作对增加销售收入、提高企业产品在市场上的占有率有很大的帮助。物流信息系统在供应商、分销商、零售商以及消费者这条供应链中起着重要的纽带作用，物流信息系统以及物流运营的水平直接影响到客户的满意度以及新产品从研制到市场的时间和效率。

通过信息系统管理物流，还可以有效地提高整个物流的灵活性、速度和可靠性。物流信息系统的灵活性使企业的物流运行可以适应多种内部及外部环境的变化，如企业重组或兼并，以及各种形式的客户需求变化。物流速度和可靠性实际上影响整个企业的经营效果，物流信息系统为物流的高可靠性和高速度提供了保障。

第二节　企业物流信息系统

一、企业物流信息系统概述

（一）企业物流信息系统的发展阶段

人类在计算机技术、信息技术的使用方面经历了几个阶段：一般应用阶段，简单业务系统阶段，企业信息管理系统阶段，供应链管理系统、物流信息管理系统阶段。

1. 一般应用阶段

从计算机发明直至20世纪70年代，计算机技术的应用基本上处于单机应用的层次上，主要是在一些重点的工程技术领域，如新式飞机的设计、运载火箭的设计、石油勘探的数据处理等，大量的程序编制人员根据数学家们所提出的计算公式，编制仅仅适用于某些特定行业、特定要求的应用程序。这时，信息技术对大多数人来说，是一种不可企及的事物，这时的计算机虽然推动了技术的进步，但对于人类的日常生活、工作基本没有什么影响。

在20世纪70年代，个人计算机的诞生使人们突然发现，信息技术离人们如此之近，过去神秘的、难得一见的计算机几乎在一夜之间走到了人们的办公桌上，大多数人感到茫然，不知如何使用，不知计算机能够帮助我们完成什么样的工作。但是，随着时间的推移，人们逐渐发现，计算机不仅可以帮助我们完成一些复杂的计算工作，而且可以帮助我们进行一些文字处理、编辑、排版，甚至可以帮助我们完成一部分分析工作。这时，产生了诸如WPS，Word，Excel等一些文字处理、制表软件。

2. 简单业务系统阶段

计算机技术、信息处理技术在实际工作中的一些简单应用给人们带来了便利，已经开始影响到人们的思维和工作方式，使人们认识到使用信息技术可以提高企业生产效率，规范企业管理，提高企业的经济效益。因此，随着企业对信息技术的需求的提出，产生了一个新的行业——软件行业。

在这个时期，人们对如何使用信息技术进行企业的管理尚处在探索阶段，因此，大批的软件开发人员围绕着企业的实际业务，将企业日常产生的生产数据、销售数据、采购数据记录下来，相应地产生一些相关的报表，编制了一部分应用系统，人们常称之为MIS（Management Information System）。与此同时，企业生产经营活动中所产生的大量的财务数据给财务人员造成了很大的压力，每到月底，各式各样的财务报表、税务报表、各种凭证令财务人员疲于奔命，经常需要加班加点才可能完成工作，财务人员热切期望信息技术人员采用信息技术帮助他们，因此，一些相关的账务处理系统、财务报表系统应运而生。在我国，有许多这样的产品，如用友、金蝶财务系统等。确切地说，这一时期产生的一些应用系统，尚不能十分准确地反映企业的实际运营状况，只是简单地将以往手工操作的过程使用信息技术取代，依然存在着数据失真、人为造假等系统无法避免的问题。

在企业应用信息技术的初期，大量的数据传递采用存储介质交换的方式，如软盘、可移动硬盘等。但在实际工作中，人们发现，这样的交换方式浪费了大量的时间，同时，由于存储介质的存储容量限制，影响了数据的完整性，也加大了计算机操作的复杂性。伴随着计算机网络技术的出现，人们可以借助磁盘共享的方式来传递彼此的数据和其他信息，但这种方式存在着很大的缺陷：操作复杂、技术要求高、安全程度差、传递距离有限。为解决这些问题，电子邮件这种新型的数据传递方式产生了。早期的电子邮件技术仅仅解决了数据传递中一部分问题，而真正成熟的电子邮件技术的产生是伴随网络技术的发展而出现的。

3. 企业信息管理系统阶段

随着现代企业管理理论发展及信息技术在企业中的应用，人们对信息技术的使用与要求有了质的变化，从处理一些简单的应用到希望使用信息技术实现企业管理的若干目标，如财务管理、销售管理、生产过程管理、成本控制等。与之相应地出现了许多复杂的、涉及企业经营管理和新的信息管理系统，如 MRP。这些系统不再是简单地记录或查询数据，而是将企业的管理控制过程体现在信息管理系统之中，从而规范企业的作业流程，提高整体的工作效率，减少生产、销售、采购、仓储等涉及产品生产的各个环节的损耗，大幅度地降低产品生产成本，提高企业的收益。

现代企业在其发展过程中，逐步认识到影响企业整体效益的因素不仅是原材料的质量与成本，而且包含了诸如人事福利、工资、固定资产等多方面的因素，所以，相应的企业资源管理的信息系统应运而生，如 ERP 系统，它涉及企业生产管理过程中的人、财、物等基本资源。同时，企业资源管理还向企业的各级管理者提供了辅助决策的参考信息，使决策者的决策过程更加科学、合理。

4. 供应链管理系统、物流信息管理系统阶段

信息技术的快速发展为产品的进步、市场的开拓提供了有力的技术支持，而随着经济全球化进程的加快，产品之间在技术上的差别愈来愈小，生产厂商之间的竞争由过去的产品竞争转向服务水平的竞争，面对这样的市场竞争趋势的变化，许多用户不再满足企业内部的成本、质量等方面的管理与控制，需要更加贴近消费者、贴近产品的用户，因此客户关系管理、供应商关系管理、供应链管理、物流管理等与客户服务相关的信息系统竞相出现。其中，尤其以物流信息管理系统最为实用。

物流信息管理系统将产品（商品）从生产供应的源头到最终的消费者（客户）之间的整体的物质移动过程中的质量、作业时间、服务水平等方面进行控制，保证了产品的供应时间、产品的质量，最终赢得消费者的满意，赢得市场。

(二) 企业物流信息系统的含义

企业物流信息系统是指用系统的观点、思想和方法建立起来的，以电子计算机为基本信息处理手段，以现代通信设备为基本传输工具，并且能够为管理决策提供信息服务的人机系统。也可以说，企业物流信息系统是一个由人和计算机共同组成的，能进行物流信息的收集、传递、存储、加工、维护使用的系统，它具有预测、控制和辅助决策等功能。物流信息系统作为企业信息系统中的一类，可以理解为通过对与物流相关信息的加工处理来达到对物流、资金流的有效控制和管理，并为企业提供信息分析和决策支持的人机系统。它具有实时化、网络化、规模化、专业化、集成化、智能化等特点。企业物流信息系统以

物流信息传递的标准化和实时化、存储的数字化、物流信息处理的计算机化等为基本内容。

物流信息系统所要解决的问题如下：

（1）库存的适当化。依靠库存的集约和严密的库存管理，压缩库存并防止货物脱销。

（2）调节需求和供给。把订货信息和库存信息反馈给生产活动、生产计划、需求预测等，使生产、物流、销售形成一系列的连贯活动，从而提高效率。

（3）缩短从订货到发货的时间。

（4）提高运输效率。

（5）提高装卸作业效率。

（6）工作过程最优化（特别是订货、发货业务）。

（7）提高工作精确度（特别是订货、发货业务）。

（8）提高作业的准确性，具备控制错发货、错配货、漏配送的系统。

（9）支援销售活动，解答各种信息咨询。

（10）降低物流的总成本。

这些问题的解决能够大大提高物流的效率，从而提升企业的竞争力。物流信息系统是建立在物流信息的基础上的，只有具备了大量的物流信息，物流信息系统才能发挥作用。在物流管理中，人们要寻找最经济、最有效的方法来克服生产和消费之间的时间距离和空间距离，就必须传递和处理各种与物流相关的情报，这种情报就是物流信息。它与物流过程中的订货、收货、库存管理、发货、配送及回收等职能有机地联系在一起，使整个物流活动顺利进行。

在企业的整个生产经营活动中，物流信息系统与各种物流作业活动密切相关，具有有效管理物流作业系统的职能。它有两个主要作用：一是随时把握商品流动所带来的商品量的变化；二是提高各种有关物流业务的作业效率。

（三）企业物流信息系统的发展方向

物流信息系统是现代物流作业的支柱。相对于传统物流，现代物流的管理与运作表现在系统性、智能性、自动化等多个方面。透过这些表现，传统与现代物流的本质区别主要有两个方面：一是物流技术与装备的现代化和自动化（硬件）；二是物流系统的信息化（软件）。硬件是为完成行为目的，软件是为完成思维目的。物流信息系统是在物流管理与运作中完成思维目的的"神经系统"，是现代物流发展的关键。目前，物流信息系统的发展主要有以下几个方面的特征。

1. 标准化

物流信息标准化是现代物流发展的基础，非标准化带来的后果是很可怕的。可以想象，随着现代物流业发展，如果没有一个信息标准体系，大家各自为政，不同信息系统间的数据交换还需要设计专门的交换接口或由人工来输入，以适应不同系统间的数据交换协议，这势必造成极大的不便和重复劳动。

2. 网络化

随着互联网技术的进一步发展，基于浏览器的客户机/浏览器系统方案，即浏览器/服务器结构，给大型信息系统带来了生机。在现代物流信息系统中，电子订货系统、全球定位系统等系统的融入更是少不了网络技术的支持。物流信息系统的网络化进程正随着 Internet/Intranet 技术的进步不断发展。

3. 一体化

由于全球经济的一体化趋势，当前的物流业正向全球化、信息化、一体化的方向发展。物流一体化就是指以物流系统为核心的经由生产企业、物流企业、销售企业，直至消费者的供应链的整体化和系统化。物流信息系统的一体化进程是伴随着物流业的一体化发展而前进的，一方面，物流一体化是商流、资金流和信息流的整合；另一方面，物流一体化是加强整个系统的作业协调以及与供应商、客户及同行业的信息系统之间的互联和沟通。

二、企业物流信息系统的分类

（一）按管理决策的层次分类

按管理决策的层次，可将物流管理信息系统结构分为相应的四个层次，如图 9—2 所示。

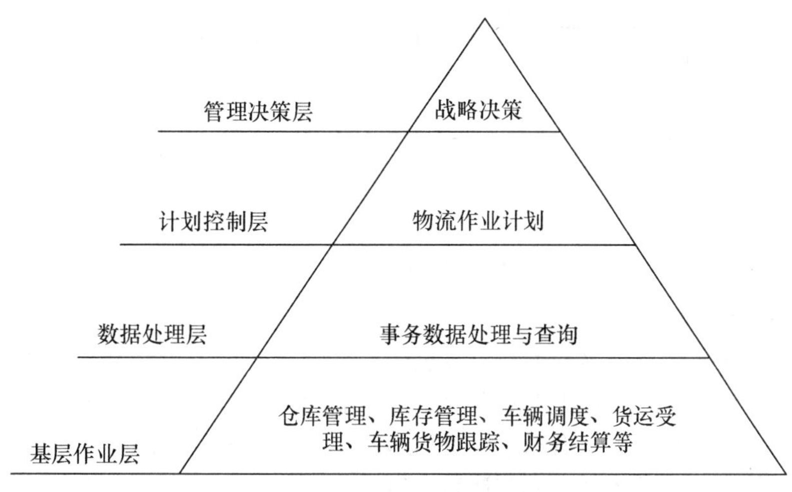

图 9—2 物流信息系统层次图

（1）基层作业层。该层将收集、加工的物流信息以数据库的形式加以存储。

（2）数据处理层。该层对合同、票据、报表等业务表现方式进行日常处理。

（3）计划控制层。该层包括仓库作业计划、最优路线选择、控制与评价模型的建立，根据运行信息检测物流系统的状况。

（4）管理决策层。建立各种物流系统分析模型，辅助高管人员制定物流战略规划。

（二）按物流职能分类

按物流职能，物流信息系统可分为进货管理系统、销售管理系统、库存管理系统、仓储管理系统、运输管理系统和配送管理系统。

1. 进货管理系统

进货管理系统包含请购单、询价、采购单、进货处理、退货处理、供应商管理几个环节，如图 9—3 所示。

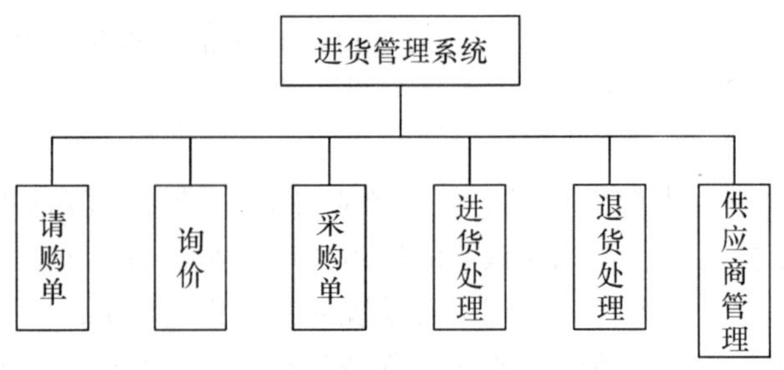

图 9—3　进货管理系统

2. 销售管理系统

销售管理系统主要包含报价、销售单、出货处理、退货处理、客户信息管理和销售预测与分析几个环节，如图 9—4 所示。

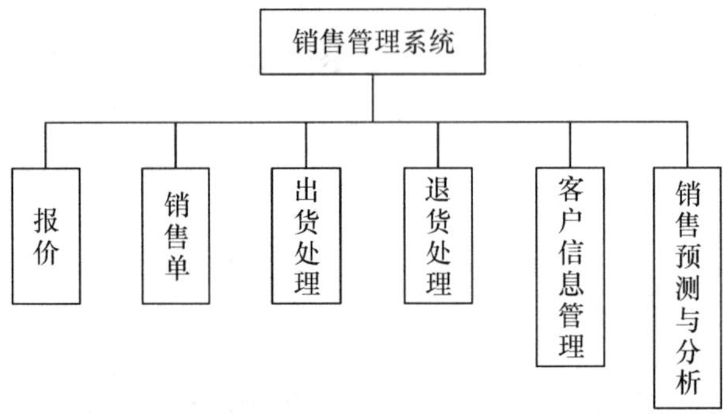

图 9—4　销售管理系统

3. 库存管理系统

库存管理系统是根据以最少的数量满足需求为目标，为满足经营活动顺利进行的需要备齐所需商品，防止库存腐化浪费和保管费用增加的系统。该系统主要采用计算机开单据的方法，为出入库单据提供了自动生成单据编码和手工录入单据编码两种功能，并对单据号进行一次性检查。该系统包括库存计划、商品分类分级、入库、出库、调拨处理、盘点几个环节，如图 9—5 所示。

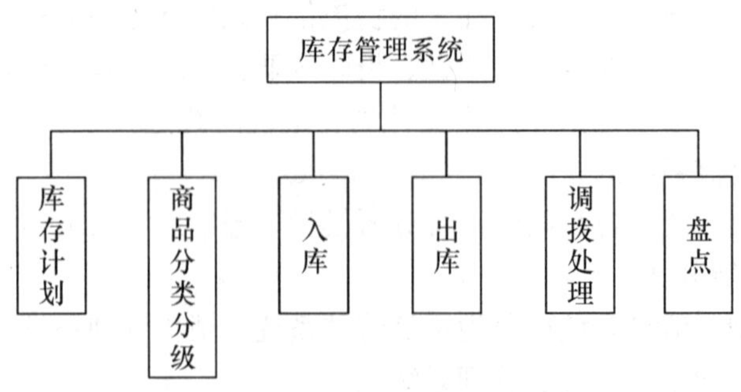

图 9—5　库存管理系统

有效的库存信息管理能通过降低成本或增加销售来提高盈利水平。库存管理信息系统从库存水平、缺货条件、订货数量、补货计划等方面对库存进行管理，同时提供库存绩效衡量、库存投资和持有成本分析、库存周转和日持有量分析、库存配置优化等管理控制手段。库存信息管理与物流信息技术的应用密切相连，大多通过各类自动识别技术，例如，条形码及扫描仪、无线射频、磁卡和磁条等技术来获得货物信息并进行管理。管理、控制、分析的结果用于库存管理决策，使企业在满足客户需求的前提下达到库存成本最小化的目标。

4. 仓储管理系统

现代化的仓库设施越来越趋向于自动化，仓储管理系统主要包括入库作业系统、保管场所系统和出库作业系统，如图 9—6 所示。

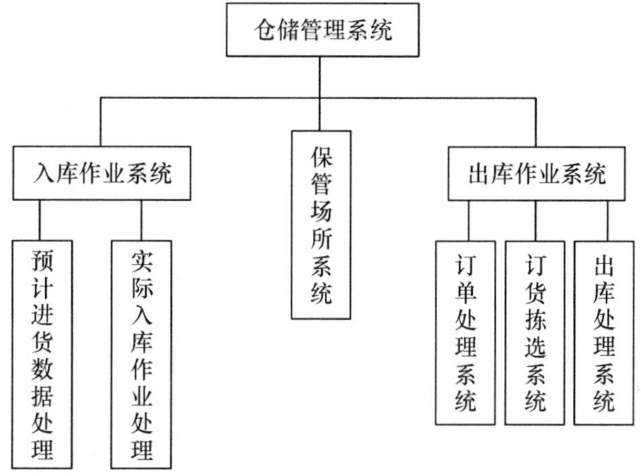

图 9—6 仓储管理系统

5. 运输管理系统

运输管理系统负责指挥和控制大规模的运输任务，能够在满足需求的情况下，尽可能以最低的成本实现业务的顺利进行，负责指挥车辆的运行，分配运力和记录车辆的运行情况，该系统包括运输计划、配车与路线计划、车辆调度系统、货物跟踪系统、车辆运行管理系统和运输信息支持系统，如图 9—7 所示。

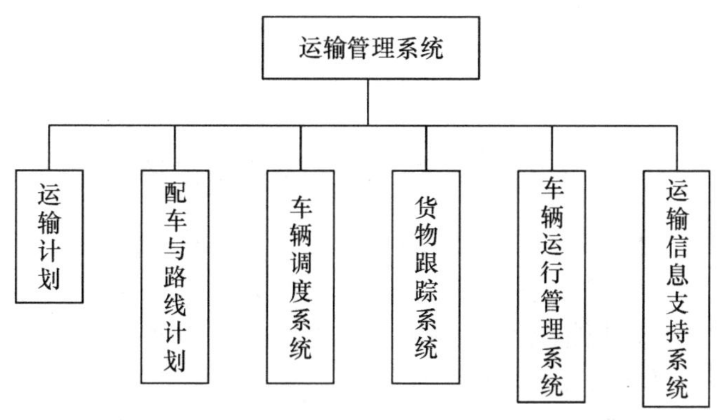

图 9—7 运输管理系统

运输管理系统主要处理各种运输问题，如日本开发的直达运输系统，目的在于选择最接近用户的仓库，然后对用户实行快速直达运输。我国广东省水泥合理分配调运系统也属此类。广东省水泥调运系统利用线性规划，以最低流通费用为目标，用计算机做数据处理，取得了宏观及微观双重效益。各运输管理系统可用来实现运输方式的选择（例如，在国际航空货物运输管理系统中可选择班机运输、包机运输、集中托运或是航空快递）、路径的设计（制定和规划适宜的运输路径对企业获得满意的利润水平以及提高客户的服务水平都非常重要）、货物的整合与优化（例如，零担货物运输管理系统要针对货物流量、货物数量、货物流向具有一定不确定性的特点进行货物运输的控制管理），以及运输工具（汽车、火车、船舶、飞机、管道）、线路与时间的选择等。

6. 配送管理系统

配送管理系统有一定的综合性，其主要目的有：向各营业点提供配送物资的信息，根据订货查询库存及配送能力发出配送指示，发出结算指示及发货通知，汇总及反馈配送信息。

案例 9—2

Asics 的配送信息管理

Asics 体育用品配送中心以中央计算机和分布在各营业所的终端建立计算机信息网，进行信息输送与业务管理。营业所的订单传送给中央机，由中央机查询确认后将信息发送给 Asics 配送中心的中央机，配送中心的中央机对信息做分析处理后打印三份文件：给用户的送货通知书、给配送场所的发货指示书、出库单。在当日即可将货发出。

配送管理系统采用大集中的管理模式，使得各个业务点的信息高度共享，增强了企业决策的及时性和客观性，帮助企业实现数字化管理，从功能上满足长途货运与区域配送两类业务，并支持铁路、水运、航空运输方式的联运。配送管理系统重点解决物流活动过程中的核心问题，如运输过程的监控与信息反馈、运输车辆的安排、运输成本核算等。该系统可以大幅度地简化物流的环节，提高运输效率，降低运输成本，最终提高企业的综合效益。

案例 9—3

美国通用电气公司的配送系统

配送系统是国外开发较多、成效较大的物流信息系统。配送的成败决定着企业和经营部门对市场的占有和控制。美国通用电气公司的综合信息及销售管理系统是配送系统中较有名的例子。该公司利用计算机网络将分布于 49 个州的 65 个销售部门，分布于 11 个州的 18 个产品仓库及分布于 21 个州的 53 个制造厂连接起来，及时掌握和分析库存情况，一有订货，则由中央机进行集中信息处理，在 15 小时内即可处理完毕，通过计算机将发货信息传递到距用户最近（或运费最低）的配送点，实行指令发货。

（三）按服务对象分类

按服务对象的不同，物流信息系统可分为经营管理信息系统、面向客户信息系统和监管信息系统。

1. 经营管理信息系统

经营管理信息系统负责辅助和指挥日常生产的顺利执行，对企业内部的物流作业和生产经营任务的顺利执行负责。

2. 面向客户信息系统

面向客户信息系统允许客户查询自己所购买的物流服务是否达到了预期的目的和要求，用于对物流服务提供商进行评价和作为最后支付的方式。

3. 监管信息系统

监管信息系统主要面向行政管理者，由行政管理者监督和指导物流从业者在国家政策法规的约束下健康有益地发展，同时可以对行业的发展施加影响，还是进行政策性处罚和奖励的依据。

此外，物流信息系统按系统的应用对象分类，可分为面向生产型企业的物流管理信息系统，面向零售商、中间商、供应商的商业物流管理信息系统，面向物流企业的第三方物流管理信息系统；按系统采用的技术分类，可分为单机系统，内部网络系统，与合作伙伴、客户互联的系统。

三、企业物流信息系统的功能

（一）信息处理功能

物流信息系统能对各种形式的信息进行收集、加工整理、存储和传输，以便向管理者及时、准确、全面地提供各种信息服务。

1. 数据的收集和输入

物流数据的收集首先是将数据通过收集子系统从系统内部或者外部收集到预处理系统中，并整理成为系统要求的格式和形式，然后再通过输入子系统输入到物流信息系统中。这一过程是其他功能发挥作用的前提和基础，如果一开始收集和输入的信息不完全或不正确，在接下来的过程中得到的结果就可能与实际情况完全相左，这将会导致严重的后果。因此，在衡量一个信息系统性能时，应注意其收集数据的完善性、准确性，以及校验能力和预防、抵抗破坏能力等。

2. 信息的存储

物流数据经过收集和输入阶段后，在其得到处理之前，必须在系统中存储下来。即使在处理之后，若信息还有利用价值，也要将其保存下来，以供以后使用。物流信息系统的存储功能就是要保证已得到的物流信息能够不丢失、不走样、不外泄、整理得当、随时可用。无论哪一种物流信息系统，在涉及信息的存储问题时，都要考虑到存储量、信息格式、存储方式、使用方式、存储时间、安全保密等问题。如果这些问题没有得到妥善的解决，信息系统是不可能投入使用的。

3. 信息的传输

物流信息在物流系统中，一定要准确、及时地传输到各个职能环节，否则信息就会失去其使用价值了。这就需要物流信息系统具有克服空间障碍的功能。物流信息系统在实际运行前，必须要充分考虑所要传递信息的种类、数量、频率、可靠性要求等因素。只有这些因素符合物流系统的实际需要时，物流信息系统才是有实际使用价值的。

4. 信息的处理

物流信息系统的最根本目的就是要将输入的数据加工处理成物流系统所需要的物流信息。数据和信息是有所不同的，数据是得到信息的基础，但数据往往不能直接利用，而信息是从数据加工得到的，可以直接利用。只有得到了具有实际使用价值的物流信息，物流信息系统的功能才能充分发挥。

5. 信息的输出

信息的输出是物流信息系统的最后一项功能，也只有在实现了这个功能后，物流信息系统的任务才算完成。信息的输出必须采用便于人或计算机理解的形式，在输出形式上力求易读易懂，直观醒目。

以上这五项功能是物流信息系统的基本功能，缺一不可。而且，只有五个过程都没有出错，最后得到的物流信息才具有实际使用价值，否则会造成严重的后果。

（二）事物处理功能

物流信息系统能够从事部分日常性事务管理工作，如账务处理、统计报表处理等。同时，它能将部分员工和领导从烦琐、单调的事务中解脱出来，既节省了人力资源，又提高了管理效率。

（三）预测功能

物流信息系统不仅能监测物流状况，而且能利用历史数据，运用适当的数学方法和科学的预测模型来预测物流的发展。

（四）计划功能

物流信息系统针对不同的管理层提出不同的要求，能为各部门提供不同的信息，并对其工作进行合理的计划与安排，如库存补充计划、运输计划、配送计划等，从而有利于保证管理工作的效果。

（五）控制功能

物流信息系统能对物流系统各个环节的运行情况进行监测、检查，比较物流过程实际执行情况与其计划的差异，从而及时地发现问题。然后，再根据偏差分析原因，采用适当的方法加以纠正，保证系统预期目标的实现。

（六）辅助决策和决策优化功能

物流信息系统不但能为管理者提供相关的决策信息，达到辅助决策的目的，而且可以利用各种决策模型及相关技术进行决策优化，为各级管理层提供决策依据，以便提高管理决策的科学性，并能更合理地利用企业的各项资源，提高企业的经济效益。

案例 9—4

沃尔玛的物流信息系统

沃尔玛公司的配送中心是典型的零售型配送中心，它之所以能够取得成功，主要原因之一是沃尔玛物流信息系统中先进的补货系统，该系统已成为其竞争战略中的核心部分。每一个分店都安装了这样的系统，它使得沃尔玛在任何一个时间点都可以知道，现在这个商店当中有多少货物，卖出多少，有多少货物正在运输过程当中，有多少是在配送中等。沃尔玛的这个自动补货系统，可以自动向商家订货。经理们在商场选择其中一种商品，扫描一下，就知道现在商场当中有多少这种商品，有多少订货，而且知道有多少这种商品正在送往商店的过程中，应在什么时间到，所有关于这种商品的信息都可以通过扫描商品代码得到，不需要其他人再进行任何复杂的汇报。

四、企业物流信息系统的构成

物流信息系统由硬件、软件、数据库与数据仓库、人员等基本要素构成。

（一）硬件

硬件包括计算机、网络通信设备等，例如计算机、服务器、通信设备，它是物流信息系统的物理设备、硬件资源，是实现物流信息系统的基础，是构成系统运行的硬件平台。

（二）软件

软件包括系统软件和应用软件两大类，其中，系统软件主要用于系统的管理、维护、控制及程序的装入和编译等工作；应用软件则是指挥计算机进行信息处理的程序或文件，它包括功能完备的数据库系统、实时的信息收集和处理系统、实时的信息检索系统、报告生成系统、经营预测、规划系统、经营监测、审计系统及资源调配系统等。

（三）数据库与数据仓库

数据库技术将多个用户、多种应用所涉及的数据，按一定数据模型进行组织、存储、使用、控制和维护管理，数据的独立性高、冗余度小、共享性好，能进行数据完整性、安全性、一致性的控制。数据库系统面向一般的管理层的事务性处理。

数据仓库是面向主题的、集成的、稳定的、不同时间的数据集合，用以支持经营管理中的决策制定过程。基于主题而组织的数据便于面向主题分析决策，它所具有的集成性、稳定性及时间特征使其成为分析型数据，为决策层提供决策支持。数据仓库系统也是一个管理系统，它由三部分组成：数据仓库、数据仓库管理系统、数据仓库工具。

（四）人员

物流信息系统的人员包括系统分析人员、系统设计人员、系统实施和操作人员，以及系统维护人员、系统管理人员、数据准备人员与各层次管理机构的决策者等。

第三节　企业物流信息系统的应用

一、商业企业物流信息系统

商业企业物流信息系统，就是为有关部门提供商业物流信息，谋求商业物流各项职能的相互衔接和高效率，并正确而迅速地传递和处理这些信息的系统。以前的物流信息是由人工作业完成传递的，现在这项工作则由计算机网络来完成。在这种生产过程中，针对商业企业不同的销售模式，可能会存在如下的物流过程，即订货采购、仓储与配货（含配送、店面及仓库存储）以及销售送货（包括退货、补货、销售送货）等。相对于生产企业来讲，商业企业的物流作业与管理比较简单。

（一）商业企业物流信息系统的特点

1. 通过物流中心或配送中心实现效率化

随着当今企业的不断扩大，特别是连锁店的发展，出现了流通广域化、店铺复数化、商店规模大型化以及商品构成多样化的现象，订货的频度和配送车辆数也相应大大增加。为了解决由此带来的商品搬运、检查作业烦琐化以及效率低的问题，物流中心或配送中心的建设是实现物流效率化的必然举措。从当今发达国家的情况看，大多数商业企业都配有物流中心或配送中心。物流中心通过集中处理所辖区域内各店铺的订货，并实行各店铺的商品集中或共同配送，来推进物流效率。具体来看，物流中心的好处在于店铺进货时间确定、作业有计划以及成本节省。从商品类别的角度看，经物流中心配送比例较高的商品是衣料、加工食品、肉类制品、日用品以及与生活相关的其他各种商品。

2. 商品配送的计划化与集约化

为了灵活运用物流中心，提高物流效率，企业必须在软件方面推进联网化，实现有计划地发货，并将之与物流系统紧密结合起来，实现配送的计划化和集约化。要达到此目标，企业必须积极推进条形码标签的导入、账单以及物流手续的标准化。此外，在硬件配置上，为了实现物流中心或店铺作业的合理化及省力化，要推动分拣、检查业务过程的自动化与机械化，这些都是实现商品配送计划化和集约化的前提条件。

3. 物流系统设置成本的合理分担

对商业企业来讲，在进行物流系统建设时还应该重视的一个问题是物流建设成本的合理分担，因为信息系统化物流中心的建设虽然提高了物流效率，推动了物流体系的合理化，但在构筑这一系统时，必须充分重视建设成本由谁负担的问题，特别是随着当今商业企业逐渐在流通体系中占据主导地位，应防止将成本全部推向厂商或批发商的情况发生，因为要维持一个安定和长期有效的物流系统，必须与批发业、厂商等发货方进行充分协商，不断根据环境和流通的变化来完善物流系统。因为，如果没有批发商和厂商的合作，从长远看就无法保证有效的物流体系的建立。

（二）商业企业物流信息系统的构成

一般来说，商业企业物流信息系统由以下两部分构成。

1. 外部信息系统

（1）经理决策需要信息。经理需要同仓库、运输公司、客户直接联系，以了解服务全过程的信息。

（2）客户需要了解信息。物流中心需要得到客户的信息，了解客户的要求，知道为他们做什么，再通过信息系统的网络及时告诉客户他们所需要的信息，例如任务已经完成，或需转运的货物已经运出，等等。作为物流企业有责任让客户及时收到他们所需要的商品，所以，物流中心或配送中心还需要与汽车运输公司、铁路运输公司、船舶运输公司，甚至司机交换信息，有什么货，什么时间要运到什么地点。运输公司也要物流中心交换信息，何时能派车提供服务，到达目的地后，也要反馈给物流中心信息，告之何时送到，面交何人收货。数字处理中心，可方便经理、仓储、运输、客户同时知道物流信息。为了解决信息处理问题，还需要建立数字处理中心（DEI）。DEI 系统把信息储存在一起，仓储、运输和客户都可以在其中寻找自己所需要的信息，例如“货物现在何处”，于是所有人员都可得到信息，使整个物流系统少出差错。如果没有这个系统，就必须由许多人来处理信息；有了这样的系统，95%的订单可利用该系统来处理。信息处理系统的建立，需要花很多资金，但其作用非常之大，且投资回收很快。

2. 内部信息处理系统

内部信息处理系统中最主要的是库存信息处理系统，它和客户、运输公司都有联系。它处理的主要内容有：

（1）库内有什么货物。

（2）哪些货物已损坏，哪些货物已被订购，尚有哪些货物可以发运。

（3）根据订单，尚缺哪些货物，哪些货物又即将送到仓库。

（4）库存货物存放的具体位置，该系统具有认址功能，以便能迅速找到货物并能将货卸下来。

（5）货物运输的距离（一般在库内搬运距离不超过 75 米）。

二、生产企业物流信息系统

生产企业从原材料或者半成品生产厂家购买原材料或者半成品，通过企业的技术和设备生产出产品，然后投放市场，以获取产品的销售利润。实际上，生产企业获取的利润是存在于产品中的劳动增值与技术增值。就采购来看，生产企业采购的很可能是多种原材料，采购完毕，投放生产，产生废弃物和可回收物，最后进行销售。就涉及的物流作业来看，包括供应采购、原材料仓储、生产配送（含领料）、产品仓储与销售运输（配送），此外，还包含废弃物物流与回收物流。因此，生产企业的物流活动包括供应物流、生产物流、销售物流、废旧物物流等。与此相对应而产生的物流信息是相当丰富的，其管理的难度也极大，不仅要利用社会构筑的物流信息平台，而且必须设计与企业相适应的各种系统，同时要利用我们前面介绍过的各种信息系统的方法技术，如 EDI，POS 来保证生产企业物流信息管理的顺利进行。

知识库

EDI 与 POS

EDI 是一种在公司之间传输订单、发票等作业文件的电子化手段。POS（Point Of Sale）是一种多功能终端，把它安装在信用卡的特约商户和受理网点中与计算机联成网络，就能实现电子资金自动转账，它具有支持消费、预授权、余额查询和转账等功能，使用起来安全、快捷、可靠。

（一）生产企业物流信息系统的特点

生产企业物流可以划分为充实原材料、零部件等调达活动的调达物流或供应物流，生产产品搬运过程中的制造物流，企业内物流或生产物流，将生产出的产品向批发商或零售商传递的销售物流，以及对废弃物进行回收处理的废旧物物流四种类型。因此，生产企业的物流信息系统应支持这些物流活动，其特点如下。

1. 调达物流信息的准确性

生产企业从事生产经营活动时最为重要的物流信息是调达信息。尤其是对于加工组装型生产企业来讲，往往是在大量零部件、原材料备齐之后再在生产线上从事组装生产，零部件调达的工作量相当大，而且非常重要。与此相应的信息获得与处理也同样重要，如因预测信息不准确而导致生产企业拥有大量零部件库存，虽然能确保生产顺利进行，却要为此承担巨额物流成本或费用，从整体上来看既不利于流通效率的提高，也不利产品成本的降低。因此，作为解决生产过程中浪费的对策之一，就是要求调达物流信息的准确化，从而彻底实现生产零部件无库存。

2. 销售物流的高度化

对于生产企业而言，物流管理的另一重要内容就是销售物流。以前，生产企业主要把注意力放在产品制造和销售上，对产品流通中的物流较为淡漠。然而，随着流通体系的变革，如今越来越多的厂商不让批发商来承担本企业产品的物流，而是构筑自身的物流系统，向位于流通最后环节的零售商直送产品，这种直接建立企业到零售商的物流系统，能使生产企业在迅速把握产品销售状况的同时，也能确切了解商品的在库情况。

（二）生产企业物流信息系统的构成

生产企业物流信息系统设计的内容包括从采购货物的需求计划、采购计划到下达订单，从货物到达、持检，到合格准确入库，从生产计划、材料领用、车间管理、质量控制到完工入库，从销售计划、销售订单、提货、结算到客户跟踪。因此，生产企业物流信息系统主要包括商品计划、库存管理、采购管理、仓库管理等子系统。各子系统之间相互联系、相互依赖、密不可分，都属于一个大的网络系统（集成系统）的子系统，如图 9—8 所示。

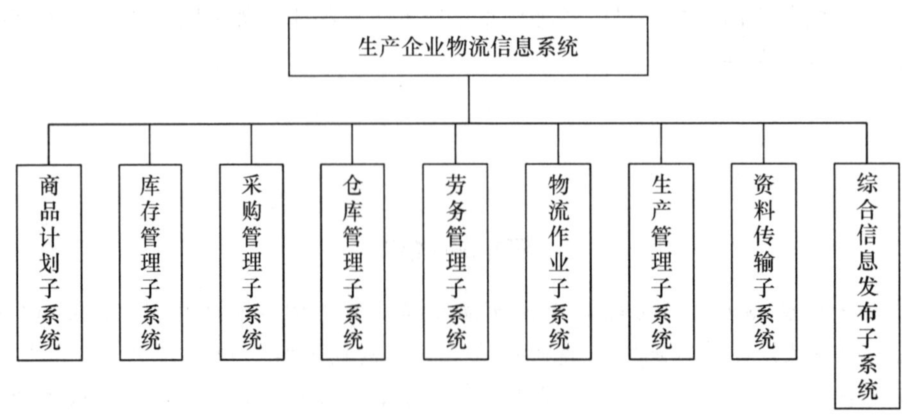

图 9—8　生产企业物流信息系统

（1）商品计划子系统。该系统包括采购计划和销售计划，是对材料和产品的实物流动做出预先的规划，制定一定的目标。

（2）库存管理子系统。该系统包括决定库存的水平和进货的频率，库存预警、库存成本。

（3）采购管理子系统。该系统包括订货、付款条件、交货时间、地点等。采购是供应链上的第一个环节，它的质量直接决定了后续环节的实现程度。

（4）仓库管理子系统。该系统包括存货地点、产品入库、存储、分配的管理。

（5）劳务管理子系统。该系统包括劳务工作量计划、质量监督、出勤率检查等。

（6）物流作业子系统。物流作业的基本活动是储位管理，一切的商品保管、拣货安排、客户商品的分关、集货装箱（包装）乃至货物装卸顺序、配送路线、车辆安排、运输方式、运输路径、交货时刻表、运输工具的跟踪和监督、装载量计划等操作都与储位信息密切相关。为了及时掌握正确的物流作业信息，可以设置一些辅助设备，如条码扫描器、HT（手提终端机）以及 RF（射频）无线网络等。

（7）生产管理子系统。该系统包括生产计划管理、工艺管理等。

（8）资料传输子系统。该系统主要包括企业间资料的传送、转入与转出、处理以及回传统计结果等。

（9）综合信息发布子系统。该系统用于发布企业的产品信息。

生产企业物流信息系统最终可以达到的效果是，所有的商品物流供应和服务的有关功能都在网上提供，并能在所有参加交易的贸易企业之间进行协调。

三、第三方物流信息系统

第三方物流是在物流渠道中由中间商提供的服务，中间商以合同的形式在一定期限内，提供企业所需的全部或部分物流服务。第三方物流提供者是一个为外部客户管理、控制和提供物流服务作业的公司，它并不在供应链中占有一席之地，仅是第三方，但通过提供一整套物流活动来服务于供应链。

第三方物流主要有下列业务：运输、仓储、清关、配送、包装、整合与分拨、物流全过程的货物跟踪、电子数据交换、与客户生产系统之间的信息交换、互联网上的信息服务、各地库存的调度和统计、运输过程的设计和管理、全球供应链的策划和管理、营销分析、环境信息收集和分析等。

（一）第三方物流信息系统的特点

1. 可得性

第三方物流信息系统必须具有容易而又始终如一的可得性，所需信息包括订货和存货状况，当企业有可能获得物流活动的重要数据时，应该很容易从计算机系统中重新得到。

一方面，可得性对于客户服务与改进管理决策是非常必要的，因为顾客需要频繁的存取货和订货信息。另一方面，可得性是信息系统存取所需信息的能力，无论是管理上的、顾客方面的，还是产品订货位置方面的信息。物流作业的分散化性质，要求能从国内甚至世界各地任何地方得到更新的数据，这样的信息可得性可以减少作业和制定计划上的不确定性。

2. 精确性

物流信息系统必须精确反映当前物流服务状况和定期活动，以衡量订货和存货水平。精确性可以解释为物流系统报告与实物技术或实际状况相吻合的程度。平稳的物流作业要求实际的数据与物流信息系统报告相吻合的精确度最好在99%以上。当实际数据与物流信息系统报告存在误差时，就要通过缓冲存货或安全存货的方式来适应这种不确定性。

3. 及时性

第三方物流信息系统必须能够提供及时、快速的管理信息反馈。及时性是指一系列物流活动的发生在物流信息系统显现所耽搁的时间最短。例如，如果在某些情况下，系统要花费几个小时甚至几天才能将一个新的订货看作一个新的需求，因为该订货不会始终直接由客户数据库进入第三方物流信息系统，这种耽搁会使计划的有效性降低，而使存货增加。

此外，尽管一些生产企业存在着连续的产品流，但如果第三方物流信息系统是按每小时、每工班，甚至每天进行更新，则不能保证信息系统的及时性。编制条形码、采用扫描技术和物流 EDI 有助于进行及时而有效的数据记录。全球卫星定位技术也有助于物流信息系统的及时性。

4. 识别异常情况

物流作业要与大量的客户、产品、供应商和服务公司进行协作或竞争，这要求物流信息系统应能有效识别异常情况。在物流系统中，需要定期检查存货情况和订货计划。这两种情况在许多物流信息系统中要求手工检查，尽管这类检查正愈来愈趋向自动化，但由于许多决策在结构上是松散的，并且需要人的因素参与判断处理。由于人工检查需要花费大量时间。因此，要求第三方物流信息系统要结合决策规则，去识别这些需要管理者注意并做出决策的异常情况，这就要求计划人员和经理人员把他们的精力集中在最需要注意的情况和判断分析上。

5. 灵活性

物流信息系统必须具有灵活反应能力，以满足系统用户和顾客的需求。第三方物流信息系统需有能力提供能迎合客户需要的数据，如票据汇总、实时查询、成本综合分析、市场销售汇总及分析等，一个灵活的第三方物流系统必须适应这一要求，以满足未来企业客户的各项信息需求。

6. 界面友好规范

物流信息系统提供的物流报告应该界面友好规范，并以适当的形式对物流信息进行表述，建立正确的物流信息表达结构，方便客户查询和阅读，方便客户打印和存档。物流报告的表现形式应与传统报告相结合，便于企业报关及管理人员阅读和分析。

总之，物流信息系统是第三方物流企业参与市场竞争的关键，是提高客户服务水平的基础。

(二) 第三方物流信息系统的构成

物流信息系统是把各种物流活动与某个一体化的过程连接在一起的通道，第三方物流一体化过程建立在四个层次上，即：基础信息系统、管理控制系统、决策分析系统以及制定战略计划系统。

1. 基础信息系统

第一个层次为基础信息系统，是指物流信息系统接受客户指令或接受交易指令的系统，对第三方物流公司，其基础信息系统需要与客户的信息系统集成，并与客户共享物流信息，获得物流运作基础信息。这一系统是第三方物流信息系统启动物流活动的最基本的层次，它从客户系统获取订货内容、安排存货任务、选择作业程序、装货、搬运、开票及进行订单查询与处理等。其处理过程是：第一，先接受客户订单信息进入信息系统；第二，按订单安排存货或安排采购；第三，选择作业程序；第四，指挥搬运、分拣、装货及按订单交货；第五，打印并传送票据。

2. 管理控制系统

第二个层次为管理控制系统，该系统要求把主要精力集中在功能衡量报告上。功能衡量对于提高物流服务水平和资源利用等管理信息反馈来说是必要的。因此，管理控制以可估价的、策略的、中期的焦点问题为特征，涉及评价过去的功能和鉴别各种可选择方案。

普通的功能衡量包括财务成本分析、顾客服务评价、作业衡量、质量指标等。功能衡量对第三方物流服务是非常重要的，一般客户都希望通过第三方物流服务，对物流系统作综合性分析，提供更多的物流信息与客户共享，客户可以利用这些信息与自身的信息系统集成，为企业决策提供市场及物流信息。

第三方物流系统是否能够在物流系统运作中随时鉴别出异常情况也是很重要的。有超前活力的物流系统，还应该有能力根据预测的需求与预期的入库数据预测未来存货短缺情况。

某些管理控制的衡量方法，诸如成本，有非常明确的定义；有些衡量方法，诸如顾客服务，则缺乏明确的定义，需要采用一些分析方法建立评价指标。

3. 决策分析系统

第三个层次为决策分析系统，这一层次的信息系统把主要精力集中在决策应用上，以协助管理人员鉴别、评估和比较物流战略或策略上的可选方案。该层次的典型分析包括车辆日常工作计划、存货管理、设施选址以及作业比较和成本效益评价。对于决策分析，物流信息系统必须包括数据维护、建模和分析。与管理控制不同的是，决策分析的主要精力集中在评估未来策略的可选方案，因此需要相对的零散模块和灵活性，以便于在较广的范围内选择。

4. 制定战略计划系统

最后一个层次是制定战略计划系统，该系统主要精力集中在信息支持上，一期开发和提炼物流战略，这也是决策分析的延伸。物流信息系统制定战略计划层次，必须把较低层次数据结合进范围很广的交易计划中，便于评估各种战略的概率和损益的决策模型。

本章小结

首先，本章介绍了物流信息的概念、特征、分类、内容及作用。物流信息是指围绕各类物流活动由外界输入或者活动自身反馈输出的数据、资料、图像、文件、知识等的总称，它伴随着物流活动的发生而产生，贯穿于物流活动的始终，在物流活动中起着中枢神经的作用。物流信息具有分布性、动态性和复杂性的特点。物流信息按其来源可分为物流系统内部信息和物流系统外部信息，按其功能，可分为计划信息、控制及作业信息、统计信息和支持信息，按其加工程度的不同，可分为原始信息和加工信息，按其活动领域可分为运输信息、仓储信息、装卸信息等。

其次，本章阐述了企业物流信息系统的起源与发展方向、物流信息系统的概念、分类及功能。物流信息系统是指用系统的观点、思想和方法建立起来的，以电子计算机为基本信息处理手段，以现代通信设备为基本传输工具，并且能够为管理决策提供信息服务的人机系统。可按管理决策的层次、物流职能、服务对象、系统的应用对象、系统采用的技术对物流信息系统进行分类。企业物流信息系统具有信息处理功能、事物处理功能、预测功能、计划功能、控制功能以及辅助决策和决策优化功能。

最后，本章分别阐述了商业企业物流信息系统、生产企业物流信息系统、第三方物流信息系统和特点及构成。

基本概念

物流信息　　库存管理系统　　配送管理系统　　进货管理系统　　销售管理系统　　仓储管理系统　　运输管理系统　　企业物流信息系统　　商业企业物流信息系统　　生产企业物流信息系统　　第三方物流信息系统

思考题

1. 试述物流信息的内涵。
2. 物流信息包括哪些部分？如何进行分类？
3. 物流信息有哪些特征？
4. 试述物流信息系统的主要类型。
5. 物流信息系统的作用是什么？
6. 试述物流信息系统的主要功能。
7. 简述物流信息系统的发展历程。
8. 调查一个企业，分析企业中有哪些物流信息在物流管理中发挥作用，并说明物流信息系统如何在企业中发挥作用。

第十章 企业物流管理组织

本章要点提示

- 了解物流组织的产生和发展、我国物流的发展状况、物流组织的发展阶段以及每个阶段物流组织结构的状况
- 理解企业物流管理组织的设计步骤和企业物流组织的发展趋势
- 掌握企业物流管理组织设计的影响因素和企业物流管理组织的职能范围设计
- 重点掌握企业物流管理组织结构设计的原则和典型的物流组织形式的特征及优缺点

企业组织结构本身并不能创造好的业绩，但如果企业没有好的组织结构，无论多么优秀的管理者，都不可能创造出优秀的经营业绩。因此，企业组织结构的优化和改善是提高管理绩效的重要手段和措施。物流贯穿于物流入厂、产品生产和成品流动的全过程，不仅跨越企业的各职能部门，而且越过了企业的边界，将企业与上下游企业连接起来形成供应链。毋庸置疑，企业物流组织对企业绩效、对企业发展起着非常重要的作用。

第一节　企业物流管理组织概述

企业物流组织是执行物流管理职能的物流组织结构，而组织结构则是描述组织的基本框架体系，一个组织通过对自身任务、职权进行分解、组合形成一定的结构体系。依据组织结构设计理论，组织结构设计过程就是一个组织的组织化过程。组织化的目的是协调组织内部各种不同的活动，使组织运作效率达到整体最优。

一、物流组织的产生与发展

物流组织的产生和发展可以说是人类社会经济发展的结果。在人类社会经济活动的初期，由于生产社会化程度较低，受生产发展水平和交易规模的限制，尽管物流已经存在于人类社会的经济活动中，并发挥着它的功能和作用，但由于物流的规模很小，其功能和作用并未为人们所认识。之后，随着人类社会经济的发展，生产水平的提高、交易规模的扩大（虽然物流概念尚未被提出），物流的重要性逐渐为人们所认识。在实践活动中，人们逐渐地发现了物流的作用。如在交换中，商品等价物的应用、货币的出现等，都对物流费用的降低和物流合理化的实现起了重要的作用。至 20 世纪 50 年代左右，随着物流概念的提出以及其对生产经营的重要性，物流得到了较大的发展，理论界开始了对物流的研究，企业界也重视了对物流的应用。此时，作为物流活动的组织者和承担者——物流组织产生了，但其大都以非独立形式存在（主要表现在生产企业内部），从属于其他职能部门（如采购部门、销售部门），在组织管理方式上以分散的管理形式而存在。这一时期可以说是物流产生的萌芽时期，也是物流组织产生的萌芽时期。

进入 20 世纪 60 年代以后，产业界逐渐将获取利润、降低费用的重点放在了流通领域，人们形容物流是“一块未开垦的处女地”，并把它作为“第三利润源泉”。到 20 世纪 70 年代初期，由于竞争的加剧，物流界掀起了革命性的变革风暴。在产业界，企业设立了物流部、物流管理部、物流对策室等机构，构造企业内部物流，旨在降低企业物流成本、提高物流效益与企业效益。在该时期，物流及其组织主要是在企业内部进行构造的，重点在包装、装卸、保管、运输、信息等方面，但此时由于缺乏系统的开发，从整个社会来说，物流的总体费用并没有明显下降。物流组织变革的结果形成了以降低成本为中心的企业内部物流组织体系。在组织管理方式上，物流仍从属于其他部门，但实现了由分散管理向集中管理的转变。

1973 年的石油危机后，政府、理论界和产业界认识到了仅仅依靠企业内部物流系统的建设是难以有效地降低物流费用、提高物流效益的，应在全社会范围内，把物流的所有功能作为一个大系统，从整体上进行物流的开发，建立社会化的物流组织，以更有效地实现物流的合理化和系统化。该时期，在美国，政府把加强物流系统管理视为美国“再工业化”的重要因素；在日本，政府也设立了专门的机构来统筹全国的物流活动。这种结果使物流的基础设施建设得到了较大的发展和改善，物流技术也得到了较大的推广和应用，计算机管理及企业物流信息化建设等在企业也开始了应用。在该阶段，从总体上来说，物流及组织的变革是以提高利润为中心来进行的；物流组织初步向社会化的方向发展，以独立形式存在于社会经济中的物流组织得到了较大的发展。在组织管理方式上，物流社会化的集中管理体系逐渐形成。在该时期，相继出现一大批的物流中心。

二、企业物流组织的变迁

企业物流组织经历了以下几个阶段。

（一）物流职能分散于企业内部

最早，物流职能分散于企业内部，通常没有专门的物流经理和物流部门来管理整个物流过程。传统的企业组织结构如图 10—1 所示。这种职能分割的现象，意味着物流方面的工作缺乏跨部门的协调，从而导致重复和浪费，信息常常被扭曲或延迟，权力划分责任常常是模糊的。

（二）物流管理的趋势转向物流职能集成

自 20 世纪 50 年代以来，物流管理的趋势转向将物流职能集成，由公司的一个高层经理负责，并形成集成化物流管理的概念。驱动功能集合的动机在于深信将物流功能归集于一个组织，可增加一体化的可能性。这也和传统管理组织理论相吻合——传统管理组织理论告诉我们，功能上近似的岗位可组合在一个部门，既有利于工作协调，也可提高工作绩效。

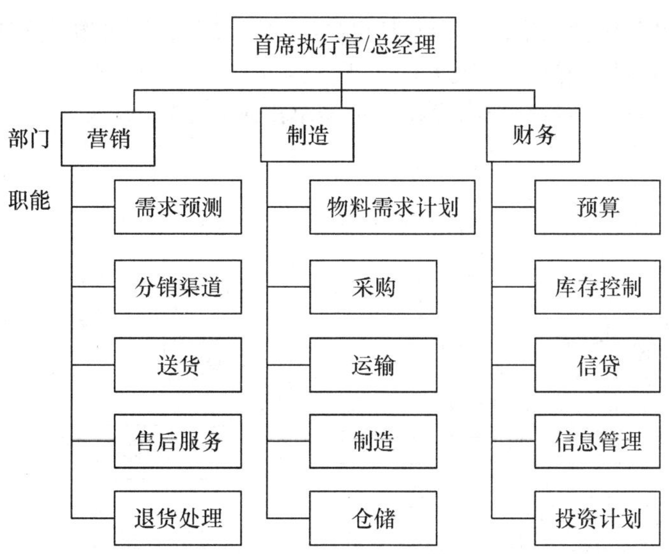

图 10—1 传统的企业组织结构

物流功能的集合并形成物流管理组织的工作并不是一蹴而就的。最早出现的物流管理组织是实物配送组织和物料管理组织，分别从属于市场营销部门和生产制造部门。早期企业组织结构中的物流组织如图 10—2 所示。

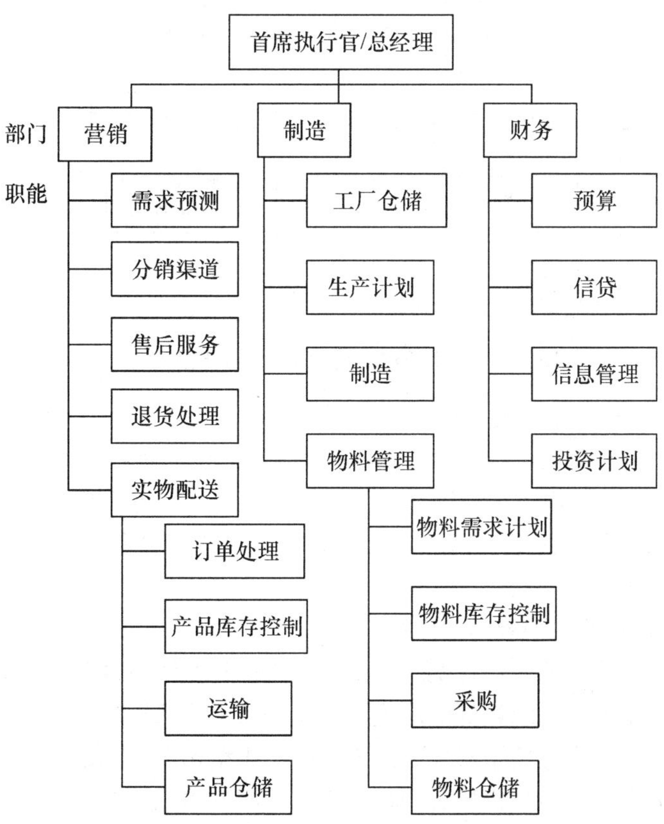

图 10—2 早期企业组织结构中的物流组织

首先从职能部门中独立出来并上升到更高组织层次上的是实物配送职能，因为对厂商来说，实物配送直接影响到客户服务的水平。这时在总的企业组织结构中增加了新的部门，如图 10—3 所示。这种组织结构在欧美最早出现在 20 世纪 60 年代晚期和 70 年代早期，在今天的工业企业中仍可以看到。

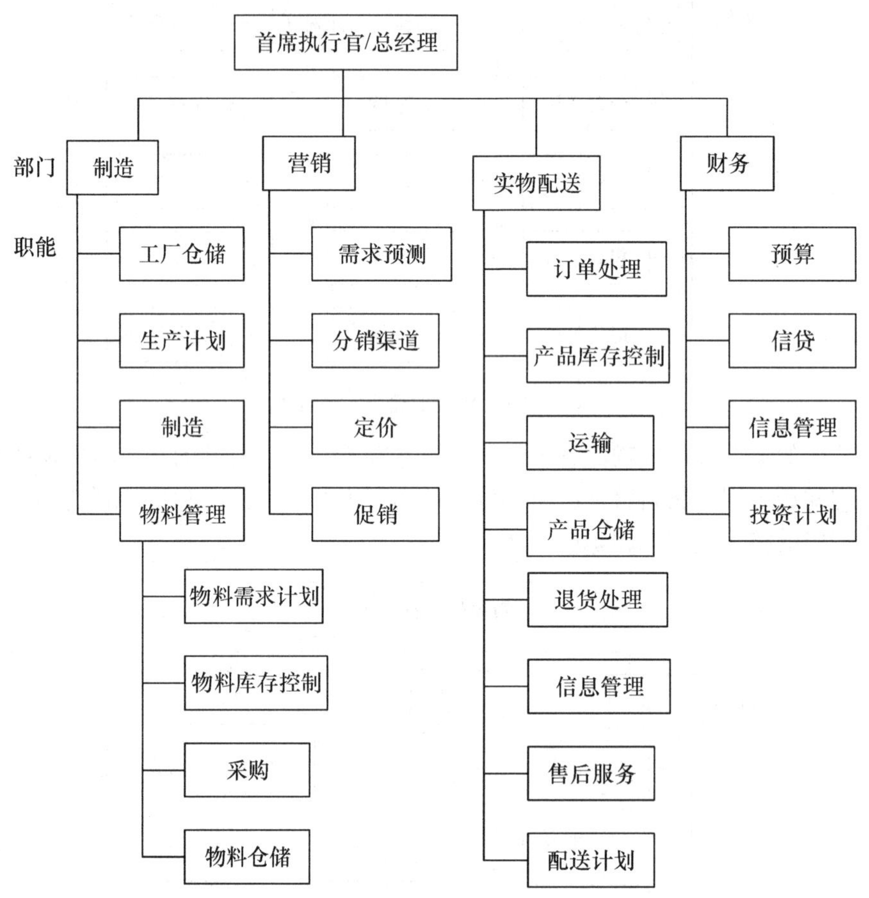

图 10—3　企业组织机构中的物流组织的提升

20 世纪 80 年代初，物流发展到了综合物流阶段，真正意义上的物流管理组织开始出现了。这个组织结构试图在一个高层经理的领导下，统一所有的物流功能和运作，如图 10—4 所示。这种组织结构把物流作为一项职能，将实际上可操作的许多物流计划和运作功能归类于一个权力和责任下，目的是对所有原料和制成产品的运输和储存进行战略管理，使其对企业产生最大的利益。

（三）物流管理从注重功能转向注重过程

到 20 世纪 80 年代中期，通过实践和研究，人们日益明确地认识到，功能集中的一体化组织结构可能不是物流组织最好的形式。物流是一项交叉职能，它需要一个不同的组织结构。于是，有不少厂商开始了对什么是理想的组织结构进行新的和更深广的思考。人们开始检验物流能力在产生客户价值总的程序中所扮演的角色，这预示着一种探究怎样才能最好地取得一体化物流绩效的新的思想的产生。在这一思想的指引下，首先出现的是基于

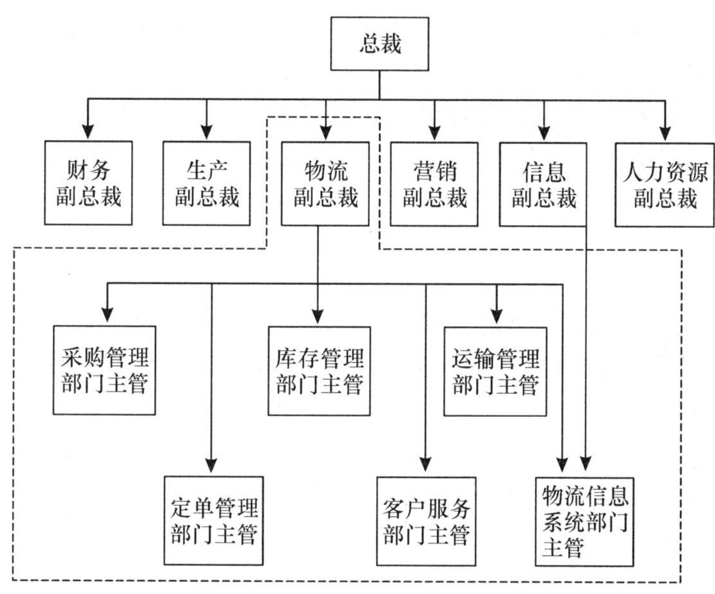

图 10—4　物流一体化组织机构

过程的策略。基于过程策略将一组广泛的物流活动看作增值链进行管理。过程策略的重点是通过将采购、生产计划以及实物分销作为一个一体化系统而获得效益。基于过程策略下的组织结构由于从纵向管理变为横向管理而迎合了企业组织结构向水平型组织和矩阵型组织发展的趋势。该策略将焦点集中在过程上，在很大程度上减轻了将功能集聚到无所不包的组织单元中去的压力，至关重要的问题不是如何去组织个别的功能，而是如何最好地管理整个物流过程，将物流作为过程管理的组织结构，如图 10—5 所示。

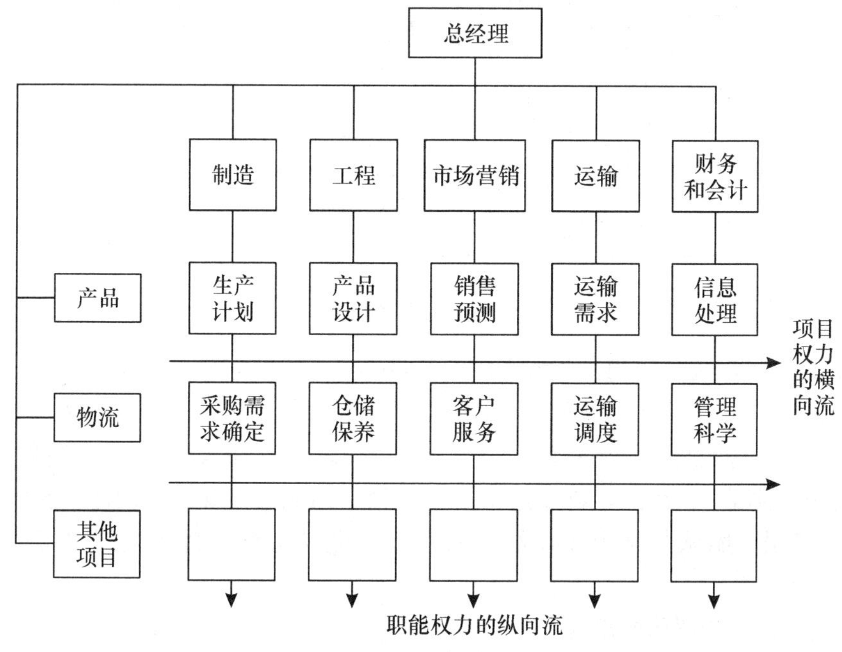

图 10—5　矩阵组织中的物流管理

基于过程的策略要求组织具有更强的功能整合的能力。信息技术的发展和广泛应用为此提供了有利条件。使用信息技术来协调或指挥整体任务的完成可使工作本身的责任分散遍及整个组织。这种基于过程的物流管理意味着必须将传统的单一功能部门融入整个企业管理的过程中，这种融入常要求将传统的组织结构分割，然后用新的和独特的方式来重新组合。从某种意义上来讲，这种功能的分隔好像又重新回到原来的按单一部门分隔功能的老路上去了，然而，新出现的组织模型的关键区别却在于广泛的应用信息。新的组织形式是以信息的管理方式和分享方式为特征的。

此后，还出现了团队组织。**团队被定义为“基于一个共同的目的，设定绩效目标以及相互负责的方法，具有互补技术的少数人”。**一般存在两种类型的团队：任务团队和工作团队。任务团队因特定的、明确的并具有清晰的最终目的而存在。而工作团队是持续进行的，更类似于一个具有特定的、持续的目标的分支结构。对一些工业企业来说，团队组织能够取得良好的效果。团队结构同样支持目前许多公司所经历的组织层次“扁平”化，如图 10—6 所示。

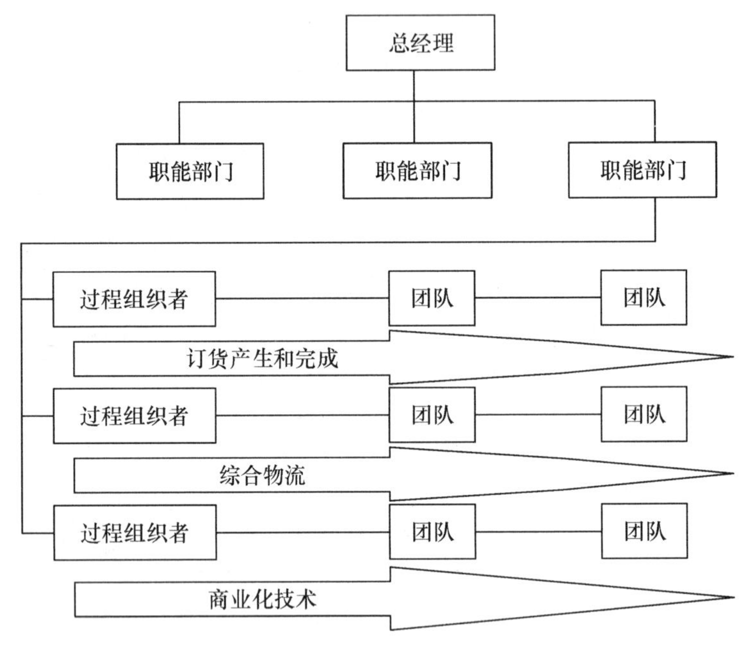

图 10—6　团队组织结构

无论选择何种形式的结构，职能之间的关系仍然是物流工作的关键因素。与其他职能建立良好的工作关系，对物流经理的绩效极为重要。但是，企业完善其物流系统时，经常发现分散职权与流行的管理趋势背道而驰，譬如工作团队。原因在于，“在授权时代，物流需要的是集权控制”。因此，物流通常是矩阵团队的成员，既要向团队汇报又要向集成化物流职能汇报。团队与集中化职能同时存在，可以在整个企业范围内实施高效率的策略。

（四）物流外包与联盟的出现

近期，外包作为一种管理多种物流活动的可接受的方式，在企业中得到越来越多的运用。外包的产生及发展促使“空心公司”的出现，这种公司是仅包含管理者和策划人员的小型组织，其他活动包括制造、物流、分销、制单、销售、营销等，通过雇用外部公司完成。这种空心公司也就是所谓的**“虚拟企业”，即大量企业集合在一起，在有限范围内进行某种产品或服务的开发、生产、销售和分销。这些企业建立了一种紧密的工作关系，但这种关系仅存在于产品或服务的生命周期中。**

企业物流组织的存在有多种结构形式，企业可以成功运用一种或多种组织结构。但是，对于企业来说，最适合企业的就是最优的组织结构，也就是能够使其效率和效益最大化的系统。

知识库

虚拟企业

虚拟企业由几个有共同目标和合作协议的企业组成，成员之间可以是合作伙伴，也可以是竞争对手，并一改以往企业之间完全的你死我活的输赢（Win-Los）关系为双赢（Win-Win）的关系。虚拟企业通过集成各成员的核心能力和资源，在管理、技术、资源等方面拥有得天独厚的竞争优势，通过分享市场机遇，实现双赢的目的。其经营形式主要有：业务外包、企业共生和战略联盟。

世界著名的运动鞋厂商耐克和锐步的虚拟经营则把虚拟理论发挥得犹如神话：这两家公司一向被认为是制造运动鞋的厂商，然而实际上耐克只拥有一个很小的生产单位来生产备用的零部件；锐步则更是不从事任何制造活动。它们是通过与亚太地区如中国台湾、韩国和中国内地的运动鞋制造商签订生产合约而交由它们去生产制造。这样的虚拟式的组织结构使他们能够对迅速变化的顾客需求做出反应，从而赢得优势，取得成功。

三、我国企业物流组织的发展

从新中国成立起，逐步建立起计划经济体制下的企业管理模式，管理的重点是生产，流通领域由政府统一管理，表现为物资的统一调配，生产所需的原材料由国家计划配给，产品由国家统购。企业设立独立的供销部门，负责处理有关采购和销售业务，以及相应的物流管理职能，其物流管理的组织结构如图 10—7 所示。

从图 10—7 可以看出，计划经济体制下供销科承担了除制造物流以外的全部物流职能，掌管着企业包括原材料、成品、仓库、运输队在内的大部分物流资源，这是一个独立的物流管理部门，从事的是传统意义上的物流管理。此阶段我国企业的物流管理组织结构与西方国家存在很大的差异。另外，由于资金是统收统支，企业的资金压力很小，几乎不考虑库存控制，不计效益，管理是粗放的。众所周知，计划经济时代是物资严重短缺的时代，企业不愁产品无人要，但愁拿不到原材料，物流管理的重点是采购，而采购又要靠关系，没有关系就得找关系。因此，物流管理的目的和方法都是扭曲的。

这种状况一直持续到 20 世纪 80 年代后期。随着从计划经济转轨到市场经济，企业纷

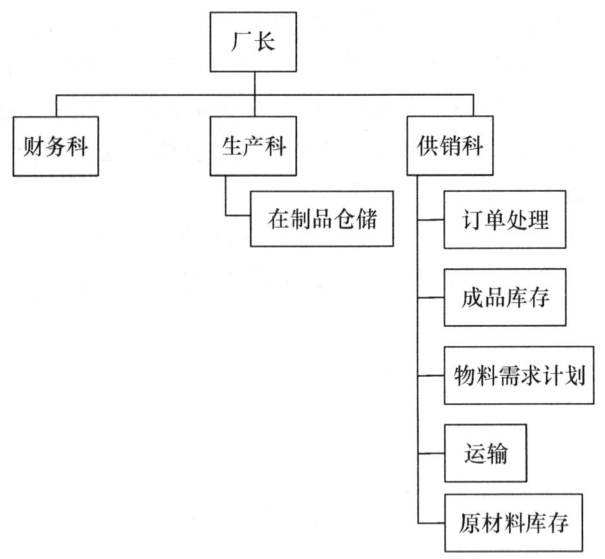

图 10—7　计划经济模式下企业物流组织结构

纷建立市场营销部门，市场营销成为一个独立的管理部门。为了有利于营销，有相当多的企业将销售物流职能划归营销管理部门。此时的物流管理组织结构如图 10—8 所示。

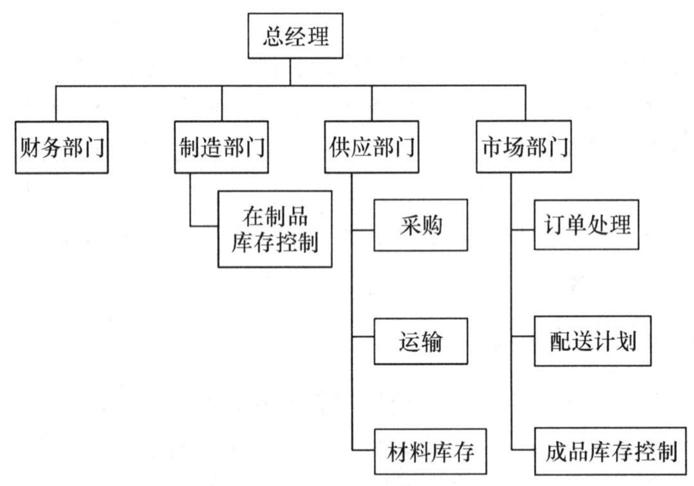

图 10—8　三块物流分离

图 10—8 中的供应部门职能纯属于物流职能，是采购物流与销售物流的分家，并没有整合的含义，它只是为各部门的方便，将物流业务划归各部门。从表面上看，企业有一个独立的从事物流管理的部门，这一方面是由于传统上我国企业由供应部门承担着采购、运输和仓库保管的职能；另一方面是由于我国专门提供物流服务的第三方物流公司数量少、服务质量低，客观上也需要有一个部门来承担运输和库存保管业务。此阶段，在认识程度上我国基本与西方国家 20 世纪 50 年代以前相同，物流管理仍缺少整体上的考虑，我国物流管理落后的原因也在于此。

进入 20 世纪 90 年代，尤其是 1996 年以后，我国企业接受国外先进管理思想与方法的自觉性增强，特别是在市场机制发育较完善的行业中，企业对现代物流管理的重要性的认识增强，都意识到在整个物流过程中存在着巨大的利润源泉，纷纷建立独立的物流中心。在建物流中心的同时，结合进行企业业务流程的重组，有些企业还同时引入企业资源计划这种新的管理模式。实现了对物流过程的一体化管理，使企业在提高效率、降低成本方面取得明显效果。具有代表性的优秀企业，如海尔、TCL 等。但这毕竟是少数企业，并且是少数的大型企业，它们几乎是跳过中间的演化阶段，而直接进入最新的发展阶段。其原因如下：

首先，这些企业在高速发展过程中，由于我国传统的流通企业经营方式已不能适应它们的发展需求，它们都建起了自己独立的销售网络与队伍，如 TCL 有一支 7 000 人的队伍，他们从事着销售与销售物流。

其次，由于历史原因，企业有一个独立的物流部门，尽管对它的认识是肤浅的，它所执行的职能也是低层次的。但由于它长期以来积累了大量的作业层面上的经验，有一支基本队伍，为组织结构改造提供了一个现实的基础，比较容易在此基础上嫁接新的管理理念和方法，将传统的物流管理转化到现代物流管理的轨道上来。

最后，企业重视信息技术的推广应用。离开了信息技术，现代物流管理就无从谈起。如海尔的物流中心是在 SAP 公司提供的 R3 系统平台上得以实现的。

由于我国是从计划经济演进到市场经济，企业物流管理组织结构的演化过程与发达国家有明显差异。其主要差别是我国的企业在计划经济时期就有一个独立于生产、销售、财务的物流管理部门，这一特点对于现代物流管理提出的物流功能整合是十分有利的，只要运用现代物流管理理论与方法改造我国现有企业的物流管理，在较短时间内我国是有可能赶上发达国家水平的。海尔等企业的成功经验为我国广大企业实现物流管理的现代化、实现跳跃式的发展提供了极有价值的示范作用。

知识库

中国古代的“物流”

中国古代的“物流”，就是延续几千年的邮驿或邮传、驿传系统，包含着现代物流的基本元素。

根据现代物流理论，一般来说，物流系统的功能要素包括运输、储存保管、包装、装卸、搬运、流通加工、配送、物流信息等，如果从物流活动的实际工作环节来考查，物流由上述八项具体工作构成。相应地，我国古代物流系统包括物流网络系统、运输系统、仓储系统、信息管理系统以及原始的搬运装卸和包装系统等。

例如，我国古代物流的运输系统包括舟和车，商代甲骨文中已有舟字，诗经《国风·卫风·河广》篇云：“谁谓河广？一苇杭之。”说明西周已出现了水上运输。历史记载的殷王盘庚涉河迁都，武丁入河，更表明当时水运有了一定的规模。从传说中的黄帝造车，到夏朝（公元前 21 世纪—前 17 世纪）薛部落（今山东枣庄）以造车闻名于世。据《左传》记载，薛部落的奚仲担任夏朝的“车正”官职，主管战车、运输车的制造、保管和使用，这是我国官办物流运输最早的记载。三国时期的木牛流马更说明了我国古代运输工具的多样和丰富。

再比如，仓储制度自夏朝开始成为国家的一项重要制度开始，历朝都十分重视，仓是存粮之所，贮粮以备不时之需，被视为“天下之大命”。春秋时期的管仲精辟论述了建立国家仓储之制的重要性、必要性：“积于不涸之仓，藏于不竭之府。”中国最大的古代粮仓——洛阳含嘉仓，建于隋大业元年（605 年），是用作盛纳京都以东州县所交租米之皇家粮仓，历经隋、唐、北宋三个王朝，沿用 500 余年，后来废弃。在唐人杜佑所撰《通典》提到：“隋氏西京太仓，东京含嘉仓、洛口仓，华州永丰仓，陕州太原仓，储米粟多者千万石，少者不减数百万石。天下义仓又皆充满。京都及并州库布帛各数千万，而锡赉勋庸，并出丰厚。”关于仓储管理思想，秦代就有专门的仓律，汉代倡立的常平仓制度，设有专门的会计簿册，详细记录仓储谷物数量、品种、出入、经手人、核验等，成为后世封建王朝沿用的主要仓储制度。宋代以后，有关仓储的规章更多、更细、更严。我国古代仓储系统最发达和完善的清代，仓京师有 15 个，通州二库，德州、临清、淮安、徐州各一库，凤阳两库，以上为国家级仓库，省、府、州、县也各设仓库。

第二节 企业物流管理组织结构设计

物流管理组织设计是一个动态的过程，它不仅受企业的规模、企业的生命周期以及员工整体素质等内部因素制约，而且受管理思想、科技变革、市场环境、社会政治经济环境等外部因素的影响。每个企业进行组织结构设计时不能简单模仿照搬其他企业的模式，要考虑自身的规模、战略和文化来设计自己的发展模式。

一、企业物流管理组织结构设计的影响因素

影响企业物流管理组织结构设计的因素包括以下几方面。

（一）企业类型

不同类型的企业，物流管理的侧重点不同，物流管理组织结构设计也相应各有特点。如原材料生产型的企业，它们是其他企业原材料的供应者，其产品种类虽一般较少，但通常却是大批量装卸和运输。因此，一般要成立正式的物流管理部门与之适应。销售型企业，没有生产活动，经营集中在销售和物流活动上。它们一般从分布广泛的供应商采购商品，并通常在相对集中且较小的领域内零售商品。主要的物流活动有采购运输、库存控制、仓储、订货处理及销售运输等。对这类企业，物流组织极为重要，而且组织结构主要以销售运输为重点。

（二）企业战略

企业战略是帮助企业管理者实现管理目标的手段。因为目标产生于组织的总战略，因此组织的设计应该与企业的战略紧密配合，特别是组织结构应当服从企业战略。如果一个企业的战略发生了重大调整，毫无疑问，组织的结构就需要作相应的变动以适应和支持新

的战略。

（三）企业规模

企业规模的大小对企业组织结构有明显的影响作用。例如，大型企业的组织比小型企业的组织具有更高程度的专业化和横向、纵向的分化，规章条例也更多。而小型企业的组织结构就显得简单，通常只需两三个纵向层次，形成“扁平”的模式，员工管理相对灵活些。对于规模大的企业，目前流行一种新形式的组织设计，把组织设计的侧重点放在顾客需要或工作过程方面，用跨职能的项目小组取代僵硬的部门设置。这一组织结构设计在提高效率方面发挥了作用。

（四）企业技术

以追求利润为目标的企业（特别是生产制造企业），都需要采取一定的技术，将投入转化为产出。进行组织结构设计时不可忽视技术对组织结构提出的要求。经研究表明，制造业企业的组织并不存在一种最好的方式。但间歇性生产和连续性生产采用有机式结构最为有效；而大量生产企业若与机械式结构相匹配，则最为有效。研究还表明，越是常规的技术，结构就越应该标准化，即采用机械式的组织结构，越是非常规的技术，结构就越应该是有机式的。

（五）企业环境

企业环境是组织结构设计主要影响因素之一。从本质上说，较稳定的企业环境采用机械式组织更为有效；而动态的、不确定的环境，则采用有机式组织更佳。由于现今企业面临的竞争压力增大，企业环境也不似从前稳定，故企业物流组织应该能够对环境的变化做出有益于企业运行的反应，设计要充分体现“柔性”。

总之，企业物流管理组织结构设计一定要从企业的实际出发，综合考虑企业的规模、产权制度、生产经营特点、企业组织形态以及实际管理水平等多种因素，以建立最适宜的组织。物流管理组织结构的调整应与企业经营方式变革和企业内部管理向集约化转换相匹配。

二、企业物流管理组织结构设计的原则

设计物流管理组织结构首先要有系统观念，也就是要立足于物流任务的整体，综合考虑各要素、各部门的关系，围绕共同的目标建立组织机构，对组织机构中的全体成员指定职位、明确职责、交流信息，并协调其工作，达到物流管理组织的合理化，使该组织能以最大效率实现既定目标。在物流管理组织结构设计过程中，应遵循有效性、统一指挥等原则。

（一）有效性原则

有效性原则是物流管理组织结构设计基本原则的核心，是衡量组织结构合理与否的基础。有效性原则要求物流管理组织结构必须是有效率的。这里所讲的效率，包括管理的效率、工作的效率和信息传递的效率。物流管理组织结构的效率表现为组织内各部门均有明确的职责范围，通过节约人力、节约时间，以及发挥管理人员和业务人员的积极性，使物流企业能够以最少的费用支出以及最快地速度实现目标，并且使每个物流工作者都能在实现目标过程中做出贡献。

有效性原则要求物流管理组织结构在实现物流活动的目标方面是富有成效的。物流管理组织的成效最终表现在物流活动的总体成果上。所以，有效性原则要贯穿在物流管理活

动的整个过程中。在物流管理组织的运行中，组织机构要反映物流管理的目标和规划，要能适应企业内部条件和外部环境的变化，并随之选择最有利的目标，保证目标实现。物流管理组织的结构形式、机构的设置及其改善，都要以是否有利于推进物流合理化这一目标的实现为衡量标准。

（二）统一指挥原则

物流管理组织机构是企业、公司以及社会的物流管理部门，是负有使不同组织的物流合理化使命的部门。为了使物流部门内部协调一致，更好地完成物流管理任务，必须遵循统一指挥的原则。

在统一指挥的原则下，物流组织体系中各层次的机构形成一条职责明确、权限分明的等级链，这一等级链包括三级：最高决策层级、执行监督层级和物流作业层级。各层级之间不能越级指挥和管理，避免出现多头领导，让执行者负执行者的责任，领导者负领导者的责任，自上而下层层负责，以保证物流任务的顺利实施。

（三）合理管理幅度原则

管理幅度是指一名管理者能够直接而有效地管理其下属的可能人数及业务范围，它表现为管理组织的水平状态和组织体系内部各层次的横向分工。管理幅度与管理层次密切相关，管理幅度大就可以减少管理层次，反之则要增加管理层次。

管理幅度过大，会造成管理者顾此失彼，同时因为管理层次少而事无巨细；反之，必然会增加管理层次，造成机构繁杂以及管理人力、财力支出的增加，并会导致部门之间的沟通及协调复杂化。因此，合理管理幅度原则一方面要求适当划分物流管理层次，精简机构；另一方面要求适当确定每一层次管理者的管辖范围，保证管理的直接有效性。

（四）职责与职权对等原则

无论是管理组织的纵向环节还是横向环节，都必须贯彻职责与职权的对等原则。责任应建立在权力的基础之上，权力也应限定在责任范围内，权力的授予要受职务和职责的限制。不能有责无权，也不能有权无责，这两种情况都不利于调动员工积极性，并会影响到工作责任心，进而会降低工作效率。要贯彻权责对等的原则，就应在分配任务的同时授予相应的职权，以便有效率、有效益地实现目标。

（五）协调原则

物流业务是一个整体性的业务，物流业务的目标和任务经分解落实到各个岗位，形成目标明确、职权清晰的各种不同的物流活动。一般来说，物流业务规模越大，专业化要求越高，分工越细，物流活动也就越多，从而越有必要加强物流活动之间的协调。

协调包括纵向协调和横向协调。纵向协调是指通过上下级之间的有效沟通，按照权责对等和系统最优的原则，实现有效协作。基于民主管理和监督的直线式物流组织结构可以有效地实现纵向协调。实现横向协调首先必须明确各岗位的职责，规范物流活动流程，然后通过某种横向渠道的沟通实现横向协调。一般是设立系统性或项目性的管理机构，例如全面质量管理机构、全面计划管理机构或是矩阵式的物流组织结构等。

企业可视物流活动的繁简和物流活动之间依赖关系的强弱，决定是采取强化纵向协调的物流组织结构，如直线式或直线顾问式结构，还是采取强化横向协调的物流组织结构，如矩阵式结构。

改善物流管理组织的横向协调关系可以采取下列措施：

（1）建立职能管理横向工作流程，使业务管理工作标准化。

（2）将职能相近的部门组织成系统，如供、运、需一体化。

（3）建立横向综合管理机构。

（六）自主原则

企业等级链上的各部门都在各自的权责范围内独立自主地开展工作，充分发挥各组织机构的主动性和积极性，提高工作效率。自主原则是统一指挥原则和职责与职权对等原则的延伸。

（七）精简原则

物流管理组织结构的设置必须在保证物流管理目标顺利实施的前提下，因事设职、因职用人，尽量减少不必要的机构和人员，避免人浮于事，以达到组织机构设置的合理化，提高组织机构的工作效率。精简原则关键在精，应以精求简。

三、企业物流管理组织结构的职能范围设计

物流管理机构组织活动，要明确物流管理的职能范围。关于职能范围，虽然各个企业各不相同，但基本包括物流业务与系统协调两大部分。

（一）物流业务

物流业务主要是物流活动计划和计划的调整实施以及执行结果的评价等。具体内容为：编制各种物流计划；预测物流量；分析、设计和改进物流系统；调整与其他部门之间的利害关系；研究顾客服务水平；编制物流预算方案；进行物流成本分析；控制和调整实际物流活动；在企业内进行物流思想的宣传教育；选择物流人才，并对其进行培养和管理。

根据以上业务内容，可以看出物流管理部门的主要作用在于：评价物流系统现状、发现问题、研究改进办法，对能够改变物流现状的物流系统本身进行设计和改造，并制定新的物流计划，确定出控制标准，以保证合理物流活动的继续。

（二）系统协调

除物流业务外，物流管理部门还额外承担进行系统协调的“非正式职能”。这主要是因为物流管理与企业其他的管理职能紧密相关，且具有交叉性。物流活动把企业的供应商、本企业的采购活动、制造过程、销售活动以及用户连接在一起，物流活动的范围贯穿企业运行的整个过程。物流管理部门需从整体上把握企业的目标，从而承担起协调的职能。

四、企业物流管理组织结构的设计步骤

物流管理组织结构的设计可以按以下七个步骤进行：

（1）确定企业的战略目标，成立物流组织。

（2）衡量企业现有资源与外在环境的关联性，建立适合企业的物流组织。

（3）定义物流活动，明确规范出物流部门的责任及物流活动的范围，并将企业必要的物流活动专业化。

（4）物流部门成立之后，建立适合的管理模式，以利于物流活动的开展。

（5）对原有组织结构进行规划调整，并适时监控和反馈实施结果，用于物流系统的评

估，并随企业内外部环境变化进行适时弹性的调整。

（6）建立健全支持系统及划分物流子系统。

（7）建立适当的物流组织计划以满足企业及个人目标。

案例 10—1

制造企业物流管理组织的一般模式

1. 部门职责

（1）采购管理。具体内容包括：处理采购申请；选择供应商；价格谈判；签发采购订单；跟踪订单；接受货物；确认供应商的支付发票。

（2）库存管理。具体内容包括：入库管理；库存盘点；库存物资保管、养护；出库管理；储位管理；库存控制；库存统计、分析。

（3）运输管理。具体内容包括：运输方式选择；运输服务商选择；运输路线选择；运输计划编制；托运；运输合同管理；运输统计、分析。

（4）订单管理。具体内容包括：这里是指销售订单管理，内容包括：接收订单；订单处理（客户信用检查，仓库存货检查，编制订单落实计划，向客户做出答复）；通知仓库备货；安排运输；单证处理等。

（5）客户服务。具体内容包括：客户档案管理；客户合同管理；客户分析；客户营销策略制定；客户投诉处理；服务标准制定；服务质量管理。

（6）物流信息管理。为上述功能提供信息服务。

2. 组织结构

制造企业物流管理组织结构如图 10—9 所示。

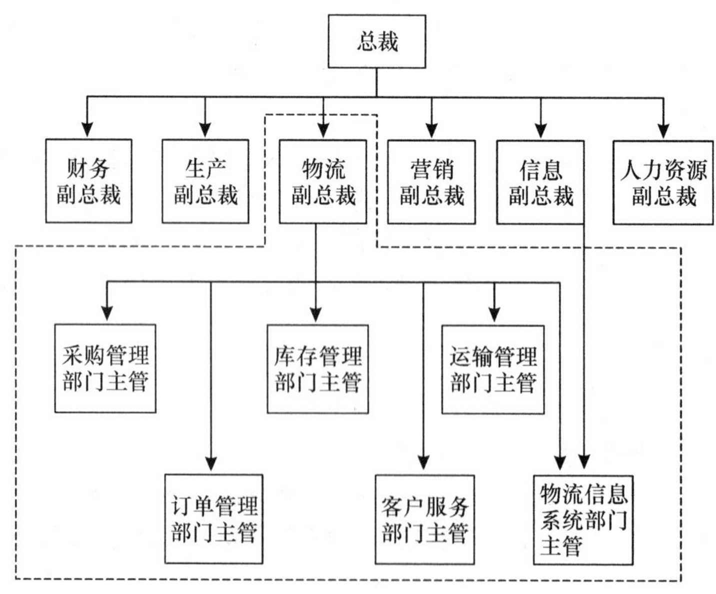

图 10—9 制造企业物流管理组织结构图

第三节 典型物流组织形式

组织结构描述了组织的框架体系，一个组织通过对任务和职权进行分解、组合就形成了一定的组织结构。组织结构设计方面的理论称为组织设计理论。组织结构的设计过程也就是一个组织的组织化过程。组织化的目的是协调组织内部各种不同的活动，使组织整体达到最优。人们形象地把组织比喻为一个有机物，组织结构类似于有机物的解剖结构，组织所在的市场环境类似于有机物赖以生存的大自然环境。一个组织只有不断适应市场环境的变化，才能得以生存。显然，这里的“组织”是指具有独立法人地位的企业、厂商或公司。

物流组织从属于整个组织或公司，是组织中的一部分。对物流的任务和职权进行分解、组合，就形成了一定的组织结构，称为物流组织结构。由于受成长背景、行业特征、信息化水平、企业规模等各种因素的影响，各企业的物流组织结构千变万化，不尽一致，物流活动的规模和水平也相差很大。本节将探讨一些典型的物流组织结构。

一、几种典型的物流组织形式

（一）顾问式

顾问式物流组织结构是一种过渡型、物流整体功能最弱的物流组织结构。在顾问式物流组织结构下，物流部门在企业中只是充当一种顾问的角色，它只负责整体物流的规划、分析、协调和物流工程，并形成对决策的建议，对各部门的物流活动起指导作用，但物流活动的具体运作管理仍由各自所属的原部门负责，物流部门无权管理。顾问式物流组织结构如图 10—10 所示。

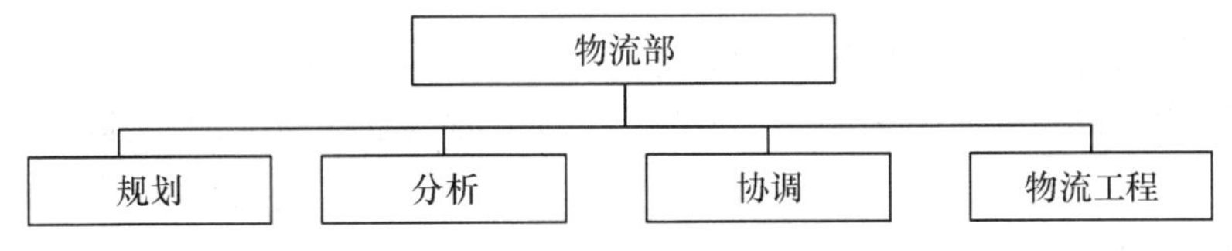

图 10—10 顾问式物流组织结构

其中，规划包括场所规划、仓库规划、预算、产品开发规划；分析包括运作成本分析、客户服务和需求分析、存货控制分析、运输效率和服务分析；协调包括销售、生产、财务和其他；物流工程包括物料搬运研究、运输设备研究、包装材料研究、物流业务流程研究。

顾问式物流组织结构带来的问题是：物流部门对具体的物流活动没有管理权和指挥权，物流活动仍分散在各个部门，所以仍会出现物流效率低下、资源浪费以及职责不明等弊病。

（二）直线式

直线式物流组织结构是指物流部门对所有物流活动具有管理权和指挥权的物流组织结

构，是一种较为简单的组织结构形式。直线式物流组织结构如图 10—11 所示。

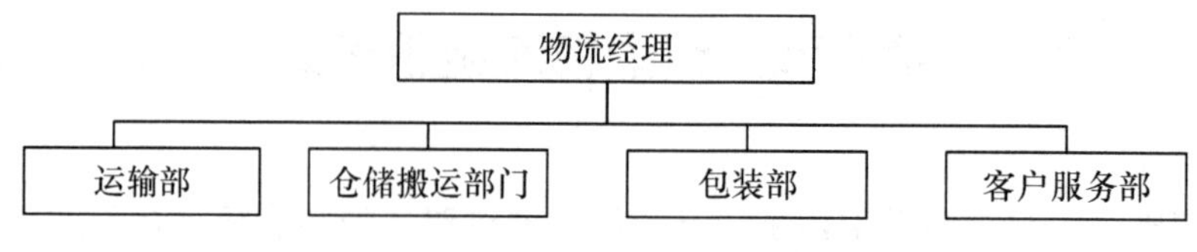

图 10—11 直线式物流组织结构

在直线式物流组织结构下，物流经理一方面管理下属各部门日常业务的运作，同时又兼顾物流系统的分析、设计和规划，这对物流经理的业务水平提出了较高的要求。直线式物流组织结构的优点是：物流经理全权负责所有的物流活动，先前出现的互相牵制现象不再出现，物流活动效率较高，职权明晰。该结构的缺点是：物流经理的决策风险较大。

（三）直线顾问式

单纯的直线式或顾问式物流组织结构都存在一定的缺陷，逻辑上的解决办法是将这两种组织结构形式合二为一，变成直线顾问式的物流组织结构。直线顾问式物流组织结构如图 10—12 所示。

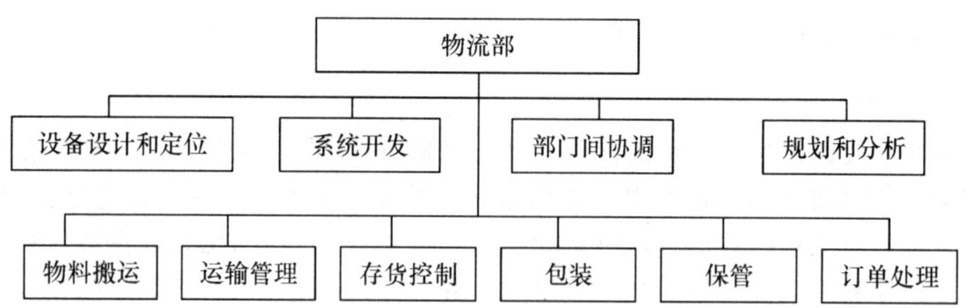

图 10—12 直线顾问式物流组织结构

在直线顾问式物流组织结构中，物流部经理对业务部门和顾问部门均实行垂直领导，具有指挥权和命令权。处于图 10—12 中第一层的子部门是顾问部门，其职责是对现存的物流系统进行分析、规划和设计并向上级提出改进建议，它们对图中下层的业务部门没有管理和指挥权，只起到指导和监督的作用。图 10—12 中第二层的子部门是业务部门，负责物流业务的日常运作并受物流部的领导。

直线顾问式物流组织结构形式消除了物流在企业中的从属地位，恢复了物流部门功能上的独立性。当然，这并不意味着物流部门可以与企业其他部门隔绝而独自运作。物流部门中诸如规划、协调等顾问性功能仍有必要与其他部门紧密配合，才能使企业作为一个整体得到改进，而非仅仅是企业的物流功能得到改进。

（四）矩阵式

矩阵式物流组织结构由美国学者丹尼尔·W·蒂海斯和罗伯特·L·泰勒于 1972 年提出，它的设计原理是将物流作为思考问题的一种角度和方法，而不把它作为企业内的另外一个功能。

众所周知，履行一个物流业务需要跨越多个部门，历时较长，涉及的人和事较多，所以在某种程度上，一个物流业务也可看作是一个项目。**泰勒和蒂海斯提出了矩阵式的物流组织结构，其大体内容是：履行物流业务所需的各种物流活动仍由原部门（垂直方向）管理，但水平方向上又加入类似于项目管理的部门（一般也称为物流部门），负责管理一个完整的物流业务（作为一个物流“项目”），从而形成了纵横交错的矩阵式物流组织结构。**矩阵式物流组织结构如前图 10—5 所示。

在矩阵式物流组织结构下，物流“项目”经理在一定的时间、成本、数量和质量约束下，负责整个物流“项目”的实施（水平方向），传统部门（垂直方向）对物流“项目”起着支持的作用。

矩阵式物流组织结构有三个优点：第一，物流部门作为一个责任中心，允许其基于目标进行管理，可以提高物流运作效率；第二，这种形式比较灵活，适合于任何企业的各种需求；第三，它可以允许物流经理对物流进行一体化的规划和设计，提高物流的整合效应。矩阵式物流组织结构的缺点是：由于采取双轨制管理，职权关系受“纵横”两个方向上的控制，可能会导致某些冲突和不协调。

知识库

典型物流组织形式比较

从集权和分权的角度，对上述四种典型物流组织结构进行分类，按物流部门对物流活动的决策权、指挥权的强弱以及两种权力的合一程度三种分类标准，大致可得出以下结论，见表 10—1。

表 10—1　　典型物流组织形式比较表

标准 \ 形式	顾问式	直线式	直线顾问式	矩阵式
决策权	强	弱	强	强
指挥权	无	强	强	弱
决策权与指挥权是否合一	否	是	否	是
结论	高度分权	高度集权	集权	分权

（五）第三方物流组织结构：事业部

第三方物流是资本密集型和技术密集型兼顾的企业，一般规模较大，资金雄厚，并且有着良好的物流服务信誉，它的宗旨是利用自身专业化、高效的物流信息平台和先进的物流设备，为客户提供个性化的各种物流服务。多样化的客户需求是第三方物流所面对的一个特殊的市场环境。另外，随着第三方物流业务的发展和延伸，物流作业跨越的区间越来越大，营业范围涉及国内配送、国际物流服务、多式联运和邮件快递等。跨区域作业使得信息技术和物流技术在第三方物流中扮演着越来越重要的角色，为保持竞争力，第三方物流需要不断提高自身的物流技术水平，开发建设物流管理信息系统，应用 EDI、GPS、

RF、EOS、Internet、Barcode 等新技术，对货物进行动态跟踪和信息自动处理。

资本的合理应用、不断发展的技术和动态变化的外部客户需求对第三方物流内部的组织管理提出较高的要求。上述的物流组织结构很难适应第三方物流资本、技术、客户三方面动态需求的变化，而采取事业部的组织结构能较好地对第三方物流进行有效的管理和运作。

所谓事业部，是按产品或服务类别划分成一个个类似分公司的事业单位，实行独立核算。事业部实际是实行一种分权式的管理制度，即分级核算盈亏，分级管理。第三方物流的事业部相当于一个个物流子公司，负责不同类型的物流业务，其组织结构如图 10—13 所示。

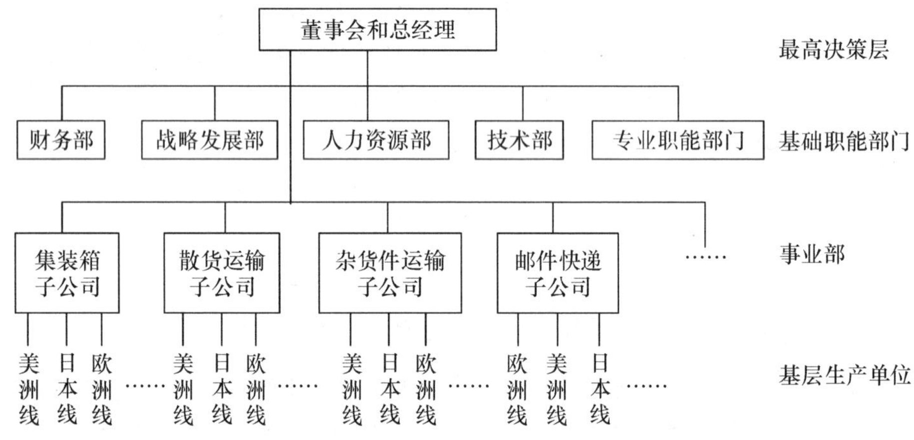

图 10—13 事业部制的第三方物流组织结构

事业部制是一种集权—分权—集权的管理方式，分权主要体现在各事业部拥有计划制定、自主决策和指挥领导的权力，集权表现为总公司对各事业部在资金管理、利润管理和营运监督方面实行集权式管理。

在事业部制的第三方物流组织中，事业部长为事业部的最高负责人，其地位相当于独立公司的经理，事业部长全权处理该事业部的一切事务，可根据市场变化情况，自主采取对策；总公司的职能部门不要求事业部的职能部门上报材料，不实行垂直领导，而是为事业部的职能部门提供服务。事业部的职能部门只对事业部长负责，从而保证了事业部长的决策能切实得以履行。

各事业部严格采取独立核算制，绝不用盈利的事业部去弥补亏损的事业部。各事业部必须靠自身的力量实现利润增长。事业部之间的关系是市场竞争的关系，通常按市场竞争的原则建立合同关系。

总公司在资金管理、利润管理和营运监督方面对事业部采取集权式管理。

第三方物流组织结构采用事业部的优点是：第一，各事业部按物流服务类别划分，有利于充分发挥第三方物流的专业优势，提高物流服务的质量；第二，各事业部采取独立核算制，使得各部门的经营情况一目了然，便于互相比较，互相促进；第三，各事业部由于权力下放，分工明确，因而形成一种责任经营制，有利于锻炼和培养出精通物流经营管理的人员，有利于发挥个人的才能和创造性。但是事业部的组织结构也不是完美无缺的，主要存在诸如管理费用高和综合能力差等问题，容易产生本位主义和分散倾向。

(六) 物流子公司

20 世纪 60 年代后期，出现了物流管理组织的一种新形式——物流子公司。这种管理组织形式是把企业的物流管理的一部分或全部分离出来，由一个具有法人资格的独立企业经营，实行物流的社会化、专业化。日本早稻田大学教授中西先生对建立物流子公司的基本目的有过如下表述："物流子公司是根据商业与物流分离体制建立起来的，是站在整个企业的观点，以物流管理效率化和降低费用作为第一目标的。"

物流子公司是指为了执行母公司的全部物流活动或部分物流活动而设立的企业。物流子公司有两种类型，即：物流管理公司的企业和运输、保管、装卸搬运、包装等活动与母公司的活动相分离的企业。

物流子公司作为物流管理组织的一种形式，其优点有：使物流费用明确化，提高了对物流成本核算的认识，有利于加强物流管理；由于具有独立法人资格，能够进行以利润为中心的管理，有利于物流效率的提高和积极开拓物流新业务；实现了物流业务地位的提升，有利于调动物流工作人员的积极性；实现了物流业务的专门化和统一指挥，便于加强对物流人员的劳务管理等。该形式的缺点是：物流管理业务独立化以后，子公司与原有企业成为主顾关系，二者之间的抗衡、竞争和矛盾会使原有企业不愿接受子公司提出的物流合理化建议，从而不利于原有企业物流合理化的推进。另外，如果物流子公司不和原有企业彻底脱钩，也会因原有企业转嫁损失、物流不合理以及对原有企业的依赖而无法自主经营，这些都会影响物流管理组织的有效性。

(七) 运用型组织

物流组织的主要目标是对不同的物流活动实施控制，使它们之间保持协调一致。因此，要达到目标，可以设立专门正式的物流组织，也可以利用原有的组织，通过各种手段靠合作的方式来达成负责物流活动的人员之间的协调，或是外聘专家，对本企业的物流活动进行规划调整，推进企业物流合理化。**运用型组织属于一种非正式物流组织，因此它的运作常常需要建立一些激励机制，或是成立一个协调委员会来促进合作。**

案例 10—2

3M 公司的物流结构

3M 公司，全称明尼苏达矿务及制造业公司。它于 1902 年成立，总部现位于美国明州首府圣保罗市，为世界著名的多元化公司。3M 涉及的领域包括：工业、化工、电子、电气、通信、交通、汽车、航空、医疗、安全、建筑、文教办公、商业及家庭消费品。现代社会中，世界上有 50%的人每天直接或间接地接触到 3M 的产品。公司在中国销售的知名品牌包括：3MTM、Post-itTM（报事贴）、ScotchgardTM（思高洁）、ScotchTM（思高）、NomadTM（朗美）、ThinsulateTM（新雪丽）等。

公司的物流组织结构如图 10—14 所示。

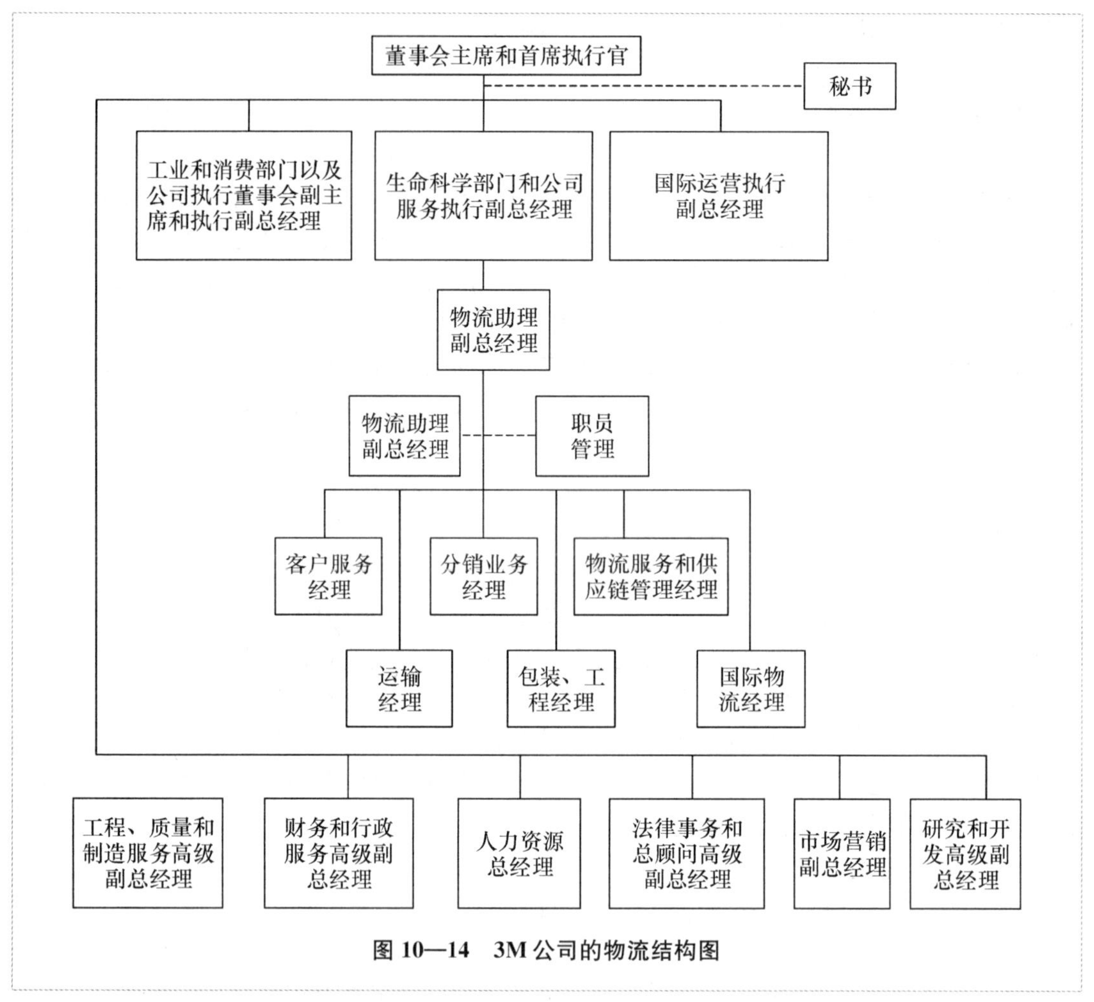

图 10—14　3M 公司的物流结构图

二、企业物流组织的发展趋势

21 世纪的物流是在全球市场化的激烈竞争中形成多元化网络所必需的全球物流，物流业将呈现信息化、网络化、智能化、柔性化、标准化和社会化的特征，物流组织也必须适应环境的变化，向更科学合理的方向发展。从欧美国家物流演进的过程来看，企业物流组织发展呈以下趋势。

(一) 由职能垂直化向过程扁平化转变

传统的科层组织之所以机械、僵化、失灵，很重要的原因在于拥有庞大的中间管理层，扁平化就是精简中间管理层，压缩组织结构，尽量缩短指挥链，改善沟通，消除机构臃肿和人浮于事的现象。我国的一些大型生产、流通企业（含物流企业）虽然规模远小于国际上的跨国公司，但是物流组织也有三层之多，严重影响了企业的物流效率和企业的竞争力，扁平化将是其物流组织创新的一个重要方向。

(二) 由固定刚性化向临时柔性化转变

组织柔性化的目的在于充分利用组织资源，增强企业对复杂多变的动态环境的适应能力，如人们向往的变色龙、可塑型等企业组织都强调柔性化，柔性化也将是物流组织发展的必然趋势。一些大型企业或企业集团、国际物流企业、跨国公司等这种柔性组织将表现出较大的优越性。

（三）由内部一体化向虚拟化、网络化发展

从整个公司而不是特定部门来优化物流的理念已被企业广泛接受，但企业往往强调的是内部物流职能的整合，总是希望建立内部一体化的实体性物流组织，实行集权化管理，而对企业内外部物流资源的共享利用关注较少。在经济全球化、网络化和市场化日益加剧的背景下，企业为有效提高其竞争力，必然会利用外部资源以快速响应市场需求，这将促进物流组织向虚拟化和网络化发展。企业物流组织由内部一体化向虚拟化、网络化发展，需做到：第一，企业应强化内部信息网络化和标准化建设，实现消费者与企业、企业间、企业内部信息的有效交换，这是物流组织虚拟化、网络化的基础；第二，要以现代企业组织理论为指导，梳理物流业务，确定物流业务是采取自营、外包还是联盟的方式，并以培育企业的核心竞争力和重塑业务流程为主导构建物流组织，这是虚拟化和网络化的前提。

本章小结

本章主要介绍了企业物流组织结构的相关知识。首先，本章介绍了物流组织的产生和发展，物流组织经历了四个发展阶段——物流职能分散于企业内部阶段、物流管理的趋势转向物流职能集成阶段、物流管理从注重功能转向注重过程阶段、物流外包与联盟的出现阶段。进而还介绍了我国企业物流组织的发展情况，帮助大家了解我国的现状。

其次，本章阐述了企业物流管理组织结构设计的影响因素、原则、职能范围及步骤。企业物流管理组织的设计的影响因素包括企业的类型、企业战略、企业规模、企业技术和企业环境。企业物流组织结构设计应该遵循的原则包括：有效性、统一指挥、合理管理幅度、职责与职权对等、协调、自主、精简。

最后，本章详细描述了典型的物流组织形式的特征和优缺点，详细介绍了七种典型的物流组织形式：顾问式、直线式、直线顾问式、矩阵式、事业部式、物流子公司和运用型组织。此外，还介绍了企业物流组织的发展趋势。

基本概念

企业物流组织　　团队　　组织结构　　组织设计理论　　组织结构的设计过程　　物流组织结构　　顾问式物流组织结构　　直线式物流组织结构　　直线顾问式物流组织结构　　矩阵式物流组织结构　　事业部物流组织结构　　物流子公司　　运用型组织　　管理幅度

思考题

1. 物流组织是如何产生的?
2. 物流组织的发展经历了哪几个阶段?
3. 我国物流组织经历了怎样的变化?
4. 企业物流管理组织的设计受到哪些因素的影响?
5. 企业物流组织结构的设计应该遵循什么原则?
6. 企业物流组织的职能是什么?
7. 简单介绍企业物流组织结构设计的步骤。
8. 典型的物流组织形式有哪几种?请简要说明它们的特征及优缺点。
9. 企业物流组织的管理原则有哪些?
10. 企业物流组织的发展趋势是怎样的?

第十一章 企业物流现代化

本章要点提示

- 了解物流设备的一般技术发展趋势，国际物流系统的构成，企业国际物流的外部委托。
- 理解物流一体化与供应链一体化的含义，物流管理与供应链管理的转变。
- 掌握物流技术的概念，现代物流技术的发展，国际物流的含义，企业物流国际化的特征。
- 重点掌握企业物流管理现代化的含义与内容，物流现代化管理的技术与手段。

随着社会的发展和科学技术的进步，尤其是信息技术的发展，加速了全球经济的一体化进程，而企业的全球化经营导致物流全球化速度加快，促进了国际物流的发展。企业物流现代化既是物流技术革命的体现，也是物流管理及其观念的革命。就我国而言，物流现代化应包含：物流管理理念现代化、物流管理手段现代化、企业物流技术设施现代化、物流范围国际化等。物流现代化是全球物流活动的趋势，它是一个动态的概念，它必将带来物流功能的日益完善、发展和物流服务水平的日益提高。

第一节 网络经济下物流与供应链管理

在网络经济的今天，供应链管理问题正受到社会的关注。对企业内和企业间的关系进行协调和集成是供应链有效管理的关键。网络经济下物流与供应链管理面临着巨大转变。

一、物流一体化与供应链一体化

物流一体化与供应链一体化是 20 世纪末最有影响的工商管理趋势之一。在美国物流学者唐纳德·J·鲍尔索克斯所著《物流管理：供应链过程的一体化》一书中有两张图，一张是物流一体化，另一张是供应链一体化，分别如图 11—1 和图 11—2 所示。通过对两张图的比较，使我们可以理解从物流一体化到供应链一体化的转化过程。

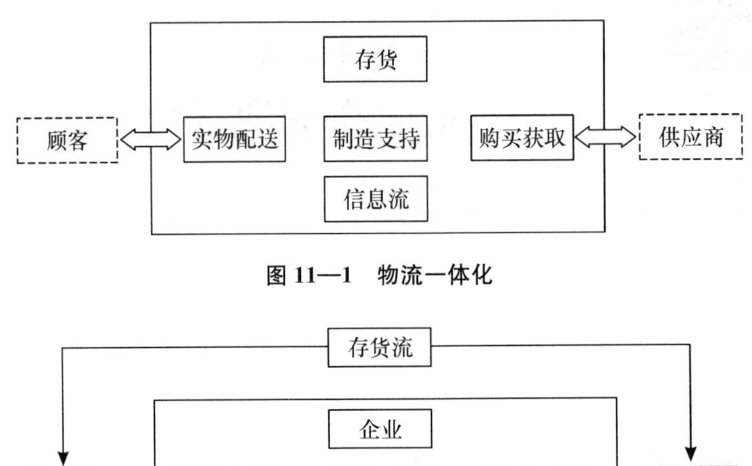

图 11—1　物流一体化

图 11—2　供应链一体化

(一) 物流一体化

物流一体化是指将原材料、半成品和成品的生产、供应、销售结合成有机整体，实现生产与流通的纽带和促进关系。应用系统科学的方法充分考虑整个物流过程和影响此过程的各种环境因素，对商品的实物活动过程进行整体规划和运行，是物流管理系统化的具体体现。20 世纪 80 年代至 90 年代，物流一体化只是针对企业内部的各个职能部门的运作与协调，被看做是使企业与顾客和供应商相联系的能力，它是对实物配送、制造支持和购买获取等业务活动的资源计划、分配、控制过程等进行系统管理。在物流一体化系统中，企业物流与市场营销、制造生产、计划管理等各个职能部门相互配合，共同保证企业总目标的实现。

20 世纪 90 年代后，物流管理的重点由物资的储存、运输管理转移到物流的战略管理方面。企业物流超越了现有的组织界限，将供应商和用户纳入管理范围，并作为物流管理的一项中心内容，利用物流的自身条件建立和发展与供应商和用户的合作关系，形成一种联合力量，以赢得竞争优势。所以，发展物流一体化就必须以战略管理为导向，要求企业物流管理人员的工作从面向企业内部，发展为面向企业同供货商以及用户的业务关系战略轨道上来。从某种意义上来说，未来全球物流管理的概念发展到一个崭新的阶段，其关键是致力于从原材料到用户的整个过程中货物流动的管理。物流管理需要把所有连接供需市场的活动作为相互的系统来对待，具体研究的重点是如何从狭窄的功能定位转向价值增值服务市场。至此，物流一体化所关注的焦点是货物流动，而不是传统观念的功能分割或局部效率。

(二) 供应链一体化

随着物流一体化的发展，物流的应用范围不断扩大，美国人首先提出了“价值链”的概念，并在此基础上形成了比较完整的供应链理论。**供应链一体化是指将产品的服务提供给最终消费者的过程和活动的上游及下游企业组织所构成的网络。**供应链包括四个并行的分链，即物资链、信息链、价值链、技术链，因此，供应链管理包括了物流管理、信息管理、价值管理和技术管理，充分体现了综合、有机的物流集成化管理模式。

供应链一体化是在全球制造出现以后，在企业经营集团化和国际化的趋势下提出并形成的，它是物流理论的延伸。从系统化的观点出发，物流管理是在“市场—企业—生产作业—供应商”的整个过程中物资流与资金流、信息流的协调，以满足用户的需求和充分实现用户的商品购买价值。传统或狭义的物流管理主要涉及组织企业内部实物资源最优化的流程，但从供应链的角度上看，只有组织企业内部的合作是不够的。要获得供应链理论所要求的这种企业内外的广泛合作，需要一种与传统组织观念不一样的创新的组织定位，从而形成一套科学的、相对独立的科学体系——物流、商流、信息流的统一体系。在产品的生产和流通过程中所涉及的原材料供应商、生产企业、批发商、零售商和最终用户间，通过业务伙伴之间的密切合作，实现以最小成本为用户提供最优质服务并实现最大的商品价值。

知识库

价值链、供应链与供应链管理

价值链是指任何一个企业均可看做是由一系列相互关联的行为所构成，这些对应于物料从供应商到消费者的流动过程，即物料在企业的流动过程。而这一过程就是物料在企业的各个部门不断增加价值的过程。如图 11—3 所示。

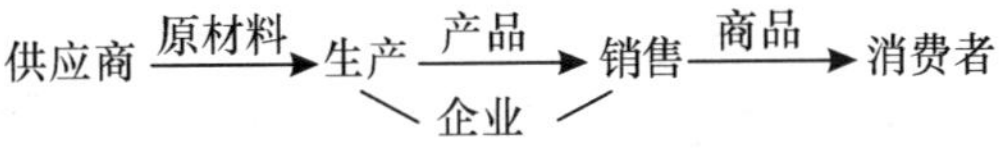

供应商 —原材料→ 生产 —产品→ 销售 —商品→ 消费者

（生产、销售：企业）

图 11—3　企业价值链

供应链管理是由价值链理论发展而来的。企业内部存在着物料的流动，物料企业与企业之间也存在着这样的流动关系。这样每个企业内部的价值链就通过供需关系联系起来，成为更高层次、更大范围的供应链。一个集成的供应链是围绕核心企业，通过对信息流、物流、资金流的控制，从采购原材料开始，制成中间产品及最终产品，最后由销售网络把产品送到消费者手中的将供应商、制造商、分销商、零售商，直到最终用户连成一个整体的功能网络链结构模式。如图 11—4 所示。

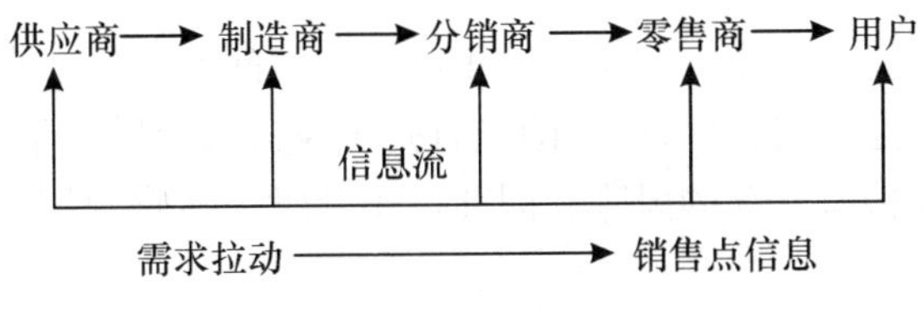

图 11—4　供应链模型

供应链管理就是把客户需求和企业内部的制造活动以及供应商的制造资源整合在一起，并对供应链上的所有环节进行有效的管理。

（三）从物流一体化到供应链一体化

社会再生产本身就是一个生产、流通和消费相互依存、相互渗透的过程。在这个过程中，商品生产者与销售者之间在价值的产生与实现上是相互依存的，而在利益上又是相互矛盾的，利益分配的表现之一，就是商品的价格竞争。许多企业把成本降低或利润增加方式，建立在损害其他业务成员的利益上，这些企业没有认识到将自己的成本简单地转移给上、下游企业并不能使其竞争力增加。如果社会再生产的各个环节均把成本推给下游，将只会提高最终消费者的购买价格。在当今全球经济一体化和买方市场的大环境下，最终的竞争并不表现为企业与企业之间的竞争，商品价格过高只会削弱整个供应链的竞争力。一般来说，企业每一职能部门都是相对独立地发挥作用。例如，生产部门通过大量生产使成本降到最低，而把成品库存积压和流动资金占用放在了次要位置来考虑。但是，当库存的积压和资金短缺问题已经影响到企业的正常经营时，企业就会认识到必须对各个部门在一定程度和一定范围内进行整合，建立起一种高效的整体协调机制。在这种整体高效的协调机制下，各个相关部门和企业会采用“生产、物流一体化”，“供应、物流一体化”，“商流、信息一体化”等经营模式，以开展多功能的物流服务，获得更高的利润和市场份额。供应链管理涉及与供应链相连的所有企业、部门和人员，即从核心企业的上游供应商直到供应链下游各级分销商、零售商及最终用户的全过程。传统的供应关系只是制造商和上游供应商、制造商和下游分销商的关系。而供应链管理是一种纵横的、一体化经营的集成管理模式，它以供应链的优化为核心，强调核心企业与相关企业的协调关系，通过信息共享、技术扩散、资源优化配置和有效的价值链激励机制等方法来实现供应链一体化。

物流一体化到供应链一体化的实施和发展，将对现代商品流通领域的发展起到重要的引导作用。在该理论指导下，首先要建立供应链联盟，即营销企业与生产企业结成共享市场的联盟。同时，优势流通企业要与中小型企业结成开拓市场的联盟，利用相对稳定和完整的营销体系，帮助生产企业开拓市场。这样，由竞争对手组成的战略同盟将会制造出一个由大中型生产企业和流通企业构成的多方位、纵横交错、相互渗透的有机协作体系。

二、物流管理与供应链管理的转变

（一）从库存管理向信息管理转变

企业对待库存的心理一直都十分矛盾。在供应链成员之间，一会儿排斥库存，一会儿囤积库存，造成巨大浪费。企业可以换一个角度去考虑问题：用信息代替库存。企业持有的是“虚拟库存”而不是“实物库存”，即只有到供应链的最后一个环节才交付实物库存，从而可以大大降低企业持有库存的风险。因此，用及时、准确的信息代替实物库存就成为供应链理论的重要观点。

（二）从利润管理向盈利性管理转变

传统的管理将利润作为企业管理的重点，但现代管理认为，利润管理很粗放。因为利润只是一个绝对指标，并不具有可比性。应该用相对指标来衡量企业的经营业绩，而盈利性就是一个相对指标。所以，国外企业界现在强调要进行盈利性管理。这种盈利性是建立在“双赢”基础上的，只有供应链各方均具有较好的盈利性，企业自身的盈利性才有可能得到保证。

（三）从产品管理向顾客管理转变

在买方市场上，是顾客（而不是产品）主导企业的生产、销售活动，因此顾客是核心，是主要的市场驱动力。供应链上非常关键的一环就是顾客。在买方市场上，供应链的中心是由生产者向消费者倾斜的，顾客管理就成为供应链管理的重要内容。

（四）从交易管理向关系管理转变

传统的供应链伙伴之间的关系是交易关系，所考虑的主要是眼前的既得利益，因此不可避免地出现供应链伙伴之间为了自身利益而牺牲他人利益的情况。现代管理理论认为，可以找到一种途径，能同时增加供应链各方的利益，这种途径就是，要协调供应链成员之间的关系，并以此为基础进行交易，以使供应链整体的交易成本最小化、收益最大化。

（五）从功能管理向过程管理的转变

传统的管理将供应链中的采购制造、市场营销、配送等功能活动分割开来、独立运作，而这些功能都具有各自独立的目标和计划。然而，这些目标和计划经常会发生冲突。供应链管理不仅要达成这种一致和协调的机制，而且在企业内部要向过程管理过渡，在企业外部，管理供应链上游、下游的各个合作伙伴的业务活动也需要从功能管理向过程管理过渡。

以上这些转变，发生在一个企业内部，作用于供应链上，收益与成本体现在整个供应链上。因此，发生这样的转变后，企业就可将自己融合到纵横交错的供应链中。

第二节　企业物流技术现代化

近年来，企业物流系统继续向信息化、数字化、网络化、集成化、智能化、柔性化、敏捷化、可视化、节能化、绿色化方向发展。现代企业物流理念进一步树立，信息物流、精细物流、精细供应链、物流系统与生产系统一体化等理念得到实际应用；企业物流系统设计、系统集成能力增强；物流系统技术装备紧跟国际水平。多行业、多系列、多品种、多档次、高质量、低成本的物流技术装备相继研发成功投入市场。

一、物流技术的含义

物流技术是物流活动中所采用的自然科学与社会科学方面的理论、方法，以及设施、设备、装置与工艺的总称。物流技术与物流活动全过程紧密相关，物流技术水平的高低直接关系到物流活动功能的完善和有效地实现，是能否提高现代物流竞争力的决定性因素。随着物流集成化趋势的出现，物流技术创新向综合化、集成化方向发展，并成为物流集成化发展的动力源。

知识库

物流技术经历了从20世纪初的存储与搬运等物流个别技术的研究开发阶段，到20世纪中叶的物流综合技术的研究开发阶段，再到20世纪末的物流活动信息化、自动化、网络系统化等物流系统技术的研究开发阶段。目前，系统技术成为现代物流技术的象征，物流基本环节的技术综合化、集成化、信息化构成了物流技术创新体系。现代物流技术创新体系受到西方发达国家的普遍关注，并用于指导其物流发展，实现生产企业、物流企业、销售企业，直至消费者供应链的整体化和系统化管理。

现代物流技术体系贯穿了整个物流领域的各种基本活动的专业技术和管理技术，从技术思想来源或科学原理来看，该体系包括物流机械技术、物流信息技术、物流电子技术、物流自控技术、物流数学方法和计算机技术等；从功能活动来看，包括运输技术、仓储技术、装卸技术、包装技术、流通加工技术及物流信息技术等；从技术形态来看，包括物流活动所需要的设施、设备、工具等硬技术和信息网络、物流规划、物流系统等软技术（见表11—1）。

表11—1 **物流技术体系表**

类别	物流技术组成
硬技术	运输技术（包括运输工具、设备等）
	仓储技术（包括仓库建筑、货架等）
	包装技术（包括包装材料、机械等）
	装卸技术（包括装卸、搬运机械等）
	流通加工（包括分拣、加工设备等）
	信息技术（包括计算机、通信设备等）
软技术	物流预测技术（回归分析、时间序列预测等）
	物流决策技术（期望值、后悔值决策等）
	物流标准化技术（工作、管理、技术等标准）
	物流经济评价技术（指标、方法选择等）
	物流控制技术（反馈、监督控制等）
	物流优化技术（运筹学方法等）

物流技术是多方面的，表11—1中列举的物流技术是已经在实践中表现最突出的主要领域，其特点都体现了系统性、整合性、协同性，对物流发展起到了巨大推动作用。近年来，企业物流系统设计、系统集成能力不断增强。企业自动化物流系统是集光、机、电、信息等技术为一体的多学科的高技术系统工程。通过应用系统集成的方法，使各种物料最合理、经济、有效地流动，并使物流、信息流、商流在计算机的集成控制管理下，实现物流的信息化、自动化、网络化、智能化、快捷化、合理化、集成化。具体表现为：

（1）采用先进的数据分析理论和方法，从数据分析入手，得出科学合理的库存规模、存储模式、系统能力、分拣模式、分拣能力的依据。

（2）采用先进的系统规划理论和设计方法，建立自动化物流系统总体方案的规划模型，实现自动化物流系统总体方案的最优化。

（3）采用先进物流计算机仿真软件，进行系统仿真并验证。

（4）进行关链模式、关链流程的专项论证，使物流的规划设计决策建立在多方案的技术经济对比的可行基础之上。

二、现代物流技术的发展

（一）包装技术

包装技术即包装材料、包装设备和包装方法的总和。在包装技术中，包装设备是核心，包装材料则是包装改革的对象。

包装材料的创新往往导致包装形式和包装方法的变革。根据包装在物流中的作用和功能，包装材料的选择往往朝着比重轻、机械适应性好、质量稳定、本身清洁、便于大量生产加工、价格低廉的方向发展。

包装设备的发展是包装技术水平提高的重要标志。现代包装设备的发展趋势是各种自动化包装机械及包装容器自动生产线代替了手工包装技术，包装设备向智能化发展。

包装方法是包装技术与包装功能配合的体现。包装方法随着包装材料、包装设备的发展而得到极大的改进和发展，如缓冲包装技术、防水包装技术、真空包装技术等。

包装识别技术是现代包装技术的又一重要标志。其中，具有代表性的是条形码技术，它包含了价格、生产厂家、出厂日期、保存期、存放位置等信息。目前，使用的条形码技术已经升级到二维条形码。在条形码的技术基础上，一种新的立体式扫描仪为适应条形码的需要而被开发出来。

（二）运输技术

运输技术主要是指运输工具和设备。现代运输工具的发展呈现两大趋势：一是多样化、高速化、大型化和专业化，符合节能、环保要求，如日本的新干线、悬浮式火车等；二是运输方式朝着分工协作、协调配合的方向发展。

陆上运输领域主要有以下一些技术得到重视：重载卡车、重载列车、集装箱拖车、道路交通信息通信系统（VICS）、不停车的自动付费系统（ETC）、先进安全汽车（ASV）、行驶支援系统、新交通管理系统（UTMS）、电子车牌（智能车牌）、互联网、探试信息系统等智能交通系统（ITS）技术、节能型汽车等。海上运输领域将主要开发高速船、新一代的内航船（超级生态船），建立有效利用 ITS 的新一代的海上交通系统。航空运输领域将会有超大型超高速飞机、新一代的航空保安系统等。

（三）储存技术

现代仓库已经成为促进物流各环节平衡运转的货物集散中心。现代储存技术的发展趋势是以自动化仓库为代表的储存技术。仓库结构的代表性变化是高度自动化的保管与搬运结合，构成高层货架系统，应用计算机进行集中控制、自动存取作业。自动化仓库集电子、自动化、机械、建筑、信息、管理等技术为一体，体现了科技与物流的紧密结合。

现代储存技术的另一个重要体现是库存理论得到了很大的发展。配送中心的设计及管理使高速分拣系统得到了发展。仓储技术将会朝着更加节约土地、节约空间、更加高效率的方向发展。

（四）装卸搬运技术

随着搬运作业的复杂化，搬运技术和搬运设备呈现多样化的发展特点。各式各样的叉车、输送辊道以及散料装卸机械等得到了很大发展。机械手和机器人在装卸搬运中的应用日益广泛。机电一体化的现代装卸搬运技术逐渐取代人工操作。

装卸搬运技术将会朝着更加节省人力、更加智能、更有效率的方向发展，例如自动引导小车（AGV）、激光导引自动车（LGV）和搬运机器人技术、更具人性化的叉车技术、更具标准化的托盘等。

（五）集装单元化技术

集装单元化技术是指以不同的方法和器具，把一定数量散装或零星物件组合起来，在装卸、保管、运输等物流环节中将这些集装单元作为一个整体进行技术上和业务上的包装处理方式。集装单元化既具备物流设备和器具的机械化、自动化技术，又包含合理组织设备、器具充分发挥作用的管理技术。其中，集装箱是典型代表。集装单元技术的发展已经实现了名副其实的“门到门”输送。

（六）物流信息技术

物流信息技术是物流现代化的重要因素，也是物流现代化的重要标志。**物流信息技术是由物流信息系统、管理技术、计算机和网络技术、通信技术等构成的整体。**物流信息技术的发展又促使产生了条码技术、射频技术、地理信息技术、全球卫星定位技术、可视化和计算机仿真技术等新的物流信息技术。可以说，物流信息技术是物流技术中发展得最快的一项。从数据采集的条形码系统，到办公自动化系统中的微机、各种终端设备等硬件及软件的发展升级，计算机和通信网络已经给物流发展带来新的空间。

知识库

物流信息技术相关名词

1. 条码技术

条码技术是在计算机的应用实践中产生和发展起来的一种自动识别技术。它是为实现对信息的自动扫描而设计的。它是实现快速、准确而可靠地采集数据的有效手段。条码技术的应用解决了数据录入和数据采集的“瓶颈”问题，为供应链管理提供了有力的技术支持。

2. EDI 技术

EDI 即电子数据交换，是指按照同一规定的一套通用标准格式，将标准的经济信息，通过通信网络传输，在贸易伙伴的电子计算机系统之间进行数据交换和自动处理。由于使用 EDI 能有效地减少直到最终消除贸易过程中的纸面单证，因而 EDI 也被俗称为“无纸贸易”。

3. 射频技术（RF）

射频技术 RF 的基本原理是电磁理论。射频系统的优点是不局限于视线，识别距离比光学系统远，射频识别卡可具有读写能力，可携带大量数据，难以伪造和智能化等。RF适用的领域包括：物料跟踪、运载工具和货架识别等要求非接触数据采集和交换的场合。

4. GIS技术

地理信息系统（Geographical Information System，GIS），以地理空间数据为基础，采用地理模型分析方法，适时地提供多种空间的和动态的地理信息，是一种为地理研究和地理决策服务的计算机技术系统。

5. 全球定位系统GPS

全球定位系统GPS是美国历时20年，耗资200亿美元，于1994年全面建成，具有在海、陆、空进行全方位实时三维导航与定位能力的新一代卫星导航与定位系统。

物流信息技术逐渐成为物流技术的核心。物流装备与信息技术紧密结合，实现高度自动化是未来发展的趋势。人们将会广泛采用互联网、群件（Groupware）、无线数据传输等信息技术。群件的例子有电子邮件、视频会议、电子公告牌、Louts Notes等，它们是现有技术如传真和声音邮件的补充。无线数据传输设备在物流系统中更是发挥着越来越大的作用。运用无线数据终端，可以将货物接收、储存、提取、补货等信息及时传递给控制系统，实现对库存的准确掌控，借互联网计算机指挥物流装备准确操作，几乎完全消灭了差错率，大大缩短了系统反应时间，使物流装备得到了有效利用，整体控制提升到更高效的新水平。而将无线数据传输系统与客户计算机系统连接，实现共同运作，则可为客户提供实时信息管理，从而极大地改善客户整体运作效率，全面提高客户服务水平。

未来物流技术应是企业在追求满足消费者需求和资源配置效率双重目标下进行的驱动创新和选择。根据美国物流管理委员会（CIM）进行的《1999年职业模式调查》，新技术的选择变得对竞争越来越重要，某些新技术还能够有助于创造竞争优势。一些研究表明，物流技术与装备的发展将有可能呈现以下趋势：先进性、信息化、多样性与专业性、标准化与模块化、系统性与可扩展性、智能化与人性化、绿色化与节能化。

三、物流设备的一般技术发展趋势

物流设备的一般技术发展趋势为：采用最新的红外、激光、无线、编码、认址、识别、调速、定位、PLC、现场总线、无接触式供电、光纤、数据库等光、机、电、信息技术，提高设备的运行速度和定位精度，通过提高作业能力，减少机台数量，并提高设备的可靠性。例如，巷道堆垛机为了提高出入库能力，需要进一步提高水平运行速度和垂直提升速度，研究更好的调速、定位、控制技术，引入激光定位技术，提高控制精度；自动输送车（无人搬运车和有轨自动车）为了提高输送能力，需要提高行走速度，改进交通调度管理控制和策略等；AGV的导引方式由有线导引向激光导引、惯性导航等无线可柔性化的方向发展；在单机产品的设计方面，向大型化、高效率、高速化、轻量化、节能化、少保养、多品种、系列化、标准化、通用化、模块化、成套化、系统化的方向发展。

（一）大型化趋势

物流设备的一般技术向着大型化趋势发展。目前，世界上最大的浮游起重机起重量达6 500吨，最大的腹带起重机起重量为3 000吨，最大桥式起重机起重量为1 200吨。带式输送机最大带宽达 3.2 米，输送能力最大为 3.7 万吨/时，单机最大距离超过 30 公里。

(二) 模块化、系统化趋势

将各种物流机械的单机组合为成套系统，加强生产设备与物流设备的有机结合，提高自动化程度，改善人机系统。许多通用物流机械是成系列成批量的产品，为了降低制造成本，提高通用化程度，可采用模块组合的方式，用较少规格的零部件和各种模块组成多品种、多规格和多用途的系列产品，充分满足各类用户的需要。也可使单件小批量生产方式改换成具有相当批量和规模的模块生产，实现高效率的专业化生产。

(三) 轻量化、小型化趋势

采用新理论、新方法、新技术和新手段提高设计质量，进一步应用计算机技术，不断提高产品的设计水平与精度。开展对物流机械载荷变化规律、动态特性和疲劳特性的研究，开展对可靠性的试验研究，采用有限元分析计算、优化设计和可靠性设计等。通过计算机模拟与仿真，寻求参数与机种的最佳匹配与组合，发挥最佳效用。采用新结构、新部件、新材料和新工艺提高产品性能。结构方面采用薄壁型材和异型钢，减少结构的拼接焊缝，采用各种高强度低合金钢新材料，改善受力条件，减轻自重和增加外形美观。

第三节　企业物流管理现代化

先进的物流技术和先进的物流管理是提高物流能力、推动现代物流迅速发展的必要条件，两者缺一不可。为实现 21 世纪我国物流发展接近世界先进水平的战略目标，技术和管理犹如运载和推动未来物流发展的两只车轮，一方面物流必须进行技术革命，以现代化的科学技术取代落后的技术；另一方面，对物流进行现代化管理才能使现代化物流技术发挥出它的巨大作用。只有实现与物流技术现代化相适应的现代化管理，运用各种现代化管理方法和手段，才能取得物流系统的最佳效益。

一、企业物流管理现代化的含义

物流管理本身是一个系统性很强，各环节密切联系、相互协调，而且秩序井然地连接的活动，物流管理既是流通领域中的独立运转系统的管理，又是与国民经济各有关部门相互衔接、相互制约的大系统管理。

物流管理现代化是指物流管理思想、管理方法和手段、管理人员素质和物流技术设备的现代化。它以现代的经营思想指导物流系统设计和规划、指导物流战略的制定和实施，以现代先进的管理方法和手段使用先进的物流技术设备开展物流业务管理和流程管理、信息管理，以具有较高素质的人员从事物流服务活动，实现一流物流服务水平和物流经济效益。从物流业角度出发，物流现代化管理的内容主要在物流业务的科学管理上。如物流量的预测、物流计划的编制、物流经济指标的确定等。物流现代化管理的主要对象是对物流机械设备、材料、仪器、能源等的管理，以及对从事物流的生产人员、生产效益动态和千变万化的物流信息的掌握和处理等进行管理。

我国物流管理现代化的意义在于根据我国物流生产的特点和实际，进行物流发展战略规划，采用和引进新技术的同时不断优化物流系统方案，不断进行物流方案的调整和优化，以实现用户满意的物流服务水平和物流经济效益。因此，物流管理现代化的主要标志是准确、及时、高效率地完成物流系统的全套业务活动及相关的信息活动。具体包括物流管理组织设置与物流生产力发展的适应程度、物流成本水平、物流技术管理的科学性、物流信息处理的及时性、准确性及信息的应用水平、物流服务思想意识和顾客满意度、物流人员的综合素质水平等。其中，物流管理现代化最重要的标志是物流活动的信息收集和处理。物流生产过程具有环节繁杂、收发量大、层次结构多、技术性强等特点，多种形式的物流信息，不仅数量异常庞大，而且具有随着物流生产活动的开始而产生、瞬间消失的特点。对于这种特定的研究对象，必须要伴随物流运动的全过程及时获取大量信息情报，并要及时、准确地传递到物流生产各个环节中去，使科技就是生产力成为现实。

二、企业物流管理现代化的内容

物流科学技术和物流现代化管理是物流现代化的相互促进的两个方面。如果只重视物流科学技术的引进和发展，而忽略了提高物流现代化管理水平，那么再先进的科学技术也不会得到充分的发挥，反而会造成经济损失。

物流管理现代化的主要对象包括物流过程中的物流技术设备、仪器、材料、能源等物化的资源，以及从事物流的生产人员、物流信息、物流生产的投入产出等。因此，物流管理现代化的内容主要是指供应链一体化的科学分析及物流可行性的确定、物流系统的科学设计和运作管理、物流业务的科学管理、物流经济指标的确定和控制、物流人员的培训和人力资源开发等。

物流管理现代化的内容，不仅要对分布在各个现场的物流业务进行科学管理，而且必须注意与统一管理之间的业务分工管理，这是因为物流管理的属性是以全面管理为核心连接各分散部门及局部货物的综合性管理。概括起来，物流管理现代化的具体内容主要包括：预测物流需求量；编制物流产、需、供、销计划；确定物流最佳成本；编制物流生产的最佳经济方案；物流系统的科学设计和运作管理；进货、验收、搬运、入库等业务的科学管理；研究物流运输的最佳方案，包括运输批量、时间、交通运输方式及路线的选择；加强与物流业务有关法律执行情况的监督；物流人员的培训和人力资源开发。

在我国，由于现代物流观念于20世纪90年代初期才形成，许多企业长期形成了“重生产，轻物流”的观念，物流管理水平落后，造成生产领域以外的采购、运输、仓储、加工、包装等的作业能力十分有限，物流效率低、资金占用多、经济效果差等不良结果。与世界物流发达国家相比，我国企业物流技术及装备落后，物流管理人才缺乏，物流系统出现区域化的现象，物流系统缺乏整体观念，未建立整合性的物流系统，系统与系统之间无法有效衔接。我国欲加快物流现代化技术和现代化管理的实现，需全面采取法律手段、经济手段、教育手段，主要是调整生产关系不适应生产力发展的现状，促使物流的生产、流通、分配、消费各环节的管理更加符合生产力向前发展的需要。在影响现代物流发展的因素中，政府正扮演着一个非常重要的角色。因为国际物流基础建设与法规制度的完善是一国政府在发展现代物流时最需做好的工作，只有完善的国际物流基础建设与良好的法规制度才能吸引跨国企业进入。实现物流管理现代化还要发展横向物流企业经济联合，实行跨地区、跨部门、跨所有制界限的物流企业横向经济联合。打破各种不合理的条条框框的束缚，把物流这个大系统作为一个不可分割的整体来对待，在管理上采取更加灵活、更加有效的方法，从而保证和促进物流事业的发展。

三、物流现代化管理手段

一般认为物流现代化管理的方法，主要是指采用先进的科学方法进行管理，但是，从我国的实际情况出发，在研究物流管理现代化方法时，还需要运用相关的管理手段。

（一）法律手段

把物流管理中纵横交织的权利、义务、责任通过法律条文固定下来，从而实现以法律手段来解决物流实践中发生的各种矛盾，保护合理的物流管理，抑制不合理的物流业务活动，从而提高物流管理的效率，实现物流系统本身及与其他系统的正常运转，进而调动物流系统本身及各方面的积极性、主动性、创造性。由于物流所涉及的部门繁多，物流运作中牵涉的法律条文也是多种多样的。为了更好地规范物流活动，在遵守现有的符合物流管理规律的法律、法规以外，还应该出台一些反映物流自身特点的专门法律、法规。这些法律规定是任何现代化经济管理包括物流管理现代化所必需的。因此，法律手段是物流现代化管理方法的重要组成部分。

（二）经济手段

经济手段是指在物流生产全过程的各个环节中应运用经济杠杆，制定各种经济指标，使物流管理纳入整个国民经济管理的体系中。经济管理方法一般包括宏观经济管理和微观经济管理两个方面。宏观经济管理是指由国家运用价格、税收、信贷等手段，管理和控制物流过程。价值规律在经济发展中起着重要作用。价格杠杆是实现价值规律的重要手段之一，税收是国家财政收入的重要组成部分。运用价格、税收可以调节物流过程，调节物流企业利润水平，从而促进物流系统和国民经济其他系统的协调发展。微观经济管理是运用经济手段将物流的服务水平、收益与物流流程的各个环节及其相应人员的利益挂钩，调动物流各个环节及其人员的积极性、创造性，提高物流效率和效益，降低物流成本，推动物流的发展。

（三）教育手段

管理现代化的关键在于人才的培养和观念的更新。物流是供应链中影响价值增值的重要组成部分，是国民经济的基础环节。物流管理的观念、物流服务的观念以及物流人员的素质直接影响和决定物流的水平、物流功能的实现和物流的竞争力。通过教育，培养相关人员适应市场经济竞争需要的管理观念、服务观念；通过教育，培养具有现代物流知识、技术、技能和管理能力的物流人才；通过教育，不断地吸收国际物流的先进经验和知识，并根据我国自身的特点，研究和开发适应我国发展需要的物流体系。教育手段是物流与国际接轨、追赶国际物流先进水平、提升物流竞争力的重要基础。

四、物流现代化管理技术

物流过程现代化管理的技术方法很多，这里主要介绍系统管理技术、信息管理技术、标准化管理技术、质量管理技术和决策管理技术。

(一) 系统管理技术

由于物流过程本身是一个庞杂的大系统，在其各个层次、环节中设有若干个子系统，它们之间相互关联、相互影响的因素有成千上万个。如何及时地对各层次、各环节的各项指标进行评价和科学管理，其解决的途径之一就是进行全面的系统管理。因此，在某种意义上来说，物流管理的对象是物流系统。系统管理就是指用系统论的观点，对物流全系统进行分析、比较，考虑物流系统的整体效率和经济效益水平及系统内最薄弱的子系统影响。

因此，物流管理现代化要从系统的思想出发进行系统管理。系统管理技术的重点是系统分析。物流系统分析是指从物流的整体出发，根据物流在国民经济中的地位和在供应链一体化中的地位，以及物流自身的目标和特点的要求，运用科学的分析方法，对物流的目标、功能、环境、费用和效益等进行充分的调查研究，制定若干可行物流方案，并对方案进行分析、比较和评价，确定物流方案，制定物流方针、政策、法规以及物流的有关服务标准、技术标准，指导物流活动的顺利实施，并获取在价值链中的最佳效益。

(二) 信息管理技术

信息管理是任何部门进行科学管理必不可少的重要内容。物流管理中的信息具有数量庞大、瞬间变化快和连续不断产生的特点。物流信息本身是物流现代化管理的基础和依据。信息的表现形式主要有数据、图表和各种指令等。要使物流系统有节奏、高效率地运转，时刻离不开信息，如果信息混乱或中断，就无法进行物流管理。

物流信息管理技术主要在于计算机技术、网络技术和通信技术的联合应用。我国物流信息管理系统包含三个层次，即中央物流管理信息系统、中心城市物流管理信息系统和基层企业物流管理信息系统。这三个系统之间互相联系。我国物流管理信息系统的建设还应该进一步加强信息资源共享的规划、建设和管理，它将为我国物流业带来飞跃发展。

互联网带来了一场新的革命。它突破时间、空间，乃至计算机的束缚，实现各个对象间直接的信息交流。随着信息收集、整理、分析、发布、交流和使用方式发生的变化，大大改变了人们的工作方式和沟通方式，创造了一种全新的面貌，这也必将为物流信息管理技术水平的提高带来巨大的飞跃。

(三) 标准化管理技术

在物流管理的发展过程中，从企业物流管理到社会物流管理不断地制定和采用新的标准。从物流的社会角度看，物流标准可以分为企业标准和社会标准。从物流的技术角度看，物流标准可以分为产品标准、技术标准和管理标准。

标准化工作的任务是制定标准，组织实施标准和对标准实施进行监督。物流标准化应以整个系统为出发点，并以整个物流系统中每一项具体的、重复性的事物或概念为对象，制定系统内部设施、机械设备、专用工具等各个分系统的技术标准；制定系统内各个分领域如运输、包装、装卸搬运、仓储、配送等方面的工作标准；以系统为出发点，研究各分系统与分领域中技术标准与工作标准的配合性，统一整个物流系统标准；研究物流系统和相关其他系统的配合性，进一步谋求物流大系统的标准统一。通过制定标准，组织实施标准和对标准的实施进行监督，达到整个系统的协调统一，以获得物流理想的秩序和最佳的经济效益。物流标准化是实现物流管理现代化的重要手段。物流标准化对各子系统都需制定各种标准，这些标准是物流质量的保证体系。物流标准化还可消除贸易壁垒，促进国际贸易发展，提高国际物流水平。

知识库

物流标准化既是物流质量实现的保证体系，又是与国际物流对接的重要条件。国际上的物流标准化已经有比较高的水平。到目前为止，国际标准化组织（ISO）和国际电工委员会（IEC）已经建立了16个与物流有关的技术委员会。此外，还有国际航空运输协会（IATA）、国际海事组织（IMO）、国际铁路联盟（UIC）等国际组织发布的有关物流的技术标准。我国也于2001年颁布了物流术语的国家标准，同时也采用国际有关物流的技术标准，如集装箱尺寸、包装储运指示标志、运输包装件各部位标示方法等方面都采用国际标准。物流标准化管理对规范我国的物流发展起到了很好的促进作用。

（四）质量管理技术

质量管理也是物流管理中不可缺少的一个重要方面。**物流质量既包含物流对象的质量，又包含物流手段、物流方法的质量。因物流业有极强的服务性质，通常可以把物流质量理解为物流过程和物流服务对用户的满足程度。**物流管理要树立全面质量管理观，强调“三全”管理：一是物流全过程的管理，即对物资包装、装卸、运转、保管、搬运、配送、流通加工等进行全过程的管理；二是全面性管理，即包括产品质量、工作质量、服务质量以及涉及物流各环节的质量管理；三是全员性管理，即指物流全体工作人员都参加物流管理。物流质量管理须满足两方面的要求：一方面是满足生产者的要求，因为物流的结果必须保证生产者的产品能保质保量地转移给用户；另一方面是满足用户要求，即按用户要求将其所需的商品送交。物流质量管理的目的，就是在“向用户提供满足要求的质量的服务”和“以最经济的手段来提供服务”这两者之间找到一条优化途径，同时满足这两个要求。在中国物流界，普遍制定的各级岗位责任制和各种工作质量体系则是质量管理技术的具体体现。

（五）决策管理技术

物流管理中的每个方案、计划、层次、环节的调整以及每个指标变动的决定都可称为决策。研究采用科学的、合理的决策过程，就是决策管理，也称决策分析。决策实质上贯穿于物流管理的全过程，也可以说是物流管理的核心，是执行各项管理职能的基础。因此，物流方案的设计、选择和实施离不开对物流环境的分析、预测和判断选择。一般来说，管理就是指决策管理。

随着科学技术的发展，物流决策管理的方法也在不断发展。决策分析法已由定性分析进入定性分析和定量分析相结合的阶段，同时大量地采用了数理统计方法、运筹学、投入产出法、模糊数学以及心理学、领导科学等方法和电子计算机等手段。这些对于在物流管理中发现问题、指导分析、实践检验和确定目标等决策，都是非常重要的，同时也推动了物流合理化的实现。

案例 11—1

沃尔玛的物流管理现代化

先进的电子通信系统对沃尔玛的成长和成本控制功不可没。据称，沃尔玛的电子信息系统是全美最大的民用系统，甚至超过了电信业巨头美国电报电话公司。沃尔玛还是第一个发射和使用自用通信卫星的零售公司，在本顿威尔总部的信息中心，1.2 万平方米的空间装满了电脑，仅服务器就 200 多个。沃尔玛在电脑和卫星通信系统上就已经投资了 7 亿美元，而它不过是一家纯利润只有 2%～3%的折扣百货零售公司。

整个公司的计算机网络化配置在 1977 年完成，可处理工资发放、顾客信息和订货、发货、公司对复杂系统的跟踪等。1981 年，沃尔玛开始实验利用商品条码和电子扫描器实现存货自动控制。1985 年，公司宣布将在所有商店安装条码识别系统。到了 20 世纪 80 年代末，沃尔玛还开始利用电子数据交换系统与供应商建立自动订货系统。1990 年，沃尔玛已与它的 5 000 余家供应商中的 1 800 家实现了电子数据交换，成为 EDI 技术的全美国最大用户。沃尔玛还利用更先进的快速反应和联线系统代替采购指令，真正实现了自动订货。这些系统利用条码扫描和卫星通信，与供应商每日交换商品销售、运输和订货信息，包括商品规格、款式、颜色等细节，最快的时候，从发出订单、生产到将货物送达商店，总共不到 10 天。它采用的商品存货管理系统使供应商货物一到配送中心仓库，就在 24～28 小时配送到各个门市部，实现了零库存目标。这种方式支持了沃尔玛的营销使命：以最适当的价格、在最适当的时机、提供给顾客最需要的产品。

第四节 企业物流国际化

贸易自由化、全球资本市场的成长，信息和通信技术的进步，创造出一个正在增长的全球市场，即由原来分割型的国家或区域市场逐渐演变成一个统一的全球一体化市场。当前，国际物流已开启全球供应链整合的时代。在机遇和挑战面前，企业开始了国际化经营的探索。许多企业走出了国门，参与国际化竞争，通过开拓国际市场，企业的实力得到空前的提高。随着经济全球化推进，国际服务业转移外包，中国对外经贸战略调整，更多企业“走出去”，中国企业物流国际化的步伐越来越快。

一、国际物流的含义

国际物流是指货物及物品在不同国家和地区间的流动和转移。国际物流是相对国内物流而言的，是跨越国境的物流活动方式，是国内物流的延伸。

国际物流是伴随着国际贸易的发展而产生和发展起来的，它是国际贸易得以实现的具体途径，对国际贸易的发展有着重要的作用。广义的国际物流包括了各种形态的物资在国际间的流动，其具体表现为进出口商品的转关；进境运输货物；加工装配业务进口的料件设备；国际展品等暂时进口物资；捐赠、援助物资；邮品等在不同国家和地区间所做的物理性移动。狭义的国际物流仅指为完成国际商品交易的最终目的而进行的物流活动，主要包括货物包装、仓储运输、分配拨送、装卸搬运、流通加工以及报关、商检、国际货运保险和国际物流单证制作等。因此，国际物流和国内物流最基本的区别就在于生产与消费的异域性。只有在生产与消费分别在两个或两个以上国家或地区独立进行时，为了消除生产者和消费者之间的时空距离，才产生了国际物流的一系列活动。

二、国际物流系统的构成

国际物流系统由国际货物的包装、运输、仓储、装卸搬运、商检、流通加工及国际配送等子系统所构成。其中，运输和仓储子系统是国际物流的两大支柱。

（一）国际货物运输

现代物流业的迅速发展与运输业的技术革命密切相关，它可以极大地提高国际物流系统的效率，因此，国际货物运输是国际物流系统的核心，通过货物运输可以使商品由发货人向收货人转移，从而实现货物的空间位移。国际货物运输是国内货物运输的延伸和扩展，同时又是连接出口国货物运输和进口国货物运输的桥梁与纽带。国际货物运输具有线路长、环节多、涉及面广、手续繁杂、风险大和时间性强等特点。国际货物运输的内容主要包括运输方式的选择、运输单据的交接以及与运输有关的保险等问题。

（二）商品的储存

商品流通是一个由分散到集中，再由集中到分散的过程。商品的储存和保管可以使商品在其流通过程中处于一种或长或短的相对停滞状态，从而克服商品使用价值在时间上的差异，创造商品的时间价值。

在国际物流中，商品的储存地点可以是生产厂家的成品仓库，也可以是流通仓库或国际转运站点，而在港口、站场储存的时间则取决于港口装运系统与国际运输作业的有机衔接。由于商品在储存过程中有可能会降低其使用价值，而且需要耗费管理资源，因此，从现代物流管理的角度来看，应尽量减少商品在流通中的储存时间和储存数量，以加速货物和资金的周转，实现国际物流的高效率运转。

（三）商品的装卸与搬运

在物流系统中，商品的装卸与搬运主要包括货物的装船、卸船、商品进库、出库以及在库内的搬、倒、清点、查库、转运和转装等，其主要作用是衔接好物流其他各环节的作业，它是商品运输和储存的桥梁与纽带。提高装卸搬运的作业质量和作业效率，可以有效地减少物流各环节之间的摩擦，提高物流系统的效率，降低物流成本。

（四）商品的检验

在国际贸易中，由于买卖双方分处两个国家或地区，商品往往采用象征性交货的方式，因此，在卖方交货和买方接受货物之前，一般均需对货物进行检验。通过商品检验，确定交货品质、数量和包装条件是否符合合同规定。如发现问题，可分清责任，并向有关方面索赔。因此，在买卖合同中，一般都订有商品检验条款，其主要内容有商品检验的时间与地点、检验机构与检验证明和检验标准与检验方法等。其中，商品检验的时间与地点一般采用出口国检验，进口国复验的方法，因为，这种方式兼顾了买卖双方的利益。

（五）商品进出口报关

与国内物流相比，国际物流的一个重要特征就是货物要跨越不同国家的关境。由于各国海关对进出口货物通关的规定各不相同，因此，如果不了解和熟悉各国海关的通关制度，往往会成为国际物流中的“瓶颈”。要消除这一障碍，就要求从事国际物流业务的有关人员了解各国有关的通关制度，有关部门要建立安全有效的通关系统，实现货畅其流。

（六）商品包装

在进出口商品交易中，包装的主要作用是保护商品和美化商品。而在国际物流系统中，包装主要起到保护商品和便利流通的作用。在出口商品包装设计及具体的包装作业中，应对商品的包装、储存、装卸搬运和运输等各环节进行系统分析，全面规划，以实现“包、储、运一体化”，提高物流系统的效率。

（七）进出口商品的流通加工

商品在流通过程中的加工，不仅可以促进商品的销售，提高物流效率和资源的利用率，而且能通过加工过程提高进出口商品的质量，扩大出口。流通加工的内容一方面包括商品的分装、配装、拣选等商品性服务，另一方面也包括商品的套裁、拉拔、组装，以及服装的熨烫等生产性外延加工。这些加工不仅能最大限度地满足消费者的多元化需求，还能增加商品的外汇收入。

（八）商品的信息系统

国际物流信息系统主要的功能是采集、处理和传递国际物流和商流的信息情报，其主要内容包括进出口单证的制作过程、支付方式信息，客户资料信息，市场行情信息和供求信息等。国际物流信息系统具有信息量大、交换频繁，传递量大、时间性强，环节多、点多和线长等特点。因此，企业需要建立技术先进的国际物流信息系统。

三、企业物流国际化的特征

企业物流国际化要求企业克服时间和空间上的阻隔，承担起更大的物流服务责任。企业物流国际化不论在空间上还是在责任上都与国内物流有很大的区别，具体表现为以下特征。

（一）物流国际化的特有功能

国际化的物流活动，除了包含与国内物流相同的运输、保管、包装、装卸搬运、流通加工及信息等功能外，还有克服国际阻隔的国际物流特有的功能，如报关及相关的文书单据制度、集成化运输体系等。国际物流中涉及大量的贸易合同及文书，在这些合同与文书中充分体现了货物运输、报关、保险结算等业务。这些业务中任何一环未能完成，物流都将因此中断，由此带来的损失关联度将牵涉国内外各方的利益。随着物流国际化的发展，从事物流国际化业务的企业也将随之增加。因此，了解、学习、掌握、运用好国际物流的相关规则将是企业物流的重要发展方向之一。

（二）国际物流交货周期长

企业物流国际化是企业从规模经济的角度出发，把生产活动按专业分工，集中于少数几个地点。这种生产集中化和专业化与市场的全球化和分散化之间存在矛盾，这种矛盾直接反映在物流交货周期上。通常，在海运条件下全球物流运输距离远，需要花费大量时间，同时相关的装卸搬运、报关通关等其他业务活动也会延长物流时间。物流交货时间长一般会造成两个后果：其一是增加加工过程中的库存投资，占用大量资金；其二是在迅速满足顾客需要方面存在困难。有时企业为了迅速满足顾客需要，往往预先在销售地准备大量的安全库存作为缓冲。这样虽能及时满足各地顾客的要求，但要储存的商品量大，占用大量资金，因而存在因顾客需要变化使得库存增加等风险。有时企业为了节约成本，以牺牲及时满足顾客服务为代价，采用长时间的发货周期作为缓冲。上述两种情况表明，应从整体分析成本与服务之间进行平衡。在国际运输中，航空运输方式是缩短运输时间的最有效的方式，但航空运输的缺点是单位运输成本高。企业在运输方式选择和配合上必须进行周密的规划，以缩短运输时间和降低运输成本。

（三）国际物流输送方式多样化

不同企业或同一企业的不同商品在物流中所采用的运输方式是不同的。在全球物流输送方式的多样化发展中，以集装化和散装化方式最多。常见的集装方式有：

（1）企业整装直送方式。按最终客户不同，对货物进行分类集装，并以整箱货物运送方式从企业直接运送到最终客户。

（2）物流中心整装直送方式。在供应地的物流中心对来自不同企业的货物按最终客户进行分类，再以整箱输送方式从物流中心直接送达最终客户。

（3）企业拼箱送达方式。企业把不同客户的零散货物进行集装，以拼箱货物运输方式从企业运达消费地物流中心，再在消费地物流中心对集装货物进行开箱分装，将分装的货物送达不同的最终客户。

（4）物流中心拼箱送达方式。在供应地的物流中心对汇集于物流中心的零散货物进行集装，然后以拼箱货物运输方式从供应地物流中心运送到消费地物流中心，在消费地物流中心再对集装货物进行开箱分类，并分送到不同的最终客户。

对于大量的散装和液体类货物的国际航运，企业大多采用专用的散装运输船和油轮完成。其作业过程是，由企业组织货物到达输出国港口的专业码头，装船运输，到达输入国的港口专业码头，最后分运到最终顾客。

（四）国际多式联运

在国际运输中除选择单一运输方式外，还有将国际航运、铁路运输、航空运输和公路运输等手段组合而成的国际多式联运方式。不同运输方式的组合不仅关系到交货周期，同时也与物流成本密切相关。在国际运输中，门到门的运输方式备受货主欢迎，并逐渐成为全球运输方式的主流。**国际多式联运要根据货主的不同要求，以两种或两种以上运输方式组合，并由国际多式联运企业来完成从输出国境接受货物，运输输入国境内指定交付货物地点。**国际多式联运最好的组织手段是集装箱运输，这是因为集装箱自身的结构特点为不同运输方式的转换提供了方便、敏捷、经济的条件。

（五）国际物流标准化程度高

在国际物流中，统一的技术标准是保证国际间物流畅通运行的一个重要手段。如果各个国家在物流基础设施、信息处理系统以及物流技术方面不能形成相对统一的标准，就会造成国际物流资源的浪费和成本的增加，从而影响国际物流的发展。

在国际物流中，统一的标准主要包括国际基础标准、安全标准、卫生标准、环保标准、贸易标准以及在此基础上制定的运输、包装、配送、装卸和储存等技术标准。目前，美国和欧洲基本实现了物流工具、设施的统一标准；在物流信息传递技术方面，欧洲各国不仅实现了企业内部的标准化，而且实现了企业之间及欧洲统一市场的标准化，从而使欧洲各国之间的物流更简单、更有效。

四、企业国际物流的外部委托

当前，全球物流市场营销活动一个大的变化是外部委托方式的兴起。**外部委托方式是企业把经营资源集中用于价值链中最有竞争优势的业务，对于其他的活动则采取外部委托的方式，以便提高企业竞争能力和收益率的经营方式。**企业外部委托已从原材料、零部件的采购发展到市场调查、物流等服务作业。向企业提供委托服务的单位被称之为第三方。企业利用第三方提供外部委托服务，实际上也与第三方结成了合作伙伴关系。

在物流领域，外部委托的业务范围从原来的运输业务、仓储业务已扩大到几乎所有的物流业务领域。对于企业来说，通过物流的外部委托可以把原来作为固定费用的经营资源转化为变动费用，不仅可以减少物流管理费用，而且可以降低成本获得优质服务。对于提供委托的物流企业来说，不仅可以长期扩大物流业务，提高物流设备和人力资源的利用效率，而且可以把物流规模扩大带来的规模效益让利给顾客。制定外部委托物流战略要求第三方物流企业、企业集团总部和海外物流部门共同参与和协作。一般的原则是战略决策由企业总部集中制定、控制和管理，供应商的日常业务和物流伙伴的日常联系最好分散在所在国的当地进行。

本章小结

首先，本章介绍了物流一体化、供应链一体化的含义，阐述了从物流一体化到供应链一体化的转变，明确了网络经济下物流管理与供应链管理的转变趋势。

其次，本章介绍了物流技术的含义，从包装技术、运输技术、储存技术、装卸搬运技术、集装单元化技术以及物流信息技术等方面阐述了现代物流技术的发展，并分析了物流设备的一般技术发展趋势。

再次，本章阐述了企业物流管理现代化的含义、内容、手段和技术。物流管理现代化是指物流管理思想、管理方法和手段、管理人员素质和物流技术设备的现代化。物流管理现代化的内容主要是指供应链一体化的科学分析及物流可行性的确定；物流系统的科学设计和运作管理；物流业务的科学管理；物流经济指标的确定和控制；物流人员的培训和人力资源开发等。物流现代化管理手段包括法律手段、经济手段和教育手段。物流现代化管理技术包括系统管理技术、信息管理技术、标准化管理技术、质量管理技术和决策管理技术。

最后，本章阐述了国际物流的含义、国际物流系统的构成，明确了企业物流国际化的特征，介绍了企业国际物流的外部委托。国际物流是指货物及物品在不同国家和地区间的流动和转移。国际物流系统由国际货物的包装、运输、仓储、装卸搬运、商检、流通加工及国际配送等子系统所构成。其中，运输和仓储子系统是国际物流的两大支柱。

基本概念

物流一体化　供应链一体化　物流技术　包装技术　运输技术　储存技术　装卸搬运技术　集装单元化技术　物流信息技术　物流管理现代化　系统管理技术　信息管理技术　标准化管理技术　质量管理技术　决策管理技术　国际物流　国际多式联运　外部委托

思考题

1. 什么是物流一体化？什么是供应链一体化？
2. 从物流一体化到供应链一体化有哪些转变？
3. 什么是物流技术？简述现代物流技术的发展。
4. 什么是物流管理现代化？企业物流管理现代化的内容包括什么？
5. 简述物流现代化管理技术与手段。
6. 什么是国际物流？国际物流系统的构成包括什么？
7. 企业物流国际化有哪些特征？
8. 如何理解企业国际物流的外部委托？
9. 联系实际企业，完成以下练习：

（1）这个企业的物流发展趋势是什么？

（2）这个企业的物流管理存在哪些问题？

（3）您认为应该如何解决这些问题？请给出解决方案。

参考文献

1. 宋建阳. 企业物流管理. 北京：电子工业出版社，2005

2. 张诚，周湘峰. 现代物流管理. 南昌：江西人民出版社，2008

3. 黄辉，林略. 物流学导论. 重庆：重庆大学出版社，2008

4. 李振. 物流系统规划与设计. 武汉：武汉理工大学出版社，2008

5. 余晖，吕忠民. 探讨电子商务下的中小企业物流模式. 北方经济，2004（9）

6. 胡宜国. 关于我国物流业的发展. 中国城市经济，2006（3）

7. 崔晓迪，田源，程国宏. 信息化的粮食供应链管理. 中国储运，2005（5）

8. 李丽清. 企业物流管理与经济效益. 中国储运，2006（1）

9. 胡慧娟. 试论企业物流成本管理. 对外经贸财会，2004（5）

10. 邓汉慧，徐军玲. 制造型企业与第三方物流企业的战略联盟. 当代经济，2003（6）

11. 郑文生. 现代企业物流与战略管理思路初探. 商品储运与养护，2004（4）

12. 汤杰，冯伟. 重庆物流行业战略规划研究. 物流技术，2009（10）

13. 胡延松，赵玉国. 现代物流概论. 武汉：武汉理工大学出版社，2007

14. 申金生，卫振林，纪寿文. 现代物流信息化及其实施. 北京：电子工业出版社，2006

15. 董雅丽，杜漪. 现代企业物流管理. 兰州：兰州大学出版社，2005

16. 兰洪杰，施先亮，赵启兰. 供应链与企业物流管理. 北京：清华大学出版社，北京交通大学出版社，2004（10）

17. 谭红翔，余晓红. 企业物流管理. 北京：清华大学出版社，北京交通大学出版社，2008

18. 高廷勇. 企业物流管理概论. 北京：电子工业出版社，2008

19. 鲁楠，张继肖. 企业物流管理. 大连：大连理工大学出版社，2008

20. 董千里. 现代企业物流管理. 北京：首都经济贸易大学出版社，2008

21. 李承霖. 企业物流管理实务. 北京：北京理工大学出版社，2008

22. 李安华. 物流信息系统. 成都：四川大学出版社，2006

23. 丁香乾. 物流信息系统. 北京：中国劳动社会保障出版社，2006

24. 彭扬. 物流信息系统. 北京：中国物资出版社，2006

25. 董千里，袁毅. 区域综合物流信息平台的功能与构建研究. 交通运输系统工程与

信息，2002（1）

26. 陈韬，苏小军. 区域物流信息平台规划. 物流技术，2002（10）

27. 董千里. 区域物流信息平台与资源整合. 交通运输工程学报，2002（04）

28. 潘锦玺. 浅析物流信息平台功能及建设. 市场周刊（新物流），2007（6）

29. 崔南方，刘英姿，赵振峰. 区域公共物流信息平台系统设计. 科技进步与对策，2004（8）

30. 冯靖. 现代物流信息平台的建设. 职业圈，2007（8）

31. 李玉民，刘珊中，李旭宏. 区域物流信息平台框架分析. 河南科技大学学报（自然科学版），2004（1）

32. 徐燕，傅新平. 物流信息平台的功能模块设计. 交通科技，2002（3）

33. 易华，物流成本管理. 北京：清华大学出版社，2007

34. 阎平，物流成本管理. 北京：中国商业出版社，2007

35. 何开伦，物流成本管理. 武汉：武汉理工大学出版社，2007

36. 郑光财. 连锁企业物流管理. 北京：电子工业出版社，2005

37. 刘德武. 企业物流. 北京：电子工业出版社，2005

38. 万志坚，单华. 物流基础管理. 广州：广东经济出版社，2005

39. 朴惠淑，王培东. 企业物流管理. 大连：大连海事大学出版社，2005

40. 万志坚. 现代物流运营基础与案例分析. 北京：中国物资出版社，2006

41. 杨国明，尹衍波. 现代物流管理概论. 北京：北京交通大学出版社，2007

42. 郑克俊. 第三方物流. 北京：科学出版社，2007

43. 华细玲，张凤玉. 现代物流概论. 北京：中国商业出版社，2006

44. 沈默，李承霖. 现代物流管理. 北京：中国林业出版社，2007

45. 陈岩，姜波. 物流基础. 北京：北京理工大学出版社，2007

46. 高蕾. 企业物流. 北京：对外经济贸易大学出版社，2004

47. 谭红翔，余晓红. 企业物流管理. 北京：清华大学出版社，北京交通大学出版社，2008

48. 张理. 现代企业物流管理. 北京：中国水利水电出版社，2005

49. 赵启兰. 企业物流管理. 北京：机械工业出版社，2005

50. 程光. 物流管理. 北京：机械工业出版社，2005

51. 张奉礼. 现代物流基础. 北京：中国轻工业出版社，2005

52. 刘丽文. 生产与运作管理（第二版）. 北京：清华大学出版社，2002

53. 陈福军. 生产与运作管理. 北京：中国人民大学出版社，2005

54. 丁慧平，俞明南. 现代生产运作管理（第二版）. 北京：中国铁道出版社，2004

55. 孙维琦. 生产与运作管理. 北京：机械工业出版社，2004

56. 马费成等. 信息管理学基础. 武汉：武汉大学出版社，2002

57. 王悦. 企业信息管理. 北京：中国人民大学出版社，2010

58. 霍国庆. 企业战略信息管理. 北京：科学出版社，2001

59. 孟建华. 现代物流管理概论. 北京：清华大学出版社，2004